Evaluation Report of County Science & Technology Innovation in Jiangxi Province

江西省
县域科技创新能力评价报告

2017年度

邹 慧 王秋林 黄 勇 黄玲玲 / 著

科学出版社

北 京

审图号：赣S（2019）054号

图书在版编目（CIP）数据

江西省县域科技创新能力评价报告. 2017年度/邹慧等著. —北京：科学出版社，2019.11
ISBN 978-7-03-062720-9

Ⅰ. ①江⋯　Ⅱ. ①邹⋯　Ⅲ. ①技术革新-研究报告-江西-2017
Ⅳ. ①F124.3

中国版本图书馆CIP数据核字（2019）第242324号

责任编辑：朱萍萍　李嘉佳 / 责任校对：王晓茜
责任印制：徐晓晨 / 封面设计：有道文化
编辑部电话：010-64035853
E-mail:houjunlin@mail.sciencep.com

科学出版社 出版
北京东黄城根北街16号
邮政编码：100717
http://www.sciencep.com

北京建宏印刷有限公司 印刷
科学出版社发行　各地新华书店经销
*

2019年11月第 一 版　开本：720×1000　B5
2020年5月第二次印刷　印张：23 3/4
字数：390 000

定价：158.00元
（如有印装质量问题，我社负责调换）

前言 PREFACE

　　加快县域创新驱动发展，是全面贯彻落实党的十九大精神，牢固树立新发展新理念、培育新动能、增强县域经济核心竞争力的重要举措。

　　2018年，江西省委、省人民政府提出了"创新引领、改革攻坚、开放提升、绿色崛起、担当实干、兴赣富民"的工作方针，将"创新引领"摆在了首位，并出台了《江西省推进创新型省份建设行动方案（2018—2020年）》《江西省人民政府办公厅关于加快县域创新驱动发展的意见》《建设创新型县（市、区）创新型乡镇工作指引（试行）》等相关文件，特别是《江西省推进创新型省份建设行动方案（2018—2020年）》提出了在全省开展县域创新能力监测与评价工作。到2020年，江西省力争建设20个左右省级创新型县（市、区），全省10％以上乡镇建设成创新型乡镇，为进入创新型省份奠定基础。

　　江西省科学院自2016年开始组织专家对照全国、省科技进步统计监测指标体系，结合江西省县域实际，在深入调研、专家论证的基础上，研制出江西省县域科技创新能力评价指标体系，并形成了《江西省县域科技创新能力评价报告——2015年度》和《江西省县域科技创新能力评价报告——2016年度》。两份报告都得到了时任省委主要领导、省直相关部门及部分县（市、区）的肯定，对全省县域科技创新工作起到了积极的推动作用。

　　2018年，编写组在江西省财政厅、江西省统计局的大力支持下，充分吸纳各方意见和建议，召集相关专家对评价指标进一步优化，完成了本书。书中相关数据主要源于江西省统计局、江西省科技厅、江西省知识产权局、江西省科学技术协会及各地市统计年鉴，在此一并表示感谢。

科技创新能力评价是一项十分复杂的研究与实践工作，虽然我们不断优化，但仍有不足之处，我们将继续总结完善，使这项工作更科学、更客观，更能如实地反映江西省县域科技发展的现状，服务县域经济社会发展。

《江西省县域科技创新能力评价报告》编写组

2018年12月

目 录
CONTENTS

前言

第一章　江西省县域科技创新能力评价指标体系 / 001

 第一节　县域与科技创新能力 / 001

 第二节　指标体系组成 / 002

第二章　江西省县域科技创新能力指标得分评价 / 005

 第一节　科技创新能力得分总体评价 / 005

 第二节　科技创新能力一级指标评价 / 008

  一、创新环境 / 008

  二、创新投入 / 008

  三、创新成效 / 011

  四、经济社会发展 / 011

 第三节　区、县级市比较 / 014

  一、区 / 014

  二、县级市 / 016

第四节　江西省主体功能区规划县（市、区）分类比较 / 017

　　一、重点开发区域（一类） / 017

　　二、农产品主产区（二类） / 019

　　三、重点生态功能区（三类） / 021

第五节　贫困县 / 023

第三章　江西省各县（市、区）科技创新能力水平分析 / 026

第一节　南昌市 / 026

　　一、东湖区 / 026

　　二、西湖区 / 030

　　三、青云谱区 / 033

　　四、湾里区 / 036

　　五、青山湖区 / 039

　　六、新建区 / 042

　　七、南昌县 / 046

　　八、安义县 / 049

　　九、进贤县 / 052

第二节　景德镇市 / 056

　　一、昌江区 / 056

　　二、珠山区 / 059

　　三、浮梁县 / 062

　　四、乐平市 / 066

第三节　萍乡市 / 069

　　一、安源区 / 069

　　二、湘东区 / 072

　　三、莲花县 / 076

四、上栗县 / 079

　　五、芦溪县 / 082

第四节　九江市 / 085

　　一、濂溪区 / 085

　　二、浔阳区 / 089

　　三、柴桑区 / 092

　　四、武宁县 / 095

　　五、修水县 / 099

　　六、永修县 / 102

　　七、德安县 / 105

　　八、都昌县 / 108

　　九、湖口县 / 111

　　十、彭泽县 / 115

　　十一、瑞昌市 / 118

　　十二、共青城市 / 121

　　十三、庐山市 / 125

第五节　新余市 / 128

　　一、渝水区 / 128

　　二、分宜县 / 132

第六节　鹰潭市 / 135

　　一、月湖区 / 135

　　二、余江区 / 138

　　三、贵溪市 / 141

第七节　赣州市 / 145

　　一、章贡区 / 145

　　二、南康区 / 148

三、赣县区 / 151

四、信丰县 / 155

五、大余县 / 158

六、上犹县 / 161

七、崇义县 / 164

八、安远县 / 168

九、龙南县 / 171

十、定南县 / 174

十一、全南县 / 177

十二、宁都县 / 181

十三、于都县 / 184

十四、兴国县 / 187

十五、会昌县 / 190

十六、寻乌县 / 193

十七、石城县 / 196

十八、瑞金市 / 200

第八节 吉安市 / 203

一、吉州区 / 203

二、青原区 / 206

三、吉安县 / 209

四、吉水县 / 213

五、峡江县 / 216

六、新干县 / 219

七、永丰县 / 223

八、泰和县 / 226

九、遂川县 / 229

十、万安县 / 232

十一、安福县 / 236

十二、永新县 / 239

十三、井冈山市 / 242

第九节　宜春市 / 245

一、袁州区 / 245

二、奉新县 / 248

三、万载县 / 251

四、上高县 / 255

五、宜丰县 / 258

六、靖安县 / 261

七、铜鼓县 / 264

八、丰城市 / 268

九、樟树市 / 271

十、高安市 / 274

第十节　抚州市 / 277

一、临川区 / 277

二、东乡区 / 281

三、南城县 / 284

四、黎川县 / 287

五、南丰县 / 290

六、崇仁县 / 294

七、乐安县 / 297

八、宜黄县 / 300

九、金溪县 / 303

十、资溪县 / 306

十一、广昌县 / 310

第十一节　上饶市 / 313

一、信州区 / 313

二、广丰区 / 316

三、上饶县 / 320

四、玉山县 / 323

五、铅山县 / 326

六、横峰县 / 329

七、弋阳县 / 332

八、余干县 / 335

九、鄱阳县 / 338

十、万年县 / 342

十一、婺源县 / 345

十二、德兴市 / 348

附录1　科技创新能力得分计算方法 / 352

附录2　江西省各县（市、区）科技创新能力指标得分 / 354

附录3　江西省科学院科技战略研究所 / 368

第一章
江西省县域科技创新能力评价指标体系

第一节 县域与科技创新能力

县域，是以县级（县、区、县级市）行政区划为地理空间，以县级政权为调控主体，具有地域特色和功能完备的区域。

关于科技创新能力，2001年起按年度发布的《中国区域创新能力评价报告》中提到，"区域创新能力为一个地区将知识转化为新产品、新工艺、新服务的能力"。科技创新能力主要是指一个地区创造新知识的能力、获取一切可用知识的能力、企业自主创新能力、优化创新环境能力和提升创新经济绩效的能力，是区域发展的最主要动力之一。[1]

开展县域科技创新能力评价工作，是对江西省县域科技创新状况的深入摸底调查与动态监测，对县域科技创新能力进行全面系统的分析评判。评价工作分别从创新环境、创新投入、创新成效、经济社会发展等方面，挖掘制约科技创新的因素和根源，为各县（市、区）制定科技政策与发展战略，优化创新环境，提高区县创新能力，促进科技、经济、社会融合发展提供重要参考。

---

[1] 雷勇.县域科技创新能力评价研究.长沙：湖南师范大学，2009.

第二节　指标体系组成

本书通过建立适合江西省情的指标评价体系来客观反映江西省各县（市、区）的科技创新能力水平。为此，课题组对国内外现有的相关研究报道进行分析，深入研究《中国区域科技创新评价报告》（原《全国科技进步统计监测报告》）、国家创新指标体系、《江西省科技进步监测报告》等，并通过实地调研、专家咨询会等，结合大数据分析手段进行整理归纳，形成适合江西省情的指标评价体系，如表1-1所示。

表1-1　适合江西省情的指标评价体系

指标		描述
科技创新能力总得分		科技创新能力综合反映创新环境、创新投入、创新成效、经济社会发展的总体状况
一级指标（4项）	创新环境	创新需要一定的基础和环境，创新环境综合反映各县（市、区）的创新基础条件和创新意识
	创新投入	创新投入强度与经济增长存在显著的正相关关系，适度强化的创新投入有助于迅速提升技术水平，通过技术创新促进经济增长，提升竞争力。创新投入是指用于科技创新活动中的各种投入，主要包括各县（市、区）的人力投入和财力投入状况
	创新成效	创新成效是创新活动的直接产出，是区域创新能力的重要衡量指标，包括各县（市、区）的技术创新和产业化水平
	经济社会发展	科技创新活动最终是要服务于社会、造福于社会的，促进经济社会和人类生活的共同进步。经济社会发展综合反映了经济增长和社会生活水平
二级指标（8项）	创新基础	反映区域开展创新活动的现有状况
	科技意识	反映各县（市、区）政府、民众对科技创新活动的关注度
	人力投入	反映各县（市、区）在开展科技创新活动方面的人力投入状况
	财力投入	反映各县（市、区）在开展科技创新活动方面的经费投入状况
	技术创新	反映各县（市、区）企业在技术改进或创新方面的成效
	产业化水平	反映各县（市、区）在创新成果转化方面的能力
	经济增长	反映各县（市、区）创新活动对推动地方经济增长的成效
	社会生活	反映各县（市、区）创新活动最终对当地的社会生活的改善

续表

指标		描述
三级指标（24项）	万人国内生产总值（GDP）	反映各县（市、区）开展创新活动的经济基础
	规模以上工业企业数	创新活动的主体是企业，反映各县（市、区）的企业规模状况
	万人专利申请量	注重发明创造、有较强的专利意识可以侧面反映区域创新活动现状[①]
	开展R&D[②]活动的企业占比	开展R&D活动的企业占比可以反映本地区企业开展技术创新活动的活跃程度[③]
	人均科普经费投入	反映政府当年对科技宣传、科学普及的重视程度
	民众浏览科技网页频度	反映当年区县辖区内民众对科技的关心与关注程度[④]
	万人R&D人员数	R&D人员的数量和质量是衡量地区创新能力的主要指标，万人R&D人员数可以反映各县（市、区）R&D活动的人力投入水平
	研究人员占R&D人员比	研究人员是指R&D人员中从事新知识、新产品、新工艺、新方法、新系统的构想或创造的专业人员及课题的高级管理人员[⑤]，研究人员占R&D人员比反映开展科技创新活动的核心人员现状
	R&D人员全时当量	全时当量是全时人员数加非全时人员数按工作量折算为全时人员数的总和，反映各县（市、区）当年度R&D活动的人力时间投入
	R&D经费投入占GDP百分比	R&D经费投入占GDP百分比是衡量国家或区域科技投入强度最重要、最综合的指标[⑥]
	企业R&D经费投入占主营业务收入比	衡量企业科技经费投入的重要指标[⑦]
	企业技术获取和改造费用占主营业务收入比	企业技术升级改造对于增强企业的竞争力有着积极的作用，企业技术获取和改造费用包括技术引进经费、消化吸收经费、技术改造经费和购买国内技术经费，其占主营业务收入比也是衡量企业创新能力和创新投入水平的重要指标[⑧]
	高新技术产业增加值占规模以上工业增加值比	与一般产业相比，高新技术产业的科技含量更高、附加值更高，对科技创新的要求也更高，所以用高新技术产业增加值占规模以上工业增加值比来反映科技创新附加值水平和产业结构的优化程度

[①][③][⑥][⑦][⑧] 全国科技进步统计监测及综合评价课题组.2014全国科技进步统计监测报告.

[②] 即研究与发展（简称研发），或科学研究与试验发展.

[④] 陈勇,李政刚,张欣.2014年度重庆市区县科技竞争力评价报告.重庆：重庆出版集团.

[⑤] 王秋林,万玲,邹慧.江西省科技进步监测指标体系修订的设想.南昌工程学院学报，2015，34（6）：55-59.

续表

指标		描述
三级指标（24项）	高新技术企业数	反映区域内高新技术企业的规模现状
	新产品销售收入占主营业务收入比	新产品销售收入占主营业务收入比反映工业企业采用新技术原理、新设计构思研制生产的全新产品，或在结构、材质、工艺等某一方面比原有产品有明显改进，从而显著提高了产品的性能或扩大了使用功能的产品对主营业务收入的贡献①
	万人发明专利授权量	专利数量是反映地区科技活动质量的重要指标，发明专利数量又是其中更为重要的指标。② 以发明专利授权量来反映一定时期发明专利产生的数量，是科技创新的成果之一，侧面反映了区域的原始创新能力
	技术合同成交额	技术市场的发展和技术成果交易的繁荣对科技创新成果迅速转化为生产力具有十分重要的作用。③ 本指标主要反映各县（市、区）成果转化的现状
	GDP增长百分比	区域内GDP较上一年增长百分比反映了地方经济发展状况
	万人财政收入	从地方财政收入状况来反映当地经济发展
	第三产业占GDP比重	转变经济增长方式、提高经济增长质量的重要途径是产业结构优化升级，产业结构调整的重要任务就是发展先进制造业、提高服务业比重，而科技创新为产业结构优化升级提供了发展动力和根本保障。一般而言，经济社会发展水平高的地区，服务业占的比重也较大。④ 第三产业占GDP比重反映了区域内当年第三产业发展和经济转型发展
	居民人均可支配收入	从当地人民经济收入水平来反映当地的社会生活水平
	万人社会消费品零售额	从当地消费支出来反映当地的社会生活水平
	城镇化率	通常用市人口和镇驻地聚集区人口占全部人口（人口数据均用常住人口而非户籍人口）的百分比来表示，反映人口向城市聚集的过程和聚集程度
	空气质量指数	根据环境空气质量标准和各项污染物对人体健康、生态、环境的影响，将常规监测的几种空气污染物浓度简化成单一的概念性指数值形式。参与空气质量评价的主要污染物为细颗粒物（$PM_{2.5}$）、可吸入颗粒物（PM_{10}）、二氧化硫、二氧化氮、臭氧、一氧化碳六项。为响应江西省生态文明试验区建设增加本指标

---

①②③ 全国科技进步统计监测及综合评价课题组.2014全国科技进步统计监测报告.
④ 王秋林，万玲，邹慧.江西省科技进步监测指标体系修订的设想.南昌工程学院学报，2015，34（6）：55-59.

第二章 江西省县域科技创新能力指标得分评价

第一节 科技创新能力得分总体评价

2017年度江西省县域科技创新能力总得分中，最高分为青云谱区（95.28分，南昌市），最低分为横峰县（46.25分，上饶市）。江西省平均得分为58.67分，略高于江西省的县级市平均水平（57.71分），但远低于江西省的区平均水平（64.58分）。根据各县（市、区）科技创新能力总得分情况，将江西省100个县（市、区）划分为七类（图2-1、图2-2、表2-1）。

表2-1 江西省100个县（市、区）科技创新能力总得分划分类别

类别	描述
第一类	科技创新能力总得分在80分以上的地区有2个，为青云谱区（南昌市）和青山湖区（南昌市）。与上一年相比没有变化
第二类	科技创新能力总得分在70~80分的地区有3个，为昌江区（景德镇市）、珠山区（景德镇市）、章贡区（赣州市）
第三类	科技创新能力总得分在60~70分的地区有湾里区等21个
第四类	科技创新能力总得分在58.67~60分的地区有临川区等15个，居于江西省平均水平之上。江西省平均水平之上的县（市、区）共有41个，较上一年增加5个
第五类	科技创新能力总得分在55~58.67分的地区有永修县等33个

续表

类别	描述
第六类	科技创新能力总得分在 50～55 分的地区有乐平市等 23 个
第七类	科技创新能力总得分在 50 分以下的地区有 3 个，为鄱阳县、余干县、横峰县

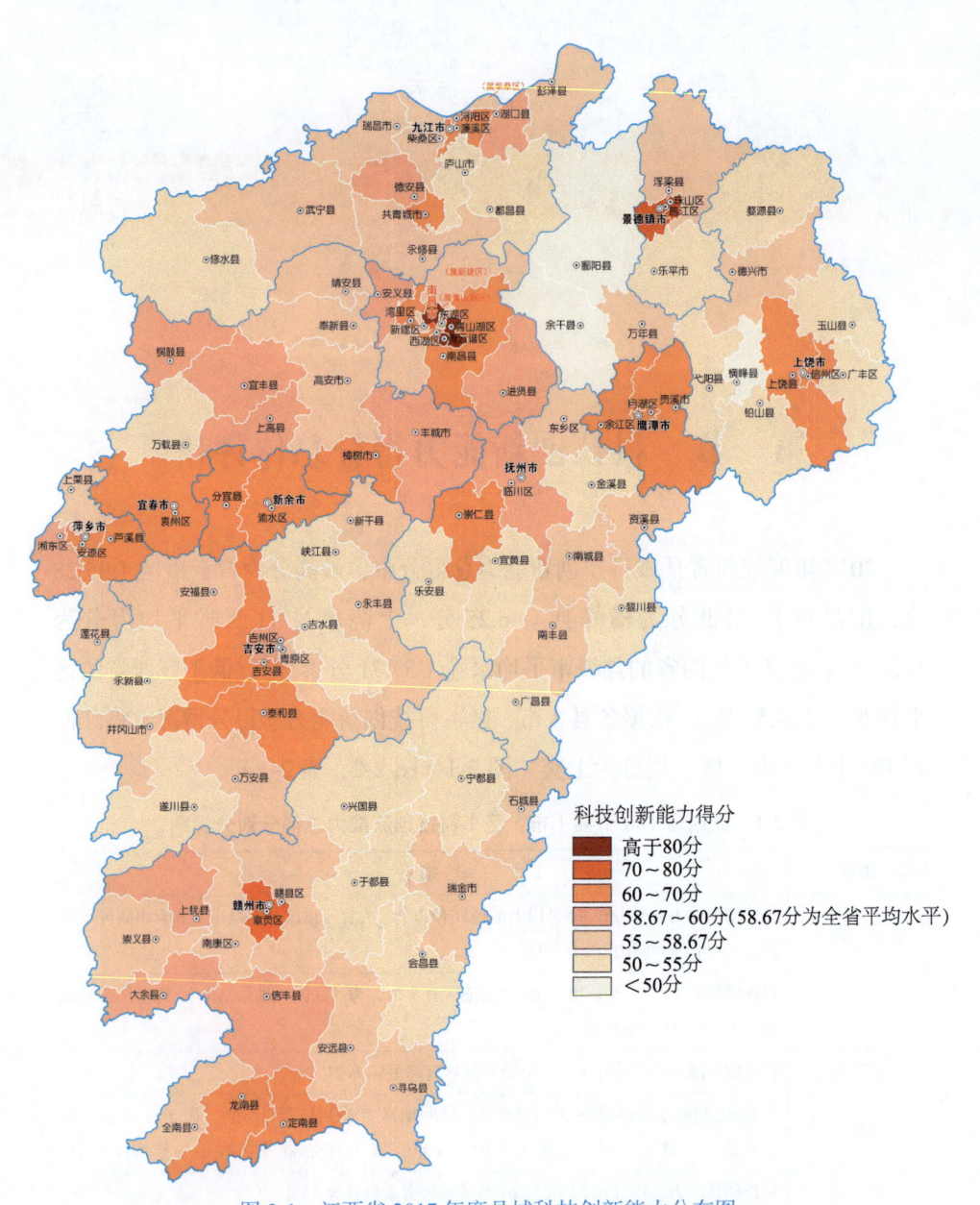

图 2-1　江西省 2017 年度县域科技创新能力分布图

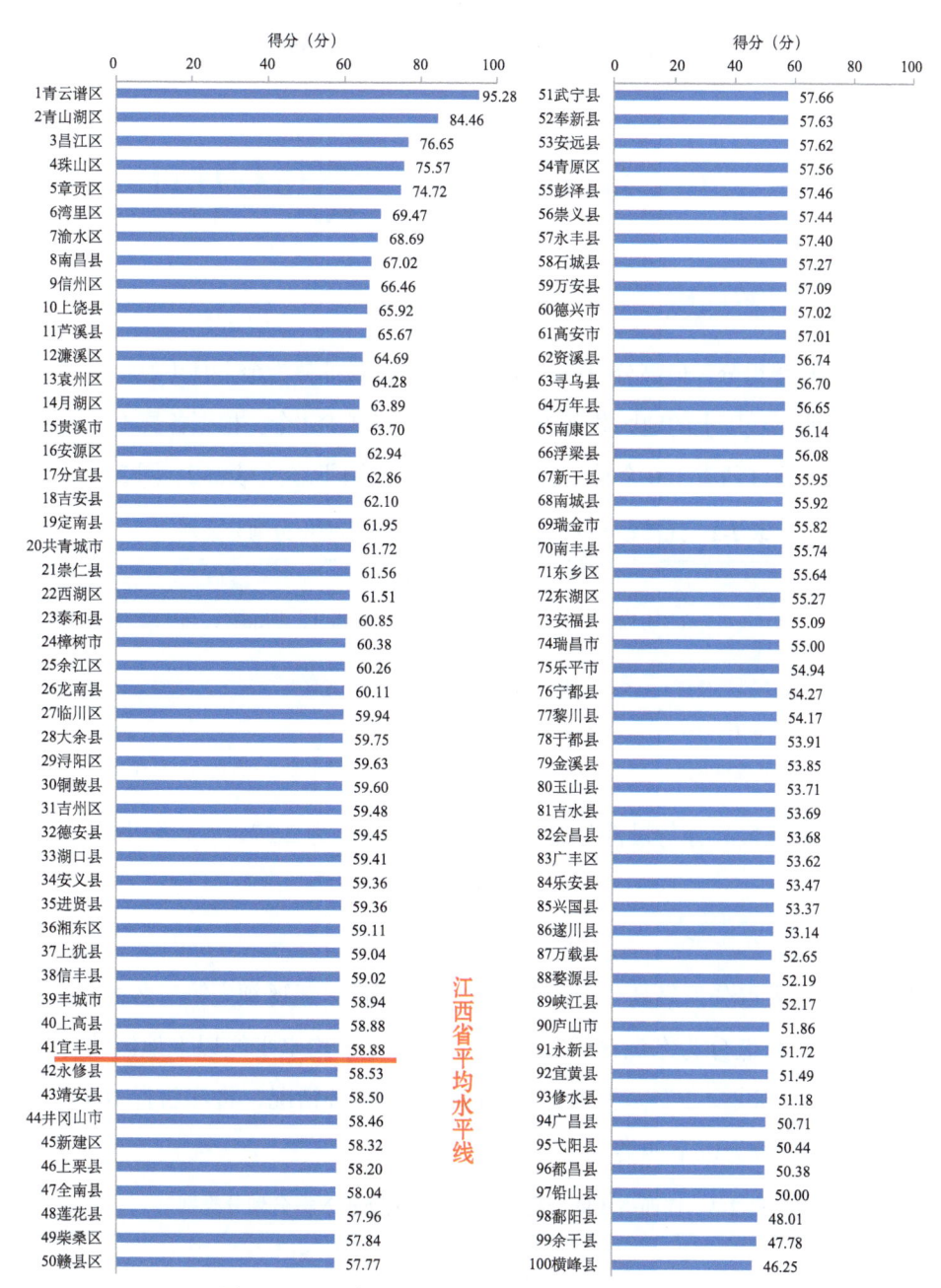

排名	地区	得分	排名	地区	得分
1	青云谱区	95.28	51	武宁县	57.66
2	青山湖区	84.46	52	奉新县	57.63
3	昌江区	76.65	53	安远县	57.62
4	珠山区	75.57	54	青原区	57.56
5	章贡区	74.72	55	彭泽县	57.46
6	湾里区	69.47	56	崇义县	57.44
7	渝水区	68.69	57	永丰县	57.40
8	南昌县	67.02	58	石城县	57.27
9	信州区	66.46	59	万安县	57.09
10	上饶县	65.92	60	德兴市	57.02
11	芦溪县	65.67	61	高安市	57.01
12	濂溪区	64.69	62	资溪县	56.74
13	袁州区	64.28	63	寻乌县	56.70
14	月湖区	63.89	64	万年县	56.65
15	贵溪市	63.70	65	南康区	56.14
16	安源区	62.94	66	浮梁县	56.08
17	分宜县	62.86	67	新干县	55.95
18	吉安县	62.10	68	南城县	55.92
19	定南县	61.95	69	瑞金市	55.82
20	共青城市	61.72	70	南丰县	55.74
21	崇仁县	61.56	71	东乡区	55.64
22	西湖区	61.51	72	东湖区	55.27
23	泰和县	60.85	73	安福县	55.09
24	樟树市	60.38	74	瑞昌市	55.00
25	余江区	60.26	75	乐平市	54.94
26	龙南县	60.11	76	宁都县	54.27
27	临川区	59.94	77	黎川县	54.17
28	大余县	59.75	78	于都县	53.91
29	浔阳区	59.63	79	金溪县	53.85
30	铜鼓县	59.60	80	玉山县	53.71
31	吉州区	59.48	81	吉水县	53.69
32	德安县	59.45	82	会昌县	53.68
33	湖口县	59.41	83	广丰区	53.62
34	安义县	59.36	84	乐安县	53.47
35	进贤县	59.36	85	兴国县	53.37
36	湘东区	59.11	86	遂川县	53.14
37	上犹县	59.04	87	万载县	52.65
38	信丰县	59.02	88	婺源县	52.19
39	丰城市	58.94	89	峡江县	52.17
40	上高县	58.88	90	庐山市	51.86
41	宜丰县	58.88	91	永新县	51.72
42	永修县	58.53	92	宜黄县	51.49
43	靖安县	58.50	93	修水县	51.18
44	井冈山市	58.46	94	广昌县	50.71
45	新建区	58.32	95	弋阳县	50.44
46	上栗县	58.20	96	都昌县	50.38
47	全南县	58.04	97	铅山县	50.00
48	莲花县	57.96	98	鄱阳县	48.01
49	柴桑区	57.84	99	余干县	47.78
50	赣县区	57.77	100	横峰县	46.25

图 2-2　江西省 2017 年度县域科技创新能力总得分

从具体分值来看，青云谱区（95.28 分，南昌市）遥遥领先，远高于第二名（青山湖区，84.46 分，南昌市）、第三名（昌江区，76.65 分，景德镇市）。但排名第一、第二、第三之间的差距较上一年缩小。

最高分与最低分比值为 2.06，相比于上一年（2.49）差距缩小。

第二节　科技创新能力一级指标评价

一、创新环境

创新环境得分，最高分为章贡区（5.97 分），最低分为余干县（2.96 分），江西省平均水平线以上的地区共有 38 个，较上一年减少 4 个。根据各县（市、区）得分情况，将江西省 100 个县（市、区）划分为以下四类（表 2-2、图 2-3）。

表 2-2　江西省 100 个县（市、区）创新环境得分划分类别

类别	描述
第一类	创新环境得分在 5 分以上的地区有 6 个，为章贡区、南昌县、青山湖区、昌江区、南康区和湾里区
第二类	创新环境得分在 4～5 分的地区，共有共青城市等 32 个地区
第三类	创新环境得分在 3.5～4 分的地区，共有临川区等 49 个
第四类	创新环境得分低于 3.5 分的地区，共有铅山县等 13 个。其中低于 3 分的地区只有余干县一个

创新环境最高分与最低分比值为 2.02，上一年为 2.27，差距缩小。

二、创新投入

创新投入得分，最高分为青云谱区（9.17 分），遥遥领先第二名青山湖区（6.38 分），最低分为东湖区（2.76 分）。江西省平均水平线以上地区共有 31 个，较上一年减少 2 个。根据各县（市、区）得分情况，将江西省 100 个县（市、区）划分为以下四类（表 2-3、图 2-4）。

表 2-3　江西省 100 个县（市、区）创新投入得分划分类别

类别	描述
第一类	创新投入得分在 5 分以上的地区共有 5 个，为青云谱区、青山湖区、珠山区、贵溪市、昌江区
第二类	创新投入得分在 4～5 分的地区，共有渝水区等 26 个
第三类	创新投入得分在 3.5～4 分的地区，共有会昌县等 63 个
第四类	创新投入得分在 3.5 分以下的地区共有 6 个，有弋阳县、铅山县、横峰县、鄱阳县、余干县和东湖区。其中低于 3 分的只有东湖区

创新投入最高分与最低分比值为 3.32，上一年为 3.96，差距缩小。

排名	区县	得分（分）	排名	区县	得分（分）
1	章贡区	5.97	51	东湖区	3.91
2	南昌县	5.71	52	龙南县	3.91
3	青山湖区	5.25	53	上高县	3.90
4	昌江区	5.20	54	余江区	3.88
5	南康区	5.15	55	瑞昌市	3.87
6	湾里区	5.07	56	湖口县	3.86
7	共青城市	4.96	57	铜鼓县	3.84
8	青云谱区	4.90	58	万载县	3.83
9	渝水区	4.72	59	寻乌县	3.83
10	丰城市	4.65	60	彭泽县	3.82
11	浮梁县	4.61	61	金溪县	3.82
12	新建区	4.52	62	吉安县	3.81
13	资溪县	4.51	63	月湖区	3.80
14	贵溪市	4.47	64	定南县	3.80
15	樟树市	4.42	65	东乡区	3.80
16	井冈山市	4.35	66	湘东区	3.77
17	濂溪区	4.35	67	于都县	3.77
18	永修县	4.33	68	兴国县	3.77
19	石城县	4.32	69	信州区	3.76
20	分宜县	4.31	70	安福县	3.76
21	安义县	4.30	71	婺源县	3.75
22	大余县	4.29	72	南城县	3.73
23	新干县	4.26	73	吉水县	3.72
24	赣县区	4.25	74	玉山县	3.72
25	芦溪县	4.23	75	南丰县	3.71
26	德兴市	4.22	76	广丰区	3.68
27	德安县	4.20	77	乐平市	3.67
28	全南县	4.18	78	庐山市	3.67
29	青原区	4.17	79	宁都县	3.65
30	西湖区	4.16	80	进贤县	3.63
31	信丰县	4.16	81	上饶县	3.63
32	上栗县	4.13	82	修水县	3.63
33	安源区	4.08	83	崇义县	3.62
34	武宁县	4.07	84	宜黄县	3.61
35	浔阳区	4.07	85	吉州区	3.60
36	袁州区	4.05	86	珠山区	3.55
37	万安县	4.04	87	莲花县	3.54
38	柴桑区	4.00	88	铅山县	3.47
39	临川区	3.99	89	泰和县	3.45
40	靖安县	3.99	90	弋阳县	3.43
41	高安市	3.99	91	遂川县	3.41
42	黎川县	3.98	92	都昌县	3.39
43	永丰县	3.98	93	会昌县	3.38
44	上犹县	3.98	94	鄱阳县	3.38
45	瑞金市	3.95	95	峡江县	3.33
46	安远县	3.95	96	横峰县	3.29
47	崇仁县	3.95	97	永新县	3.29
48	宜丰县	3.93	98	广昌县	3.24
49	奉新县	3.93	99	乐安县	3.23
50	万年县	3.91	100	余干县	2.96

江西省平均水平线（38 柴桑区 4.00）

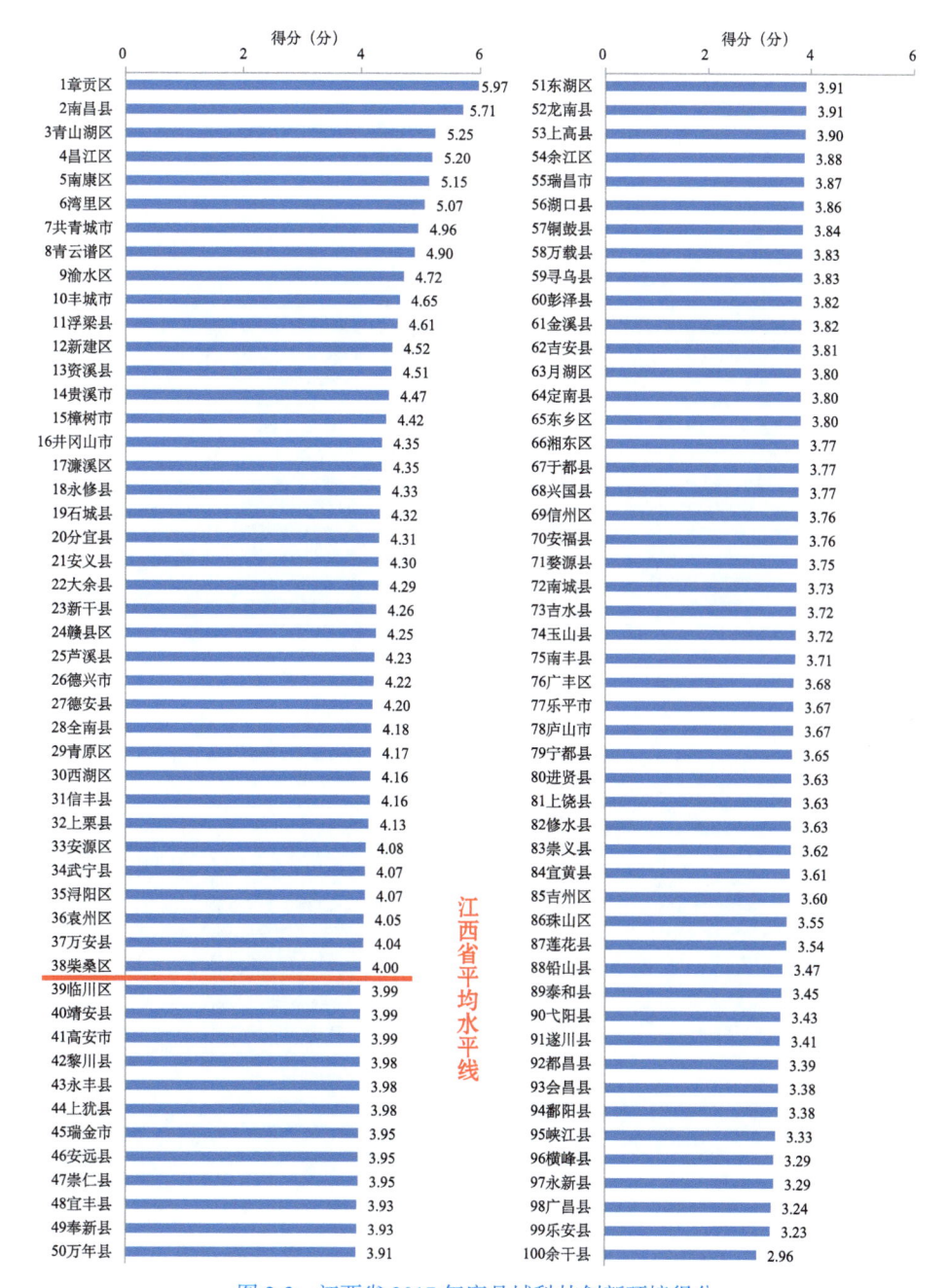

图 2-3　江西省 2017 年度县域科技创新环境得分

排名	县域	得分（分）	排名	县域	得分（分）
1	青云谱区	9.17	51	浔阳区	3.84
2	青山湖区	6.38	52	乐平市	3.83
3	珠山区	5.94	53	赣县区	3.83
4	贵溪市	5.38	54	丰城市	3.82
5	昌江区	5.02	55	瑞金市	3.82
6	渝水区	4.91	56	全南县	3.78
7	莲花县	4.86	57	遂川县	3.78
8	湖口县	4.77	58	万年县	3.78
9	上饶县	4.74	59	崇仁县	3.77
10	芦溪县	4.55	60	东乡区	3.77
11	余江县	4.45	61	乐安县	3.77
12	濂溪区	4.34	62	万安县	3.77
13	大余县	4.33	63	湘东区	3.76
14	彭泽县	4.32	64	龙南县	3.75
15	月湖区	4.31	65	资溪县	3.75
16	章贡区	4.31	66	奉新县	3.75
17	分宜县	4.29	67	安义县	3.72
18	寻乌县	4.27	68	宜黄县	3.72
19	石城县	4.25	69	于都县	3.71
20	上高县	4.24	70	南城县	3.71
21	崇义县	4.22	71	进贤县	3.71
22	安远县	4.22	72	新建区	3.70
23	铜鼓县	4.20	73	武宁县	3.69
24	泰和县	4.17	74	峡江县	3.68
25	定南县	4.15	75	南康区	3.67
26	吉安县	4.13	76	新干县	3.67
27	靖安县	4.11	77	瑞昌市	3.65
28	湾里区	4.10	78	都昌县	3.65
29	浮梁县	4.08	79	永丰县	3.65
30	井冈山市	4.03	80	万载县	3.64
31	高安市	4.00	81	黎川县	3.64
32	会昌县	3.99	82	青原区	3.63
33	宜丰县	3.98	83	南丰县	3.62
34	柴桑区	3.98	84	安福县	3.62
35	共青城市	3.96	85	西湖区	3.61
36	上栗县	3.95	86	德兴市	3.60
37	安源区	3.94	87	婺源县	3.60
38	信丰县	3.93	88	吉水县	3.58
39	宁都县	3.93	89	庐山市	3.56
40	兴国县	3.93	90	广昌县	3.55
41	樟树市	3.92	91	玉山县	3.54
42	金溪县	3.92	92	上犹县	3.54
43	吉州区	3.91	93	修水县	3.52
44	袁州区	3.89	94	广丰区	3.51
45	永修县	3.86	95	弋阳县	3.44
46	临川区	3.86	96	铅山县	3.42
47	永新县	3.86	97	横峰县	3.28
48	信州区	3.85	98	鄱阳县	3.21
49	南昌县	3.85	99	余干县	3.12
50	德安县	3.84	100	东湖区	2.76

江西省平均水平线

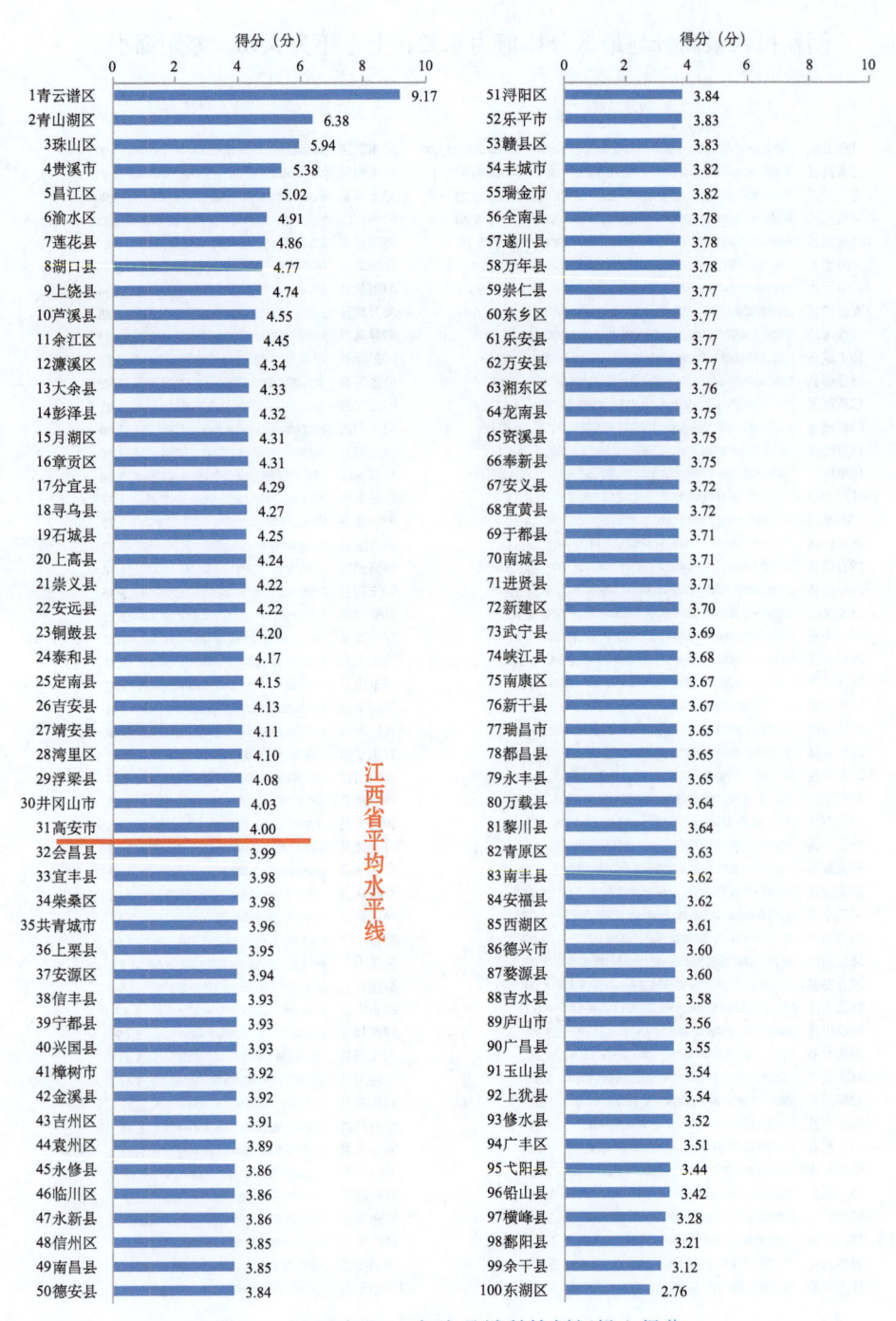

图2-4 江西省2017年度县域科技创新投入得分

三、创新成效

创新成效得分,最高分为青山湖区(6.05 分),最低分为庐山市(3.14 分),江西省平均水平线以上的地区有 40 个,较上一年减少 3 个。根据各县(市、区)得分情况,将江西省 100 个县(市、区)划分为以下四类(表 2-4、图 2-5)。

表 2-4　江西省 100 个县(市、区)创新成效得分划分类别

类别	描述
第一类	创新成效得分在 6 分以上的地区只有青山湖区(6.05 分)
第二类	创新成效得分在 5~6 分的地区共有 7 个,为昌江区、珠山区、青云谱区、上饶县、信州区、章贡区、袁州区
第三类	创新成效得分在 4~5 分的地区有崇仁县等 32 个
第四类	创新成效得分在 4 分以下的地区有奉新县等 60 个。最低分为庐山市(3.14 分)

创新成效最高分与最低分比值为 1.93,上一年为 2.38,差距缩小。

四、经济社会发展

创新促进经济社会发展得分,最高分为西湖区(6.65 分),最低分为横峰县(2.68 分),江西省平均水平线以上的地区有 32 个,较上一年减少 1 个。根据各县(市、区)得分情况,将江西省 100 个县(市、区)划分为以下五类(表 2-5、图 2-6)。

表 2-5　江西省 100 个县(市、区)经济社会发展得分划分类别

类别	描述
第一类	经济社会发展得分在 6 分以上的地区共有 2 个,为西湖区、东湖区
第二类	经济社会发展得分为 5~6 分的地区共有 5 个,为青云谱区、浔阳区、湾里区、章贡区、月湖区
第三类	经济社会发展得分为 4~5 分的地区共有信州区等 25 个
第四类	经济社会发展得分为 3~4 分的地区共有资溪县等 67 个
第五类	经济社会发展得分在 3 分以下的地区只有 1 个,为横峰县

经济社会发展最高分与最低分比值为 2.48,上一年为 2.33,差距扩大。

排名	县区	得分
1	青山湖区	6.05
2	昌江区	5.87
3	珠山区	5.55
4	青云谱区	5.42
5	上饶县	5.30
6	信州区	5.29
7	章贡区	5.19
8	袁州区	5.10
9	崇仁县	4.99
10	吉安县	4.82
11	芦溪县	4.82
12	湾里区	4.82
13	渝水区	4.75
14	泰和县	4.71
15	进贤县	4.69
16	南昌县	4.60
17	上犹县	4.59
18	定南县	4.57
19	龙南县	4.53
20	湘东区	4.52
21	安源区	4.44
22	临川区	4.42
23	濂溪区	4.35
24	分宜县	4.31
25	月湖区	4.30
26	余江区	4.20
27	信丰县	4.20
28	永丰县	4.19
29	吉州区	4.18
30	安义县	4.17
31	铜鼓县	4.16
32	宜丰县	4.14
33	上栗县	4.12
34	德安县	4.12
35	樟树市	4.10
36	武宁县	4.10
37	万安县	4.09
38	青原区	4.09
39	全南县	4.03
40	赣县区	4.03
41	奉新县	3.98
42	蓉桑区	3.96
43	南丰县	3.94
44	丰城市	3.93
45	永修县	3.93
46	靖安县	3.92
47	安福县	3.91
48	万年县	3.89
49	大余县	3.87
50	新建区	3.87
51	上高县	3.86
52	南城县	3.85
53	崇义县	3.85
54	东乡区	3.83
55	乐安县	3.81
56	共青城市	3.78
57	乐平市	3.76
58	瑞昌市	3.76
59	高安市	3.75
60	新干县	3.74
61	安远县	3.73
62	瑞金市	3.71
63	莲花县	3.71
64	吉水县	3.70
65	彭泽县	3.66
66	遂川县	3.63
67	湖口县	3.63
68	德兴市	3.63
69	寻乌县	3.61
70	贵溪市	3.60
71	宁都县	3.59
72	玉山县	3.59
73	资溪县	3.57
74	井冈山市	3.56
75	于都县	3.56
76	西湖区	3.56
77	峡江县	3.55
78	余干县	3.50
79	石城县	3.49
80	黎川县	3.48
81	广丰区	3.47
82	浔阳区	3.45
83	会昌县	3.45
84	兴国县	3.45
85	永新县	3.42
86	东湖区	3.41
87	金溪县	3.39
88	浮梁县	3.39
89	万载县	3.38
90	南康区	3.35
91	广昌县	3.34
92	鄱阳县	3.34
93	都昌县	3.34
94	修水县	3.33
95	弋阳县	3.32
96	婺源县	3.27
97	宜黄县	3.25
98	横峰县	3.20
99	铅山县	3.19
100	庐山市	3.14

江西省平均水平线

图 2-5　江西省 2017 年度县域科技创新成效得分

排名	地区	得分（分）	排名	地区	得分（分）
1	西湖区	6.65	51	全南县	3.85
2	东湖区	6.15	52	武宁县	3.84
3	青云谱区	5.94	53	安远县	3.83
4	浔阳区	5.80	54	丰城市	3.82
5	湾里区	5.30	55	瑞金市	3.82
6	章贡区	5.26	56	青原区	3.81
7	月湖区	5.20	57	铅山县	3.80
8	信州区	4.99	58	广昌县	3.80
9	安源区	4.83	59	大余县	3.79
10	珠山区	4.76	60	柴桑区	3.79
11	濂溪区	4.76	61	于都县	3.77
12	共青城市	4.68	62	瑞昌市	3.76
13	青山湖区	4.62	63	湘东区	3.76
14	德兴市	4.58	64	进贤县	3.74
15	吉州区	4.57	65	东乡区	3.74
16	南昌县	4.45	66	寻乌县	3.74
17	井冈山市	4.41	67	新干县	3.73
18	广丰区	4.30	68	上犹县	3.72
19	昌江区	4.23	69	泰和县	3.72
20	庐山市	4.20	70	永丰县	3.72
21	分宜县	4.19	71	石城县	3.71
22	奉新县	4.15	72	弋阳县	3.71
23	樟树市	4.15	73	万载县	3.68
24	德安县	4.13	74	金溪县	3.67
25	袁州区	4.11	75	安福县	3.67
26	定南县	4.09	76	信丰县	3.66
27	渝水区	4.09	77	吉安县	3.65
28	上高县	4.08	78	吉水县	3.65
29	安义县	4.07	79	乐平市	3.64
30	新建区	4.05	80	修水县	3.64
31	南城县	4.03	81	峡江县	3.63
32	龙南县	4.01	82	宁都县	3.60
33	资溪县	3.98	83	宜黄县	3.60
34	玉山县	3.97	84	南康区	3.60
35	贵溪市	3.97	85	乐安县	3.57
36	永修县	3.96	86	余江区	3.57
37	南丰县	3.93	87	遂川县	3.57
38	靖安县	3.92	88	赣县区	3.56
39	湖口县	3.91	89	崇仁县	3.53
40	黎川县	3.91	90	万安县	3.50
41	宜丰县	3.91	91	上栗县	3.49
42	芦溪县	3.90	92	永新县	3.44
43	万年县	3.90	93	兴国县	3.40
44	临川区	3.89	94	浮梁县	3.39
45	婺源县	3.89	95	莲花县	3.34
46	彭泽县	3.89	96	余干县	3.32
47	高安市	3.87	97	都昌县	3.32
48	铜鼓县	3.87	98	上饶县	3.32
49	崇义县	3.86	99	鄱阳县	3.12
50	会昌县	3.86	100	横峰县	2.68

（32 龙南县 4.01 — 江西省平均水平线）

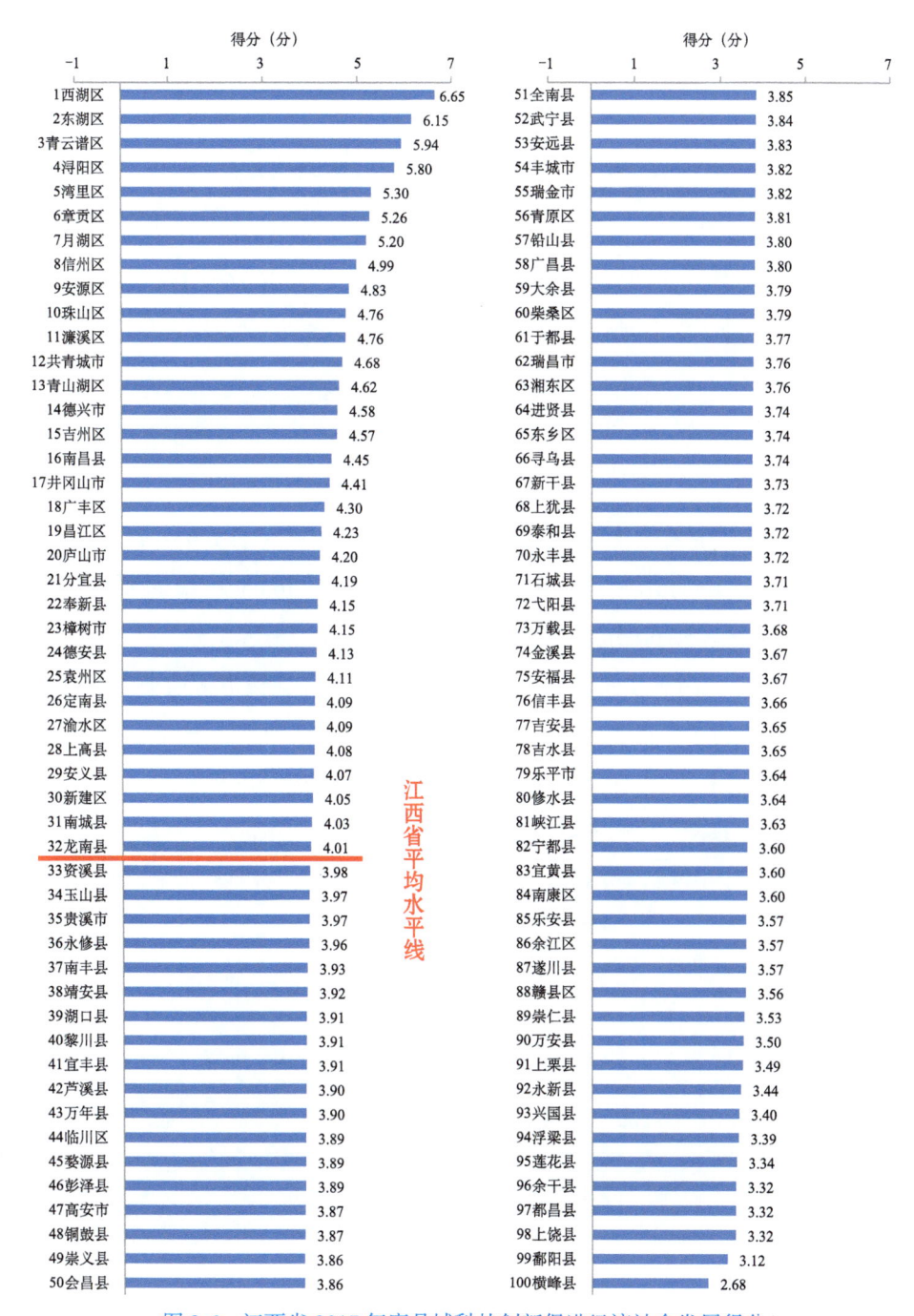

图 2-6 江西省 2017 年度县域科技创新促进经济社会发展得分

第三节　区、县级市比较

截至 2017 年,江西省 100 个县(市、区)中,共有 26 个区、11 个县级市。为更细致地了解各地区科技创新能力在江西省的状况,报告将区、县级市分类比较。

一、区

江西省 26 个区中,创新能力总得分最高的三个区(表 2-6)分别是青云谱区(95.28 分)、青山湖区(84.46 分)和昌江区(76.65 分),最低的三个区分别是东乡区(55.64 分)、东湖区(55.27 分)和广丰区(53.62 分)。平均得分为 64.58 分,高于江西省平均水平(58.67 分)和县级市平均水平(57.71 分),表明江西省各区的科技创新能力总体上要强于县和县级市。

表 2-6　江西省 26 个区科技创新能力评价指标得分与位次

地区名称	总得分 得分(分)	排名	创新环境 得分(分)	排名	创新投入 得分(分)	排名	创新成效 得分(分)	排名	经济社会发展 得分(分)	排名
青云谱区	95.28	1	4.90	6	9.17	1	5.42	4	5.94	3
青山湖区	84.46	2	5.25	2	6.38	2	6.05	1	4.62	12
昌江区	76.65	3	5.20	3	5.02	4	5.87	2	4.23	15
珠山区	75.57	4	3.55	26	5.94	3	5.55	3	4.76	10
章贡区	74.72	5	5.97	1	4.31	9	5.19	6	5.26	6
湾里区	69.47	6	5.07	5	4.10	10	4.82	8	5.30	5
渝水区	68.69	7	4.72	7	4.91	5	4.75	9	4.09	17
信州区	66.46	8	3.76	23	3.85	16	5.29	5	4.99	8
濂溪区	64.69	9	4.35	9	4.34	7	4.35	13	4.76	11
袁州区	64.28	10	4.05	15	3.89	14	5.10	7	4.11	16
月湖区	63.89	11	3.80	20	4.31	8	4.30	14	5.20	7

续表

地区名称	总得分 得分（分）	排名	创新环境 得分（分）	排名	创新投入 得分（分）	排名	创新成效 得分（分）	排名	经济社会发展 得分（分）	排名
安源区	62.94	12	4.08	13	3.94	12	4.44	11	4.83	9
西湖区	61.51	13	4.16	12	3.61	24	3.56	22	6.65	1
余江区	60.26	14	3.88	19	4.45	6	4.20	15	3.57	25
临川区	59.94	15	3.99	17	3.86	15	4.42	12	3.89	19
浔阳区	59.63	16	4.07	14	3.84	17	3.45	24	5.80	4
吉州区	59.48	17	3.60	25	3.91	13	4.18	16	4.57	13
湘东区	59.11	18	3.77	22	3.76	20	4.52	10	3.76	22
新建区	58.32	19	4.52	8	3.70	21	3.87	20	4.05	18
柴桑区	57.84	20	4.00	16	3.98	11	3.96	19	3.79	21
赣县区	57.77	21	4.25	10	3.83	18	4.03	18	3.56	26
青原区	57.56	22	4.17	11	3.63	23	4.09	17	3.81	20
南康区	56.14	23	5.15	4	3.67	22	3.35	26	3.60	24
东乡区	55.64	24	3.80	21	3.77	19	3.83	21	3.74	23
东湖区	55.27	25	3.91	18	2.76	26	3.41	25	6.15	2
广丰区	53.62	26	3.68	24	3.51	25	3.47	23	4.30	14
平均	64.58		4.29		4.32		4.44		4.59	

　　创新环境方面，得分最高的是章贡区（5.97分），其次是青山湖区（5.25分）、昌江区（5.20分）；得分最低的三个区分别是广丰区（3.68分）、吉州区（3.60分）和珠山区（3.55分）。

　　创新投入方面，得分最高的三个区分别是青云谱区（9.17分）、青山湖区（6.38分）和珠山区（5.94分）；得分最低的三个区分别是西湖区（3.61分）、广丰区（3.51分）和东湖区（2.76分）。

　　创新成效方面，得分最高的三个区分别是青山湖区（6.05分）、昌江区（5.87分）和珠山区（5.55分）；得分最低的三个区分别是浔阳区（3.45分）、东湖区（3.41分）和南康区（3.35分）。

　　经济社会发展方面，得分最高的三个区分别是为西湖区（6.65分）、东湖区（6.15分）和青云谱区（5.94分）；得分最低的三个区分别是南康区（3.60

分）、余江区（3.57分）和赣县区（3.56分）。

二、县级市

江西省11个县级市中，创新能力总得分最高的三个市（表2-7）分别是贵溪市（63.70分）、共青城市（61.72分）和樟树市（60.38分）；最低的三个市分别是瑞昌市（55.00分）、乐平市（54.94分）和庐山市（51.86分）。县级市平均水平为57.71分，略低于江西省平均水平（58.67分），但远低于区平均水平（64.58分）。

表2-7 江西省11个县级市科技创新能力评价指标得分与位次

地区名称	总得分 得分（分）	总得分 排名	创新环境 得分（分）	创新环境 排名	创新投入 得分（分）	创新投入 排名	创新成效 得分（分）	创新成效 排名	经济社会发展 得分（分）	经济社会发展 排名
贵溪市	63.70	1	4.47	3	5.38	1	3.60	9	3.97	6
共青城市	61.72	2	4.96	1	3.96	4	3.78	3	4.68	1
樟树市	60.38	3	4.42	4	3.92	5	4.10	1	4.15	5
丰城市	58.94	4	4.65	2	3.82	7	3.93	2	3.82	8
井冈山市	58.46	5	4.35	5	4.03	2	3.56	10	4.41	3
德兴市	57.02	6	4.22	6	3.60	10	3.63	8	4.58	2
高安市	57.01	7	3.99	7	4.00	3	3.75	6	3.87	7
瑞金市	55.82	8	3.95	8	3.82	8	3.71	7	3.82	9
瑞昌市	55.00	9	3.87	9	3.65	9	3.76	5	3.76	10
乐平市	54.94	10	3.67	10	3.83	6	3.76	4	3.64	11
庐山市	51.86	11	3.67	11	3.56	11	3.14	11	4.20	4
平均	57.71		4.20		3.96		3.70		4.08	

创新环境方面，得分最高的三个市分别是共青城市（4.96分）、丰城市（4.65分）和贵溪市（4.47分）；得分最低的三个市分别是瑞昌市（3.87分）、乐平市（3.67分）和庐山市（3.67分）。

创新投入方面，得分最高的三个市分别是贵溪市（5.38分）、井冈山市（4.03分）和高安市（4.00分）；得分最低的三个市分别是瑞昌市（3.65分）、德兴市（3.60分）和庐山市（3.56分）。

创新成效方面，得分最高的三个市分别是樟树市（4.10分）、丰城市（3.93分）和共青城市（3.78分）；得分最低的三个市分别是贵溪市（3.60分）、井冈山市（3.56分）和庐山市（3.14分）。

经济社会发展方面，得分最高的三个市分别是共青城市（4.68分）、德兴市（4.58分）和井冈山市（4.41分）；得分最低的三个市分别是瑞金市（3.82分）、瑞昌市（3.76分）和乐平市（3.64分）。

第四节 江西省主体功能区规划县（市、区）分类比较

根据江西省政府2013年发布的《江西省主体功能区规划》，将江西省国土空间划分为重点开发区域、限制开发区域和禁止开发区域。其中重点开发区域包括35个县（市、区），限制开发区域又分为农产品主产区（包括33个县、市、区）和重点生态功能区（包括32个县、市、区）。所以，本报告以此规划为依据，进行分类比较。

一、重点开发区域（一类）

重点开发区域的35个地区中，创新能力总得分最高的三个地区（表2-8）分别是青云谱区（95.28分）、青山湖区（84.46分）和昌江区（76.65分）；得分最低的三个地区分别是瑞昌市（55.00分）、乐平市（54.94分）和广丰区（53.62分）。重点开发区域科技创新能力平均得分63.35分，高于江西省平均水平（58.67分），低于江西省的区平均水平（64.58分），高于江西省县级市平均水平（57.71分）。

创新环境方面，重点开发区域中得分最高的三个地区分别是章贡区（5.97分）、南昌县（5.71分）和青山湖区（5.25分）；得分最低的三个地区分别是上饶县（3.63分）、吉州区（3.60分）和珠山区（3.55分）。

创新投入方面，重点开发区域中得分最高的三个地区分别是青云谱区（9.17分）、青山湖区（6.38分）和珠山区（5.94分）；得分最低的三个地区分别是西湖区（3.61分）、广丰区（3.51分）和东湖区（2.76分）。

创新成效方面，重点开发区域中得分最高的三个地区分别是青山湖区（6.05分）、昌江区（5.87分）和珠山区（5.55分）；得分最低的三个地区分别是浔阳区（3.45分）、东湖区（3.41分）和南康区（3.35分）。

经济社会发展方面，重点开发区域中得分最高的三个地区分别是西湖区（6.65分）、东湖区（6.15分）和青云谱区（5.94分）；得分最低的三个地区分别是南康区（3.60分）、赣县区（3.56分）和上饶县（3.32分）。

表2-8 江西省重点开发区域（一类）科技创新能力评价指标得分与位次

地区名称	总得分 得分（分）	排名	创新环境 得分（分）	排名	创新投入 得分（分）	排名	创新成效 得分（分）	排名	经济社会发展 得分（分）	排名
青云谱区	95.28	1	4.90	7	9.17	1	5.42	4	5.94	3
青山湖区	84.46	2	5.25	3	6.38	2	6.05	1	4.62	12
昌江区	76.65	3	5.20	4	5.02	5	5.87	2	4.23	16
珠山区	75.57	4	3.55	35	5.94	3	5.55	3	4.76	9
章贡区	74.72	5	5.97	1	4.31	12	5.19	7	5.26	5
渝水区	68.69	6	4.72	8	4.91	6	4.75	10	4.09	19
南昌县	67.02	7	5.71	2	3.85	23	4.60	11	4.45	14
信州区	66.46	8	3.76	30	3.85	22	5.29	6	4.99	7
上饶县	65.92	9	3.63	33	4.74	8	5.30	5	3.32	35
濂溪区	64.69	10	4.35	13	4.34	9	4.35	15	4.76	10
袁州区	64.28	11	4.05	19	3.89	20	5.10	8	4.11	18
月湖区	63.89	12	3.80	28	4.31	11	4.30	16	5.20	6
贵溪市	63.70	13	4.47	11	5.38	4	3.60	30	3.97	21
安源区	62.94	14	4.08	17	3.94	17	4.44	13	4.83	8
吉安县	62.10	15	3.81	27	4.13	13	4.82	9	3.65	31
共青城市	61.72	16	4.96	6	3.96	16	3.78	24	4.68	11
西湖区	61.51	17	4.16	16	3.61	33	3.56	31	6.65	1
樟树市	60.38	18	4.42	12	3.92	18	4.10	18	4.15	17

续表

地区名称	总得分 得分（分）	总得分 排名	创新环境 得分（分）	创新环境 排名	创新投入 得分（分）	创新投入 排名	创新成效 得分（分）	创新成效 排名	经济社会发展 得分（分）	经济社会发展 排名
临川区	59.94	19	3.99	21	3.86	21	4.42	14	3.89	23
浔阳区	59.63	20	4.07	18	3.84	24	3.45	33	5.80	4
吉州区	59.48	21	3.60	34	3.91	19	4.18	17	4.57	13
湖口县	59.41	22	3.86	25	4.77	7	3.63	29	3.91	22
湘东区	59.11	23	3.77	29	3.76	28	4.52	12	3.76	30
丰城市	58.94	24	4.65	9	3.82	27	3.93	22	3.82	26
新建区	58.32	25	4.52	10	3.70	29	3.87	23	4.05	20
柴桑区	57.84	26	4.00	20	3.98	15	3.96	21	3.79	28
赣县区	57.77	27	4.25	14	3.83	26	4.03	20	3.56	34
青原区	57.56	28	4.17	15	3.63	32	4.09	19	3.81	27
彭泽县	57.46	29	3.82	26	4.32	10	3.66	28	3.89	24
高安市	57.01	30	3.99	22	4.00	14	3.75	27	3.87	25
南康区	56.14	31	5.15	5	3.67	30	3.35	35	3.60	33
东湖区	55.27	32	3.91	23	2.76	35	3.41	34	6.15	2
瑞昌市	55.00	33	3.87	24	3.65	31	3.76	26	3.76	29
乐平市	54.94	34	3.67	32	3.83	25	3.76	25	3.64	32
广丰区	53.62	35	3.68	31	3.51	34	3.47	32	4.30	15
平均	63.35		4.28		4.30		4.32		4.40	

二、农产品主产区（二类）

农产品主产区的33个地区中，创新能力总得分最高的三个地区（表2-9）分别是分宜县（62.86分）、崇仁县（61.56分）和泰和县（60.85分），得分最低的三个地区分别是铅山县（50.00分）、鄱阳县（48.01分）和余干县（47.78分）。农产品主产区科技创新能力平均得分55.58分，低于江西省平均水平（58.67分），也低于重点开发区域平均水平（63.35分）和重点生态功能区平均水平（56.72分）。

创新环境方面，农产品主产区中得分最高的三个地区分别是永修县

（4.33 分）、分宜县（4.31 分）和新干县（4.26 分）；得分最低的三个地区分别是峡江县（3.33 分）、乐安县（3.23 分）和余干县（2.96 分）。

创新投入方面，农产品主产区中得分最高的三个地区分别是余江区（4.45 分）、分宜县（4.29 分）和上高县（4.24 分）；得分最低的三个地区分别是铅山县（3.42 分）、鄱阳县（3.21 分）和余干县（3.12 分）。

创新成效方面，农产品主产区中得分最高的三个地区分别是崇仁县（4.99 分）、泰和县（4.71 分）和进贤县（4.69 分）；得分最低的三个地区分别是都昌县（3.34 分）、弋阳县（3.32 分）和铅山县（3.19 分）。

经济社会发展方面，农产品主产区中得分最高的三个地区分别是分宜县（4.19 分）、奉新县（4.15 分）和德安县（4.13 分）；得分最低的三个地区分别是余干县（3.32 分）、都昌县（3.32 分）和鄱阳县（3.12 分）。

表 2-9 江西省农产品主产区（二类）科技创新能力评价指标得分与位次

地区名称	总得分 得分（分）	排名	创新环境 得分（分）	排名	创新投入 得分（分）	排名	创新成效 得分（分）	排名	经济社会发展 得分（分）	排名
分宜县	62.86	1	4.31	2	4.29	2	4.31	4	4.19	1
崇仁县	61.56	2	3.95	9	3.77	16	4.99	1	3.53	28
泰和县	60.85	3	3.45	26	4.17	4	4.71	2	3.72	17
余江区	60.26	4	3.88	14	4.45	1	4.20	5	3.57	27
德安县	59.45	5	4.20	4	3.84	13	4.12	10	4.13	3
进贤县	59.36	6	3.63	24	3.71	22	4.69	3	3.74	14
信丰县	59.02	7	4.16	5	3.93	8	4.20	6	3.66	22
上高县	58.88	8	3.90	13	4.24	3	3.86	14	4.08	4
宜丰县	58.88	9	3.93	10	3.98	6	4.14	8	3.91	8
永修县	58.53	10	4.33	1	3.86	12	3.93	12	3.96	7
上栗县	58.20	11	4.13	6	3.95	7	4.12	9	3.49	29
奉新县	57.63	12	3.93	11	3.75	19	3.98	11	4.15	2
永丰县	57.40	13	3.98	7	3.65	26	4.19	7	3.72	18
万年县	56.65	14	3.91	12	3.78	15	3.89	13	3.90	9

续表

地区名称	总得分 得分（分）	总得分 排名	创新环境 得分（分）	创新环境 排名	创新投入 得分（分）	创新投入 排名	创新成效 得分（分）	创新成效 排名	经济社会发展 得分（分）	经济社会发展 排名
新干县	55.95	15	4.26	3	3.67	24	3.74	18	3.73	16
南城县	55.92	16	3.73	20	3.71	21	3.85	15	4.03	5
瑞金市	55.82	17	3.95	8	3.82	14	3.71	19	3.82	11
东乡区	55.64	18	3.80	17	3.77	17	3.83	16	3.74	15
宁都县	54.27	19	3.65	23	3.93	9	3.59	21	3.60	25
于都县	53.91	20	3.77	18	3.71	20	3.56	23	3.77	13
金溪县	53.85	21	3.82	16	3.92	11	3.39	28	3.67	21
玉山县	53.71	22	3.72	22	3.54	29	3.59	22	3.97	6
吉水县	53.69	23	3.72	21	3.58	28	3.70	20	3.65	23
会昌县	53.68	24	3.38	29	3.99	5	3.45	26	3.86	10
乐安县	53.47	25	3.23	32	3.77	18	3.81	17	3.57	26
兴国县	53.37	26	3.77	19	3.93	10	3.45	27	3.40	30
万载县	52.65	27	3.83	15	3.64	27	3.38	29	3.68	20
峡江县	52.17	28	3.33	31	3.68	23	3.55	24	3.63	24
弋阳县	50.44	29	3.43	27	3.44	30	3.32	32	3.71	19
都昌县	50.38	30	3.39	28	3.65	25	3.34	31	3.32	32
铅山县	50.00	31	3.47	25	3.42	31	3.19	33	3.80	12
鄱阳县	48.01	32	3.38	30	3.21	32	3.34	30	3.12	33
余干县	47.78	33	2.96	33	3.12	33	3.50	25	3.32	31
平均	55.58		3.76		3.78		3.84		3.73	

三、重点生态功能区（三类）

重点生态功能区的32个地区中，创新能力总得分最高的三个地区（表2-10）分别是湾里区（69.47分）、芦溪县（65.67分）和定南县（61.95分）；得分最低的三个地区分别是修水县（51.18分）、广昌县（50.71分）和横峰县（46.25分）。重点生态功能区科技创新能力平均得分56.72分，低于江西省平均水平（58.67分）和重点开发区平均水平（63.35分），高于农产品主产区平均水平（55.58分）。

表2-10 江西省重点生态功能区（三类）科技创新能力评价指标得分与位次

地区名称	总得分 得分（分）	排名	创新环境 得分（分）	排名	创新投入 得分（分）	排名	创新成效 得分（分）	排名	经济社会发展 得分（分）	排名
湾里区	69.47	1	5.07	1	4.10	11	4.82	2	5.30	1
芦溪县	65.67	2	4.23	8	4.55	2	4.82	1	3.90	12
定南县	61.95	3	3.80	20	4.15	9	4.57	4	4.09	5
龙南县	60.11	4	3.91	17	3.75	18	4.53	5	4.01	7
大余县	59.75	5	4.29	7	4.33	3	3.87	14	3.79	20
铜鼓县	59.60	6	3.84	18	4.20	8	4.16	7	3.87	14
安义县	59.36	7	4.30	6	3.72	20	4.17	6	4.07	6
上犹县	59.04	8	3.98	15	3.54	30	4.59	3	3.72	22
靖安县	58.50	9	3.99	13	4.11	10	3.92	12	3.92	10
井冈山市	58.46	10	4.35	4	4.03	13	3.56	22	4.41	3
全南县	58.04	11	4.18	10	3.78	15	4.03	10	3.85	16
莲花县	57.96	12	3.54	28	4.86	1	3.71	17	3.34	31
武宁县	57.66	13	4.07	11	3.69	22	4.10	8	3.84	17
安远县	57.62	14	3.95	16	4.22	7	3.73	16	3.83	18
崇义县	57.44	15	3.62	26	4.22	6	3.85	15	3.86	15
石城县	57.27	16	4.32	5	4.25	5	3.49	23	3.71	23
万安县	57.09	17	4.04	12	3.77	17	4.09	9	3.50	28
德兴市	57.02	18	4.22	9	3.60	26	3.63	19	4.58	2
资溪县	56.74	19	4.51	3	3.75	19	3.57	21	3.98	8
寻乌县	56.70	20	3.83	19	4.27	4	3.61	20	3.74	21
浮梁县	56.08	21	4.61	2	4.08	12	3.39	26	3.39	30
南丰县	55.74	22	3.71	23	3.62	24	3.94	11	3.93	9
安福县	55.09	23	3.76	21	3.62	25	3.91	13	3.67	24
黎川县	54.17	24	3.98	14	3.64	23	3.48	24	3.91	11
遂川县	53.14	25	3.41	29	3.78	16	3.63	18	3.57	27

续表

地区名称	总得分 得分（分）	排名	创新环境 得分（分）	排名	创新投入 得分（分）	排名	创新成效 得分（分）	排名	经济社会发展 得分（分）	排名
婺源县	52.19	26	3.75	22	3.60	27	3.27	29	3.89	13
庐山市	51.86	27	3.67	24	3.56	28	3.14	32	4.20	4
永新县	51.72	28	3.29	31	3.86	14	3.42	25	3.44	29
宜黄县	51.49	29	3.61	27	3.72	21	3.25	30	3.60	26
修水县	51.18	30	3.63	25	3.52	31	3.33	28	3.64	25
广昌县	50.71	31	3.24	32	3.55	29	3.34	27	3.80	19
横峰县	46.25	32	3.29	30	3.28	32	3.20	31	2.68	32
平均	56.72		3.94		3.90		3.82		3.84	

创新环境方面，重点生态功能区中得分最高的三个地区分别是湾里区（5.07分）、浮梁县（4.61分）和资溪县（4.51分）；得分最低的三个地区分别是横峰县（3.29分）、永新县（3.29分）和广昌县（3.24分）。

创新投入方面，重点生态功能区中得分最高的三个地区分别是莲花县（4.86分）、芦溪县（4.55分）和大余县（4.33分）；得分最低的三个地区分别是上犹县（3.54分）、修水县（3.52分）和横峰县（3.28分）。

创新成效方面，重点生态功能区中得分最高的三个地区分别是芦溪县（4.82分）、湾里区（4.82分）和上犹县（4.59分）；得分最低的三个地区分别是宜黄县（3.25分）、横峰县（3.20分）和庐山市（3.14分）。

经济社会发展方面，重点生态功能区中得分最高的三个地区分别是湾里区（5.30分）、德兴市（4.58分）和井冈山市（4.41分）；得分最低的三个地区分别是浮梁县（3.39分）、莲花县（3.34分）和横峰县（2.68分）。

第五节　贫　困　县

2017年9月，江西省委办公厅、省政府办公厅联合下发了《中共江西省委办公厅　江西省人民政府办公厅〈关于深入推进脱贫攻坚工作的意见〉的通知》，就推进脱贫攻坚工作再深入提出了具体意见。继2017年井冈山市、吉安县已经先后脱贫摘帽后，2018年7月底瑞金市、万安县、永新县、广昌县、上饶县、横峰县6地也宣布退出贫困县序列，截至2018年12月，江西省贫困县数目下降为17个。

江西省的17个贫困县中，创新能力总得分最高的三个地区（表2-11）分别是上犹县（59.04分）、莲花县（57.96分）、赣县区（57.77分）；得分最低的三个地区分别是都昌县（50.38分）、鄱阳县（48.01分）和余干县（47.78分）。贫困县科技创新能力平均得分54.22分，低于江西省平均水平（58.67分）、农产品主产区平均水平（55.58分）和重点生态功能区平均水平（56.72分）。

表2-11 江西省贫困县科技创新能力评价指标得分与位次

地区名称	总得分 得分（分）	排名	创新环境 得分（分）	排名	创新投入 得分（分）	排名	创新成效 得分（分）	排名	经济社会发展 得分（分）	排名
上犹县	59.04	1	3.98	4	3.54	14	4.59	1	3.72	5
莲花县	57.96	2	3.54	11	4.86	1	3.71	5	3.34	14
赣县区	57.77	3	4.25	3	3.83	8	4.03	2	3.56	12
安远县	57.62	4	3.95	5	4.22	4	3.73	4	3.83	2
石城县	57.27	5	4.32	2	4.25	3	3.49	11	3.71	6
寻乌县	56.70	6	3.83	6	4.27	2	3.61	7	3.74	4
南康区	56.14	7	5.15	1	3.67	12	3.35	14	3.60	9
宁都县	54.27	8	3.65	9	3.93	6	3.59	8	3.60	8
于都县	53.91	9	3.77	7	3.71	11	3.56	9	3.77	3
会昌县	53.68	10	3.38	14	3.99	5	3.45	12	3.86	1
乐安县	53.47	11	3.23	16	3.77	10	3.81	3	3.57	10
兴国县	53.37	12	3.77	8	3.93	7	3.45	13	3.40	13
遂川县	53.14	13	3.41	12	3.78	9	3.63	6	3.57	11
修水县	51.18	14	3.63	10	3.52	15	3.33	17	3.64	7
都昌县	50.38	15	3.39	13	3.65	13	3.34	16	3.32	16
鄱阳县	48.01	16	3.38	15	3.21	16	3.34	15	3.12	17
余干县	47.78	17	2.96	17	3.12	17	3.50	10	3.32	15
平均	54.22		3.74		3.84		3.62		3.57	

创新环境方面，贫困县中得分最高的三个地区分别是南康区（5.15分）、石城县（4.32分）和赣县区（4.25分）；得分最低的三个地区分别是鄱阳县（3.38分）、乐安县（3.23分）和余干县（2.96分）。

创新投入方面，贫困县中得分最高的三个地区分别是莲花县（4.86分）、寻乌县（4.27分）和石城县（4.25分）；得分最低的三个地区分别是修水县（3.52分）、鄱阳县（3.21分）和余干县（3.12分）。

创新成效方面，贫困县中得分最高的三个地区分别是上犹县（4.59分）、赣县区（4.03分）和乐安县（3.81分）；得分最低的三个地区分别是鄱阳县（3.34分）、都昌县（3.34分）和修水县（3.33分）。

经济社会发展方面，贫困县中得分最高的三个地区分别是会昌县（3.86分）、安远县（3.83分）和于都县（3.77分）；得分最低的三个地区分别是余干县（3.32分）、都昌县（3.32分）和鄱阳县（3.12分）。

第三章
江西省各县（市、区）科技创新能力水平分析

第一节　南　昌　市

一、东湖区

东湖区是江西省南昌市市辖区、中心城区。2017年，该区常住人口为50.85万人，地区GDP 4 749 864万元。居民人均可支配收入39 437.97元，排在江西省第1位、南昌市第1位。万人GDP 93 409.32万元，排在江西省第9位、南昌市第4位。GDP增长13.72%，排在江西省第42位、南昌市第7位。城镇化率99.58%，排在江西省第5位、南昌市第3位。开展R&D活动的企业占比26.97%，排在江西省第84位、南昌市第7位。万人专利申请量15.85件，排在江西省第33位、南昌市第6位。万人发明专利授权量0.33件，排在江西省第27位、南昌市第7位。人均科普经费投入0.6元，排在江西省第17位、南昌市第7位。万人财政收入1.27亿元，排在江西省第6位、南昌市第5位。万人社会消费品零售额5.73亿元，排在江西省第4位、南昌市第3位。第三产业占GDP比重91.16%，排在江西省第1位、南昌市第1位。具体如图3-1、图3-2、表3-1所示。

第三章 江西省各县（市、区）科技创新能力水平分析 | 027

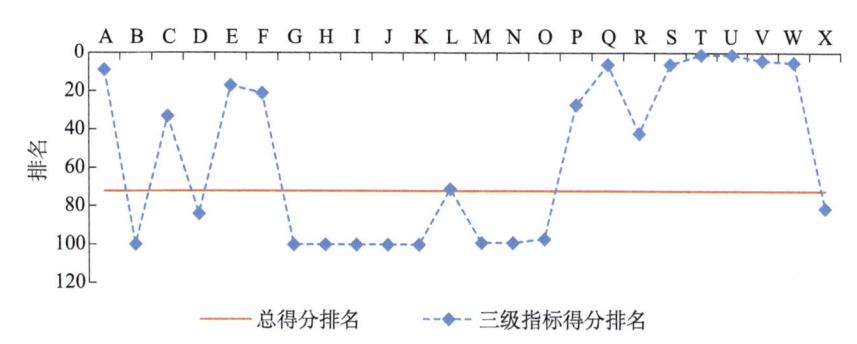

图 3-1　东湖区科技创新能力总得分、三级指标得分在江西省位次排名

A—万人GDP（万元）
C—万人专利申请量（件）
E—人均科普经费投入（元）
G—万人R&D人员数（人）
I—R&D人员全时当量（人·年）
K—企业R&D经费投入占主营业务收入比（%）
M—高新技术产业增加值占规模以上工业增加值比（%）
O—新产品销售收入占主营业务收入比（%）
Q—技术合同成交额（万元）
S—万人财政收入（亿元）
U—居民人均可支配收入（元）
W—城镇化率（%）

B—规模以上工业企业数（家）
D—开展R&D活动的企业占比（%）
F—民众浏览科技网页频度（个）
H—研究人员占R&D人员比（%）
J—R&D经费投入占GDP百分比（%）
L—企业技术获取和改造费用占主营业务收入比（%）
N—高新技术企业数（家）
P—万人发明专利授权量（件）
R—GDP增长百分比（%）
T—第三产业占GDP比重（%）
V—万人社会消费品零售额（亿元）
X—空气质量指数

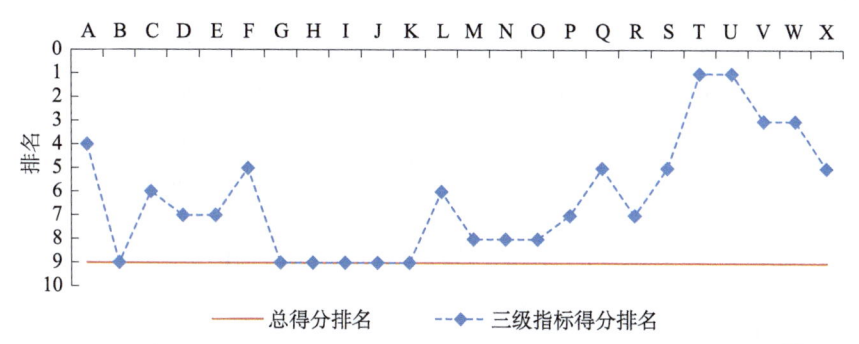

图 3-2　东湖区科技创新能力总得分、三级指标得分在南昌市位次排名[①]

---

① 图注同图3-1。

表 3-1 东湖区科技创新能力评价指标得分与位次

指标名称	得分（分） 2017年	江西省排名 2017年	江西省排名 2016年	南昌市排名 2017年	南昌市排名 2016年
科技创新能力总得分	55.27	72	43	9	6
创新环境	3.91	51	27	8	7
创新基础	4.10	33	34	7	8
万人 GDP	5.86	9	10	4	5
规模以上工业企业数	2.61	100	100	9	9
万人专利申请量	4.12	33	32	6	7
科技意识	3.71	67	23	8	6
开展 R&D 活动的企业占比	2.97	84	51	7	4
人均科普经费投入	4.49	17	10	7	7
民众浏览科技网页频度	4.13	21	12	5	5
创新投入	2.76	100	99	9	8
人力投入	2.28	100	99	9	8
万人 R&D 人员数	3.31	100	99	9	8
研究人员占 R&D 人员比	0.38	100	99	9	8
R&D 人员全时当量	3.42	100	99	9	8
财力投入	3.24	100	99	9	8
R&D 经费投入占 GDP 百分比	3.16	100	99	9	8
企业 R&D 经费投入占主营业务收入比	2.97	100	99	9	8
企业技术获取和改造费用占主营业务收入比	3.68	71	80	6	7
创新成效	3.41	86	69	9	9
技术创新	2.59	99	99	8	8
高新技术产业增加值占规模以上工业增加值比	2.39	99	99	8	8
高新技术企业数	2.87	99	99	8	8
产业化水平	4.27	19	8	7	4
新产品销售收入占主营业务收入比	3.19	97	96	8	8
万人发明专利授权量	3.96	27	18	7	6
技术合同成交额	6.04	6	3	5	2

续表

指标名称	得分（分）	江西省排名		南昌市排名	
	2017年	2017年	2016年	2017年	2016年
经济社会发展	6.15	2	2	2	2
经济增长	6.14	2	2	2	1
GDP增长百分比	4.37	42	86	7	6
万人财政收入	5.98	6	9	5	5
第三产业占GDP比重	8.11	1	1	1	1
社会生活	6.17	3	4	3	3
居民人均可支配收入	6.84	1	1	1	1
万人社会消费品零售额	6.99	4	4	3	3
城镇化率	6.83	5	6	3	3
空气质量指数	3.17	81	92	5	6

如图3-1、图3-2、表3-1所示，东湖区科技创新能力总得分55.27分，排在江西省第72位，比上一年下降了29位，排在南昌市第9位，比上一年下降了3位。在一级指标中，经济社会发展排在江西省第2位、南昌市第2位，都与上一年位次相同；创新投入排在江西省第100位、南昌市第9位，都比上一年下降了1位；创新成效排在江西省第86位，比上一年下降了17位，排在南昌市第9位，与上一年位次相同；创新环境排在江西省第51位，比上一年下降了24位，排在南昌市第8位，比上一年下降了1位。

目前，东湖区深入实施"一核两重"产业发展战略，坚持把发展强攻产业作为首要任务，把做强做优现代服务业记在心上、抓在手上、扛在肩上，全力打造现代服务业东湖新高地。大力发展文化创意旅游业，着力建设江西新媒体广告产业园，打造创意引导、产业带动、广告门户、品牌塑造"四位一体"的文创产业集聚地；错位发展现代金融业，大力培育文化金融、科技金融等金融机构；继续推进樟树林文化生活公园、791艺术街区、豫章1号文化科技园等园区平台转型升级。东湖区的创新投入和创新成效得分较低，创新环境指标得分有所下滑，影响了该区科技创新力的提升，建议该区进一步加大在创新基础环境培育、创新投入等方面的投入力度，不断提高竞争力。

二、西湖区

西湖区是江西省南昌市市辖区、中心城区。2017年，该区常住人口51.77万人，地区GDP 5 158 102万元。居民人均可支配收入38 692.49元，排在江西省第2位、南昌市第2位。万人GDP 99 634.96万元，排在江西省第7位、南昌市第2位。GDP增长10.91%，排在江西省第78位、南昌市第8位。城镇化率100%，排在江西省第1位、南昌市第1位。开展R&D活动的企业占比19.09%，排在江西省第97位、南昌市第9位。万人专利申请量13.1件，排在江西省第45位、南昌市第7位。万人发明专利授权量0.73件，排在江西省第9位、南昌市第4位。人均科普经费投入0.9元，排在江西省第12位、南昌市第4位。研究人员占R&D人员比36%，排在江西省第17位、南昌市第3位。企业技术获取和改造费用占主营业务收入比0.01%，排在江西省第44位、南昌市第3位。万人财政收入1.99亿元，排在江西省第1位、南昌市第1位。万人社会消费品零售额7.49亿元，排在江西省第2位、南昌市第2位。第三产业GDP比重77.08%，排在江西省第3位、南昌市第2位。具体如图3-3、图3-4、表3-2所示。

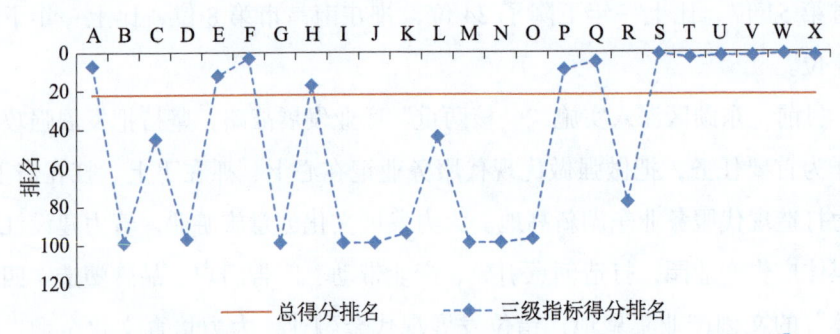

图3-3 西湖区科技创新能力总得分、三级指标得分在江西省位次排名[①]

---

① 图注同本书27页图3-1图注。

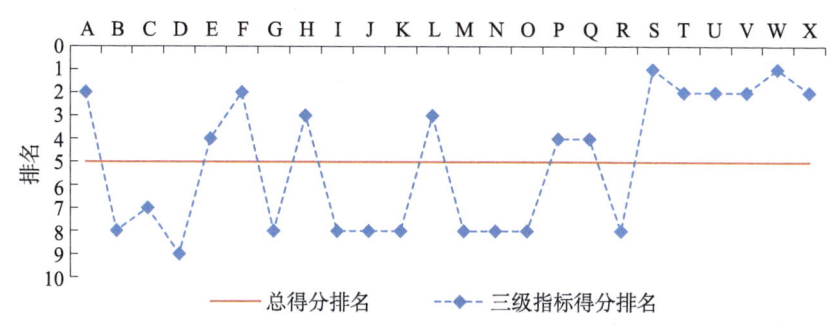

图 3-4　西湖区科技创新能力总得分、三级指标得分在南昌市位次排名 [①]

表 3-2　西湖区科技创新能力评价指标得分与位次

指标名称	得分（分）	江西省排名		南昌市排名	
	2017 年	2017 年	2016 年	2017 年	2016 年
科技创新能力总得分	61.51	22	35	5	5
创新环境	4.16	30	32	7	8
创新基础	4.10	34	28	8	7
万人 GDP	6.10	7	8	2	3
规模以上工业企业数	2.63	99	99	8	8
万人专利申请量	3.89	45	30	7	6
科技意识	4.23	31	44	5	8
开展 R&D 活动的企业占比	2.23	97	97	9	9
人均科普经费投入	5.43	12	6	4	4
民众浏览科技网页频度	6.46	3	4	2	2
创新投入	3.61	85	99	8	8
人力投入	3.90	48	99	8	8
万人 R&D 人员数	3.33	99	99	8	8
研究人员占 R&D 人员比	4.81	17	99	3	8
R&D 人员全时当量	3.44	99	99	8	8
财力投入	3.32	96	99	8	8
R&D 经费投入占 GDP 百分比	3.17	99	99	8	8
企业 R&D 经费投入占主营业务收入比	3.15	94	99	8	8

---

① 图注同本书27页图3-1图注。

续表

指标名称	得分（分） 2017年	江西省排名 2017年	江西省排名 2016年	南昌市排名 2017年	南昌市排名 2016年
企业技术获取和改造费用占主营业务收入比	3.73	44	80	3	7
创新成效	3.56	76	59	8	7
技术创新	2.59	99	99	8	8
高新技术产业增加值占规模以上工业增加值比	2.39	99	99	8	8
高新技术企业数	2.87	99	99	8	8
产业化水平	4.55	10	7	4	3
新产品销售收入占主营业务收入比	3.19	97	96	8	8
万人发明专利授权量	4.62	9	5	4	3
技术合同成交额	6.31	5	5	4	3
经济社会发展	6.65	1	1	1	1
经济增长	6.26	1	3	1	2
GDP增长百分比	3.70	78	93	8	8
万人财政收入	8.04	1	2	1	2
第三产业占GDP比重	6.96	3	3	2	2
社会生活	7.10	2	1	2	1
居民人均可支配收入	6.72	2	2	2	2
万人社会消费品零售额	8.26	2	1	2	1
城镇化率	6.86	1	1	1	1
空气质量指数	6.66	2	91	2	5

如图3-3、图3-4、表3-2所示，西湖区科技创新能力总得分61.51分，排在江西省第22位，比上一年提升了13位，排在南昌市第5位，与上一年位次相同。在一级指标中，经济社会发展排在江西省第1位、南昌市第1位，都与上一年位次相同；创新投入排在江西省第85位，比上一年提升了14位，排在南昌市第8位，与上一年位次相同；创新成效排在江西省第76位，比上一年下降了17位，排在南昌市第8位，比上一年下降了1位；创新环境排在江西省第30位，比上一年提升了2位，排在南昌市第7位，比上一年提升了1位。

目前，西湖区积极落实产业奖励扶持政策，加快构建系统、精准、有效的产业体系，充分发挥服务业发展资金杠杆作用，引导新兴产业、优势行业、高成长性企业发展。加快建立以企业为主体、市场为导向、"产学研"深度融合的创业创新体系，重点推进"梦想小街"等众创空间提质升级，努力打造国家级的创新基地新标杆。鼓励以新技术、新模式、新业态为支撑的新兴产业加快发展，重点支持电商产业集群发展，引导"风快"物流平台等新业态成长。该区的创新投入和创新成效得分较低，建议该区加大对创新的投入，因地制宜改进创新的方式方法，以取得更大的创新成效。

三、青云谱区

青云谱区是江西省南昌市市辖区、中心城区，位于南昌市区的南部。2017年，该区常住人口33.63万人，地区GDP 3 758 257万元。居民人均可支配收入38 026.09元，排在江西省第3位、南昌市第3位。万人GDP 111 753.11万元，排在江西省第4位、南昌市第1位。GDP增长14.72%，排在江西省第25位、南昌市第5位。城镇化率100%，排在江西省第1位、南昌市第1位。开展R&D活动的企业占比37.44%，排在江西省第51位、南昌市第3位。万人专利申请量42.88件，排在江西省第2位、南昌市第1位。万人发明专利授权量3.21件，排在江西省第2位、南昌市第1位。人均科普经费投入1.12元，排在江西省第5位、南昌市第2位。万人R&D人员数163.22人，排在江西省第1位、南昌市第1位。研究人员占R&D人员比46.24%，排在江西省第4位、南昌市第2位。R&D人员全时当量4460人·年，排在江西省第2位、南昌市第2位。R&D经费投入占GDP百分比8.54%，排在江西省第1位、南昌市第1位。企业技术获取和改造费用占主营业务收入比1.54%，排在江西省第1位、南昌市第1位。高新技术产业增加值占规模以上工业增加值比21.34%，排在江西省第69位、南昌市第6位。新产品销售收入占主营业务收入比48.89%，排在江西省第2位、南昌市第1位。万人财政收入1.35亿元，排在江西省第4位、南昌市第3位。万人社会消费品零售额7.78亿元，排在江西省第1位、南昌市第1位。第三产业占GDP比重为38.42%，排在江省第 51 位、南昌市第 5 位。具体如图 3-5、图 3-6、表 3-3 所示。

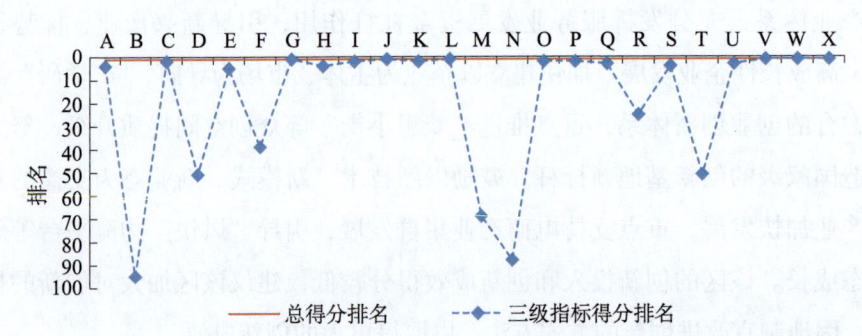

图 3-5 青云谱区科技创新能力总得分、三级指标得分在江西省位次排名[①]

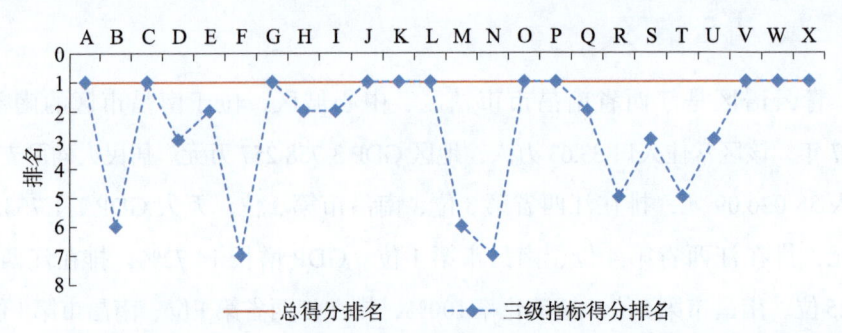

图 3-6 青云谱区科技创新能力总得分、三级指标得分在南昌市位次排名[②]

表 3-3 青云谱区科技创新能力评价指标得分与位次

指标名称	得分（分）	江西省排名		南昌市排名	
	2017 年	2017 年	2016 年	2017 年	2016 年
科技创新能力总得分	95.28	1	1	1	1
创新环境	4.90	8	6	4	4
创新基础	5.20	8	7	3	3
万人 GDP	6.57	4	4	1	1
规模以上工业企业数	2.89	95	88	6	6
万人专利申请量	6.31	2	3	1	1
科技意识	4.59	17	13	4	5
开展 R&D 活动的企业占比	3.94	51	74	3	7

---

①② 图注同本书27页图3-1图注。

续表

指标名称	得分（分） 2017年	江西省排名 2017年	江西省排名 2016年	南昌市排名 2017年	南昌市排名 2016年
人均科普经费投入	6.11	5	3	2	2
民众浏览科技网页频度	3.85	39	22	7	7
创新投入	9.17	1	1	1	1
人力投入	8.31	1	1	1	1
万人R&D人员数	9.95	1	1	1	1
研究人员占R&D人员比	6.07	4	7	2	2
R&D人员全时当量	9.21	2	2	2	2
财力投入	10.01	1	1	1	1
R&D经费投入占GDP百分比	10.49	1	1	1	1
企业R&D经费投入占主营业务收入比	8.60	2	1	1	1
企业技术获取和改造费用占主营业务收入比	11.14	1	1	1	1
创新成效	5.42	4	1	2	1
技术创新	3.34	78	2	7	1
高新技术产业增加值占规模以上工业增加值比	3.50	69	68	6	6
高新技术企业数	3.12	88	90	7	7
产业化水平	7.57	2	1	1	1
新产品销售收入占主营业务收入比	7.44	2	2	1	1
万人发明专利授权量	8.69	2	1	1	1
技术合同成交额	6.49	3	6	2	4
经济社会发展	5.94	3	3	3	3
经济增长	4.89	8	10	4	4
GDP增长百分比	4.61	25	13	5	1
万人财政收入	6.19	4	4	3	3
第三产业占GDP比重	3.79	51	45	5	5
社会生活	7.14	1	2	1	1
居民人均可支配收入	6.61	3	3	3	3
万人社会消费品零售额	8.46	1	2	1	2
城镇化率	6.86	1	1	1	1
空气质量指数	6.84	1	93	1	7

如图 3-5、图 3-6、表 3-3 所示，青云谱区科技创新能力总得分 95.28 分，排在江西省第 1 位、南昌市第 1 位，都与上一年位次相同。在一级指标中，经济社会发展排在江西省第 3 位、南昌市第 3 位，都与上一年位次相同；创新投入排在江西省第 1 位、南昌市第 1 位，都与上一年位次相同；创新成效排在江西省第 4 位，比上一年下降了 3 位，排在南昌市第 2 位，比上一年下降了 1 位；创新环境排在江西省第 8 位，比上一年下降了 2 位，排在南昌市第 4 位，与上一年位次相同。

目前，青云谱区以推进老工业区全面转型升级为主线，继续推动洪都老工业区搬迁改造，加快传统产业转型升级。强化与洪都航空工业股份有限公司、航都投资发展有限公司等企业的对接，加快洪都新城建设规划和项目的落实。创新融资模式和融资渠道，促进金融资本与产业发展、技术创新有效融合，推动都市工业、软件和信息技术服务业、专业技术服务业等重点产业的集聚。该区的创新环境得分偏低，影响了该区的科技竞争力，建议该区加快传统产业转型升级，在科技意识、技术创新等方面做更多努力，不断提高科技竞争力。

四、湾里区

湾里区是江西省南昌市市辖区，位于南昌市西郊，距市中心约 18 千米。2017 年，该区常住人口 6.83 万人，地区 GDP 644 031 万元。居民人均可支配收入 27 359.03 元，排在江西省第 16 位、南昌市第 5 位。万人 GDP 94 294.44 万元，排在江西省第 8 位、南昌市第 3 位。GDP 增长 17.17%，排在江西省第 2 位、南昌市第 1 位。城镇化率 68.88%，排在江西省第 15 位、南昌市第 5 位。开展 R&D 活动的企业占比 43.59%，排在江西省第 30 位、南昌市第 1 位。万人专利申请量 23.59 件，排在江西省第 14 位、南昌市第 5 位。万人发明专利授权量 1.46 件，排在江西省第 5 位、南昌市第 2 位。人均科普经费投入 2.02 元，排在江西省第 1 位、南昌市第 1 位。万人 R&D 人员数 8.79 人，排在江西省第 59 位、南昌市第 6 位。研究人员占 R&D 人员比 48.33%，排在江西省第 3 位、南昌市第 1 位。高新技术产业增加值占规模以上工业增加值比 43.75%，排在江西省第 24 位、南昌市第 3 位。万人财政收入 1.91 亿元，排在江西省第 2 位、南昌市第 2 位。第三产业占 GDP 比重 54.72%，排在江西省第 12 位、南昌市第 3 位。具体如图 3-7、图 3-8、表 3-4 所示。

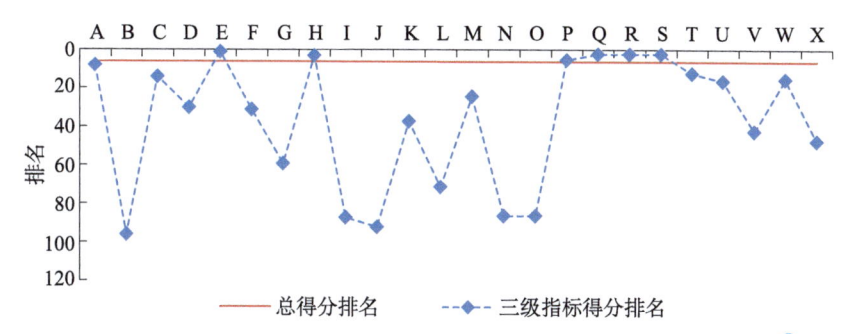

图 3-7 湾里区科技创新能力总得分、三级指标得分在江西省位次排名[①]

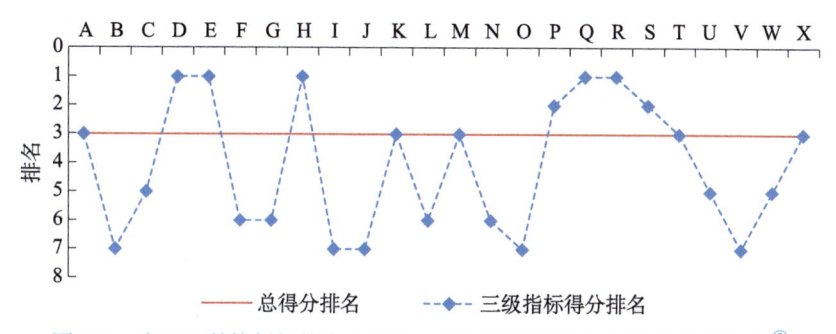

图 3-8 湾里区科技创新能力总得分、三级指标得分在南昌市位次排名[②]

表 3-4 湾里区科技创新能力评价指标得分与位次

指标名称	得分（分）	江西省排名		南昌市排名	
	2017 年	2017 年	2016 年	2017 年	2016 年
科技创新能力总得分	69.47	6	8	3	3
创新环境	5.07	6	5	3	3
创新基础	4.43	16	22	5	6
万人 GDP	5.89	8	9	3	4
规模以上工业企业数	2.86	96	96	7	7
万人专利申请量	4.74	14	16	5	5

①② 图注同本书27页图3-1图注。

续表

指标名称	得分（分） 2017年	江西省排名 2017年	江西省排名 2016年	南昌市排名 2017年	南昌市排名 2016年
科技意识	5.74	2	2	2	2
开展R&D活动的企业占比	4.51	30	47	1	3
人均科普经费投入	8.92	1	1	1	1
民众浏览科技网页频度	3.94	31	21	6	6
创新投入	4.10	28	32	3	3
人力投入	4.58	9	8	3	3
万人R&D人员数	3.67	59	56	6	5
研究人员占R&D人员比	6.33	3	3	1	1
R&D人员全时当量	3.48	87	91	7	7
财力投入	3.63	72	79	3	4
R&D经费投入占GDP百分比	3.30	92	94	7	7
企业R&D经费投入占主营业务收入比	3.94	37	42	3	3
企业技术获取和改造费用占主营业务收入比	3.68	71	80	6	7
创新成效	4.82	12	17	3	3
技术创新	4.04	41	32	4	2
高新技术产业增加值占规模以上工业增加值比	4.67	24	66	3	5
高新技术企业数	3.17	86	87	6	6
产业化水平	5.62	5	15	2	5
新产品销售收入占主营业务收入比	3.28	86	76	7	7
万人发明专利授权量	5.82	5	4	2	2
技术合同成交额	8.54	2	21	1	5
经济社会发展	5.30	5	8	4	4
经济增长	6.08	3	4	3	3
GDP增长百分比	5.19	4	23	4	2
万人财政收入	7.80	2	1	2	1
第三产业占GDP比重	5.13	12	12	3	3
社会生活	4.42	16	24	5	5
居民人均可支配收入	4.84	16	16	5	5

续表

指标名称	得分（分）	江西省排名		南昌市排名	
	2017年	2017年	2016年	2017年	2016年
万人社会消费品零售额	3.77	42	37	7	7
城镇化率	4.89	15	15	5	5
空气质量指数	3.86	47	96	3	8

如图 3-7、图 3-8、表 3-4 所示，湾里区科技创新能力总得分 69.47 分，排在江西省第 6 位，比上一年提升了 2 位，排在南昌市第 3 位，与上一年位次相同。在一级指标中，经济社会发展排在江西省第 5 位，比上一年提升了 3 位，排在南昌市第 4 位，与上一年位次相同；创新投入排在江西省第 28 位，比上一年提升了 4 位，排在南昌市第 3 位，与上一年位次相同；创新成效排在江西省第 12 位，比上一年提升了 5 位，排在南昌市第 3 位，与上一年位次相同；创新环境排在江西省第 6 位，比上一年下降了 1 位，排在南昌市第 3 位，与上一年位次相同。

目前，湾里区紧紧围绕"打造四个中心，建设大美湾里"的战略定位，加快推动双城（中医药科创城、湾里城区）融合互动发展，推动江中药谷研发中心功能更加完善，全面建成中国（南昌）知识产权保护中心。优化服务业发展布局，重点发展现代服务业，把现代服务业发展壮大作为今后产业发展的主攻方向，发展特色休闲度假产业。该区的经济社会发展、创新投入和创新成效在排名上较上一年都有所提升，建议该区在支柱产业科技竞争力培育和人才培养等方面做进一步的强化和提升。

五、青山湖区

青山湖区是江西省南昌市市辖区，位于南昌市城东。2017 年，该区常住人口 62.23 万人，地区 GDP 5 749 888 万元。居民人均可支配收入 36 704.58 元，排在江西省第 4 位、南昌市第 4 位。万人 GDP 92 397.36 万元，排在江西省第 10 位、南昌市第 5 位。GDP 增长 6.51%，排在江西省第 89 位、南昌市第 9 位。城镇化率 91.65%，排在江西省第 8 位、南昌市第 4 位。规模以上工业企业数

454家，排在江西省第1位、南昌市第1位。万人专利申请量32.41件，排在江西省第6位、南昌市第2位。万人发明专利授权量1.12件，排在江西省第8位、南昌市第3位。人均科普经费投入0.9元，排在江西省第12位、南昌市第4位。万人R&D人员数145.31人，排在江西省第2位、南昌市第2位。研究人员占R&D人员比35.76%，排在江西省第19位、南昌市第4位。R&D人员全时当量5707人·年，排在江西省第1位、南昌市第1位。R&D经费投入占GDP百分比3.46%，排在江西省第4位、南昌市第2位。高新技术产业增加值占规模以上工业增加值比49.11%，排在江西省第15位、南昌市第2位。新产品销售收入占主营业务收入比10.75%，排在江西省第26位、南昌市第3位。万人财政收入0.92亿元，排在江西省第15位、南昌市第6位。万人社会消费品零售额3.78亿元，排在江西省第9位、南昌市第4位。第三产业占GDP比重37.08%，排在江西省第60位、南昌市第6位。具体如图3-9、图3-10、表3-5所示。

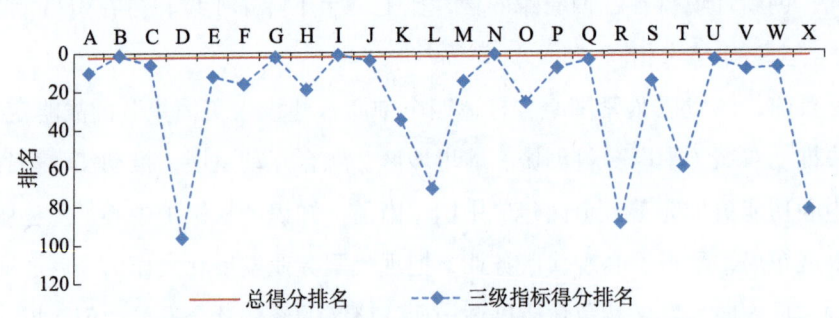

图3-9 青山湖区科技创新能力总得分、三级指标得分在江西省位次排名[①]

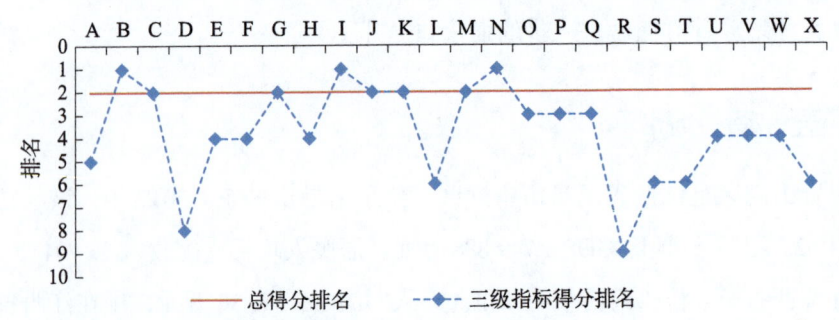

图3-10 青山湖区科技创新能力总得分、三级指标得分在南昌市位次排名[②]

①② 图注同本书27页图3-1图注。

表 3-5　青山湖区科技创新能力评价指标得分与位次

指标名称	得分（分）	江西省排名		南昌市排名	
	2017 年	2017 年	2016 年	2017 年	2016 年
科技创新能力总得分	84.46	2	2	2	2
创新环境	5.25	3	2	2	2
创新基础	6.60	2	1	1	1
万人 GDP	5.82	10	6	5	2
规模以上工业企业数	8.46	1	1	1	1
万人专利申请量	5.46	6	6	2	3
科技意识	3.83	57	9	7	3
开展 R&D 活动的企业占比	2.54	96	33	8	1
人均科普经费投入	5.43	12	6	4	4
民众浏览科技网页频度	4.23	16	8	4	4
创新投入	6.38	2	2	2	2
人力投入	8.11	2	2	2	2
万人 R&D 人员数	9.22	2	2	2	2
研究人员占 R&D 人员比	4.78	19	16	4	3
R&D 人员全时当量	10.83	1	1	1	1
财力投入	4.66	9	4	2	2
R&D 经费投入占 GDP 百分比	6.13	4	3	2	2
企业 R&D 经费投入占主营业务收入比	3.95	35	26	2	2
企业技术获取和改造费用占主营业务收入比	3.68	71	2	6	2
创新成效	6.05	1	4	1	1
技术创新	6.92	1	40	1	4
高新技术产业增加值占规模以上工业增加值比	4.95	15	34	2	2
高新技术企业数	9.63	1	1	1	1
产业化水平	5.16	6	3	3	2
新产品销售收入占主营业务收入比	4.13	26	14	3	3
万人发明专利授权量	5.26	8	8	3	4
技术合同成交额	6.43	4	1	3	1

续表

指标名称	得分（分） 2017年	江西省排名 2017年	江西省排名 2016年	南昌市排名 2017年	南昌市排名 2016年
经济社会发展	4.62	13	11	5	5
经济增长	3.79	64	24	8	6
GDP增长百分比	2.65	89	95	9	9
万人财政收入	4.98	15	14	6	6
第三产业占GDP比重	3.68	60	66	6	6
社会生活	5.56	7	8	4	4
居民人均可支配收入	6.39	4	4	4	4
万人社会消费品零售额	5.60	9	9	4	4
城镇化率	6.33	8	8	4	4
空气质量指数	3.12	82	97	6	9

如图3-9、图3-10、表3-5所示，青山湖区科技创新能力总得分84.46分，排在江西省第2位，排在南昌市第2位，都与上一年位次相同。在一级指标中，经济社会发展排在江西省第13位，比上一年下降了2位，排在南昌市第5位，与上一年位次相同；创新投入排在江西省第2位，排在南昌市第2位，都与上一年位次相同；创新成效排在江西省第1位，比上一年提升了3位，排在南昌市第1位，比上一年提升了1位；创新环境排在江西省第3位，比上一年下降了1位，排在南昌市第2位，与上一年位次相同。

目前，青山湖区突出融合发展主方向、协同发展主抓手、共享发展主动能，全力推进"产业优化、城市品质、绿色发展、幸福指数"四大升级，努力构建中心城区、高新园区、高铁新区"三区联动"发展新格局。该区的经济社会发展得分较低，影响了该区的科技竞争力，建议该区在第三产业和人才培养等方面做进一步的强化和提升。

六、新建区

新建区，原名新建县，2015年8月，撤销新建县设立南昌市新建区，以原新建县的行政区域为新建区的行政区域，新建区位于江西省南昌市中心城区西北。2017年，该区常住人口67.13万人，地区GDP 4 483 585万元。居民人均可支配收入25 567.48元，排在江西省第21位、南昌市第7位。万人GDP 66 789.59万元，排在江西省第18位、南昌市第7位。GDP增长15.29%，排在江西省第11位、南昌市第3位。城镇化率为52.81%，排在江西省第33位、南昌市第7位。规模以上工业企业数126家，排在江西省第29位、南昌市第4位。开展R&D活动的企业占比34.05%，排在江西省第63位、南昌市第6位。万人专利申请量12.65件，排在江西省第49位、南昌市第8位。万人发明专利授权量0.13件，排在江西省第60位、南昌市第8位。人均科普经费投入1元，排在江西省第7位、南昌市第3位。万人R&D人员数9.06人，排在江西省第55位、南昌市第5位。R&D人员全时当量499人·年，排在江西省第24位、南昌市第5位。高新技术产业增加值占规模以上工业增加值比13.98%，排在江西省第80位、南昌市第7位。新产品销售收入占主营业务收入比11.15%，排在江西省第23位、南昌市第2位。万人财政收入0.76亿元，排在江西省第18位、南昌市第7位。万人社会消费品零售额1.29亿元，排在江西省第35位、南昌市第6位。第三产业占GDP比重32.64%，排在江西省第83位、南昌市第8位。具体如图3-11、图3-12、表3-6所示。

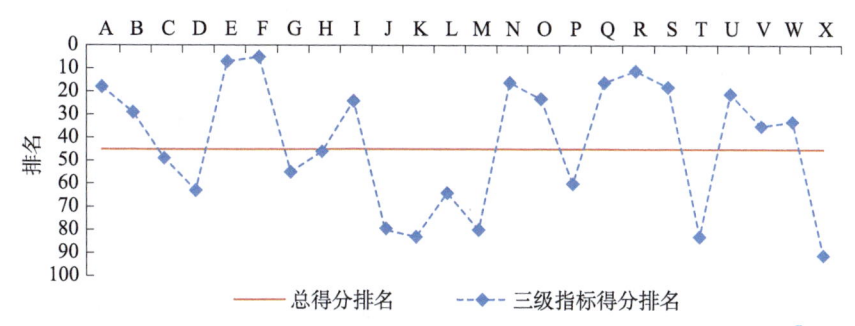

图3-11 新建区科技创新能力总得分、三级指标得分在江西省位次排名[①]

---

① 图注同本书27页图3-1图注。

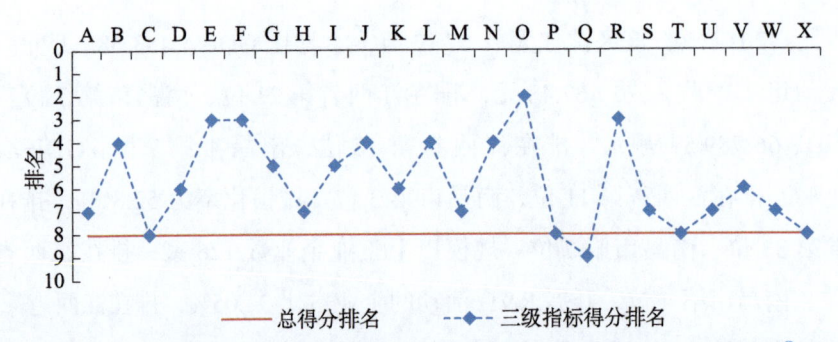

图 3-12 新建区科技创新能力总得分、三级指标得分在南昌市位次排名[1]

表 3-6 新建区科技创新能力评价指标得分与位次

指标名称	得分（分）	江西省排名		南昌市排名	
	2017 年	2017 年	2016 年	2017 年	2016 年
科技创新能力总得分	58.32	45	48	8	7
创新环境	4.52	12	12	5	5
创新基础	4.27	22	13	6	4
万人 GDP	4.83	18	19	7	7
规模以上工业企业数	4.22	29	10	4	3
万人专利申请量	3.86	49	64	8	8
科技意识	4.79	9	11	3	4
开展 R&D 活动的企业占比	3.63	63	66	6	6
人均科普经费投入	5.74	7	5	3	3
民众浏览科技网页频度	5.79	5	5	3	3
创新投入	3.70	72	87	7	7
人力投入	3.94	44	74	6	7
万人 R&D 人员数	3.68	55	58	5	6
研究人员占 R&D 人员比	4.06	46	75	5	7
R&D 人员全时当量	4.06	24	23	5	5
财力投入	3.47	88	89	6	6
R&D 经费投入占 GDP 百分比	3.41	80	81	4	4
企业 R&D 经费投入占主营业务收入比	3.36	83	89	6	7

[1] 图注同本书27页图3-1图注。

续表

指标名称	得分（分）	江西省排名		南昌市排名	
	2017年	2017年	2016年	2017年	2016年
企业技术获取和改造费用占主营业务收入比	3.68	64	47	4	4
创新成效	3.87	50	64	7	8
技术创新	3.76	55	55	6	5
高新技术产业增加值占规模以上工业增加值比	3.12	80	56	7	3
高新技术企业数	4.64	16	17	4	4
产业化水平	3.99	29	68	8	8
新产品销售收入占主营业务收入比	4.16	23	59	2	5
万人发明专利授权量	3.63	60	39	8	9
技术合同成交额	4.15	16	91	9	7
经济社会发展	4.05	30	26	8	8
经济增长	4.20	27	42	7	7
GDP增长百分比	4.74	11	63	3	4
万人财政收入	4.52	18	21	7	6
第三产业占GDP比重	3.32	83	81	8	8
社会生活	3.87	39	48	7	7
居民人均可支配收入	4.54	21	21	7	6
万人社会消费品零售额	3.82	35	35	6	6
城镇化率	3.88	33	33	7	7
空气质量指数	2.76	91	88	8	3

如图3-11、图3-12、表3-6所示，新建区科技创新能力总得分58.32分，排在江西省第45位，比上一年提升了3位，排在南昌市第8位，比上一年下降了1位。在一级指标中，经济社会发展排在江西省第30位，比上一年下降了4位，排在南昌市第8位，比上一年下降了1位；创新投入排在江西省第72位，比上一年提升了15位，排在南昌市第7位，与上一年位次相同；创新成效排在江西省第50位，比上一年提升了14位，排在南昌市第7位，比上一年提升了1位；创新环境排在江西省第12位，排在南昌市第5位，都与上一年位次相同。

目前，新建区紧紧围绕"决战千亿工业、崛起百亿强区、决胜十强晋位、打造新区典范"的总体目标，以加快产业转型升级为主线，着力强攻工业，将长堎工业园区打造成为国家级工业园区，以国家考古遗址公园——南昌汉代海昏侯国遗址公园建设为契机，大力推进服务业向"中高端"转变，推动经济由高速转向高质量发展。该区的经济社会发展较上一年排名有所下降，影响了科技竞争力，建议该区加快实施创新驱动发展战略，促进产业转型升级和经济可持续发展。

七、南昌县

南昌县，位于江西省南昌市南部，是江西省首府首县。2017年，该县常住人口88.63万人，地区GDP 7 820 198万元。居民人均可支配收入27 147.75元，排在江西省第18位、南昌市第6位。万人GDP 88 234.21万元，排在江西省第11位、南昌市第6位。GDP增长16.16%，排在江西省第7位、南昌市第2位。城镇化率57.3%，排在江西省第21位、南昌市第6位。规模以上工业企业数258家，排在江西省第5位、南昌市第2位。开展R&D活动的企业占比36.86%，排在江西省第53位、南昌市第4位。万人专利申请量31.42件，排在江西省第7位、南昌市第3位。万人发明专利授权量0.37件，排在江西省第24位、南昌市第6位。人均科普经费投入0.84元，排在江西省第14位、南昌市第6位。万人R&D人员数9.73人，排在江西省第54位、南昌市第4位。R&D人员全时当量585人·年，排在江西省第18位、南昌市第3位。高新技术产业增加值占规模以上工业增加值比31.56%，排在江西省第42位、南昌市第5位。新产品销售收入占主营业务收入比5.96%，排在江西省第49位、南昌市第5位。万人财政收入1.31亿元，排在江西省第5位、南昌市第4位。万人社会消费品零售额2.02亿元，排在江西省第14位、南昌市第5位。第三产业占GDP比重27.65%，排在江西省第92位、南昌市第9位。具体如图3-13、图3-14、表3-7所示。

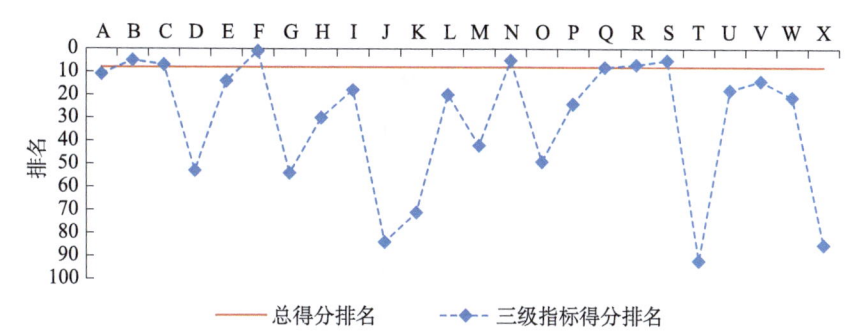

图 3-13 南昌县科技创新能力总得分、三级指标得分在江西省位次排名[①]

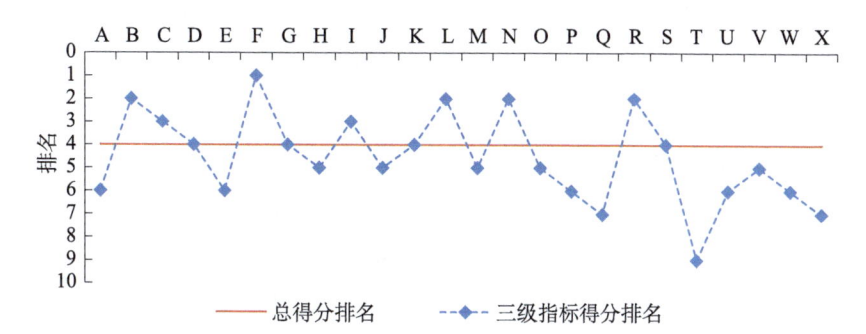

图 3-14 南昌县科技创新能力总得分、三级指标得分在南昌市位次排名[②]

表 3-7 南昌县科技创新能力评价指标得分与位次

指标名称	得分（分）	江西省排名		南昌市排名	
	2017 年	2017 年	2016 年	2017 年	2016 年
科技创新能力总得分	67.02	8	9	4	4
创新环境	5.71	2	1	1	1
创新基础	5.65	4	3	2	2
万人 GDP	5.66	11	11	6	6
规模以上工业企业数	5.92	5	3	2	2
万人专利申请量	5.38	7	4	3	2
科技意识	5.78	1	1	1	1
开展 R&D 活动的企业占比	3.89	53	38	4	2
人均科普经费投入	5.24	14	8	6	6
民众浏览科技网页频度	10.10	1	1	1	1

①② 图注同本书 27 页图 3-1 图注。

续表

指标名称	得分（分） 2017年	江西省排名 2017年	江西省排名 2016年	南昌市排名 2017年	南昌市排名 2016年
创新投入	3.85	49	48	4	4
人力投入	4.14	24	20	4	4
万人R&D人员数	3.71	54	41	4	4
研究人员占R&D人员比	4.50	30	22	5	5
R&D人员全时当量	4.17	18	14	3	3
财力投入	3.56	77	87	4	5
R&D经费投入占GDP百分比	3.40	84	82	5	5
企业R&D经费投入占主营业务收入比	3.45	71	81	4	5
企业技术获取和改造费用占主营业务收入比	3.89	20	39	2	3
创新成效	4.60	16	49	5	5
技术创新	4.91	16	56	3	6
高新技术产业增加值占规模以上工业增加值比	4.03	42	61	5	4
高新技术企业数	6.12	5	7	2	2
产业化水平	4.28	18	37	6	7
新产品销售收入占主营业务收入比	3.71	49	42	5	4
万人发明专利授权量	4.02	24	19	6	7
技术合同成交额	5.31	8	88	7	6
经济社会发展	4.45	16	18	6	6
经济增长	4.68	12	17	5	5
GDP增长百分比	4.95	7	42	2	3
万人财政收入	6.08	5	5	4	4
第三产业占GDP比重	2.91	92	92	9	9
社会生活	4.19	22	28	6	6
居民人均可支配收入	4.80	18	18	6	6
万人社会消费品零售额	4.34	14	14	5	5
城镇化率	4.16	21	26	6	6
空气质量指数	2.99	85	90	7	4

如图 3-13、图 3-14、表 3-7 所示，南昌县科技创新能力总得分 67.02 分，排在江西省第 8 位，比上一年提升了 1 位，排在南昌市第 4 位，与上一年位次相同。在一级指标中，经济社会发展排在江西省第 16 位，比上一年提升了 2 位，排在南昌市第 6 位，与上一年位次相同；创新投入排在江西省第 49 位，比上一年下降了 1 位，排在南昌市第 4 位，与上一年位次相同；创新成效排在江西省第 16 位，比上一年提升了 33 位，排在南昌市第 5 位，与上一年位次相同；创新环境排在江西省第 2 位，比上一年下降了 1 位，排在南昌市第 1 位，与上一年位次相同。

目前，南昌县始终坚持强攻产业、决战工业不动摇，深入推进"一核两重"发展战略，着力构建传统产业和新兴产业"双轮驱动、多点支撑"的发展格局，加快推动产业发展由中低端向"高端高质"迈进。该县的经济社会发展和创新成效较上一年排名有所提升，建议该县加快新兴产业发展，加强生产和服务全过程资源节约和综合利用，提高经济增长质量。

八、安义县

安义县，位于江西省中北部，是南昌市代管郊县。2017 年，该县常住人口 19.42 万人，地区 GDP 1 138 862 万元。居民人均可支配收入 22 322.02 元，排在江西省第 46 位、南昌市第 9 位。万人 GDP 58 643.77 万元，排在江西省第 21 位、南昌市第 8 位。GDP 增长 14.99%，排在江西省第 16 位、南昌市第 4 位。城镇化率 50.35%，排在江西省第 46 位、南昌市第 8 位。规模以上工业企业数 132 家，排在江西省第 25 位、南昌市第 3 位。开展 R&D 活动的企业占比 40.26%，排在江西省第 41 位、南昌市第 2 位。万人专利申请量 24.3 件，排在江西省第 13 位、南昌市第 4 位。万人发明专利授权量 0.41 件，排在江西省第 23 位、南昌市第 5 位。人均科普经费投入 0.47 元，排在江西省第 30 位、南昌市第 8 位。万人 R&D 人员数 16.06 人，排在江西省第 27 位、南昌市第 3 位。R&D 人员全时当量 217 人·年，排在江西省第 55 位、南昌市第 6 位。R&D 经费投入占 GDP 百分比 0.47%，排在江西省第 69 位、南昌市第 3 位。高新技术产业增加值占规模以上工业增加值比 32.11%，排在江省第 39 位、南昌市第 4 位。新产品销售收入占主营业务收入比 6.46%，排在江西省第 46 位、南昌市第 4 位。万人财政收入 0.69 亿元，排在江西省第 25 位、南昌市第 8 位。万人社会消费品零售额 1.1 亿元，排在江西省第 52 位、南昌市第 9 位。第三产业占 GDP 比重 39%，排在江西省第 46 位、南昌市第 4 位。具体如图 3-15、图 3-16、表 3-8 所示。

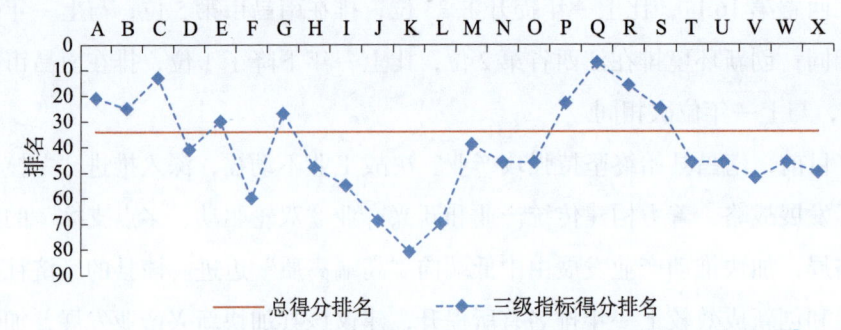

图 3-15 安义县科技创新能力总得分、三级指标得分在江西省位次排名[①]

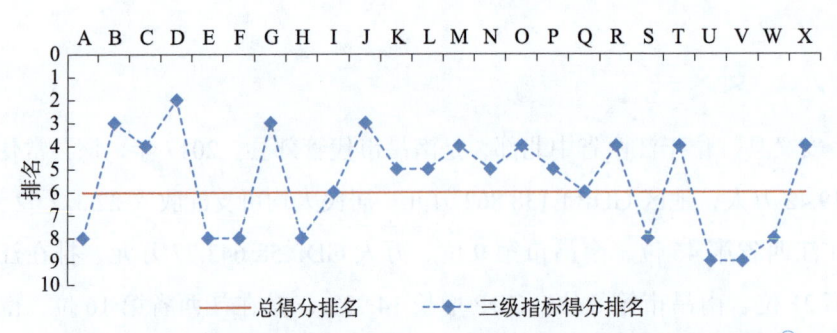

图 3-16 安义县科技创新能力总得分、三级指标得分在南昌市位次排名[②]

表 3-8 安义县科技创新能力评价指标得分与位次

指标名称	得分（分）	江西省排名		南昌市排名	
	2017 年	2017 年	2016 年	2017 年	2016 年
科技创新能力总得分	59.36	34	56	6	8
创新环境	4.30	21	23	6	6
创新基础	4.54	14	17	4	5
万人 GDP	4.51	21	23	8	8

①② 图注同本书27页图3-1图注。

续表

指标名称	得分（分） 2017年	江西省排名 2017年	江西省排名 2016年	南昌市排名 2017年	南昌市排名 2016年
规模以上工业企业数	4.30	25	35	3	5
万人专利申请量	4.80	13	14	4	4
科技意识	4.04	44	42	6	7
开展R&D活动的企业占比	4.20	41	52	2	5
人均科普经费投入	4.09	30	20	8	8
民众浏览科技网页频度	3.68	60	72	8	9
创新投入	3.72	67	72	5	6
人力投入	3.91	47	63	7	6
万人R&D人员数	3.97	27	21	3	3
研究人员占R&D人员比	4.05	48	66	8	6
R&D人员全时当量	3.70	55	44	6	6
财力投入	3.54	80	72	5	3
R&D经费投入占GDP百分比	3.56	69	62	3	3
企业R&D经费投入占主营业务收入比	3.39	81	61	5	4
企业技术获取和改造费用占主营业务收入比	3.68	70	56	5	5
创新成效	4.17	30	53	6	6
技术创新	3.95	46	74	5	7
高新技术产业增加值占规模以上工业增加值比	4.06	39	83	4	7
高新技术企业数	3.80	46	64	5	5
产业化水平	4.39	16	18	5	6
新产品销售收入占主营业务收入比	3.76	46	10	5	2
万人发明专利授权量	4.09	23	15	5	5
技术合同成交额	5.59	7	91	6	7
经济社会发展	4.07	29	32	7	8
经济增长	4.27	23	27	6	7
GDP增长百分比	4.67	16	74	4	5
万人财政收入	4.30	25	23	8	8
第三产业占GDP比重	3.84	46	39	4	4
社会生活	3.83	44	55	8	8

续表

指标名称	得分（分）	江西省排名		南昌市排名	
	2017年	2017年	2016年	2017年	2016年
居民人均可支配收入	4.00	46	45	9	9
万人社会消费品零售额	3.68	52	51	9	9
城镇化率	3.72	46	38	8	8
空气质量指数	3.84	50	70	4	1

如图3-15、图3-16、表3-8所示，安义县科技创新能力总得分59.36分，在江西省排名第34位，比上一年提升了22位，排在南昌市第6位，比上一年提升了2位。在一级指标中，经济社会发展排在江西省第29位，比上一年提升了3位，排在南昌市第7位，比上一年提升了1位；创新投入排在江西省第67位，比上一年提升了5位，排在南昌市第5位，比上一年提升了1位；创新成效排在江西省第30位，比上一年提升了23位，排在南昌市第6位，与上一年位次相同；创新环境在江西省排名第21位，比上一年提升了2位，排在南昌市第6位，与上一年位次相同。

目前，安义县围绕实现"两大迈进"目标，聚焦一村（安义古村）、一河（一河两岸）、一区（工业园区）、一战略（乡村振兴战略），全力实施安义古村全面深度开发、一河两岸跨河发展、工业经济决战600亿元攻坚、乡村振兴战略"四大"行动，打造富裕美丽幸福现代化江西"安义样板"新局面。该县的经济社会发展、创新环境、创新投入和创新成效较上一年排名都有所提升，建议该县在创新平台建设、龙头企业培育等方面做进一步强化和提升，不断提高科技促进经济社会发展的能力。

九、进贤县

进贤县位于江西省中部偏北，是江西省南昌市下辖县。2017年，该县常住人口73.49万人，地区GDP 3 409 451万元。居民人均可支配收入24 335.36元，排在江西省第25位、南昌市第8位。万人GDP 46 393.40万元，排在江西省第33位、南昌市第9位。GDP增长14.56%，排在江西省第29

位、南昌市第6位。城镇化率50.08%，排在江西省第50位、南昌市第9位。规模以上工业企业数93家，排在江西省第49位、南昌市第5位。开展R&D活动的企业占比34.48%，排在江西省第60位、南昌市第5位。万人专利申请量7.78件，排在江西省第70位、南昌市第9位。万人R&D人员数7.58人，排在江西省第65位、南昌市第7位。研究人员占R&D人员比31.24%，排在江西省第40位、南昌市第6位。R&D人员全时当量513人·年，排在江西省第22位、南昌市第4位。高新技术产业增加值占规模以上工业增加值比71.98%，排在江西省第5位、南昌市第1位。新产品销售收入占主营业务收入比3.97%，排在江西省第61位、南昌市第6位。万人财政收入0.35亿元，排在江西省第78位、南昌市第9位。万人社会消费品零售额1.2亿元，排在江西省第43位、南昌市第8位。第三产业占GDP比重33.07%，排在江西省第81位、南昌市第7位。具体如图3-17、图3-18、表3-9所示。

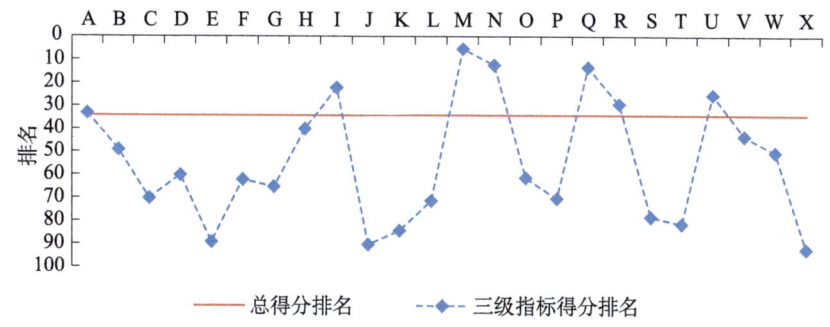

图3-17 进贤县科技创新能力总得分、三级指标得分在江西省位次排名[①]

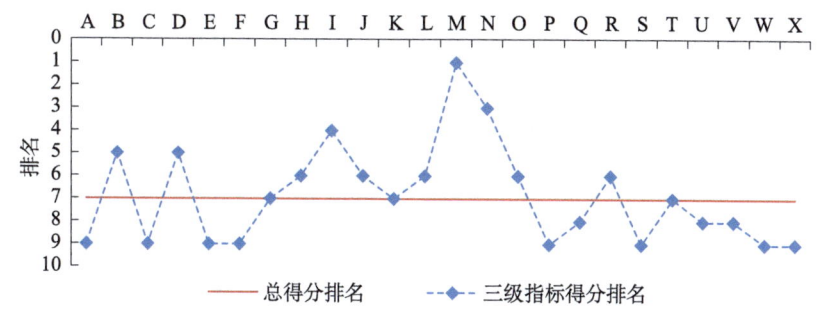

图3-18 进贤县科技创新能力总得分、三级指标得分在南昌市位次排名[②]

①② 图注同本书27页图3-1图注。

表 3-9 进贤县科技创新能力评价指标得分与位次

指标名称	得分（分）2017 年	江西省排名 2017 年	江西省排名 2016 年	南昌市排名 2017 年	南昌市排名 2016 年
科技创新能力总得分	59.36	35	70	7	9
创新环境	3.63	80	70	9	9
创新基础	3.74	59	37	9	9
万人 GDP	4.04	33	34	9	9
规模以上工业企业数	3.79	49	23	5	4
万人专利申请量	3.46	70	66	9	9
科技意识	3.52	82	86	9	9
开展 R&D 活动的企业占比	3.67	60	79	5	8
人均科普经费投入	3.18	89	81	9	9
民众浏览科技网页频度	3.67	62	34	9	8
创新投入	3.71	71	58	6	5
人力投入	3.98	37	26	5	5
万人 R&D 人员数	3.62	65	64	7	7
研究人员占 R&D 人员比	4.22	40	19	6	4
R&D 人员全时当量	4.08	22	21	4	4
财力投入	3.43	91	92	7	7
R&D 经费投入占 GDP 百分比	3.33	90	87	6	6
企业 R&D 经费投入占主营业务收入比	3.34	84	83	7	6
企业技术获取和改造费用占主营业务收入比	3.68	71	77	6	6
创新成效	4.69	15	44	4	4
技术创新	5.57	5	33	2	3
高新技术产业增加值占规模以上工业增加值比	6.15	5	22	1	1
高新技术企业数	4.77	12	14	3	3
产业化水平	3.78	53	76	9	9
新产品销售收入占主营业务收入比	3.54	61	73	6	6
万人发明专利授权量	3.57	70	37	9	8
技术合同成交额	4.34	13	91	8	7

续表

指标名称	得分（分）	江西省排名		南昌市排名	
	2017年	2017年	2016年	2017年	2016年
经济社会发展	3.74	64	48	9	9
经济增长	3.75	70	96	9	9
GDP增长百分比	4.57	29	88	6	7
万人财政收入	3.33	78	80	9	9
第三产业占GDP比重	3.35	81	80	7	7
社会生活	3.74	57	65	9	9
居民人均可支配收入	4.33	25	26	8	8
万人社会消费品零售额	3.75	43	42	8	8
城镇化率	3.70	50	52	9	9
空气质量指数	2.76	92	87	9	2

如图3-17、图3-18、表3-9所示，进贤县科技创新能力总得分59.36分，排在江西省第35位，比上一年提升了35位，排在南昌市第7位，比上一年提升了2位。在一级指标中，经济社会发展排在江西省第64位，比上一年下降了16位，排在南昌市第9位，与上一年位次相同；创新投入排在江西省第71位，比上一年下降了13位，排在南昌市第6位，比上一年下降了1位；创新成效排在江西省第15位，比上一年提升了29位，排在南昌市第4位，与上一年位次相同；创新环境排在江西省第80位，比上一年下降了10位，排在南昌市第9位，与上一年位次相同。

目前，进贤县坚持既定战略目标、总体布局和工作举措，着力推动发展提质、动力提档、落实提效，加快构建"五大体系"，全面开创新时代"勇当昌抚合作示范排头兵、拼争江西省县域经济前十强"新局面。该县的经济社会发展、创新投入和创新环境较上一年排名都有所下降，影响了科技竞争力，建议该县大力发展城市经济，加快对传统服务业的技术改造升级，加快新兴服务业发展和城市再造。

第二节 景德镇市

一、昌江区

昌江区是景德镇市中心城区。2017年，该区常住人口16.38万人，地区GDP 2 308 329万元。居民人均可支配收入32 102.72元，排在江西省第9位、景德镇市第2位。万人GDP 140 923.63万元，排在江西省第1位、景德镇市第1位。GDP增速1.86%，排在江西省第99位、景德镇市第4位。城镇化率82.85%，排在江西省第9位、景德镇市第2位。规模以上工业企业数91家，排在江西省第51位、景德镇市第2位。开展R&D活动的企业占比58.82%，排在江西省第4位、景德镇市第1位。万人专利申请量39.37件，排在江西省第4位、景德镇市第1位。万人发明专利授权量3.3件，排在江西省第1位、景德镇市第1位。人均科普经费投入0.35元，排在江西省第45位、景德镇市第3位。万人R&D人员数101.15人，排在江西省第3位、景德镇市第1位。研究人员占R&D人员比33.61%，排在江西省第29位、景德镇市第3位。R&D人员全时当量757人·年，排在江西省第13位、景德镇市第2位。R&D经费投入占GDP百分比2.19%，排在江西省第8位、景德镇市第2位。新产品销售收入占主营业务收入比13.87%，排在江西省第18位、景德镇市第2位。万人财政收入0.73亿元，排在江西省第22位、景德镇市第1位。万人社会消费品零售额4.56亿元，排在江西省第6位、景德镇市第1位。第三产业占GDP比重35.03%，排在江西省第74位、景德镇市第3位。具体如图3-19、图3-20、表3-10所示。

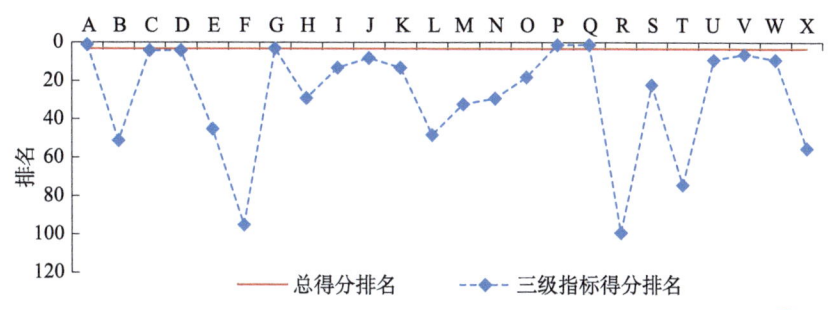

图 3-19　昌江区科技创新能力总得分、三级指标得分在江西省位次排名 ①

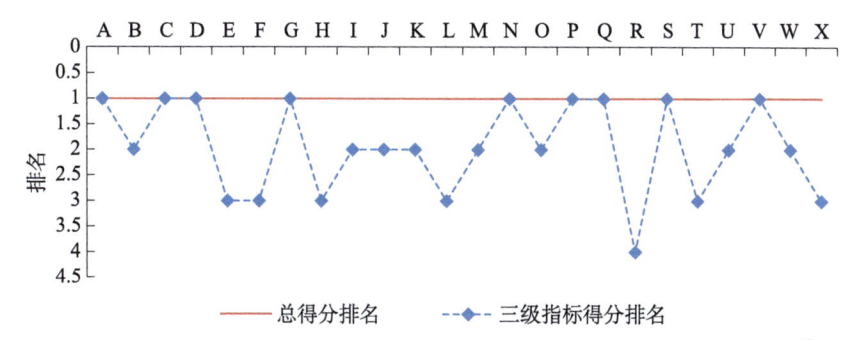

图 3-20　昌江区科技创新能力总得分、三级指标得分在景德镇市位次排名 ②

表 3-10　昌江区科技创新能力评价指标得分与位次

指标名称	得分（分）	江西省排名		景德镇市排名	
	2017 年	2017 年	2016 年	2017 年	2016 年
科技创新能力总得分	76.65	3	4	1	2
创新环境	5.20	4	7	1	1
创新基础	5.73	3	6	1	1
万人 GDP	7.70	1	1	1	1
规模以上工业企业数	3.77	51	44	2	2
万人专利申请量	6.02	4	10	1	2
科技意识	4.64	13	22	2	2
开展 R&D 活动的企业占比	5.93	4	25	1	2
人均科普经费投入	3.71	45	30	3	2
民众浏览科技网页频度	3.38	95	13	3	1

①② 图注同本书 27 页图 3-1 图注。

续表

指标名称	得分（分） 2017年	江西省排名 2017年	江西省排名 2016年	景德镇市排名 2017年	景德镇市排名 2016年
创新投入	5.02	5	5	2	2
人力投入	5.44	5	3	2	1
万人R&D人员数	7.43	3	3	1	1
研究人员占R&D人员比	4.52	29	45	3	3
R&D人员全时当量	4.40	13	6	2	1
财力投入	4.61	12	5	2	2
R&D经费投入占GDP百分比	5.04	8	5	2	1
企业R&D经费投入占主营业务收入比	4.91	13	7	2	1
企业技术获取和改造费用占主营业务收入比	3.71	48	13	3	1
创新成效	5.87	2	5	1	1
技术创新	4.22	34	29	1	3
高新技术产业增加值占规模以上工业增加值比	4.22	32	26	2	1
高新技术企业数	4.22	29	27	1	1
产业化水平	7.57	1	5	1	2
新产品销售收入占主营业务收入比	4.40	18	13	2	2
万人发明专利授权量	8.83	1	23	1	2
技术合同成交额	10.43	1	2	1	1
经济社会发展	4.23	19	14	2	2
经济增长	3.18	97	46	3	2
GDP增长百分比	1.53	99	68	4	4
万人财政收入	4.43	22	20	1	1
第三产业占GDP比重	3.51	74	85	3	3
社会生活	5.43	9	10	2	2
居民人均可支配收入	5.62	9	9	2	2
万人社会消费品零售额	6.15	6	6	1	1
城镇化率	5.78	9	9	2	2
空气质量指数	3.81	55	95	3	4

如图 3-19、图 3-20、表 3-10 所示，昌江区科技创新能力总得分 76.65 分，排在江西省第 3 位，比上一年提升了 1 位，排在景德镇市第 1 位，比上一年提升了 1 位。在一级指标中，经济社会发展排在江西省第 19 位，比上一年下降了 5 位，排在景德镇市第 2 位，与上一年位次相同；创新投入排在江西省第 5 位，排在景德镇市第 2 位，都与上一年位次相同；创新成效排在江西省第 2 位，比上一年提升了 3 位，排在景德镇市第 1 位，比上一年提升了 1 位；创新环境排在江西省第 4 位，比上一年提升了 3 位，排在景德镇市第 1 位，与上一年位次相同。

目前，昌江区实施"建设魅力昌江，做靓瓷都门户，在打造一座与世界对话的城市中实现新跨越"目标，大力发展陶瓷文化创意产业，加快发展电子商务，着力发展商贸物流业，积极发展特色旅游业等，使现代服务业成为带动全区转型升级和跨越赶超的战略力量。该区的经济社会发展得分偏低，影响了科技竞争力，建议该区改造传统产业，加快新兴产业发展，加强生产和服务全过程资源节约和综合利用，提高经济增长质量。

二、珠山区

珠山区位于江西省东北部，是景德镇市中心城区。2017 年，该区常住人口 33.63 万人，地区 GDP 2 255 346 万元。居民人均可支配收入 36 140.46 元，排在江西省第 5 位、景德镇市第 1 位。万人 GDP 67 063.51 万元，排在江西省第 17 位、景德镇市第 2 位。GDP 增长 2.07%，排在江西省第 98 位、景德镇市第 3 位。城镇化率 100%，排在江西省第 1 位、景德镇市第 1 位。排在开展 R&D 活动的企业占比 24.67%，排在江西省第 92 位、景德镇市第 4 位。万人专利申请量 20.37 件，排在江西省第 23 位、景德镇市第 3 位。万人发明专利授权量 2.32 件，排在江西省第 4 位、景德镇市第 2 位。人均科普经费投入 0.17 元，排在江西省第 90 位、景德镇市第 4 位。万人 R&D 人员数 51.53 人，排在江西省第 5 位、景德镇市第 2 位。研究人员占 R&D 人员比 51.82%，排在江西省第 1 位、景德镇市第 1 位。R&D 人员全时当量 1001 人·年，排在江西省第 8 位、景德镇市第 1 位。R&D 经费投入占 GDP 百分比 2.76%，排在江西省第 5 位、景德镇市第 1 位。高新技术产业增加值占规模以上工业增加值比 45.82%，排在江西省第 21 位、景德镇市第 1 位。新产品销售收入占主营业务收入比 70.11%，排在江西省第 1 位、景德镇市第 1 位。万人财政收入 0.47 亿元，排在江西省第 55 位、景德镇市第 3 位。万人社会消费品零售额 4.26 亿元，排在江西省第 8 位、景德镇市第 2 位。第三产业占 GDP 比重 67.6%，排在江西省第 5 位、景德镇市第 1 位。具体如图 3-21、图 3-22、表 3-11 所示。

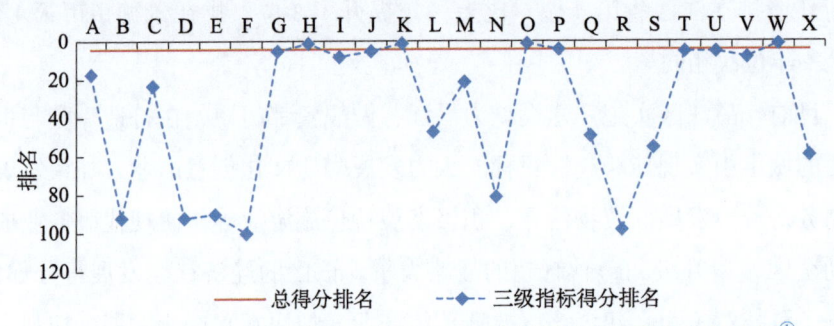

图 3-21 珠山区科技创新能力总得分、三级指标得分在江西省位次排名[①]

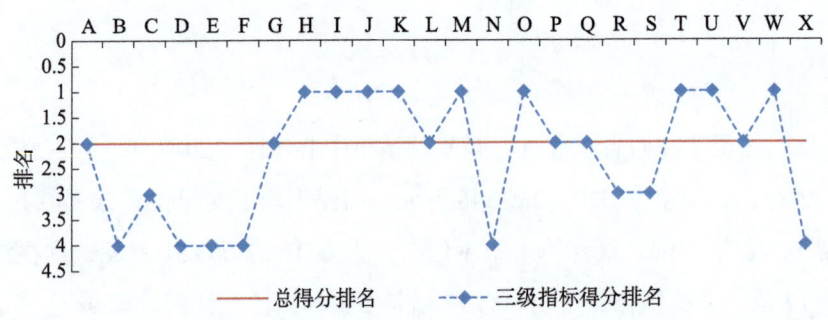

图 3-22 珠山区科技创新能力总得分、三级指标得分在景德镇市位次排名[②]

表 3-11 珠山区科技创新能力评价指标得分与位次

指标名称	得分（分）	江西省排名		景德镇市排名	
	2017 年	2017 年	2016 年	2017 年	2016 年
科技创新能力总得分	75.57	4	3	2	1
创新环境	3.55	86	35	4	3
创新基础	4.07	36	18	3	2

①② 图注同本书27页图3-1图注。

续表

指标名称	得分（分）	江西省排名		景德镇市排名	
	2017 年	2017 年	2016 年	2017 年	2016 年
万人 GDP	4.84	17	14	2	2
规模以上工业企业数	2.99	92	91	4	4
万人专利申请量	4.48	23	9	3	1
科技意识	3.00	98	69	4	4
开展 R&D 活动的企业占比	2.75	92	56	4	3
人均科普经费投入	3.15	90	82	4	4
民众浏览科技网页频度	3.27	100	17	4	2
创新投入	5.94	3	4	1	1
人力投入	5.68	3	6	1	2
万人 R&D 人员数	5.41	5	8	2	2
研究人员占 R&D 人员比	6.76	1	2	1	1
R&D 人员全时当量	4.72	8	16	1	2
财力投入	6.20	2	3	1	1
R&D 经费投入占 GDP 百分比	5.53	5	9	1	2
企业 R&D 经费投入占主营业务收入比	8.91	1	2	1	1
企业技术获取和改造费用占主营业务收入比	3.72	47	35	2	3
创新成效	5.55	3	2	2	1
技术创新	4.14	38	23	2	1
高新技术产业增加值占规模以上工业增加值比	4.78	21	50	1	3
高新技术企业数	3.25	81	69	4	4
产业化水平	7.01	3	2	2	1
新产品销售收入占主营业务收入比	9.29	1	1	1	1
万人发明专利授权量	7.23	4	3	2	1
技术合同成交额	3.72	49	57	2	2
经济社会发展	4.76	10	9	1	1
经济增长	3.80	63	16	1	1
GDP 增长百分比	1.58	98	44	3	2
万人财政收入	3.67	55	56	3	3

续表

指标名称	得分（分）	江西省排名		景德镇市排名	
	2017年	2017年	2016年	2017年	2016年
第三产业占GDP比重	6.18	5	7	1	1
社会生活	5.85	5	5	1	1
居民人均可支配收入	6.29	5	6	1	1
万人社会消费品零售额	5.94	8	8	2	2
城镇化率	6.86	1	1	1	1
空气质量指数	3.71	59	79	4	3

如图 3-21、图 3-22、表 3-11 所示，珠山区科技创新能力总得分 75.57 分，排在江西省第 4 位，比上一年下降了 1 位，排在景德镇市第 2 位，比上一年下降了 1 位。在一级指标中，经济社会发展排在江西省第 10 位，比上一年下降了 1 位，排在景德镇市第 1 位，与上一年位次相同；创新投入排在江西省第 3 位，比上一年提升了 1 位，排在景德镇市第 1 位，与上一年位次相同；创新成效排在江西省第 3 位，比上一年下降了 1 位，排在景德镇市第 2 位，比上一年下降了 1 位；创新环境排在江西省第 86 位，比上一年下降了 51 位，排在景德镇市第 4 位，比上一年下降了 1 位。

目前，珠山区以服务业、文化旅游业、房地产业、工业"3＋1 特色产业"为核心，坚持做强产业、做大平台、做新动能，推动产业在转型升级中实现高质量发展。积极发展陶瓷材料产业，重点支持惠康电子材料厂等企业，跟踪研发项目，推动项目孵化、企业壮大。该区的经济社会发展、创新成效和创新环境较上一年排名有所下降，建议该区不断优化科技创新环境，提高区域科技创新与进步能力，促进区域科技经济社会融合发展。

三、浮梁县

浮梁县位于江西省东北部，是江西省景德镇市下辖县。2017 年，该县常住人口 31.64 万人，地区 GDP 1 152 052 万元。居民人均可支配收入 21 162.67 元，排在江西省第 52 位、景德镇市第 4 位。万人 GDP 36 411.25 万元，排在江西省第53位、景德镇市第3位。GDP增长3.8%，排在江西省第96位、景德镇市第2位。城镇化率47.22%，排在江西省第68位、景德镇市第4位。开展R&D活动的企业占比43.55%，排在江西省第31位、景德镇市第2位。万人专利申请量29.65件，排在江西省第9位、景德镇市第2位。万人发明专利授权量0.16件，排在江西省第55位、景德镇市第4位。人均科普经费投入1.26元，排在江西省第3位、景德镇市第1位。万人R&D人员数8.94人，排在江西省第56位、景德镇市第3位。研究人员占R&D人员比41.7%，排在江西省第7位、景德镇市第2位。R&D经费投入占GDP百分比1.08%，排在江西省第26位、景德镇市第3位。万人财政收入0.35亿元，排在江西省第79位、景德镇市第4位。万人社会消费品零售额0.76亿元，排在江西省第81位、景德镇市第4位。第三产业占GDP比重32.66%，排在江西省第82位、景德镇市第4位。具体如图3-23、图3-24、表3-12所示。

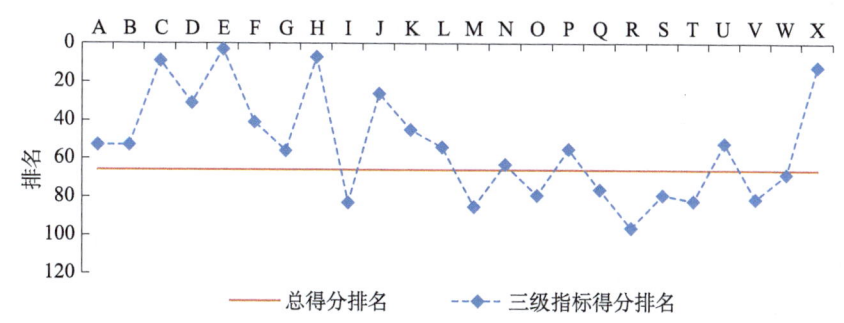

图3-23　浮梁县科技创新能力总得分、三级指标得分在江西省位次排名[①]

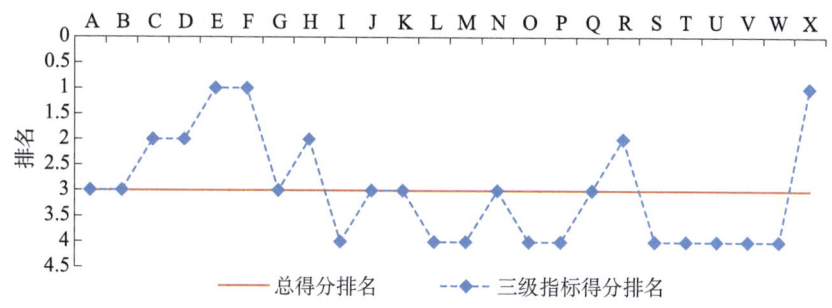

图3-24　浮梁县科技创新能力总得分、三级指标得分在景德镇市位次排名[②]

---

①② 图注同本书27页图3-1图注。

表 3-12　浮梁县科技创新能力评价指标得分与位次

指标名称	得分（分）2017年	江西省排名 2017年	江西省排名 2016年	景德镇市排名 2017年	景德镇市排名 2016年
科技创新能力总得分	56.08	66	44	3	3
创新环境	4.61	11	20	2	2
创新基础	4.26	23	30	2	3
万人 GDP	3.65	53	46	3	3
规模以上工业企业数	3.76	53	61	3	3
万人专利申请量	5.24	9	11	2	3
科技意识	4.98	6	14	1	1
开展 R&D 活动的企业占比	4.51	31	8	2	1
人均科普经费投入	6.55	3	42	1	3
民众浏览科技网页频度	3.85	41	23	1	4
创新投入	4.08	29	10	3	3
人力投入	4.29	19	10	3	3
万人 R&D 人员数	3.68	56	38	3	3
研究人员占 R&D 人员比	5.51	7	5	2	2
R&D 人员全时当量	3.52	83	73	4	4
财力投入	3.87	45	16	4	3
R&D 经费投入占 GDP 百分比	4.09	26	10	3	3
企业 R&D 经费投入占主营业务收入比	3.80	45	12	3	3
企业技术获取和改造费用占主营业务收入比	3.70	54	49	4	4
创新成效	3.39	88	84	4	4
技术创新	3.26	83	80	4	4
高新技术产业增加值占规模以上工业增加值比	3.08	85	91	4	4
高新技术企业数	3.50	63	56	3	3
产业化水平	3.52	82	63	4	4
新产品销售收入占主营业务收入比	3.35	79	60	4	4
万人发明专利授权量	3.67	55	31	4	3
技术合同成交额	3.58	76	86	3	3

续表

指标名称	得分（分）	江西省排名		景德镇市排名	
	2017年	2017年	2016年	2017年	2016年
经济社会发展	3.39	94	90	4	4
经济增长	2.89	99	95	4	4
GDP增长百分比	2.00	96	34	2	1
万人财政收入	3.33	79	78	4	4
第三产业占GDP比重	3.32	82	91	4	4
社会生活	3.96	32	40	4	4
居民人均可支配收入	3.81	52	52	4	4
万人社会消费品零售额	3.43	81	80	4	4
城镇化率	3.52	68	69	4	4
空气质量指数	5.39	12	15	1	1

如图3-23、图3-24、表3-12所示，浮梁县科技创新能力总得分56.08分，排在江西省第66位，比上一年下降了22位，排在景德镇市第3位，与上一年位次相同。在一级指标中，经济社会发展排在江西省第94位，比上一年下降了4位，排在景德镇市第4位，与上一年位次相同；创新投入排在江西省第29位，比上一年下降了19位，排在景德镇市第3位，与上一年位次相同；创新成效排在江西省第88位，比上一年下降了4位，排在景德镇市第4位，与上一年位次相同；创新环境排在江西省第11位，比上一年提升了9位，排在景德镇市第2位，与上一年位次相同。

目前，浮梁县紧紧围绕"打造生态样板，建设旅游胜地，做美山水城市，努力把浮梁建成对话世界的后花园，成为江西省县域经济绿色发展的样本"发展建设，加速提升新型工业，大力开展产业链招商，做优做强陶瓷产业存量，依托景德镇陶瓷大学等高等院校的研发优势，大力培育陶瓷产业新动能，着力培育三龙高档建筑陶瓷产业集群和湘湖特种陶瓷产业集群。该县的经济社会发展、创新投入和创新成效较上一年排名都有所下降，建议该县提高经济发展的质量与效率，在支柱产业科技竞争力培育、创新成效、人才培养等方面进一步强化和提升，不断提高科技竞争力。

四、乐平市

乐平市位于江西省东北部，是景德镇市下辖县级市。2017年，该市常住人口84.84万人，地区GDP 3 066 737万元。居民人均可支配收入24 367.68元，排在江西省第24位、景德镇市第3位。万人GDP 36 147.30万元，排在江西省第55位、景德镇市第4位。GDP增长5.39%，排在江西省第92位、景德镇市第1位。城镇化率56.18%，排在江西省第23位、景德镇市第3位。规模以上工业企业数116家，排在江西省第34位、景德镇市第1位。开展R&D活动的企业占比30%，排在江西省第76位、景德镇市第3位。万人专利申请量2.64件，排在江西省第97位、景德镇市第4位。万人发明专利授权量0.17件，排在江西省第49位、景德镇市第3位。人均科普经费投入0.62元，排在江西省第16位、景德镇市第2位。万人R&D人员数7.76人，排在江西省第64位、景德镇市第4位。R&D人员全时当量383人·年，排在江西省第31位、景德镇市第3位。R&D经费投入占GDP百分比0.69%，排在江西省第48位、景德镇市第4位。企业技术获取和改造费用占主营业务收入0.19%，排在江西省第10位、景德镇市第1位。高新技术产业增加值占规模以上工业增加值比28.34%，排在江西省第50位、景德镇市第3位。新产品销售收入占主营业务收入比5.41%，排在江西省第56位、景德镇市第3位。万人财政收入0.48亿元，排在江西省第54位、景德镇市第2位。万人社会消费品零售额1.11亿元，排在江西省第51位、景德镇市第3位。第三产业占GDP比重37.59%，排在江西省第58位、景德镇市第2位。具体如图3-25、图3-26、表3-13所示。

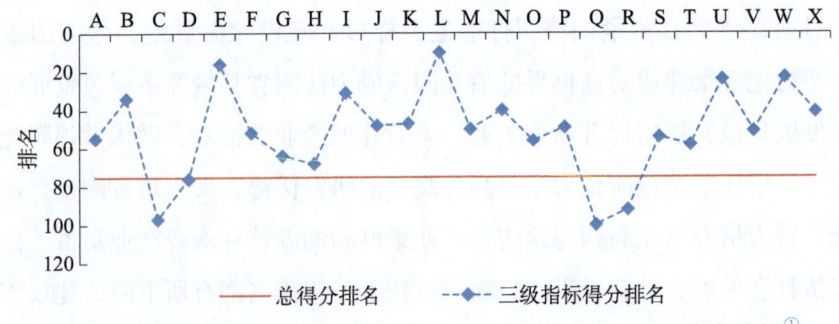

图3-25 乐平市科技创新能力总得分、三级指标得分在江西省位次排名[1]

---

[1] 图注同本书27页图3-1图注。

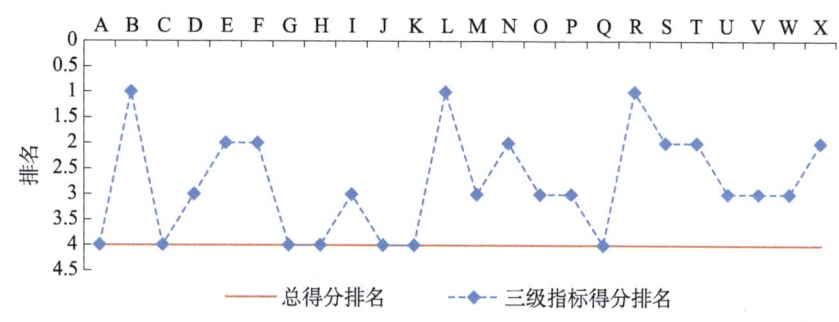

第三章 江西省各县（市、区）科技创新能力水平分析 | 067

图 3-26 乐平市科技创新能力总得分、三级指标得分在景德镇市位次排名①

表 3-13 乐平市科技创新能力评价指标得分与位次

指标名称	得分（分）	江西省排名		景德镇市排名	
	2017 年	2017 年	2016 年	2017 年	2016 年
科技创新能力总得分	54.94	75	60	4	4
创新环境	3.67	77	65	3	4
创新基础	3.58	74	71	4	4
万人 GDP	3.64	55	48	4	4
规模以上工业企业数	4.09	34	37	1	1
万人专利申请量	3.05	97	100	4	4
科技意识	3.77	63	52	3	3
开展 R&D 活动的企业占比	3.25	76	59	3	4
人均科普经费投入	4.55	16	23	2	1
民众浏览科技网页频度	3.74	52	18	2	3
创新投入	3.83	52	54	4	4
人力投入	3.68	71	60	4	4
万人 R&D 人员数	3.63	64	53	4	4
研究人员占 R&D 人员比	3.52	68	53	4	4
R&D 人员全时当量	3.91	31	48	3	3
财力投入	3.99	35	50	3	4
R&D 经费投入占 GDP 百分比	3.75	48	60	4	4
企业 R&D 经费投入占主营业务收入比	3.74	47	69	4	4

① 图注同本书27页图3-1图注。

续表

指标名称	得分（分） 2017年	江西省排名 2017年	江西省排名 2016年	景德镇市排名 2017年	景德镇市排名 2016年
企业技术获取和改造费用占主营业务收入比	4.60	10	20	1	2
创新成效	3.76	57	39	3	3
技术创新	3.93	48	27	3	2
高新技术产业增加值占规模以上工业增加值比	3.87	50	29	3	2
高新技术企业数	4.01	40	32	2	2
产业化水平	3.59	77	64	3	4
新产品销售收入占主营业务收入比	3.66	56	48	3	3
万人发明专利授权量	3.68	49	55	3	4
技术合同成交额	3.38	100	87	4	4
经济社会发展	3.64	79	47	3	3
经济增长	3.27	95	74	2	3
GDP增长百分比	2.38	92	66	1	3
万人财政收入	3.70	54	52	2	2
第三产业占GDP比重	3.72	58	67	2	2
社会生活	4.07	26	22	3	3
居民人均可支配收入	4.34	24	24	3	3
万人社会消费品零售额	3.68	51	52	3	3
城镇化率	4.09	23	21	3	3
空气质量指数	4.04	41	28	2	2

如图3-25、图3-26、表3-13所示，乐平市科技创新能力总得分54.94分，排在江西省第75位，比上一年下降了15位，排在景德镇市第4位，与上一年位次相同。在一级指标中，经济社会发展排在江西省第79位，比上一年下降了32位，排在景德镇市第3位，与上一年位次相同；创新投入排在江西省第52位，比上一年提升了2位，排在景德镇市第4位，与上一年位次相同；创新成效排在江西省第57位，比上一年下降了18位，排在景德镇市第3位，与上一年位次相同；创新环境排在江西省第77位，比上一年下降了12位，排在景德镇市第3位，比上一年提升了1位。

目前，乐平市深入实施工业强市战略，围绕工业总产值突破 500 亿元目标，优化产业结构，推动产业升级。突出精细化工和生物医药产业龙头，支持东风药业股份有限公司、世龙实业股份有限公司等重点企业做优品牌。加速推进宏柏化学科技有限公司上市步伐，努力培育一批税收过亿元的骨干企业。该市经济社会发展、创新成效和创新环境较上一年排名都有所下降，建议该市在战略新兴产业培育、创新环境优化、人才培养等方面进一步提升，不断提高科技服务经济社会发展的能力。

第三节 萍乡市

一、安源区

安源区位于江西省西部，是江西省萍乡市市辖区。2017 年，该区常住人口 47.32 万人，地区 GDP 2 872 873 万元。居民人均可支配收入 35 101.04 元，排在江西省第 7 位、萍乡市第 1 位。万人 GDP 为 60 711.60 万元，排在江西省第 20 位、萍乡市第 1 位。GDP 增长 6.41%，排在江西省第 90 位、萍乡市第 1 位。城镇化率 99.54%，排在江西省第 6 位、萍乡市第 1 位。规模以上工业企业数 134 家，排在江西省第 24 位、萍乡市第 2 位。开展 R&D 活动的企业占比 36.7%，排在江西省第 56 位、萍乡市第 3 位。万人专利申请量 16.19 件，排在江西省第 31 位、萍乡市第 2 位。万人发明专利授权量 0.34 件，排在江西省第 26 位、萍乡市第 2 位。人均科普经费投入 0.3 元，排在江西省第 50 位、萍乡市第 4 位。万人 R&D 人员数 10.76 人，排在江西省第 48 位、萍乡市第 4 位。研究人员占 R&D 人员比重 35.56%，排在江西省第 22 位、萍乡市第 3 位。R&D 人员全时当量 301 人·年，排在江西省第 44 位、萍乡市第 3 位。R&D 经费投入占 GDP 百分比 0.51%，排在江西省第 64 位、萍乡市第 4 位。高新技术产业增加值占规模以上工业增加值比 44.04%，排在江西省第 23 位、萍乡市第 3 位。万人财政收入 0.91 亿元，排在江西省第 16 位、萍乡市第 1 位。万人社会消费品零售额 3.25 亿元，排在江西省第 11 位、萍乡市第 1 位。

第三产业占GDP比重56.78%，排在江西省第9位、萍乡市第1位。具体如图3-27、图3-28、表3-14所示。

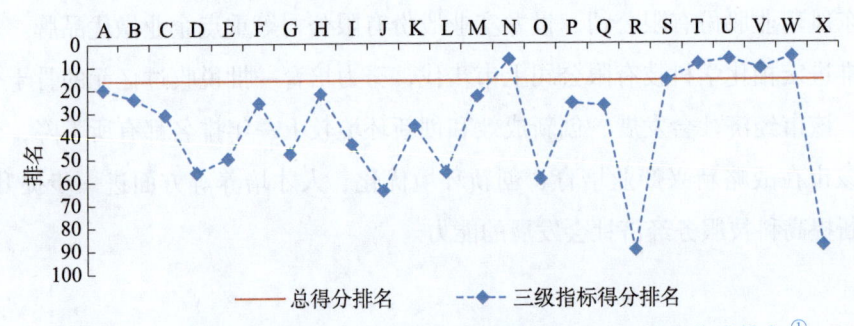

图 3-27　安源区科技创新能力总得分、三级指标得分在江西省位次排名[①]

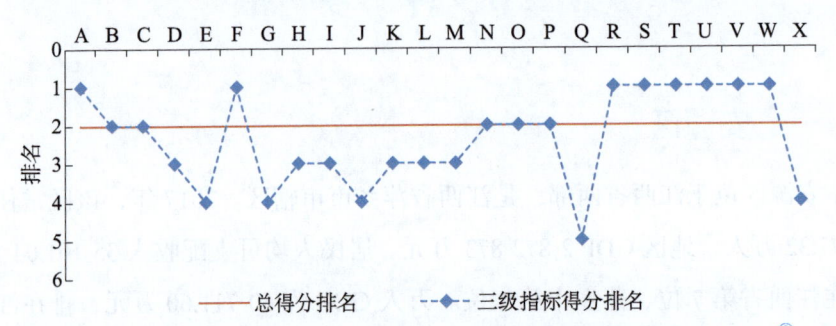

图 3-28　安源区科技创新能力总得分、三级指标得分在萍乡市位次排名[②]

表 3-14　安源区科技创新能力评价指标得分与位次

指标名称	得分（分） 2017年	江西省排名 2017年	江西省排名 2016年	萍乡市排名 2017年	萍乡市排名 2016年
科技创新能力总得分	62.94	16	14	2	1
创新环境	4.08	33	40	3	3
创新基础	4.34	19	16	1	2
万人GDP	4.59	20	20	1	1
规模以上工业企业数	4.32	24	17	2	2
万人专利申请量	4.14	31	43	2	2
科技意识	3.82	60	75	3	3
开展R&D活动的企业占比	3.87	56	62	3	4

①②　图注同本书27页图3-1图注。

续表

指标名称	得分（分）	江西省排名		萍乡市排名	
	2017 年	2017 年	2016 年	2017 年	2016 年
人均科普经费投入	3.56	50	90	4	3
民众浏览科技网页频度	4.06	26	14	1	2
创新投入	3.94	37	36	4	3
人力投入	4.13	26	17	3	2
万人 R&D 人员数	3.75	48	49	4	3
研究人员占 R&D 人员比	4.75	22	8	3	2
R&D 人员全时当量	3.81	44	49	3	2
财力投入	3.75	55	64	4	3
R&D 经费投入占 GDP 百分比	3.60	64	61	4	3
企业 R&D 经费投入占主营业务收入比	3.95	36	46	3	2
企业技术获取和改造费用占主营业务收入比	3.69	56	64	3	5
创新成效	4.44	21	27	3	4
技术创新	5.08	12	18	3	4
高新技术产业增加值占规模以上工业增加值比	4.69	23	21	3	4
高新技术企业数	5.62	7	9	2	3
产业化水平	3.79	51	40	4	1
新产品销售收入占主营业务收入比	3.55	59	56	2	1
万人发明专利授权量	3.97	26	30	2	2
技术合同成交额	3.91	27	15	5	4
经济社会发展	4.83	9	10	1	1
经济增长	4.29	21	12	1	1
GDP 增长百分比	2.62	90	81	1	5
万人财政收入	4.93	16	15	1	1
第三产业占 GDP 比重	5.30	9	13	1	1
社会生活	5.44	8	6	1	1
居民人均可支配收入	6.12	7	7	1	1
万人社会消费品零售额	5.22	11	11	1	1
城镇化率	6.83	6	5	1	1
空气质量指数	2.79	88	67	4	2

如图3-27、图3-28、表3-14所示，安源区科技创新能力总得分62.94分，排在江西省第16位，比上一年下降了2位，排在萍乡市第2位，比上一年下降了1位。在一级指标中，经济社会发展排在江西省第9位，比上一年提升了1位，排在萍乡市第1位，与上一年位次相同；创新投入排在江西省第37位，比上一年下降了1位，排在萍乡市第4位，比上一年下降了1位；创新成效排在江西省第21位，比上一年提升了6位，排在萍乡市第3位，比上一年提升了1位；创新环境排在江西省第33位，比上一年提升了7位，排在萍乡市第3位，与上一年位次相同。

目前，安源区将高度依赖煤炭、建材等传统产业支撑的区域工业经济结构，逐步转变为工业多元化发展，大力发展新经济作为转型的突破口，推动全区科技竞争能力提升。该区的创新投入较上一年排名有所下降，影响了科技竞争力，建议该区继续加大研发经费投入，加快创新平台建设，强力推进新能源、新材料、节能环保等产业发展，加快实施创新驱动发展战略，促进产业转型升级和经济可持续发展。

二、湘东区

湘东区位于江西省西部，是江西省萍乡市市辖区。2017年，该区常住人口37.07万人，地区GDP 2 054 956万元。居民人均可支配收入27 624.99元，排在江西省第15位、萍乡市第2位。万人GDP 55 434.48万元，排在江西省第23位、萍乡市第2位。GDP增长5.23%，排在江西省第93位、萍乡市第2位。城镇化率65.59%，排在江西省第16位、萍乡市第2位。规模以上工业企业数107家，排在江西省第39位、萍乡市第4位。开展R&D活动的企业占比32.86%，排在江西省第68位、萍乡市第4位。万人专利申请量13.11件，排在江西省第44位、萍乡市第3位。万人发明专利授权量0.22件，排在江西省第41位、萍乡市第3位。万人R&D人员数7.88人，排在江西省第63位、萍乡市第5位。研究人员占R&D人员比30.48%，排在江西省第42位、萍乡市第5位。R&D人员全时当量199人·年，排在江西省第58位、萍乡市第4位。R&D经费投入占GDP百分比0.39%，排在江西省第 73 位、萍乡市第 5 位。企业技术获取和改造费用占主营业务收入比 0.03%，排在江西省第 30 位、萍乡市第 1 位。高新技术产业增加值占规模以上工业增加值比 50.19%，排在江西省第 14 位、萍乡市第 2 位。新产品销售收入占主营业务收入比 4.01%，排在江西省第 60 位、萍乡市第 3 位。万人财政收入 0.53 亿元，排在江西省第 41 位、萍乡市第 3 位。万人社会消费品零售额 1.47 亿元，排在江西省第 29 位、萍乡市第 3 位。第三产业占 GDP 比重 42.35%，排在江西省第 30 位、萍乡市第 3 位。具体如图 3-29、图 3-30、表 3-15 所示。

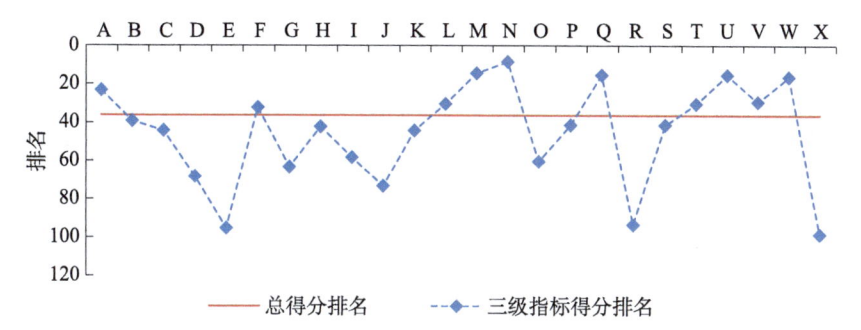

图 3-29 湘东区科技创新能力总得分、三级指标得分在江西省位次排名[①]

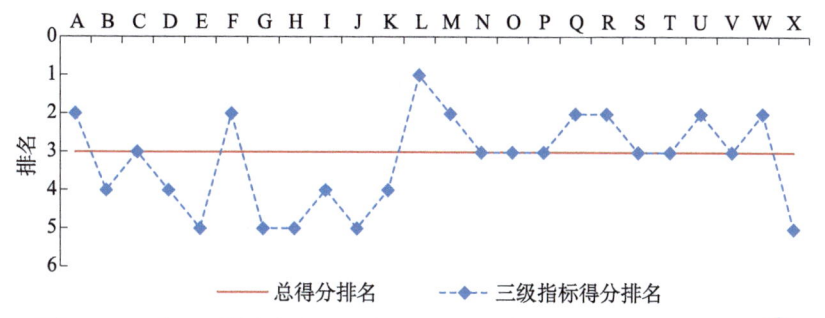

图 3-30 湘东区科技创新能力总得分、三级指标得分在萍乡市位次排名[②]

---

①② 图注同本书27页图3-1图注。

表 3-15 湘东区科技创新能力评价指标得分与位次

指标名称	得分（分） 2017年	江西省排名 2017年	江西省排名 2016年	萍乡市排名 2017年	萍乡市排名 2016年
科技创新能力总得分	59.11	36	21	3	3
创新环境	3.77	66	56	4	4
创新基础	4.07	37	29	4	4
万人 GDP	4.39	23	21	2	2
规模以上工业企业数	3.97	39	22	4	3
万人专利申请量	3.89	44	61	3	4
科技意识	3.46	85	84	5	5
开展 R&D 活动的企业占比	3.51	68	70	5	5
人均科普经费投入	3.01	95	98	5	5
民众浏览科技网页频度	3.93	32	10	2	1
创新投入	3.76	63	51	5	5
人力投入	3.83	61	31	5	4
万人 R&D 人员数	3.63	63	55	5	4
研究人员占 R&D 人员比	4.13	42	20	5	4
R&D 人员全时当量	3.67	58	50	4	3
财力投入	3.70	60	67	5	5
R&D 经费投入占 GDP 百分比	3.50	73	63	5	4
企业 R&D 经费投入占主营业务收入比	3.83	44	64	4	4
企业技术获取和改造费用占主营业务收入比	3.80	30	33	1	2
创新成效	4.52	20	9	2	1
技术创新	5.21	11	5	2	1
高新技术产业增加值占规模以上工业增加值比	5.01	14	11	2	3
高新技术企业数	5.49	8	7	2	2
产业化水平	3.80	49	43	3	2
新产品销售收入占主营业务收入比	3.54	60	75	3	3
万人发明专利授权量	3.77	41	27	3	1
技术合同成交额	4.18	15	12	2	2

续表

指标名称	得分（分）	江西省排名		萍乡市排名	
	2017年	2017年	2016年	2017年	2016年
经济社会发展	3.76	63	22	3	2
经济增长	3.44	86	49	2	3
GDP增长百分比	2.34	93	71	2	4
万人财政收入	3.85	41	41	3	3
第三产业占GDP比重	4.11	30	41	3	3
社会生活	4.12	24	21	3	3
居民人均可支配收入	4.88	15	15	2	2
万人社会消费品零售额	3.94	29	30	3	3
城镇化率	4.68	16	16	2	2
空气质量指数	2.31	98	82	5	4

如图3-29、图3-30、表3-15所示，湘东区科技创新能力总得分59.11分，排在江西省第36位，比上一年下降了15位，排在萍乡市第3位，与上一年位次相同。在一级指标中，经济社会发展排在江西省第63位，比上一年下降了41位，排在萍乡市第3位，比上一年下降了1位；创新投入排在江西省第63位，比上一年下降了12位，排在萍乡市第5位，与上一年位次相同；创新成效排在江西省第20位，比上一年下降了11位，排在萍乡市第2位，比上一年下降了1位；创新环境排在江西省第66位，比上一年下降了10位，排在萍乡市第4位，与上一年位次相同。

目前，湘东区紧紧围绕"3+1"产业战略发展方向和布局，加快推进中国先进工业陶瓷产业园、包装创意产业园、电子信息产业园等产业集群建设，积极推进文化创意、农村电商、健康养老等新业态发展壮大。该区的经济社会发展、创新环境、创新投入和创新成效较上一年排名都有所下降，影响了科技竞争力排名，建议该区在战略新兴产业和科技服务业、主导产业的科技创新、人才培养上进一步强化和提升，优化创新环境，不断提高科技竞争力。

三、莲花县

莲花县位于江西省西部，萍乡市南部，是江西省萍乡市下辖县。2017年，该县常住人口24.45万人，地区GDP 628 496万元。居民人均可支配收入16 115.96元，排在江西省第88位、萍乡市第5位。万人GDP 25 705.36万元，排在江西省第83位、萍乡市第5位。GDP增长4.41%，排在江西省第95位、萍乡市第4位。城镇化率47.97%，排在江西省第64位、萍乡市第5位。开展R&D活动的企业占比31.94%，排在江西省第72位、萍乡市第5位。万人专利申请量8.14件，排在江西省第64位、萍乡市第5位。万人发明专利授权量0.16件，排在江西省第51位、萍乡市第4位。人均科普经费投入0.51元，排在江西省第23位、萍乡市第2位。万人R&D人员数13.29人，排在江西省第37位、萍乡市第3位。研究人员占R&D人员比40.62%，排在江西省第9位、萍乡市第1位。R&D经费投入占GDP百分比1.62%，排在江西省第16位、萍乡市第1位。高新技术产业增加值占规模以上工业增加值比29.73%，排在江西省第47位、萍乡市第4位。新产品销售收入占主营业务收入比3.3%，排在江西省第70位、萍乡市第5位。万人财政收入0.36亿元，排在江西省第76位、萍乡市第5位。万人社会消费品零售额1.01亿元，排在江西省第60位、萍乡市第5位。第三产业占GDP比重45.73%，排在江西省第21位、萍乡市第2位。具体如图3-31、图3-32、表3-16所示。

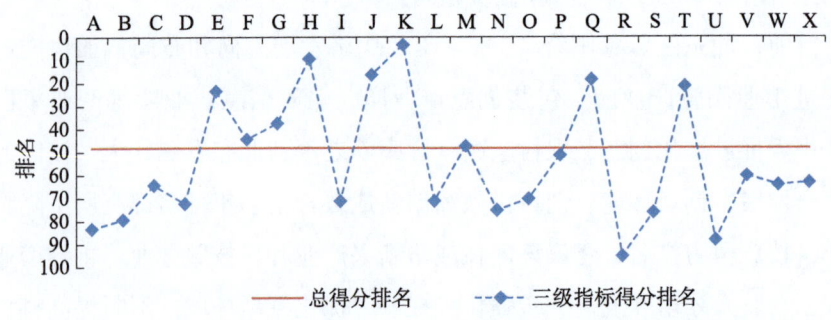

图3-31 莲花县科技创新能力总得分、三级指标得分在江西省位次排名①

---

① 图注同本书27页图3-1图注。

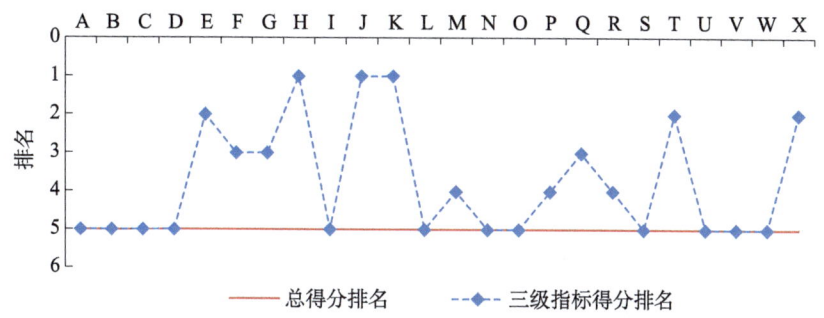

图 3-32 莲花县科技创新能力总得分、三级指标得分在萍乡市位次排名①

表 3-16 莲花县科技创新能力评价指标得分与位次

指标名称	得分（分）2017年	江西省排名 2017年	江西省排名 2016年	萍乡市排名 2017年	萍乡市排名 2016年
科技创新能力总得分	57.96	48	45	5	5
创新环境	3.54	87	90	5	5
创新基础	3.34	87	88	5	5
万人 GDP	3.23	83	79	5	5
规模以上工业企业数	3.26	79	77	5	5
万人专利申请量	3.49	64	74	5	5
科技意识	3.76	64	79	4	4
开展 R&D 活动的企业占比	3.43	72	53	5	1
人均科普经费投入	4.21	23	97	2	4
民众浏览科技网页频度	3.80	44	84	3	5
创新投入	4.86	7	39	1	4
人力投入	4.33	16	21	2	3
万人 R&D 人员数	3.86	37	83	3	5
研究人员占 R&D 人员比	5.38	9	6	1	1
R&D 人员全时当量	3.61	71	96	5	5
财力投入	5.38	5	66	1	4
R&D 经费投入占 GDP 百分比	4.55	16	65	1	5
企业 R&D 经费投入占主营业务收入比	7.62	3	56	1	3

---

① 图注同本书27页图3-1图注。

续表

指标名称	得分（分） 2017年	江西省排名 2017年	江西省排名 2016年	萍乡市排名 2017年	萍乡市排名 2016年
企业技术获取和改造费用占主营业务收入比	3.68	71	42	5	3
创新成效	3.71	63	15	5	3
技术创新	3.69	58	7	5	3
高新技术产业增加值占规模以上工业增加值比	3.94	47	3	4	1
高新技术企业数	3.33	75	69	5	5
产业化水平	3.73	61	65	5	5
新产品销售收入占主营业务收入比	3.48	70	91	5	5
万人发明专利授权量	3.68	51	68	4	5
技术合同成交额	4.13	18	14	3	3
经济社会发展	3.34	95	51	5	5
经济增长	3.30	93	54	4	4
GDP增长百分比	2.14	95	38	5	2
万人财政收入	3.36	76	76	5	5
第三产业占GDP比重	4.39	21	27	2	2
社会生活	3.40	88	99	5	5
居民人均可支配收入	2.97	88	88	5	5
万人社会消费品零售额	3.61	60	59	5	5
城镇化率	3.57	64	63	5	5
空气质量指数	3.67	63	84	2	5

如图3-31、图3-32、表3-16所示，莲花县科技创新能力总得分57.96分，排在江西省第48位，比上一年下降了3位，排在萍乡市第5位，与上一年位次相同。在一级指标中，经济社会发展排在江西省第95位，比上一年下降了44位，排在萍乡市第5位，与上一年位次相同；创新投入排在江西省第7位，比上一年提升了32位，排在萍乡市第1位，比上一年提升了3位；创新成效排在江西省第63位，比上一年下降了48位，排在萍乡市第5位，比上一年下降了2位；创新环境排在江西省第87位，比上一年提升了3位，排在萍乡市第5位，与上一年位次相同。

目前，莲花县大力实施"造富""造福"工程，打造人民安居乐业的"莲花福地"、国内知名的四季花海旅游目的地，不断发展壮大特色农业、旅游业，加快发展产业集群集聚进程，加速推进新型工业化，加大对企业的科技创新能力支持。该县的经济社会发展和创新成效较上一年排名都有所下降，影响了科技竞争力，建议该县在传统产业科技竞争力培育、打造现代科技农业、生态文明建设等方面进一步强化和提升，不断提高科技竞争力。

四、上栗县

上栗县位于江西省西部，萍乡市北部，是江西省萍乡市下辖县。2017年，该县常住人口45.54万人，地区GDP 1 934 328万元。居民人均可支配收入23 503.71元，排在江西省第35位、萍乡市第4位。万人GDP 42 475.36万元，排在江西省第39位、萍乡市第4位。GDP增长3.1%，排在江西省第97位、萍乡市第5位。城镇化率49.1%，排在江西省第58位、萍乡市第4位。规模以上工业企业数174家，排在江西省第15位、萍乡市第1位。开展R&D活动的企业占比39.87%，排在江西省第44位、萍乡市第2位。万人专利申请量11.29件，排在江西省第53位、萍乡市第4位。万人发明专利授权量0.13件，排在江西省第61位、萍乡市第5位。人均科普经费投入0.56元，排在江西省第21位、萍乡市第1位。万人R&D人员数13.94人，排在江西省第34位、萍乡市第2位。研究人员占R&D人员比31.34%，排在江西省第39位、萍乡市第4位。R&D人员全时当量489人·年，排在江西省第25位、萍乡市第1位。R&D经费投入占GDP百分比1.23%，排在江西省第23位、萍乡市第3位。高新技术产业增加值占规模以上工业增加值比28.96%，排在江西省第49位、萍乡市第5位。新产品销售收入占主营业务收入比12.74%，排在江西省第19位、萍乡市第1位。万人财政收入0.48亿元，排在江西省第52位、萍乡市第4位。万人社会消费品零售额1.6亿元，排在江西省第23位、萍乡市第2位。第三产业占GDP比重40.95%，排在江西省第35位、萍乡市第4位。具体如图3-33、图3-34、表3-17所示。

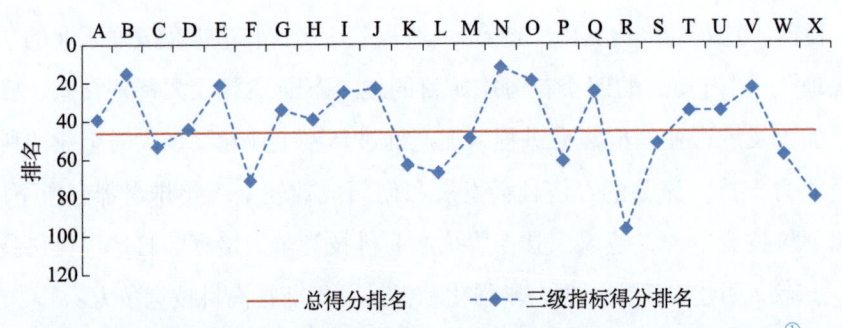

图 3-33　上栗县科技创新能力总得分、三级指标得分在江西省位次排名①

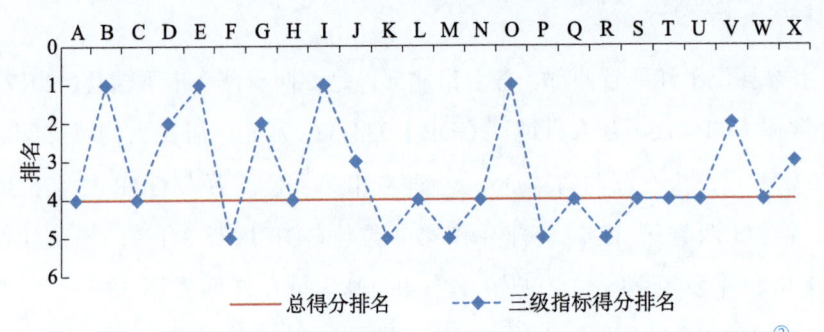

图 3-34　上栗县科技创新能力总得分、三级指标得分在萍乡市位次排名②

表 3-17　上栗县科技创新能力评价指标得分与位次

指标名称	得分（分）	江西省排名		萍乡市排名	
	2017 年	2017 年	2016 年	2017 年	2016 年
科技创新能力总得分	58.20	46	41	4	4
创新环境	4.13	32	28	2	1
创新基础	4.16	29	26	3	3
万人 GDP	3.88	39	32	4	4
规模以上工业企业数	4.84	15	14	1	1
万人专利申请量	3.75	53	60	4	3
科技意识	4.09	39	46	2	1
开展 R&D 活动的企业占比	4.17	44	54	2	2
人均科普经费投入	4.36	21	14	1	1
民众浏览科技网页频度	3.61	71	45	5	3

①②　图注同本书 27 页图 3-1 图注。

续表

指标名称	得分（分）	江西省排名		萍乡市排名	
	2017 年	2017 年	2016 年	2017 年	2016 年
创新投入	3.95	36	31	3	2
人力投入	4.06	34	49	4	5
万人 R&D 人员数	3.88	34	48	2	2
研究人员占 R&D 人员比	4.24	39	48	4	5
R&D 人员全时当量	4.05	25	33	1	1
财力投入	3.83	50	25	3	1
R&D 经费投入占 GDP 百分比	4.21	23	39	3	2
企业 R&D 经费投入占主营业务收入比	3.56	63	71	5	5
企业技术获取和改造费用占主营业务收入比	3.68	67	9	4	1
创新成效	4.12	33	54	4	5
技术创新	4.26	32	50	4	5
高新技术产业增加值占规模以上工业增加值比	3.90	49	47	5	5
高新技术企业数	4.77	12	12	4	4
产业化水平	3.97	31	53	2	4
新产品销售收入占主营业务收入比	4.30	19	63	1	2
万人发明专利授权量	3.63	61	34	5	3
技术合同成交额	3.91	25	18	4	5
经济社会发展	3.49	91	33	4	3
经济增长	3.19	96	55	5	5
GDP 增长百分比	1.83	97	51	5	3
万人财政收入	3.71	52	51	4	4
第三产业占 GDP 比重	4.00	35	53	4	4
社会生活	3.83	43	56	4	4
居民人均可支配收入	4.19	35	34	4	4
万人社会消费品零售额	4.04	23	22	2	2
城镇化率	3.64	58	59	4	4
空气质量指数	3.20	80	78	3	3

如图 3-33、图 3-34、表 3-17 所示，上栗县科技创新能力总得分 58.20 分，

排在江西省第 46 位，比上一年下降了 5 位，排在萍乡市第 4 位，与上一年位次相同。在一级指标中，经济社会发展排在江西省第 91 位，比上一年下降了 58 位，排在萍乡市第 4 位，比上一年下降了 1 位；创新投入排在江西省第 36 位，比上一年下降了 5 位，排在萍乡市第 3 位，比上一年下降了 1 位；创新成效排在江西省第 33 位，比上一年提升了 21 位，排在萍乡市第 4 位，比上一年提升了 1 位；创新环境排在江西省第 32 位，比上一年下降了 4 位，排在萍乡市第 2 位，比上一年下降了 1 位。

目前，上栗县坚持主攻工业、主攻项目，注重现代农业和现代服务业统筹发展，注重生态文明，坚决守住耕地红线，推动全县科技竞争力提档升级。该县的经济社会发展、创新投入和创新环境较上一年排名都有所下降，建议该县在科研经费投入、培养科研人才、加速经济社会发展等方面进一步提升和强化。

五、芦溪县

芦溪县位于江西省西部，萍乡市东部，是江西省萍乡市下辖县。2017 年，该县常住人口 26.78 万人，地区 GDP 1 466 489 万元。居民人均可支配收入 24 196.89 元，排在江西省第 28 位、萍乡市第 3 位。万人 GDP 54 760.60 万元，排在江西省第 24 位、萍乡市第 3 位。GDP 增长 5.07%，排在江西省第 94 位、萍乡市第 3 位。城镇化率 53.99%，排在江西省第 30 位、萍乡市第 3 位。规模以上工业企业数 111 家，排在江西省第 36 位、萍乡市第 3 位。开展 R&D 活动的企业占比 41.79%，排在江西省第 34 位、萍乡市第 1 位。万人专利申请量 21.28 件，排在江西省第 18 位、萍乡市第 1 位。万人发明专利授权量 0.56 件，排在江西省第 14 位、萍乡市第 1 位。人均科普经费投入 0.5 元，排在江西省第 24 位、萍乡市第 3 位。万人 R&D 人员数 27.03 人，排在江西省第 14 位、萍乡市第 1 位。研究人员占 R&D 人员比 39.36%，排在江西省第 10 位、萍乡市第 2 位。R&D 人员全时当量 375 人·年，排在江西省第 34 位、萍乡市第 2 位。R&D 经费投入占 GDP 百分比 1.27%，排在江西省第 22 位、萍乡市第 2 位。企业技术获取和改造费用占主营业务收入比 0.03%，排在江西省第 31 位、萍乡市第 2 位。高新技术产业增加值占规模以上工业增加值比 55.41%，排在江西省第 9 位、萍乡市第 1 位。万人财政收入 0.56 亿元，排在江西省第 38 位、萍乡市第 2 位。万人社会消费品零售额 1.23 亿元，排在江西省第 41 位、萍乡市第 4 位。第三产业占 GDP 比重 40.21%，排在江西省第 36 位、萍乡市第 5 位。具体如图 3-35、图 3-36、表 3-18 所示。

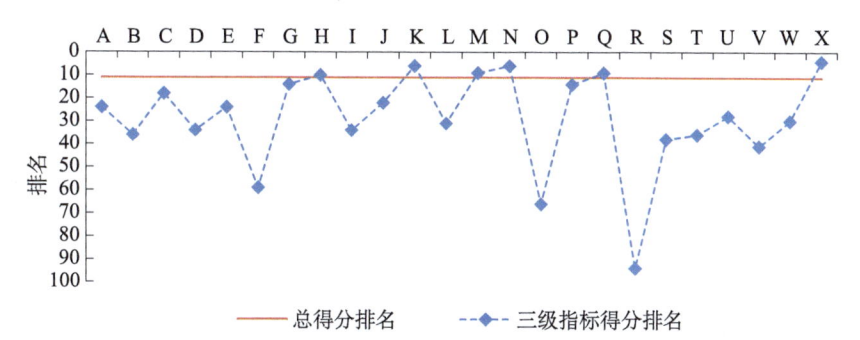

图 3-35　芦溪县科技创新能力总得分、三级指标得分在江西省位次排名[①]

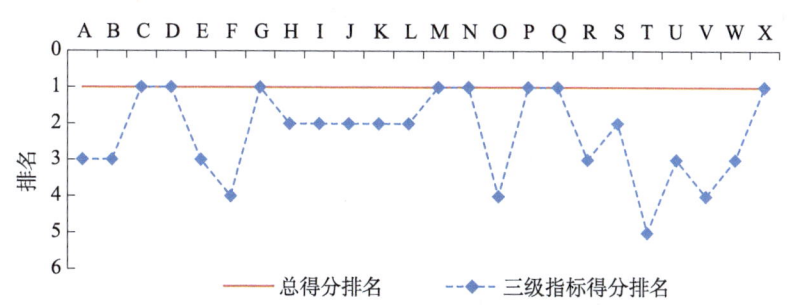

图 3-36　芦溪县科技创新能力总得分、三级指标得分在萍乡市位次排名[②]

表 3-18　芦溪县科技创新能力评价指标得分与位次

指标名称	得分（分）	江西省排名		萍乡市排名	
	2017 年	2017 年	2016 年	2017 年	2016 年
科技创新能力总得分	65.67	11	19	1	2
创新环境	4.23	25	33	1	2
创新基础	4.32	20	15	2	1
万人 GDP	4.36	24	22	3	3
规模以上工业企业数	4.03	36	24	3	4

①② 图注同本书 27 页图 3-1 图注。

续表

指标名称	得分（分） 2017 年	江西省排名 2017 年	江西省排名 2016 年	萍乡市排名 2017 年	萍乡市排名 2016 年
万人专利申请量	4.56	18	20	1	1
科技意识	4.14	36	66	1	2
开展 R&D 活动的企业占比	4.35	34	60	1	3
人均科普经费投入	4.18	24	44	3	2
民众浏览科技网页频度	3.68	59	48	4	4
创新投入	4.55	10	27	2	1
人力投入	4.55	11	14	1	1
万人 R&D 人员数	4.41	14	31	1	1
研究人员占 R&D 人员比	5.22	10	9	2	3
R&D 人员全时当量	3.90	34	53	2	4
财力投入	4.55	13	43	2	2
R&D 经费投入占 GDP 百分比	4.25	22	28	2	1
企业 R&D 经费投入占主营业务收入比	5.47	6	30	2	1
企业技术获取和改造费用占主营业务收入比	3.80	31	63	2	4
创新成效	4.82	11	11	1	2
技术创新	5.55	6	6	1	1
高新技术产业增加值占规模以上工业增加值比	5.28	9	6	1	1
高新技术企业数	5.91	6	6	1	1
产业化水平	4.07	28	45	1	3
新产品销售收入占主营业务收入比	3.50	66	81	4	4
万人发明专利授权量	4.33	14	49	1	4
技术合同成交额	4.54	9	7	1	1
经济社会发展	3.90	42	43	2	4
经济增长	3.41	89	39	3	2
GDP 增长百分比	2.30	94	27	3	1
万人财政收入	3.95	38	39	2	2
第三产业占 GDP 比重	3.94	36	58	5	5

续表

指标名称	得分（分）	江西省排名		萍乡市排名	
	2017年	2017年	2016年	2017年	2016年
社会生活	4.47	15	16	2	2
居民人均可支配收入	4.31	28	25	3	3
万人社会消费品零售额	3.77	41	39	4	4
城镇化率	3.95	30	30	3	3
空气质量指数	6.22	4	2	1	1

如图3-35、图3-36、表3-18所示，芦溪县科技创新能力总得分65.67分，排在江西省第11位，比上一年提升了8位，排在萍乡市第1位，比上一年提升了1位。在一级指标中，经济社会发展排在江西省第42位，比上一年提升了1位，排在萍乡市第2位，比上一年提升了2位；创新投入排在江西省第10位，比上一年提升了17位，排在萍乡市第2位，比上一年下降了1位；创新成效排在江西省第11位，与上一年位次相同，排在萍乡市第1位，比上一年提升了1位；创新环境排在江西省第25位，比上一年提升了8位，排在萍乡市第1位，比上一年提升了1位。

目前，芦溪县坚持主攻工业，持续夯实五个芦溪发展支撑。深入实施工业强县战略，坚持一手抓传统产业的整合优化、改造升级，一手抓新兴产业的培育壮大，促进新旧动能接续转换，推动科技发展和技术创新。该县的经济社会发展、创新环境和创新投入较上一年排名都有所提升，建议该县继续优化科技创新氛围、培养科研人才、加速经济社会发展等，不断提高科技竞争力。

第四节　九　江　市

一、濂溪区

濂溪区，原名庐山区，2017年4月8日，为避免与庐山市重名，更名为濂溪区。濂溪区位于江西省北部，是江西省九江市市辖区。2017年，该区常住人口25.6万人，地区GDP 2 557 524万元。居民人均可支配收入31 498.38元，排在江西省第10位、九江市第2位。万人GDP 99 903.28万元，排在江西省第5位、九江市第2位。GDP增长14.45%，排在江西省第32位、九江市第9位。城镇化率80.34%，排在江西省第10位、九江市第2位。规模以上工业企业数166家，排在江西省第17位、九江市第2位。开展R&D活动的企业占比25.82%，排在江西省第90位、九江市第11位。万人专利申请量22.3件，排在江西省第15位、九江市第2位。万人发明专利授权量1.17件，排在江西省第7位、九江市第1位。人均科普经费投入0.6元，排在江西省第17位、九江市第4位。万人R&D人员数44.96人，排在江西省第9位、九江市第1位。研究人员占R&D人员比36.92%，排在江西省第14位、九江市第1位。R&D人员全时当量831人·年，排在江西省第11位、九江市第1位。R&D经费投入占GDP百分比为1.08%，排在江西省第27位、九江市第4位。企业技术获取和改造费用占主营业务收入比0.03%，排在江西省第26位、九江市第7位。高新技术产业增加值占规模以上工业增加值比35.63%，排在江西省第31位、九江市第3位。万人财政收入1.18亿元，排在江西省第8位、九江市第2位。万人社会消费品零售额1.31亿元，排在江西省第33位、九江市第4位。第三产业占GDP比重44.64%，排在江西省第23位、九江市第3位。具体如图3-37、图3-38、表3-19所示。

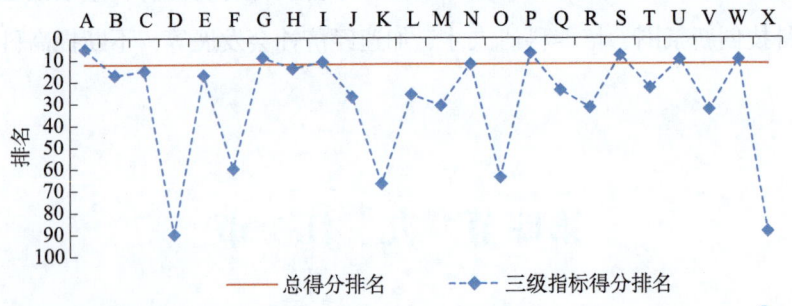

图3-37 濂溪区科技创新能力总得分、三级指标得分在江西省位次排名[①]

---

① 图注同本书27页图3-1图注。

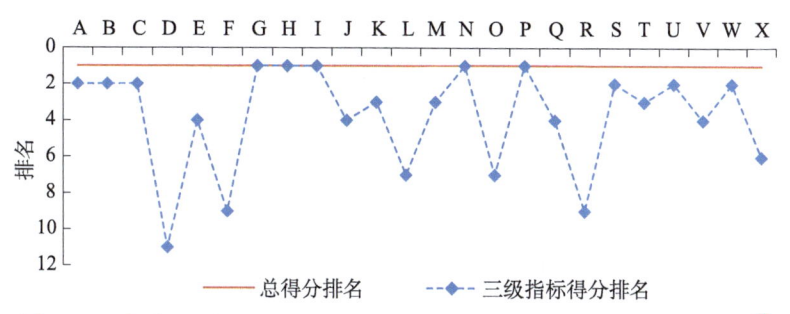

图 3-38 濂溪区科技创新能力总得分、三级指标得分在九江市位次排名①

表 3-19 濂溪区科技创新能力评价指标得分与位次

指标名称	得分（分）	江西省排名		九江市排名	
	2017 年	2017 年	2016 年	2017 年	2016 年
科技创新能力总得分	64.69	12	13	1	2
创新环境	4.35	17	15	2	4
创新基础	5.10	9	10	2	2
万人 GDP	6.11	5	7	2	2
规模以上工业企业数	4.74	17	18	2	1
万人专利申请量	4.64	15	24	2	2
科技意识	3.56	77	34	11	7
开展 R&D 活动的企业占比	2.86	90	41	11	7
人均科普经费投入	4.49	17	14	4	2
民众浏览科技网页频度	3.68	60	26	9	6
创新投入	4.34	12	29	2	6
人力投入	4.86	7	40	1	8
万人 R&D 人员数	5.14	9	7	1	1
研究人员占 R&D 人员比	4.92	14	78	1	10
R&D 人员全时当量	4.49	11	19	1	1
财力投入	3.81	51	29	7	4
R&D 经费投入占 GDP 百分比	4.09	27	23	4	2
企业 R&D 经费投入占主营业务收入比	3.52	67	60	3	2
企业技术获取和改造费用占主营业务收入比	3.83	26	17	7	7

① 图注同本书27页图3-1图注。

续表

指标名称	得分（分） 2017年	江西省排名 2017年	江西省排名 2016年	九江市排名 2017年	九江市排名 2016年
创新成效	4.35	23	14	1	1
技术创新	4.47	24	24	2	4
高新技术产业增加值占规模以上工业增加值比	4.25	31	25	3	3
高新技术企业数	4.77	12	12	1	1
产业化水平	4.22	21	12	1	1
新产品销售收入占主营业务收入比	3.52	64	28	7	3
万人发明专利授权量	5.34	7	6	1	1
技术合同成交额	3.93	24	23	4	4
经济社会发展	4.76	11	23	2	5
经济增长	4.87	9	79	3	12
GDP增长百分比	4.54	32	100	9	13
万人财政收入	5.72	8	7	2	2
第三产业占GDP比重	4.30	23	21	3	3
社会生活	4.62	14	12	2	2
居民人均可支配收入	5.52	10	10	2	2
万人社会消费品零售额	3.83	33	43	4	6
城镇化率	5.62	10	12	2	2
空气质量指数	2.77	89	68	6	4

如图3-37、图3-38、表3-19所示，濂溪区科技创新能力总得分64.69分，排在江西省第12位，比上一年提升了1位，排在九江市第1位，比上一年提升了1位。在一级指标中，经济社会发展排在江西省第11位，比上一年提升了12位，排在九江市第2位，比上一年提升了3位；创新投入排在江西省第12位，比上一年提升了17位，排在九江市第2位，比上一年提升了4位；创新成效排在江西省第23位，比上一年下降了9位，排在九江市第1位，与上一年位次相同；创新环境排在江西省第17位，比上一年下降了2位，排在九江市第2位，比上一年提升了2位。

目前，濂溪区积极实施创新发展战略，通过"传统产业+科技创新"，实现了产业链条裂变延伸、产品结构优化升级、关联项目对接合作，激发了企业新活力。出台系列鼓励企业技改贷款、产能提升、技术研发、品牌培育的政策，给予企业政策、资金等各种要素支持，优化科技成果转化环境。该区的创新环境和创新成效较上一年排名都有所下降，影响了科技竞争力，建议该区在知识产权管理、人才培养、科技服务业等方面进一步强化和提升，不断提高科技竞争力。

二、浔阳区

浔阳区位于江西省北部，是江西省九江市市辖区。2017年，该区常住人口 31.88 万人，地区 GDP 3 838 452 万元。居民人均可支配收入 36 048.05 元，排在江西省第 6 位、九江市第 1 位。万人 GDP 120 403.14 万元，排在江西省第 2 位、九江市第 1 位。GDP 增长 12.23%，排在江西省第 64 位、九江市第 12 位。城镇化率 100%，排在江西省第 1 位、九江市第 1 位。规模以上工业企业数 76 家，排在江西省第 65 位、九江市第 12 位。开展 R&D 活动的企业占比 29.29%，排在江西省第 79 位、九江市第 10 位。万人专利申请量 9.32 件，排在江西省第 59 位、九江市第 8 位。万人发明专利授权量 0.63 件，排在江西省第 12 位、九江市第 2 位。万人 R&D 人员数 16.94 人，排在江西省第 24 位、九江市第 6 位。研究人员占 R&D 人员比 33.15%，排在江西省第 32 位、九江市第 5 位。R&D 人员全时当量 380 人·年，排在江西省第 33 位、九江市第 6 位。R&D 经费投入占 GDP 百分比为 0.44%，排在江西省第 70 位、九江市第 9 位。新产品销售收入占主营业务收入比 3.45%，排在江西省第 68 位、九江市第 8 位。万人财政收入 1.13 亿元，排在江西省第 10 位、九江市第 4 位。万人社会消费品零售额 6 亿元，排在江西省第 3 位、九江市第 1 位。第三产业占 GDP 比重 83.1%，排在江西省第 2 位、九江市第 1 位。具体如图 3-39、图 3-40、表 3-20 所示。

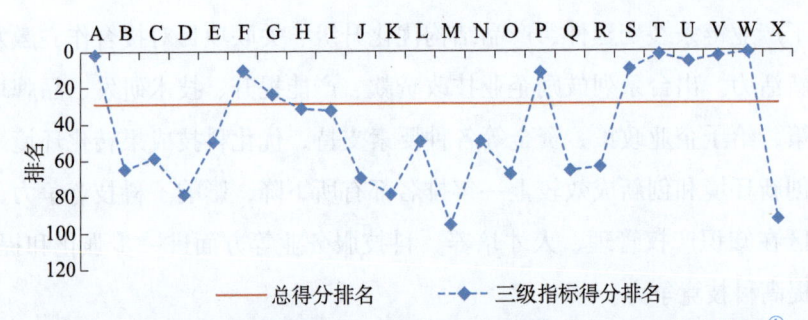

图 3-39 浔阳区科技创新能力总得分、三级指标得分在江西省位次排名①

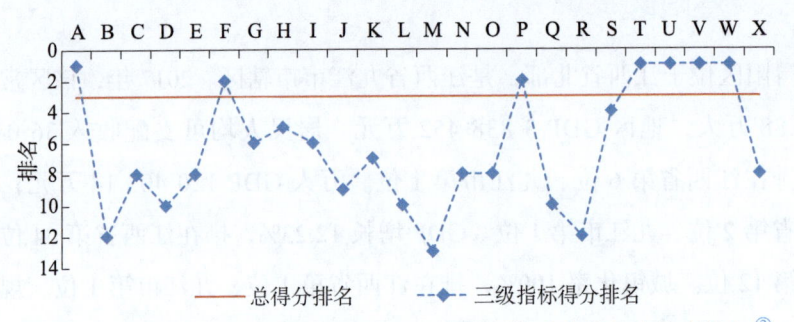

图 3-40 浔阳区科技创新能力总得分、三级指标得分在九江市位次排名②

表 3-20 浔阳区科技创新能力评价指标得分与位次

指标名称	得分（分）	江西省排名		九江市排名	
	2017 年	2017 年	2016 年	2017 年	2016 年
科技创新能力总得分	59.63	29	16	3	3
创新环境	4.07	35	29	6	6
创新基础	4.55	13	14	3	3
万人 GDP	6.90	2	2	1	1
规模以上工业企业数	3.57	65	67	12	12
万人专利申请量	3.59	59	71	8	9
科技意识	3.57	75	63	10	11
开展 R&D 活动的企业占比	3.18	79	69	10	11
人均科普经费投入	3.56	50	44	8	8
民众浏览科技网页频度	4.32	11	11	2	3

①② 图注同本书27页图3-1图注。

续表

指标名称	得分（分） 2017年	江西省排名 2017年	江西省排名 2016年	九江市排名 2017年	九江市排名 2016年
创新投入	3.84	51	33	8	7
人力投入	4.14	25	41	4	9
万人R&D人员数	4.00	24	81	6	10
研究人员占R&D人员比	4.46	32	17	5	4
R&D人员全时当量	3.91	33	90	6	11
财力投入	3.54	79	36	9	7
R&D经费投入占GDP百分比	3.54	70	95	9	13
企业R&D经费投入占主营业务收入比	3.41	79	95	7	13
企业技术获取和改造费用占主营业务收入比	3.71	50	5	10	2
创新成效	3.45	82	50	10	6
技术创新	3.07	90	62	12	9
高新技术产业增加值占规模以上工业增加值比	2.61	96	88	13	13
高新技术企业数	3.71	50	46	8	8
产业化水平	3.84	41	23	5	2
新产品销售收入占主营业务收入比	3.49	68	17	8	1
万人发明专利授权量	4.44	12	26	2	4
技术合同成交额	3.64	66	56	10	8
经济社会发展	5.80	4	5	1	2
经济增长	5.67	4	11	1	3
GDP增长百分比	4.01	64	99	12	12
万人财政收入	5.58	10	10	4	4
第三产业占GDP比重	7.45	2	2	1	1
社会生活	5.94	4	3	1	1
居民人均可支配收入	6.28	6	5	1	1
万人社会消费品零售额	7.19	3	3	1	1
城镇化率	6.86	1	4	1	1
空气质量指数	2.68	93	72	8	6

如图 3-39、图 3-40、表 3-20 所示，浔阳区科技创新能力总得分 59.63 分，排在江西省第 29 位，比上一年下降了 13 位，排在九江市第 3 位，与上一年位次相同。在一级指标中，经济社会发展排在江西省第 4 位，排在九江市第 1 位，都比上一年提升了 1 位；创新投入排在江西省第 51 位，比上一年下降了 18 位，排在九江市第 8 位，比上一年下降了 1 位；创新成效排在江西省第 82 位，比上一年下降了 32 位，排在九江市第 10 位，比上一年下降了 4 位；创新环境排在江西省第 35 位，比上一年下降了 6 位，排在九江市第 6 位，与上一年位次相同。

目前，浔阳区紧紧围绕建设"实力、活力、魅力、和谐"现代化浔阳目标，积极抢抓长江中游城市群、国家生态文明试验区、昌九一体化等重大战略机遇，大力培育新兴产业，提升经济驱动力，促进区域创新发展，推动全区科技工作更好更快发展。该区的创新环境、创新投入和创新成效较上一年排名都有所下降，影响了科技竞争力，建议该区在优化创新环境、科技经费投入、人才培养等方面做进一步的强化和提升，提高科技创新对经济社会发展的支撑引领作用。

三、柴桑区

柴桑区，原名九江县，位于江西省北部，九江市西部，是江西省九江市下辖县。2017 年，该区常住人口 30.19 万人，地区 GDP 1 255 418 万元。居民人均可支配收入 22 558.68 元，排在江西省第 44 位、九江市第 9 位。万人 GDP 41 583.90 万元，排在江西省第 41 位、九江市第 9 位。GDP 增长 14.75%，排在江西省第 23 位、九江市第 8 位。城镇化率 49.32%，排在江西省第 57 位、九江市第 9 位。规模以上工业企业数 147 家，排在江西省第 21 位、九江市第 4 位。开展 R&D 活动的企业占比 32.21%，排在江西省第 71 位、九江市第 7 位。人均科普经费投入 1 元，排在江西省第 7 位、九江市第 2 位。万人 R&D 人员数 23.06 人，排在江西省第 18 位、九江市第 5 位。研究人员占 R&D 人员比 29.89%，排在江西省第 47 位、九江市第 6 位。R&D 人员全时当量 459 人·年，排在江西省第 28 位、九江市第 3 位。R&D 经费投入占 GDP 百分比 1.29%，排在江西省第 21 位、九江市第 2 位。高新技术产业增加值占规模以上工业增加值比 34.74%，排在江西省第 34 位、九江市第 4 位。新产品销售收入占主营业务收入比 6.62%，排在江西省第 44 位、九江市第 3 位。万人财政收入 0.61 亿元，排在江西省第 32 位、九江市第 9 位。万人社会消费品零售额 1.02 亿元，排在江西省第 58 位、九江市第 9 位。第三产业占 GDP 比重 33.45%，排在江西省第 79 位、九江市第 7 位。具体如图 3-41、图 3-42、表 3-21 所示。

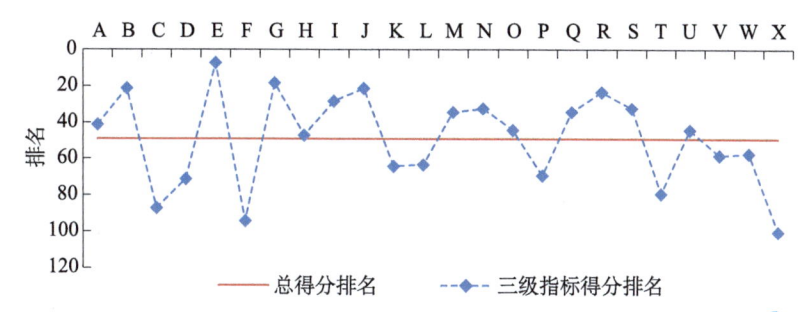

图 3-41 柴桑区科技创新能力总得分、三级指标得分在江西省位次排名[①]

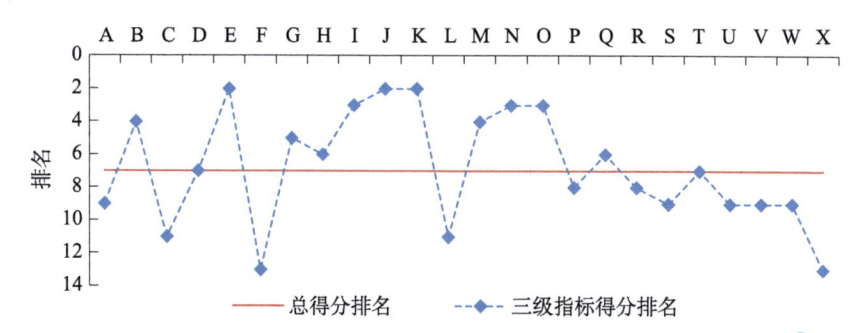

图 3-42 柴桑区科技创新能力总得分、三级指标得分在九江市位次排名[②]

表 3-21 柴桑区科技创新能力评价指标得分与位次

指标名称	得分（分）	江西省排名		九江市排名	
	2017 年	2017 年	2016 年	2017 年	2016 年
科技创新能力总得分	57.84	49	38	7	9
创新环境	4.00	38	41	7	8
创新基础	3.86	51	54	10	10
万人 GDP	3.85	41	44	9	9
规模以上工业企业数	4.49	21	19	4	2

①② 图注同本书 27 页图 3-1 图注。

续表

指标名称	得分（分）2017年	江西省排名 2017年	江西省排名 2016年	九江市排名 2017年	九江市排名 2016年
万人专利申请量	3.25	87	99	11	13
科技意识	4.15	35	31	5	6
开展 R&D 活动的企业占比	3.45	71	68	7	10
人均科普经费投入	5.74	7	14	2	2
民众浏览科技网页频度	3.41	94	3	13	1
创新投入	3.98	34	25	4	4
人力投入	4.11	28	28	5	5
万人 R&D 人员数	4.25	18	35	5	6
研究人员占 R&D 人员比	4.06	47	26	6	6
R&D 人员全时当量	4.01	28	35	3	4
财力投入	3.85	48	27	6	3
R&D 经费投入占 GDP 百分比	4.27	21	36	2	5
企业 R&D 经费投入占主营业务收入比	3.55	64	74	2	7
企业技术获取和改造费用占主营业务收入比	3.68	63	10	11	3
创新成效	3.96	42	55	4	7
技术创新	4.19	35	47	4	6
高新技术产业增加值占规模以上工业增加值比	4.20	34	36	4	6
高新技术企业数	4.18	32	25	3	3
产业化水平	3.72	64	61	8	10
新产品销售收入占主营业务收入比	3.77	44	39	3	6
万人发明专利授权量	3.57	69	72	8	9
技术合同成交额	3.81	34	58	6	9
经济社会发展	3.79	60	29	10	8
经济增长	4.04	36	40	8	7
GDP 增长百分比	4.62	23	16	8	7
万人财政收入	4.10	32	35	9	10
第三产业占 GDP 比重	3.38	79	79	7	7

续表

指标名称	得分（分）	江西省排名		九江市排名	
	2017年	2017年	2016年	2017年	2016年
社会生活	3.50	80	78	11	9
居民人均可支配收入	4.04	44	44	9	9
万人社会消费品零售额	3.62	58	58	9	9
城镇化率	3.65	57	55	9	8
空气质量指数	2.22	100	94	13	10

如图3-41、图3-42、表3-21所示，柴桑区科技创新能力总得分57.84分，排在江西省第49位，比上一年下降了11位，排在九江市第7位，比上一年提升了2位。在一级指标中，经济社会发展排在江西省第60位，比上一年下降了31位，排在九江市第10位，比上一年下降了2位；创新投入排在江西省第34位，比上一年下降了9位，排在九江市第4位，与上一年位次相同；创新成效排在江西省第42位，比上一年提升了13位，排在九江市第4位，比上一年提升了3位；创新环境排在江西省第38位，比上一年提升了3位，排在九江市第7位，比上一年提升了1位。

目前，柴桑区紧紧围绕"全力决战工业，倾力改善民生，着力创建'五城'，建设强盛新区"总体思路，扎实开展重大项目服务，打好新工业发展、棚户区改造、高铁新区建设、城乡面貌提升四大攻坚战，推动全区科技竞争能力持续提高。该县的经济社会发展和创新投入较上一年排名都有所下降，影响了科技竞争力，建议该县在转变发展方式，培养技术性人才、创新平台建设等方面做进一步强化和提升，不断提高科技竞争力。

四、武宁县

武宁县位于江西省西北部，是江西省九江市下辖县。2017年，该县常住人口36.98万人，地区GDP 1 222 083万元。居民人均可支配收入22 068.07元，排在江西省第49位、九江市第10位。万人GDP 33 047.13万元，排在江西省第62位、九江市第11位。GDP增长13.1%，排在江西省第54位、九江市第11位。城镇化率49.03%，排在江西省第59位、九江市第10位。规模以上工业企业数100家，排在江西省第44位、九江市第9位。开展R&D活动的企业占比53.85%，排在江西省第11位、九江市第2位。万人专利申请量10.44件，排在江西省第56位、九江市第7位。研究人员占R&D人员比36.22%，排在江西省第15位、九江市第2位。R&D人员全时当量152人·年，排在江西省第69位、九江市第10位。R&D经费投入占GDP百分比0.24%，排在江西省第87位、九江市第12位。高新技术产业增加值占规模以上工业增加值比53.59%，排在江西省第11位、九江市第1位。万人财政收入0.51亿元，排在江西省第48位、九江市第11位。万人社会消费品零售额1.23亿元，排在江西省第40位、九江市第6位。第三产业占GDP比重37.03%，排在江西省第62位、九江市第5位。具体如图3-43、图3-44、表3-22所示。

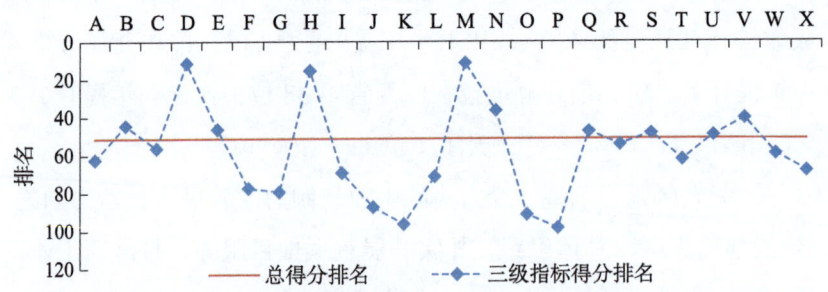

图3-43 武宁县科技创新能力总得分、三级指标得分在江西省位次排名[①]

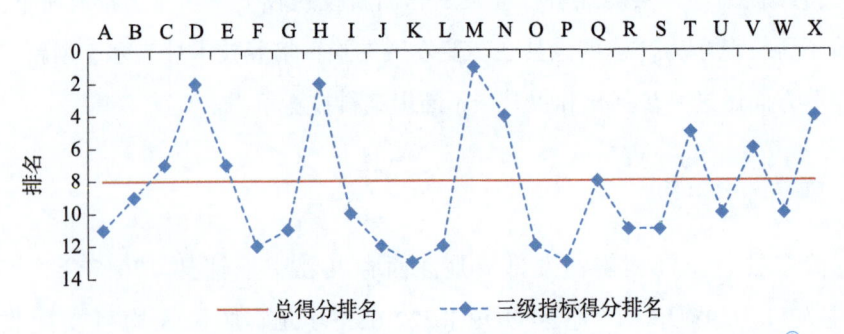

图3-44 武宁县科技创新能力总得分、三级指标得分在九江市位次排名[②]

①② 图注同本书27页图3-1图注。

表 3-22　武宁县科技创新能力评价指标得分与位次

指标名称	得分（分） 2017 年	江西省排名 2017 年	江西省排名 2016 年	九江市排名 2017 年	九江市排名 2016 年
科技创新能力总得分	57.66	51	33	8	8
创新环境	4.07	34	37	5	7
创新基础	3.70	65	67	11	11
万人 GDP	3.52	62	63	11	11
规模以上工业企业数	3.88	44	49	9	9
万人专利申请量	3.68	56	68	7	8
科技意识	4.45	22	16	2	4
开展 R&D 活动的企业占比	5.47	11	10	2	3
人均科普经费投入	3.65	46	39	7	7
民众浏览科技网页频度	3.57	77	36	12	10
创新投入	3.69	73	50	9	8
人力投入	4.02	35	29	6	6
万人 R&D 人员数	3.52	79	86	11	11
研究人员占 R&D 人员比	4.84	15	13	2	3
R&D 人员全时当量	3.61	69	80	10	10
财力投入	3.37	94	70	13	9
R&D 经费投入占 GDP 百分比	3.37	87	76	12	10
企业 R&D 经费投入占主营业务收入比	3.11	96	91	13	12
企业技术获取和改造费用占主营业务收入比	3.68	71	24	12	9
创新成效	4.10	36	20	3	2
技术创新	4.73	18	12	1	1
高新技术产业增加值占规模以上工业增加值比	5.19	11	16	1	1
高新技术企业数	4.09	36	27	4	4
产业化水平	3.44	90	39	10	5
新产品销售收入占主营业务收入比	3.25	91	33	12	4
万人发明专利授权量	3.41	98	61	13	8
技术合同成交额	3.74	47	17	8	2

续表

指标名称	得分（分） 2017年	江西省排名 2017年	江西省排名 2016年	九江市排名 2017年	九江市排名 2016年
经济社会发展	3.84	52	44	9	11
经济增长	3.89	52	48	12	9
GDP增长百分比	4.22	54	24	11	9
万人财政收入	3.79	48	49	11	11
第三产业占GDP比重	3.68	62	55	5	5
社会生活	3.77	51	45	6	6
居民人均可支配收入	3.96	49	49	10	10
万人社会消费品零售额	3.77	40	41	6	5
城镇化率	3.64	59	58	10	10
空气质量指数	3.61	68	62	4	3

如图3-43、图3-44、表3-22所示，武宁县科技创新能力总得分57.66分，排在江西省第51位，比上一年下降了18位，排在九江市第8位，与上一年位次相同。在一级指标中，经济社会发展排在江西省第52位，比上一年下降了8位，排在九江市第9位，比上一年提升了2位；创新投入排在江西省第73位，比上一年下降了23位，排在九江市第9位，比上一年下降了1位；创新成效排在江西省第36位，比上一年下降了16位，排在九江市第3位，比上一年下降了1位；创新环境排在江西省第34位，比上一年提升了3位，排在九江市第5位，比上一年提升了2位。

目前，武宁县紧紧围绕"始终坚持生态立县，全面推进绿色崛起"的发展主题，着力构建"五大生态"，全力打造"三个示范"，迈出建设"秀美富裕幸福的山水武宁"坚实步伐，加快优势产业发展。该县的经济社会发展、创新投入和创新成效较上一年排名都有所下降，影响了科技竞争力。建议该县在优化调整经济结构、均衡城乡区域发展、提高产业创新能力、培育战略新兴产业及科技经费投入等方面进一步强化和提升，提高科技对经济的支撑作用。

五、修水县

修水县位于江西省西北部、九江市西部，是江西省九江市下辖县。2017年，该县常住人口76.01万人，地区GDP 1 681 467万元。居民人均可支配收入16 710.27元，排在江西省第80位、九江市第12位。万人GDP 22 121.66万元，排在江西省第91位、九江市第12位。GDP增长15.2%，排在江西省第14位、九江市第5位。城镇化率43.29%，排在江西省第84位、九江市第12位。规模以上工业企业数131家，排在江西省第26位、九江市第7位。万人专利申请量15.92件，排在江西省第32位、九江市第3位。万人发明专利授权量0.08件，排在江西省第76位、九江市第10位。人均科普经费投入0.6元，排在江西省第17位、九江市第4位。R&D人员全时当量117人·年，排在江西省第76位、九江市第11位。R&D经费投入占GDP百分比0.38%，排在江西省第75位、九江市第10位。高新技术产业增加值占规模以上工业增加值比14.22%，排在江西省第79位、九江市第11位。万人财政收入0.31亿元，排在江西省第82位、九江市第12位。万人社会消费品零售额0.79亿元，排在江西省第79位、九江市第12位。第三产业占GDP比重38.67%，排在江西省第50位、九江市第4位。具体如图3-45、图3-46、表3-23所示。

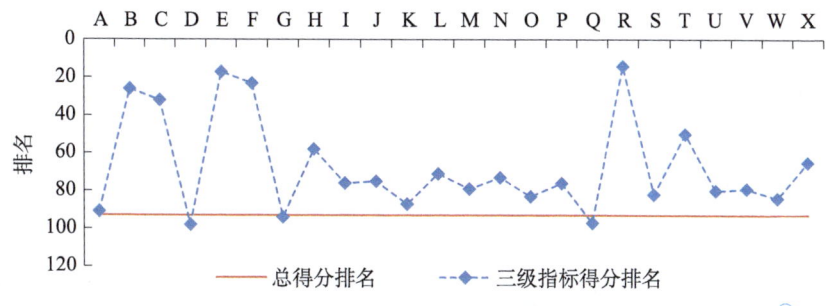

图3-45 修水县科技创新能力总得分、三级指标得分在江西省位次排名[1]

---

[1] 图注同本书27页图3-1图注。

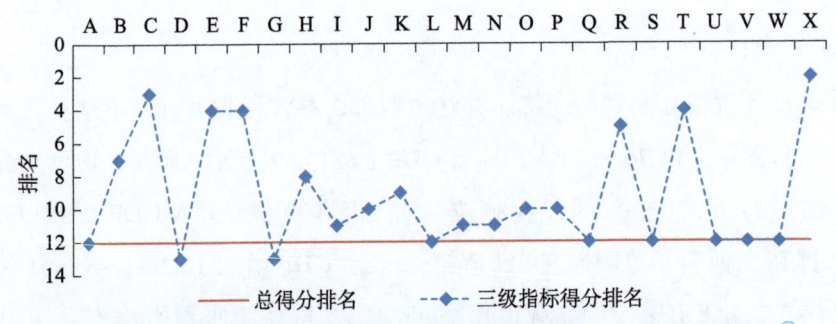

图 3-46　修水县科技创新能力总得分、三级指标得分在九江市位次排名①

表 3-23　修水县科技创新能力评价指标得分与位次

指标名称	得分（分）2017 年	江西省排名 2017 年	江西省排名 2016 年	九江市排名 2017 年	九江市排名 2016 年
科技创新能力总得分	51.18	93	90	12	12
创新环境	3.63	82	89	12	12
创新基础	3.88	49	47	9	8
万人 GDP	3.10	91	92	12	12
规模以上工业企业数	4.28	26	29	7	7
万人专利申请量	4.12	32	31	3	3
科技意识	3.36	89	93	13	12
开展 R&D 活动的企业占比	2.19	98	95	13	12
人均科普经费投入	4.49	17	76	4	12
民众浏览科技网页频度	4.12	23	24	4	4
创新投入	3.52	93	92	13	13
人力投入	3.57	80	92	12	13
万人 R&D 人员数	3.39	94	92	13	12
研究人员占 R&D 人员比	3.74	58	88	8	11
R&D 人员全时当量	3.57	76	61	11	9
财力投入	3.47	89	77	11	10
R&D 经费投入占 GDP 百分比	3.49	75	59	10	9
企业 R&D 经费投入占主营业务收入比	3.27	87	73	9	6

① 图注同本书27页图3-1图注。

续表

指标名称	得分（分） 2017年	江西省排名 2017年	江西省排名 2016年	九江市排名 2017年	九江市排名 2016年
企业技术获取和改造费用占主营业务收入比	3.68	71	79	12	13
创新成效	3.33	94	68	12	9
技术创新	3.23	84	49	11	7
高新技术产业增加值占规模以上工业增加值比	3.13	79	65	11	8
高新技术企业数	3.38	73	56	11	10
产业化水平	3.42	96	96	12	13
新产品销售收入占主营业务收入比	3.30	83	89	10	12
万人发明专利授权量	3.54	76	81	10	12
技术合同成交额	3.45	97	74	12	12
经济社会发展	3.64	80	81	12	13
经济增长	3.91	49	64	10	10
GDP增长百分比	4.72	14	18	5	8
万人财政收入	3.24	82	82	12	12
第三产业占GDP比重	3.81	50	37	4	4
社会生活	3.32	96	92	12	12
居民人均可支配收入	3.07	80	81	12	12
万人社会消费品零售额	3.46	79	79	12	12
城镇化率	3.27	84	84	12	12
空气质量指数	3.66	65	57	2	2

如图3-45、图3-46、表3-23所示，修水县科技创新能力总得分51.18分，排在江西省第93位，比上一年下降了3位，排在九江市第12位，与上一年位次相同。在一级指标中，经济社会发展排在江西省第80位，比上一年提升了1位，排在九江市第12位，比上一年提升了1位；创新投入排在江西省第93位，比上一年下降了1位，排在九江市第13位，与上一年位次相同；创新成效排在江西省第94位，比上一年下降了26位，排在九江市第12位，比上一年下降了3位；创新环境排在江西省第82位，比上一年提升了7位，排在九江市第12位，与上一年位次相同。

目前，修水县坚定不移决战新型工业、打造区域中心、做活旅游商贸、促进城乡一体、增进百姓福祉。坚定不移推进"新工业十年行动"，着力抓好项目建设、企业培育、园区提升、布局优化等工作，加快推动工业经济高质量发展，推动全县科技工作再上台阶。该县的创新投入和创新成效得分较低，影响了科技竞争力，建议该县在经济结构优化调整、科技创新氛围营造、战略新兴产业培育及创新投入等方面进一步强化和提升，不断提高科技对经济的支撑作用。

六、永修县

永修县位于江西省北部、九江市南部，是江西省九江市下辖县。2017年，该县常住人口37.1万人，地区GDP 1 592 709万元。居民人均可支配收入23 670.56元，排在江西省第32位、九江市第5位。万人GDP 42 930.16万元，排在江西省第37位、九江市第8位。GDP增长16.36%，排在江西省第6位、九江市第3位。城镇化率53.72%，排在江西省第31位、九江市第6位。规模以上工业企业数154家，排在江西省第18位、九江市第3位。开展R&D活动的企业占比59%，排在江西省第3位、九江市第1位。万人专利申请量6.44件，排在江西省第75位、九江市第10位。万人发明专利授权量0.24件，排在江西省第37位、九江市第5位。万人R&D人员数11.7人，排在江西省第43位、九江市第9位。R&D人员全时当量283人·年，排在江西省第47位、九江市第9位。R&D经费投入占GDP百分比1.16%，排在江西省第24位、九江市第3位。企业技术获取和改造费用占主营业务收入比0.22%，排在江西省第9位、九江市第4位。高新技术产业增加值占规模以上工业增加值比30.68%，排在江西省第44位、九江市第5位。新产品销售收入占主营业务收入比7.48%，排在江西省第40位、九江市第2位。万人财政收入0.65亿元，排在江西省第28位、九江市第8位。万人社会消费品零售额1.13亿元，排在江西省第49位、九江市第8位。第三产业占GDP比重25.02%，排在江西省第97位、九江市第11位。具体如图3-47、图3-48、表3-24所示。

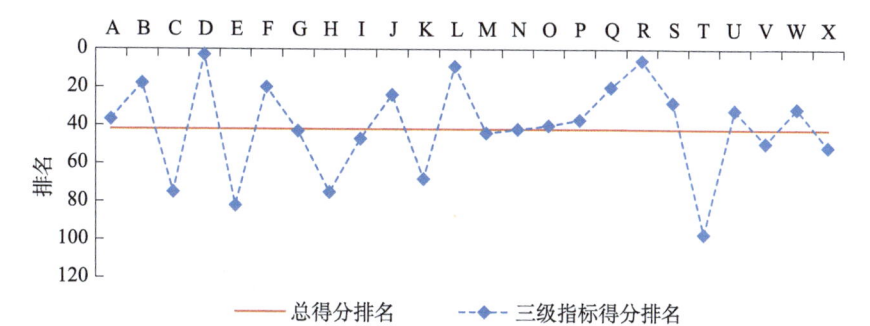

第三章　江西省各县（市、区）科技创新能力水平分析 | 103

图 3-47　永修县科技创新能力总得分、三级指标得分在江西省位次排名[①]

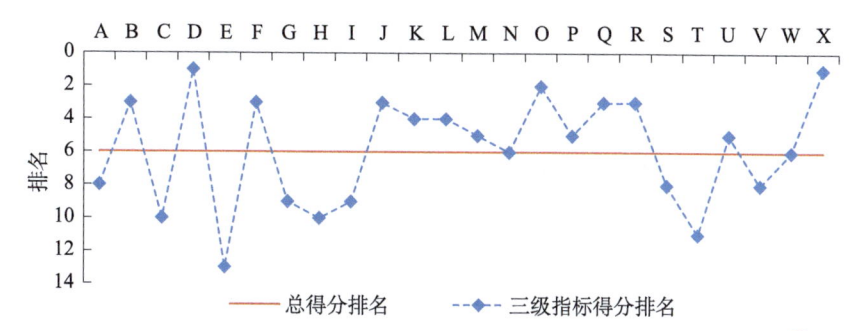

图 3-48　永修县科技创新能力总得分、三级指标得分在九江市位次排名[②]

表 3-24　永修县科技创新能力评价指标得分与位次

指标名称	得分（分）	江西省排名		九江市排名	
	2017 年	2017 年	2016 年	2017 年	2016 年
科技创新能力总得分	58.53	42	18	6	4
创新环境	4.33	18	11	3	2
创新基础	3.94	44	50	7	9
万人 GDP	3.90	37	42	8	8
规模以上工业企业数	4.58	18	26	3	5
万人专利申请量	3.35	75	76	10	10
科技意识	4.73	10	4	1	1
开展 R&D 活动的企业占比	5.95	3	1	1	1
人均科普经费投入	3.40	82	44	13	8
民众浏览科技网页频度	4.15	20	42	3	11

①② 图注同本书27页图3-1图注。

续表

指标名称	得分（分） 2017年	江西省排名 2017年	江西省排名 2016年	九江市排名 2017年	九江市排名 2016年
创新投入	3.86	45	28	6	5
人力投入	3.62	77	18	10	2
万人 R&D 人员数	3.79	43	42	9	7
研究人员占 R&D 人员比	3.33	75	12	10	2
R&D 人员全时当量	3.78	47	43	9	6
财力投入	4.10	32	42	3	8
R&D 经费投入占 GDP 百分比	4.15	24	29	3	3
企业 R&D 经费投入占主营业务收入比	3.51	68	67	4	4
企业技术获取和改造费用占主营业务收入比	4.74	9	21	4	8
创新成效	3.93	45	30	5	4
技术创新	3.98	45	20	5	3
高新技术产业增加值占规模以上工业增加值比	3.99	44	35	5	5
高新技术企业数	3.97	42	34	6	5
产业化水平	3.88	37	54	4	7
新产品销售收入占主营业务收入比	3.84	40	43	2	7
万人发明专利授权量	3.81	37	53	5	6
技术合同成交额	4.00	20	44	3	5
经济社会发展	3.96	36	38	6	10
经济增长	3.97	44	65	9	11
GDP 增长百分比	5.00	6	14	3	6
万人财政收入	4.19	28	31	8	8
第三产业占 GDP 比重	2.69	97	98	11	12
社会生活	3.96	31	41	4	4
居民人均可支配收入	4.22	32	33	5	5
万人社会消费品零售额	3.70	49	50	8	8
城镇化率	3.93	31	31	6	6
空气质量指数	3.84	51	69	1	5

如图 3-47、图 3-48、表 3-24 所示，永修县科技创新能力总得分 58.53 分，排在江西省第 42 位，比上一年下降了 24 位，排在九江市第 6 位，比上一年下降了 2 位。在一级指标中，经济社会发展排在江西省第 36 位，比上一年提升了 2 位，排在九江市第 6 位，比上一年提升了 4 位；创新投入排在江西省第 45 位，比上一年下降了 17 位，排在九江市第 6 位，比上一年下降了 1 位；创新成效排在江西省第 45 位，比上一年下降了 15 位，排在九江市第 5 位，比上一年下降了 1 位；创新环境排在江西省第 18 位，比上一年下降了 7 位，排在九江市第 3 位，比上一年下降了 1 位。

目前，永修县坚持规划引领、项目带动、管理提升，着力抢抓发展机遇、提高内涵品质、加快聚集人气，实现城市由大建设、大开发向大提升、大繁荣转变，打造赣江新区新城。该县的创新投入、创新成效较上一年排名都有所下降，影响了科技竞争力。建议该县优化创新环境，加大对创新的投入，因地制宜改进创新的方式方法，取得更大的创新成效。

七、德安县

德安县位于江西省北部、九江市南部，是江西省九江市下辖县。2017 年，该县常住人口 16.01 万人，地区 GDP 1 120 284 万元。居民人均可支配收入 24 264.48 元，排在江西省第 27 位、九江市第 4 位。万人 GDP 69 974.02 万元，排在江西省第 16 位、九江市第 4 位。GDP 增长 14.98%，排在江西省第 17 位、九江市第 6 位。城镇化率 55.59%，排在江西省第 26 位、九江市第 5 位。规模以上工业企业数 127 家，排在江西省第 27 位、九江市第 8 位。开展 R&D 活动的企业占比 36.77%，排在江西省第 54 位、九江市第 5 位。万人专利申请量 8.12 件，排在江西省第 66 位、九江市第 9 位。万人发明专利授权量 0.19 件，排在江西省第 46 位、九江市第 6 位。人均科普经费投入 0.80 元，排在江西省第 15 位、九江市第 3 位。万人 R&D 人员数 27.86 人，排在江西省第 13 位、九江市第 4 位。R&D 人员全时当量 285 人·年，排在江西省第 46 位、九江市第 8 位。R&D 经费投入占 GDP 百分比 0.71%，排在江西省第 44 位、九江市第 7 位。企业技术获取和改造费用占主营业务收入比 0.31%，排在江西省第 6 位、九江市第 3 位。高新技术产业增加值占规模以上工业增加值比 38.71%，排在江西省第 30 位、九江市第 2 位。万人财政收入 1.14 亿元，排在江西省第 9 位、九江市第 3 位。万人社会消费品零售额 1.5 亿元，排在江西省第 26 位、九江市第 3 位。第三产业占 GDP 比重 27.07%，排在江西省第 95 位、九江市第 10 位。具体如图 3-49、图 3-50、表 3-25 所示。

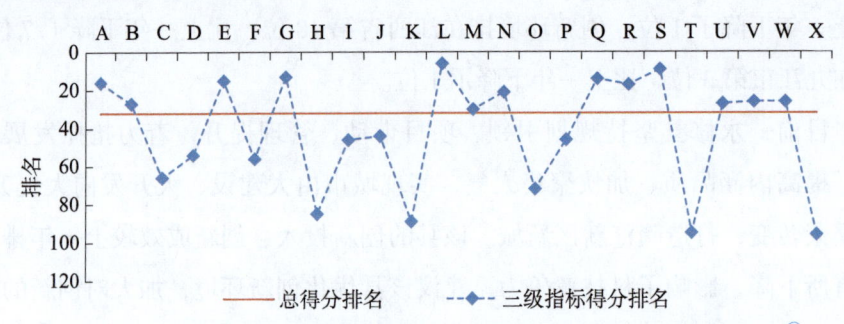

图 3-49　德安县科技创新能力总得分、三级指标得分在江西省位次排名[①]

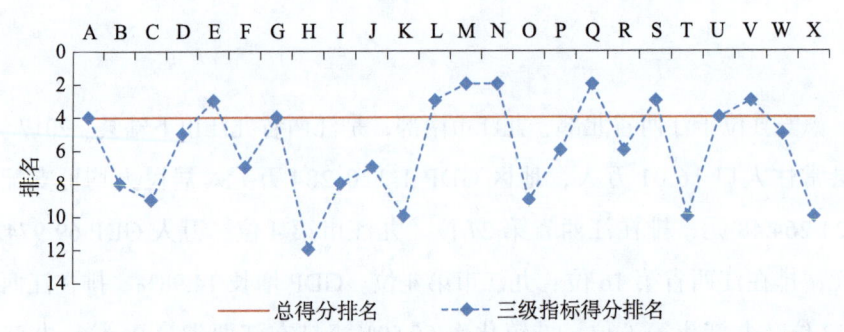

图 3-50　德安县科技创新能力总得分、三级指标得分在九江市位次排名[②]

表 3-25　德安县科技创新能力评价指标得分与位次

指标名称	得分（分）	江西省排名		九江市排名	
	2017 年	2017 年	2016 年	2017 年	2016 年
科技创新能力总得分	59.45	32	24	4	6
创新环境	4.20	27	22	4	5
创新基础	4.17	27	20	4	4
万人 GDP	4.95	16	17	4	4

①② 图注同本书27页图3-1图注。

续表

指标名称	得分（分）	江西省排名		九江市排名	
	2017年	2017年	2016年	2017年	2016年
规模以上工业企业数	4.23	27	25	8	4
万人专利申请量	3.49	66	36	9	4
科技意识	4.22	32	38	4	8
开展R&D活动的企业占比	3.88	54	43	5	8
人均科普经费投入	5.11	15	14	3	2
民众浏览科技网页频度	3.72	56	59	7	12
创新投入	3.84	50	88	7	12
人力投入	3.69	69	88	9	12
万人R&D人员数	4.45	13	13	4	3
研究人员占R&D人员比	2.92	85	93	12	13
R&D人员全时当量	3.79	46	45	8	7
财力投入	3.99	34	78	4	11
R&D经费投入占GDP百分比	3.77	44	51	7	8
企业R&D经费投入占主营业务收入比	3.26	89	88	10	11
企业技术获取和改造费用占主营业务收入比	5.17	6	46	3	12
创新成效	4.12	34	24	2	3
技术创新	4.45	26	17	3	2
高新技术产业增加值占规模以上工业增加值比	4.41	30	20	2	2
高新技术企业数	4.52	21	19	2	2
产业化水平	3.77	55	36	6	4
新产品销售收入占主营业务收入比	3.47	72	67	9	10
万人发明专利授权量	3.72	46	17	6	2
技术合同成交额	4.22	14	20	2	3
经济社会发展	4.13	24	16	5	4
经济增长	4.41	16	14	5	4
GDP增长百分比	4.67	17	6	6	5
万人财政收入	5.61	9	8	3	3
第三产业占GDP比重	2.86	95	93	10	9

续表

指标名称	得分（分） 2017年	江西省排名 2017年	江西省排名 2016年	九江市排名 2017年	九江市排名 2016年
社会生活	3.81	47	64	5	8
居民人均可支配收入	4.32	27	28	4	4
万人社会消费品零售额	3.96	26	28	3	3
城镇化率	4.05	26	25	5	5
空气质量指数	2.43	96	99	10	12

如图3-49、图3-50、表3-25所示，德安县科技创新能力总得分59.45分，在江西省排名第32位，比上一年下降了8位，排在九江市第4位，比上一年提升了2位。在一级指标中，经济社会发展排在江西省第24位，比上一年下降了8位，排在九江市第5位，比上一年下降了1位；创新投入排在江西省第50位，比上一年提升了38位，排在九江市第7位，比上一年提升了5位；创新成效排在江西省第34位，比上一年下降了10位，排在九江市第2位，比上一年提升了1位；创新环境排在江西省第27位，比上一年下降了5位，排在九江市第4位，比上一年提升了1位。

目前，德安县深入实施"新工业十年行动"，突出抓重点、把发展经济的着力点放在实体经济上，合理优化产业结构，强力决战工业，不断巩固农业，加快发展现代服务业，促进县域经济持续健康发展。该县的经济社会发展、创新成效和创新环境较上一年排名都有所下降，影响了科技竞争力。建议该区在特色支柱产业科技竞争力、创新平台建设、人才培养、科技创新氛围营造等方面做进一步强化和提升，不断提高科技竞争力。

八、都昌县

都昌县位于江西省北部，是江西省九江市下辖县。2017年，该县常住人口73.57万人，地区GDP 1 315 991万元。居民人均可支配收入14 064.28元，排在江西省第100位、九江市第13位。万人GDP 17 887.60万元，排在江西省第98位、九江市第13位。GDP增长13.93%，排在江西省第40位、九江市第 10 位。城镇化率 37.28%，排在江西省第 100 位、九江市第 13 位。规模以上工业企业数 84 家，排在江西省第 59 位、九江市第 11 位。开展 R&D 活动的企业占比 31.2%，排在江西省第 74 位、九江市第 8 位。万人专利申请量 3.41 件，排在江西省第 96 位、九江市第 12 位。研究人员占 R&D 人员比 34.22%，排在江西省第 27 位、九江市第 3 位。高新技术产业增加值占规模以上工业增加值比 17.31%，排在江西省第 74 位、九江市第 8 位。新产品销售收入占主营业务收入比 0.65%，排在江西省第 90 位、九江市第 11 位。万人社会消费品零售额 0.76 亿元，排在江西省第 80 位、九江市第 13 位。第三产业占 GDP 比重 33.9%，排在江西省第 76 位、九江市第 6 位。具体如图 3-51、图 3-52、表 3-26 所示。

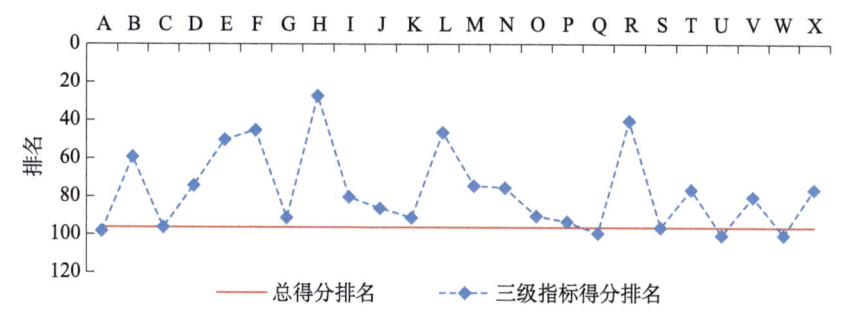

图 3-51　都昌县科技创新能力总得分、三级指标得分在江西省位次排名[①]

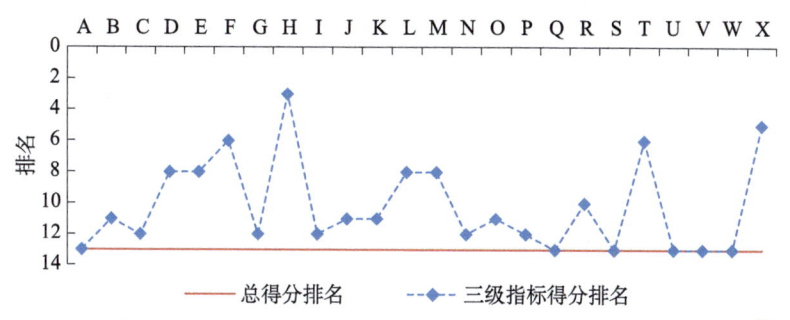

图 3-52　都昌县科技创新能力总得分、三级指标得分在九江市位次排名[②]

---

①② 图注同本书27页图3-1图注。

表 3-26 都昌县科技创新能力评价指标得分与位次

指标名称	得分（分） 2017年	江西省排名 2017年	江西省排名 2016年	九江市排名 2017年	九江市排名 2016年
科技创新能力总得分	50.38	96	93	13	13
创新环境	3.39	92	97	13	13
创新基础	3.25	95	89	13	13
万人 GDP	2.93	98	98	13	13
规模以上工业企业数	3.68	59	56	11	10
万人专利申请量	3.11	96	81	12	11
科技意识	3.52	80	96	12	13
开展 R&D 活动的企业占比	3.36	74	98	8	13
人均科普经费投入	3.56	50	87	8	13
民众浏览科技网页频度	3.79	45	9	6	2
创新投入	3.65	78	77	11	11
人力投入	3.89	50	56	8	10
万人 R&D 人员数	3.42	91	95	12	13
研究人员占 R&D 人员比	4.59	27	35	3	7
R&D 人员全时当量	3.56	80	94	12	13
财力投入	3.41	92	81	12	12
R&D 经费投入占 GDP 百分比	3.37	86	79	11	12
企业 R&D 经费投入占主营业务收入比	3.21	91	86	11	12
企业技术获取和改造费用占主营业务收入比	3.72	46	30	8	10
创新成效	3.34	93	89	11	13
技术创新	3.31	80	81	10	13
高新技术产业增加值占规模以上工业增加值比	3.29	74	51	8	7
高新技术企业数	3.33	75	74	12	12
产业化水平	3.37	100	93	13	11
新产品销售收入占主营业务收入比	3.25	90	82	11	11
万人发明专利授权量	3.46	93	75	12	10
技术合同成交额	3.44	99	84	13	13

续表

指标名称	得分（分）	江西省排名		九江市排名	
	2017 年	2017 年	2016 年	2017 年	2016 年
经济社会发展	3.32	97	61	13	12
经济增长	3.57	82	30	13	6
GDP 增长百分比	4.42	40	4	10	4
万人财政收入	2.91	96	94	13	13
第三产业占 GDP 比重	3.42	76	74	6	6
社会生活	3.03	100	100	13	13
居民人均可支配收入	2.63	100	99	13	13
万人社会消费品零售额	3.44	80	81	13	13
城镇化率	2.89	100	100	13	13
空气质量指数	3.41	76	75	5	9

如图 3-51、图 3-52、表 3-26 所示，都昌县科技创新能力总得分 50.38 分，排在江西省第 96 位，比上一年下降了 3 位，排在九江市第 13 位，与上一年位次相同。在一级指标中，经济社会发展排在江西省第 97 位，比上一年下降了 36 位，排在九江市第 13 位，比上一年下降了 1 位；创新投入排在江西省第 78 位，比上一年下降了 1 位，排在九江市第 11 位，与上一年位次相同；创新成效排在江西省第 93 位，比上一年下降了 4 位，排在九江市第 11 位，比上一年提升了 2 位；创新环境排在江西省第 92 位，比上一年提升了 5 位，排在九江市第 13 位，与上一年位次相同。

目前，都昌县坚持推进区位、文化、生态、旅游"四张牌"发展战略不动摇，进一步放大潜能，彰显绿色生态和特色发展新优势，促进区域创新发展，推动科技竞争力不断提高。该县的经济社会发展、创新投入、创新成效得分偏低，建议该县在产业结构调整、人才培养、创新平台建设、支柱产业科技竞争力提升等方面做进一步努力，不断提高科技对经济发展的支撑能力。

九、湖口县

湖口县位于江西省北部、九江市东部，是江西省九江市下辖县。2017

年，该县常住人口 28.41 万人，地区 GDP 1 407 254 万元。居民人均可支配收入 22 893.5 元，排在江西省第 40 位、九江市第 7 位。万人 GDP 49 533.76 万元，排在江西省第 27 位、九江市第 5 位。GDP 增长 16.12%，排在江西省第 8 位、九江市第 4 位。城镇化率 47.88%，排在江西省第 65 位、九江市第 11 位。规模以上工业企业数 93 家，排在江西省第 49 位、九江市第 10 位。开展 R&D 活动的企业占比 38.93%，排在江西省第 49 位、九江市第 4 位。万人专利申请量 11.72 件，排在江西省第 52 位、九江市第 6 位。万人发明专利授权量 0.25 件，排在江西省第 36 位、九江市第 4 位。万人 R&D 人员数 28.68 人，排在江西省第 12 位、九江市第 3 位。R&D 人员全时当量 507 人·年，排在江西省第 23 位、九江市第 2 位。R&D 经费投入占 GDP 百分比 1.89%，排在江西省第 9 位、九江市第 1 位。企业技术获取和改造费用占主营业务收入比 1.1%，排在江西省第 2 位、九江市第 1 位。高新技术产业增加值占规模以上工业增加值比 15.91%，排在江西省第 78 位、九江市第 10 位。新产品销售收入占主营业务收入比 3.96%，排在江西省第 62 位、九江市第 6 位。万人财政收入 1.07 亿元，排在江西省第 11 位、九江市第 5 位。万人社会消费品零售额 1 亿元，排在江西省第 61 位、九江市第 10 位。第三产业占 GDP 比重 20.84%，排在江西省第 99 位、九江市第 13 位。具体如图 3-53、图 3-54、表 3-27 所示。

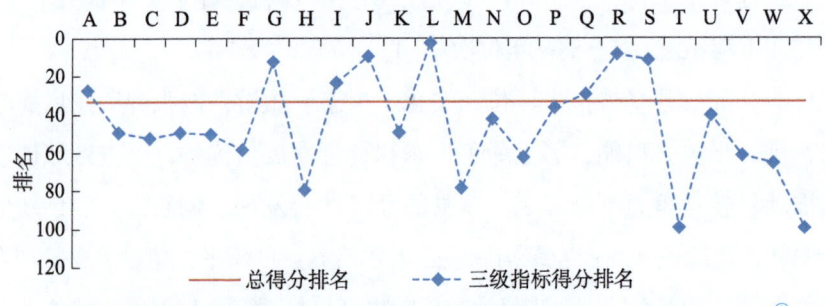

图 3-53　湖口县科技创新能力总得分、三级指标得分在江西省位次排名[①]

---

① 图注同本书 27 页图 3-1 图注。

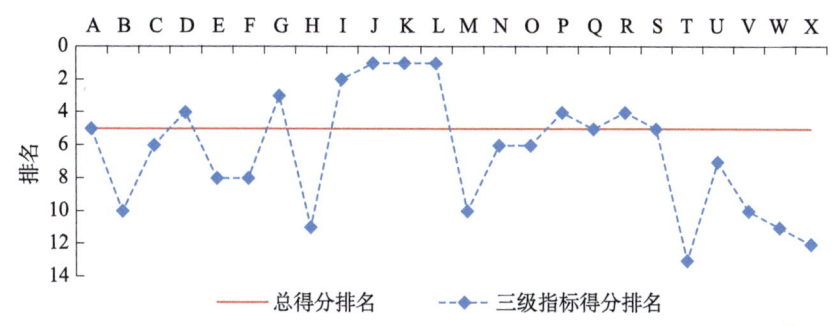

第三章 江西省各县（市、区）科技创新能力水平分析 | 113

图 3-54 湖口县科技创新能力总得分、三级指标得分在九江市位次排名[①]

表 3-27 湖口县科技创新能力评价指标得分与位次

指标名称	得分（分）	江西省排名		九江市排名	
	2017 年	2017 年	2016 年	2017 年	2016 年
科技创新能力总得分	59.41	33	31	5	7
创新环境	3.86	56	47	9	10
创新基础	3.90	46	44	8	7
万人 GDP	4.16	27	28	5	6
规模以上工业企业数	3.79	49	64	10	11
万人专利申请量	3.78	52	37	6	5
科技意识	3.83	59	49	7	10
开展 R&D 活动的企业占比	4.08	49	46	4	9
人均科普经费投入	3.56	50	34	8	6
民众浏览科技网页频度	3.70	58	25	8	5
创新投入	4.77	8	16	1	2
人力投入	3.92	46	24	7	3
万人 R&D 人员数	4.48	12	17	3	4
研究人员占 R&D 人员比	3.28	79	43	11	9
R&D 人员全时当量	4.07	23	20	2	2
财力投入	5.61	4	17	1	2
R&D 经费投入占 GDP 百分比	4.79	9	15	1	1

---

① 图注同本书27页图3-1图注。

续表

指标名称	得分（分）2017年	江西省排名 2017年	江西省排名 2016年	九江市排名 2017年	九江市排名 2016年
企业R&D经费投入占主营业务收入比	3.71	49	47	1	1
企业技术获取和改造费用占主营业务收入比	8.98	2	11	1	4
创新成效	3.63	67	58	9	8
技术创新	3.53	67	54	7	8
高新技术产业增加值占规模以上工业增加值比	3.22	78	78	10	11
高新技术企业数	3.97	42	38	6	6
产业化水平	3.73	62	51	7	6
新产品销售收入占主营业务收入比	3.54	62	66	6	9
万人发明专利授权量	3.82	36	25	4	3
技术合同成交额	3.89	29	45	5	6
经济社会发展	3.91	39	27	7	7
经济增长	4.26	25	41	6	8
GDP增长百分比	4.94	8	26	4	10
万人财政收入	5.40	11	13	5	5
第三产业占GDP比重	2.35	99	99	13	13
社会生活	3.51	79	89	10	11
居民人均可支配收入	4.09	40	40	7	7
万人社会消费品零售额	3.61	61	63	10	10
城镇化率	3.56	65	66	11	11
空气质量指数	2.30	99	100	12	13

如图3-53、图3-54、表3-27所示，湖口县科技创新能力总得分59.41分，排在江西省第33位，比上一年下降了2位，排在九江市第5位，比上一年提升了2位。在一级指标中，经济社会发展排在江西省第39位，比上一年下降了12位，排在九江市第7位，与上一年位次相同；创新投入排在江西省第8位，比上一年提升了8位，排在九江市第1位，比上一年提升了1位；创新成效排在江西省第67位，比上一年下降了9位，排在九江市第9位，比上一

年下降了 1 位；创新环境排在江西省第 56 位，比上一年下降了 9 位，排在九江市第 9 位，比上一年提升了 1 位。

目前，湖口县把握"转型升级"的时代任务，致力推动工业强县新突破。深入实施"新工业十年行动"主战略，推动工业高质量发展，争当沿江东部板块新工业主力军，加速打造长江经济带新型工业强县。该县的经济社会发展、创新成效、创新环境得分偏低，建议在创新环境优化、居民科技意识培养、人才培养及软课题研究等方面进一步提升。

十、彭泽县

彭泽县位于江西省北部，是江西省九江市下辖县。2017 年，该县常住人口 36.26 万人，地区 GDP 1 251 123 万元。居民人均可支配收入 21 811 元，排在江西省第 51 位、九江市第 11 位。万人 GDP 34 504.22 万元，排在江西省第 60 位、九江市第 10 位。GDP 增长 17.01%，排在江西省第 3 位、九江市第 2 位。城镇化率 49.41%，排在江西省第 54 位、九江市第 8 位。规模以上工业企业数 139 家，排在江西省第 22 位、九江市第 5 位。万人专利申请量 14.89 件，排在江西省第 36 位、九江市第 4 位。万人发明专利授权量 0.52 件，排在江西省第 16 位、九江市第 3 位。万人 R&D 人员数 14.53 人，排在江西省第 31 位、九江市第 8 位。研究人员占 R&D 人员比 34.16%，排在江西省第 28 位、九江市第 4 位。R&D 人员全时当量 438 人·年，排在江西省第 29 位、九江市第 4 位。企业技术获取和改造费用占主营业务收入比 0.62%，排在江西省第 3 位、九江市第 2 位。新产品销售收入占主营业务收入比 6.26%，排在江西省第 48 位、九江市第 4 位。万人财政收入 0.61 亿元，排在江西省第 34 位、九江市第 10 位。万人社会消费品零售额 0.89 亿元，排在江西省第 71 位、九江市第 11 位。第三产业占 GDP 比重 27.37%，排在江西省第 94 位、九江市第 9 位。具体如图 3-55、图 3-56、表 3-28 所示。

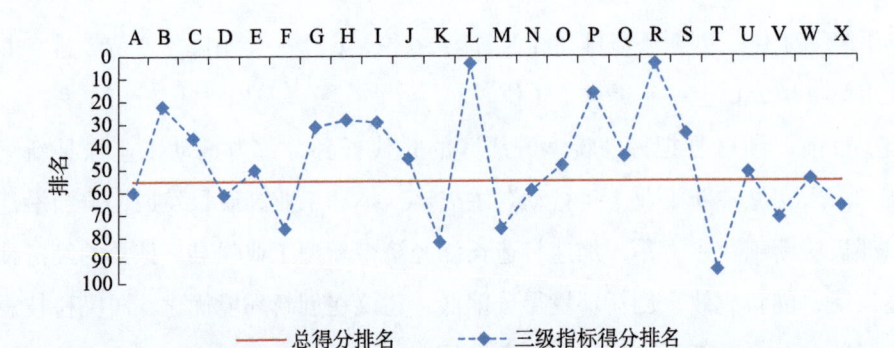

图 3-55　彭泽县科技创新能力总得分、三级指标得分在江西省位次排名①

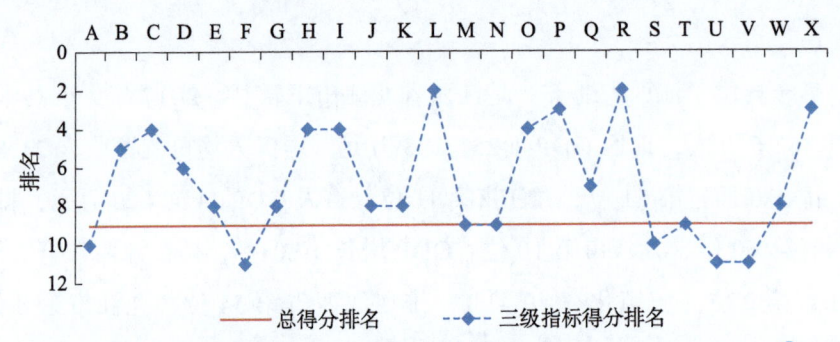

图 3-56　彭泽县科技创新能力总得分、三级指标得分在九江市位次排名②

表 3-28　彭泽县科技创新能力评价指标得分与位次

指标名称	得分（分）	江西省排名		九江市排名	
	2017 年	2017 年	2016 年	2017 年	2016 年
科技创新能力总得分	57.46	55	42	9	10
创新环境	3.82	60	45	10	9
创新基础	4.02	38	42	6	6
万人 GDP	3.57	60	62	10	10
规模以上工业企业数	4.39	22	26	5	5
万人专利申请量	4.04	36	39	4	7
科技意识	3.61	71	48	8	9
开展 R&D 活动的企业占比	3.66	61	36	6	6
人均科普经费投入	3.56	50	44	8	8

①② 图注同本书27页图3-1图注。

续表

指标名称	得分（分） 2017年	江西省排名 2017年	江西省排名 2016年	九江市排名 2017年	九江市排名 2016年
民众浏览科技网页频度	3.58	76	28	11	7
创新投入	4.32	14	15	3	1
人力投入	4.18	22	39	3	7
万人R&D人员数	3.91	31	43	8	8
研究人员占R&D人员比	4.58	28	39	4	8
R&D人员全时当量	3.98	29	39	4	5
财力投入	4.46	14	14	2	1
R&D经费投入占GDP百分比	3.77	45	42	8	6
企业R&D经费投入占主营业务收入比	3.37	82	62	8	3
企业技术获取和改造费用占主营业务收入比	6.66	3	3	2	1
创新成效	3.66	65	82	8	12
技术创新	3.41	76	78	9	12
高新技术产业增加值占规模以上工业增加值比	3.27	76	76	9	10
高新技术企业数	3.59	59	56	9	10
产业化水平	3.92	35	60	3	9
新产品销售收入占主营业务收入比	3.74	48	52	4	8
万人发明专利授权量	4.27	16	44	3	5
技术合同成交额	3.76	44	70	7	11
经济社会发展	3.89	46	25	8	6
经济增长	4.04	35	15	7	5
GDP增长百分比	5.16	3	2	2	2
万人财政收入	4.07	34	34	10	9
第三产业占GDP比重	2.89	94	94	9	10
社会生活	3.71	60	49	7	7
居民人均可支配收入	3.91	51	50	11	11
万人社会消费品零售额	3.53	71	73	11	11
城镇化率	3.66	54	56	8	9
空气质量指数	3.62	66	53	3	1

如图3-55、图3-56、表3-28所示,彭泽县科技创新能力总得分57.46分,排在江西省第55位,比上一年下降了13位,排在九江市第9位,比上一年提升了1位。在一级指标中,经济社会发展排在江西省第46位,比上一年下降了21位,排在九江市第8位,比上一年下降了2位;创新投入排在江西省第14位,比上一年提升了1位,排在九江市第3位,比上一年下降了2位;创新成效排在江西省第65位,比上一年提升了17位,排在九江市第8位,比上一年提升了4位;创新环境排在江西省第60位,比上一年下降了15位,排在九江市第10位,比上一年下降了1位。

目前,彭泽县按照"工业绿色化、产业低碳化、生产循环化"的理念,全力加快工业经济转型升级步伐。以新材料为首位产业,以生物医药、港口物流为主攻产业,围绕心连心化肥、兄弟医药、红光综合枢纽等企业和项目,以产业链、供应链和价值链为纽带,着力引进一批成长性好、竞争力强、关联度高的项目,推动全县科技竞争能力再上新台阶。该县的经济社会发展、创新环境得分较低,有较大提升空间,建议该县在居民科技意识培养、科技投入、知识产权管理及低碳经济发展等方面做更多努力,不断提高科技竞争力。

十一、瑞昌市

瑞昌市位于江西省北部偏西、九江市西部,是江西省九江市下辖县级市。2017年,该市常住人口43.06万人,地区GDP 1 895 830万元。居民人均可支配收入22 717.27元,排在江西省第42位、九江市第8位。万人GDP 44 027.64万元,排在江西省第35位、九江市第7位。GDP增长14.89%,排在江西省第19位、九江市第7位。城镇化率51.04%,排在江西省第38位、九江市第7位。规模以上工业企业数138家,排在江西省第23位、九江市第6位。万人专利申请量14.82件,排在江西省第37位、九江市第5位。万人发明专利授权量0.05件,排在江西省第88位、九江市第11位。人均科普经费投入0.4元,排在江西省第36位、九江市第6位。万人R&D人员数15.72人,排在江西省第28位、九江市第7位。R&D人员全时当量417人·年,排在江西省第30位、九江市第5位。R&D经费投入占GDP百分比

0.86%，排在江西省第 38 位、九江市第 6 位。企业技术获取和改造费用占主营业务收入比 0.14%，排在江西省第 11 位、九江市第 5 位。万人财政收入 0.7 亿元，排在江西省第 24 位、九江市第 6 位。万人社会消费品零售额 1.23 亿元，排在江西省第 38 位、九江市第 5 位。第三产业占 GDP 比重 24.87%，排在江西省第 98 位、九江市第 12 位。具体如图 3-57、图 3-58、表 3-29 所示。

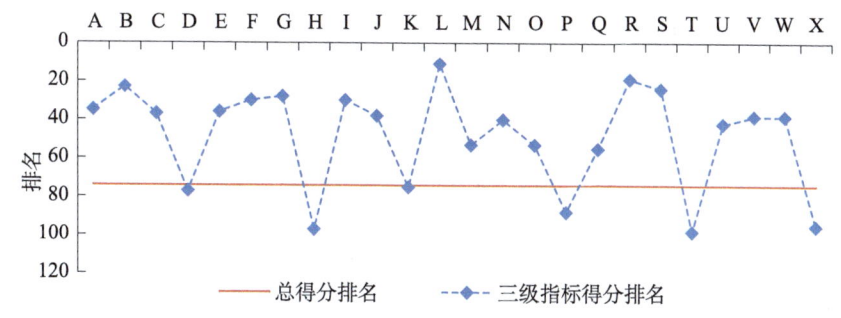

图 3-57 瑞昌市科技创新能力总得分、三级指标得分在江西省位次排名[①]

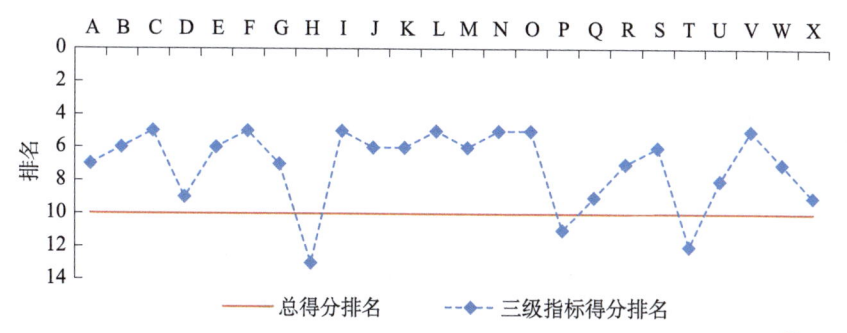

图 3-58 瑞昌市科技创新能力总得分、三级指标得分在九江市位次排名[②]

表 3-29 瑞昌市科技创新能力评价指标得分与位次

指标名称	得分（分）	江西省排名		九江市排名	
	2017 年	2017 年	2016 年	2017 年	2016 年
科技创新能力总得分	55.00	74	52	10	11
创新环境	3.87	55	13	8	3
创新基础	4.13	32	35	5	5
万人 GDP	3.94	35	38	7	7

①② 图注同本书 27 页图 3-1 图注。

续表

指标名称	得分（分） 2017年	江西省排名 2017年	江西省排名 2016年	九江市排名 2017年	九江市排名 2016年
规模以上工业企业数	4.38	23	30	6	8
万人专利申请量	4.03	37	38	5	6
科技意识	3.60	73	6	9	3
开展R&D活动的企业占比	3.23	77	3	9	2
人均科普经费投入	3.87	36	24	6	5
民众浏览科技网页频度	3.94	30	32	5	9
创新投入	3.65	77	64	10	10
人力投入	3.44	87	87	13	11
万人R&D人员数	3.95	28	24	7	5
研究人员占R&D人员比	2.54	97	91	13	12
R&D人员全时当量	3.96	30	26	5	3
财力投入	3.86	47	31	5	5
R&D经费投入占GDP百分比	3.90	38	46	6	7
企业R&D经费投入占主营业务收入比	3.43	75	70	6	5
企业技术获取和改造费用占主营业务收入比	4.35	11	14	5	5
创新成效	3.76	58	78	7	10
技术创新	3.90	51	76	6	11
高新技术产业增加值占规模以上工业增加值比	3.81	53	81	6	12
高新技术企业数	4.01	40	43	5	7
产业化水平	3.62	73	55	9	8
新产品销售收入占主营业务收入比	3.67	53	38	5	5
万人发明专利授权量	3.49	88	58	11	7
技术合同成交额	3.69	55	48	9	7
经济社会发展	3.76	62	36	11	9
经济增长	3.90	51	82	11	13
GDP增长百分比	4.65	19	58	7	11
万人财政收入	4.33	24	28	6	7

续表

指标名称	得分（分）	江西省排名		九江市排名	
	2017年	2017年	2016年	2017年	2016年
第三产业占GDP比重	2.68	98	97	12	11
社会生活	3.61	72	81	9	10
居民人均可支配收入	4.06	42	41	8	8
万人社会消费品零售额	3.77	38	38	5	4
城镇化率	3.76	38	39	7	7
空气质量指数	2.43	95	98	9	11

如图3-57、图3-58、表3-29所示，瑞昌市科技创新能力总得分55分，排在江西省第74位，比上一年下降了22位，排在九江市第10位，比上一年提升了1位。在一级指标中，经济社会发展排在江西省第62位，比上一年下降了26位，排在九江市第11位，比上一年下降了2位；创新投入排在江西省第77位，比上一年下降了13位，排在九江市第10位，与上一年位次相同；创新成效排在江西省第58位，比上一年提升了20位，排在九江市第7位，比上一年提升了3位；创新环境排在江西省第55位，比上一年下降了42位，排在九江市第8位，比上一年下降了5位。

目前，瑞昌市扎实开展重大项目服务年活动，加快瑞昌工业化进程，繁荣第三产业，加强城市治理，促进乡村振兴，聚力创新开放，推动绿色发展，打好脱贫攻坚战，着力保障和改善民生，奋力迈出新时代瑞昌"实干创新、五大升级、江西省十强、全面小康"新征程。该市的经济社会发展、创新投入、创新环境得分较低，建议该市加大研发经费投入，加快创新平台建设，加快实施创新驱动发展战略，促进产业转型升级和经济可持续发展。

十二、共青城市

共青城市位于江西省北部、九江市南部，是江西省九江市下辖县级市。2017年，该市常住人口13.11万人，地区GDP 1 156 343万元。居民人均可支配收入 26 309.33 元，排在江西省第 19 位、九江市第 3 位。万人 GDP 88 203.13 万元，排在江西省第 12 位、九江市第 3 位。GDP 增长 17.64%，排在江西省第 1 位、九江市第 1 位。城镇化率 65.18%，排在江西省第 17 位、九江市第 3 位。规模以上工业企业数 169 家，排在江西省第 16 位、九江市第 1 位。开展 R&D 活动的企业占比 25.48%，排在江西省第 91 位、九江市第 12 位。万人专利申请量 39.2 件，排在江西省第 5 位、九江市第 1 位。万人发明专利授权量 0.15 件，排在江西省第 56 位、九江市第 7 位。人均科普经费投入 1.30 元，排在江西省第 2 位、九江市第 1 位。万人 R&D 人员数 41.11 人，排在江西省第 10 位、九江市第 2 位。R&D 人员全时当量 346 人·年，排在江西省第 37 位、九江市第 7 位。R&D 经费投入占 GDP 百分比 1.08%，排在江西省第 28 位、九江市第 5 位。新产品销售收入占主营业务收入比 11.45%，排在江西省第 22 位、九江市第 1 位。万人财政收入 1.54 亿元，排在江西省第 3 位、九江市第 1 位。万人社会消费品零售额 2.03 亿元，排在江西省第 13 位、九江市第 2 位。第三产业占 GDP 比重 29.99%，排在江西省第 90 位、九江市第 8 位。具体如图 3-59、图 3-60、表 3-30 所示。

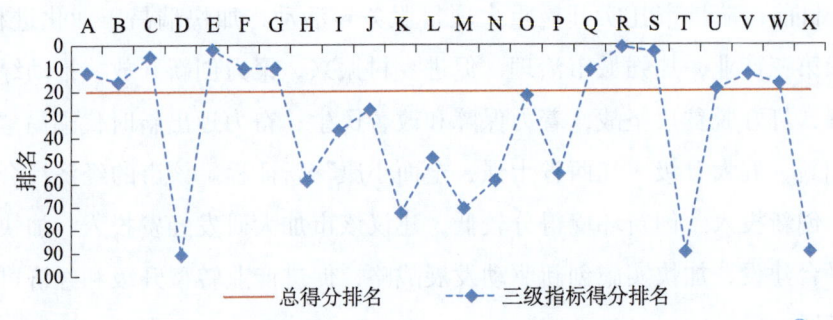

图 3-59 共青城市科技创新能力总得分、三级指标得分在江西省位次排名[①]

---

① 图注同本书27页图3-1图注。

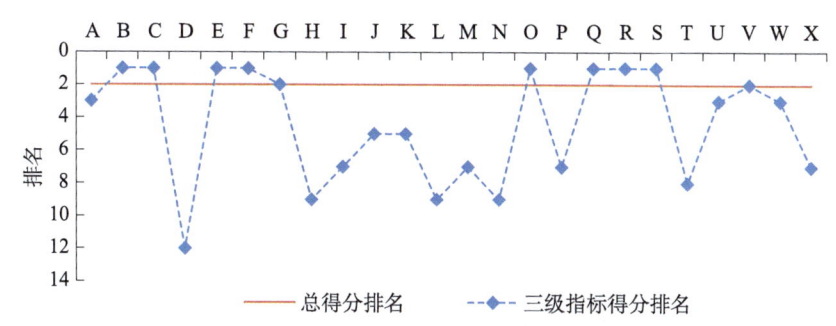

第三章 江西省各县（市、区）科技创新能力水平分析 | 123

图 3-60 共青城市科技创新能力总得分、三级指标得分在九江市位次排名 ①

表 3-30 共青城市科技创新能力评价指标得分与位次

指标名称	得分（分）	江西省排名		九江市排名	
	2017 年	2017 年	2016 年	2017 年	2016 年
科技创新能力总得分	61.72	20	11	2	1
创新环境	4.96	7	4	1	1
创新基础	5.48	6	8	1	1
万人 GDP	5.65	12	12	3	3
规模以上工业企业数	4.78	16	20	1	3
万人专利申请量	6.01	5	7	1	1
科技意识	4.42	23	5	3	2
开展 R&D 活动的企业占比	2.83	91	29	12	5
人均科普经费投入	6.67	2	2	1	1
民众浏览科技网页频度	4.52	10	29	1	8
创新投入	3.96	35	24	5	3
人力投入	4.18	21	15	2	1
万人 R&D 人员数	4.99	10	12	2	2
研究人员占 R&D 人员比	3.71	59	24	9	5
R&D 人员全时当量	3.86	37	47	7	8
财力投入	3.75	54	35	8	6
R&D 经费投入占 GDP 百分比	4.08	28	30	5	4
企业 R&D 经费投入占主营业务收入比	3.44	73	79	5	8

---

① 图注同本书27页图3-1图注。

续表

指标名称	得分（分） 2017年	江西省排名 2017年	江西省排名 2016年	九江市排名 2017年	九江市排名 2016年
企业技术获取和改造费用占主营业务收入比	3.71	49	15	9	6
创新成效	3.78	56	41	6	5
技术创新	3.50	70	41	8	5
高新技术产业增加值占规模以上工业增加值比	3.43	71	32	7	4
高新技术企业数	3.59	59	52	9	9
产业化水平	4.08	27	26	2	3
新产品销售收入占主营业务收入比	4.19	22	18	1	2
万人发明专利授权量	3.66	56	98	7	13
技术合同成交额	4.39	11	11	1	1
经济社会发展	4.68	12	13	3	3
经济增长	5.09	6	5	2	2
GDP增长百分比	5.31	1	3	1	3
万人财政收入	6.74	3	3	1	1
第三产业占GDP比重	3.10	90	89	8	8
社会生活	4.22	20	19	3	3
居民人均可支配收入	4.66	19	19	3	3
万人社会消费品零售额	4.35	13	20	2	2
城镇化率	4.66	17	17	3	3
空气质量指数	2.77	90	73	7	7

如图3-59、图3-60、表3-30所示，共青城市科技创新能力总得分61.72分，排在江西省第20位，比上一年下降了9位，排在九江市第2位，比上一年下降了1位。在一级指标中，经济社会发展排在江西省第12位，比上一年提升了1位，排在九江市第3位，与上一年位次相同；创新投入排在江西省第35位，比上一年下降了11位，排在九江市第5位，比上一年下降了2位；创新成效排在江西省第56位，比上一年下降了15位，排在九江市第6位，比上一年下降了1位；创新环境排在江西省第7位，比上一年下降了3位，排在九江市第1位，与上一年位次相同。

目前，共青城市扎实开展重大项目服务，大力实施"科教立市、双创兴城"战略，弘扬共青精神、抢抓新区机遇，着力强高新产业、抓改革创新、建现代新城、促乡村振兴、显生态特色、补民生短板。坚持扬优挖潜，重点发展一批具有特色的现代服务业品牌，推动现代服务业质量提升、占比提高，全力打造现代服务业"升级版"。该市的创新投入、创新成效、创新环境得分偏低，建议该市在支柱产业科技竞争力提升、居民科技意识培养、科技投入力度、人才培养和创新平台建设上能有所突破和提升。

十三、庐山市

庐山市，原名星子县，2017年5月改为县级庐山市。庐山市位于江西省北部、九江市南部，江西省九江市下辖县级市。2017年，该市常住人口24.48万人，地区GDP 1 186 841万元。居民人均可支配收入23 161.14元，排在江西省第38位、九江市第6位。万人GDP 48 482.07万元，排在江西省第29位、九江市第6位。GDP增长12.01%，排在江西省第66位、九江市第13位。城镇化率56.12%，排在江西省第24位、九江市第4位。开展R&D活动的企业占比40.58%，排在江西省第39位、九江市第3位。万人R&D人员数5.47人，排在江西省第76位、九江市第10位。R&D人员全时当量38人·年，排在江西省第93位、九江市第13位。R&D经费投入占GDP百分比0.24%，排在江西省第88位、九江市第13位。企业技术获取和改造费用占主营业务收入比0.09%，排在江西省第13位、九江市第6位。新产品销售收入占主营业务收入比0.49%，排在江西省第93位、九江市第13位。万人财政收入0.65亿元，排在江西省第27位、九江市第7位。万人社会消费品零售额1.14亿元，排在江西省第48位、九江市第7位。第三产业占GDP比重63.16%，排在江西省第7位、九江市第2位。具体图3-61、图3-62、表3-31所示。

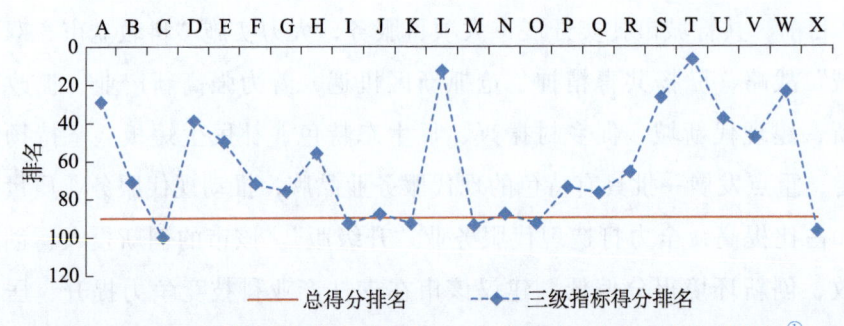

图 3-61　庐山市科技创新能力总得分、三级指标得分在江西省位次排名①

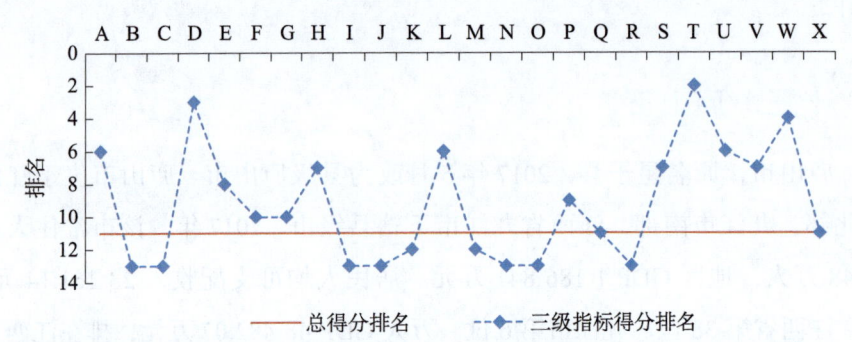

图 3-62　庐山市科技创新能力总得分、三级指标得分在九江市位次排名②

表 3-31　庐山市科技创新能力评价指标得分与位次

指标名称	得分（分）	江西省排名		九江市排名	
	2017 年	2017 年	2016 年	2017 年	2016 年
科技创新能力总得分	51.86	90	22	11	5
创新环境	3.67	78	52	11	11
创新基础	3.47	79	77	12	12
万人 GDP	4.12	29	27	6	5
规模以上工业企业数	3.48	71	83	13	13
万人专利申请量	2.94	100	92	13	12
科技意识	3.87	53	26	6	5
开展 R&D 活动的企业占比	4.23	39	17	3	4
人均科普经费投入	3.56	50	44	8	8
民众浏览科技网页频度	3.61	72	69	10	13

①②　图注同本书27页图3-1图注。

续表

指标名称	得分（分） 2017年	江西省排名 2017年	江西省排名 2016年	九江市排名 2017年	九江市排名 2016年
创新投入	3.56	89	55	12	9
人力投入	3.60	78	27	11	4
万人R&D人员数	3.54	76	70	10	9
研究人员占R&D人员比	3.78	56	10	7	1
R&D人员全时当量	3.46	93	92	13	12
财力投入	3.51	82	85	10	13
R&D经费投入占GDP百分比	3.36	88	77	13	11
企业R&D经费投入占主营业务收入比	3.16	93	84	12	9
企业技术获取和改造费用占主营业务收入比	4.13	13	37	6	11
创新成效	3.14	100	80	13	11
技术创新	2.86	97	69	13	10
高新技术产业增加值占规模以上工业增加值比	2.66	94	71	12	9
高新技术企业数	3.12	88	83	13	13
产业化水平	3.44	92	94	11	12
新产品销售收入占主营业务收入比	3.24	93	90	13	13
万人发明专利授权量	3.54	74	80	9	11
技术合同成交额	3.58	77	60	11	10
经济社会发展	4.20	20	4	4	1
经济增长	4.64	13	1	4	1
GDP增长百分比	3.96	66	1	13	1
万人财政收入	4.19	27	27	7	6
第三产业占GDP比重	5.82	7	6	2	2
社会生活	3.70	62	44	8	5
居民人均可支配收入	4.14	38	38	6	6
万人社会消费品零售额	3.71	48	49	7	7
城镇化率	4.08	24	23	4	4
空气质量指数	2.42	97	74	11	8

如图 3-61、图 3-62、表 3-31 所示，庐山市科技创新能力总得分为 51.86 分，排在江西省第 90 位，比上一年下降了 68 位，排在九江市第 11 位，比上一年下降了 6 位。在一级指标中，经济社会发展排在江西省第 20 位，比上一年下降了 16 位，排在九江市第 4 位，比上一年下降了 3 位；创新投入排在江西省第 89 位，比上一年下降了 34 位，排在九江市第 12 位，比上一年下降了 3 位；创新成效排在江西省第 100 位，比上一年下降了 20 位，排在九江市第 13 位，比上一年下降了 2 位；创新环境排在江西省第 78 位，比上一年下降了 26 位，排在九江市第 11 位，与上一年位次相同。

目前，庐山市围绕构建"环庐山、大庐山、泛庐山"旅游经济圈，以更高的标准，更活的机制，更优的政策，着力开创"全域、全季、全业"旅游发展新局面。该市的经济社会发展、创新投入、创新成效和创新环境较上一年排名都有所下降，影响了科技竞争力。建议该市强化科技平台建设，因地制宜发展绿色经济，提高经济发展的质量与效率。

第五节 新 余 市

一、渝水区

渝水区位于江西省中部偏西、新余市东部，是江西省新余市市辖区。2017 年，该区常住人口 86.42 万人，地区 GDP 8 616 256 万元。居民人均可支配收入 31 233.94 元，排在江西省第 11 位、新余市第 1 位。万人 GDP 99 702.11 万元，排在江西省第 6 位、新余市第 1 位。GDP 增长 6.37%，排在江西省第 91 位、新余市第 2 位。城镇化率 75.35%，排在江西省第 13 位、新余市第 1 位。规模以上工业企业数 294 家，排在江西省第 3 位、新余市第 1 位。开展 R&D 活动的企业占比 32.92%，排在江西省第 66 位、新余市第 1 位。万人专利申请量 20.42 件，排在江西省第 22 位、新余市第 1 位。万人发明专利授权量 0.73 件，排在江西省第 10 位、新余市第 1 位。万人 R&D

人员数 49.59 人，排在江西省第 6 位、新余市第 1 位。研究人员占 R&D 人员比 37.61%，排在江西省第 1 位、新余市第 31 位。R&D 人员全时当量 2495 人·年，排在江西省第 3 位、新余市第 1 位。R&D 经费投入占 GDP 百分比 1.49%，排在江西省第 19 位、新余市第 1 位。高新技术产业增加值占规模以上工业增加值比 33.48%，排在江西省第 37 位、新余市第 1 位。新产品销售收入占主营业务收入比 18.55%，排在江西省第 13 位、新余市第 2 位。万人财政收入 0.42 亿元，排在江西省第 63 位、新余市第 2 位。万人社会消费品零售额 2.45 亿元，排在江西省第 12 位、新余市第 1 位。第三产业占 GDP 比重 42.35%，排在江西省第 31 位、新余市第 2 位。具体如图 3-63、图 3-64、表 3-32 所示。

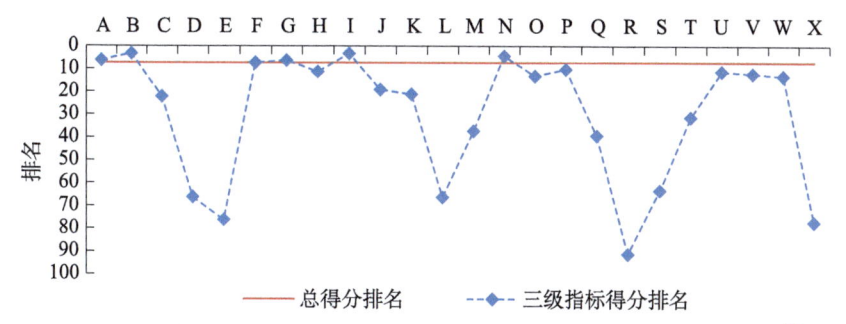

图 3-63　渝水区科技创新能力总得分、三级指标得分在江西省位次排名[①]

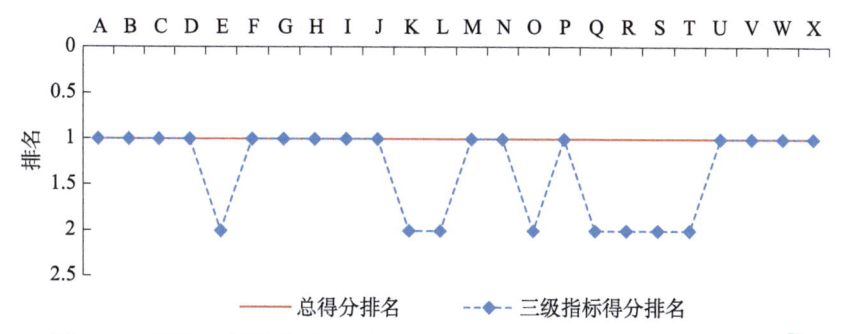

图 3-64　渝水区科技创新能力总得分、三级指标得分在新余市位次排名[②]

---

①② 图注同本书27页图3-1图注。

表 3-32 渝水区科技创新能力评价指标得分与位次

指标名称	得分（分）2017年	江西省排名 2017年	江西省排名 2016年	新余市排名 2017年	新余市排名 2016年
科技创新能力总得分	68.69	7	7	1	1
创新环境	4.72	9	9	1	1
创新基础	5.62	5	5	1	1
万人 GDP	6.10	6	5	1	1
规模以上工业企业数	6.39	3	2	1	1
万人专利申请量	4.49	22	12	1	1
科技意识	3.79	62	89	2	2
开展 R&D 活动的企业占比	3.52	66	85	1	1
人均科普经费投入	3.52	76	91	2	2
民众浏览科技网页频度	4.64	7	15	1	1
创新投入	4.91	6	6	1	1
人力投入	5.62	4	4	1	1
万人 R&D 人员数	5.33	6	6	1	1
研究人员占 R&D 人员比	5.01	11	14	1	1
R&D 人员全时当量	6.66	3	4	1	1
财力投入	4.21	22	10	2	2
R&D 经费投入占 GDP 百分比	4.44	19	20	1	1
企业 R&D 经费投入占主营业务收入比	4.42	21	20	2	2
企业技术获取和改造费用占主营业务收入比	3.68	66	6	2	2
创新成效	4.75	13	28	1	1
技术创新	5.04	13	45	1	1
高新技术产业增加值占规模以上工业增加值比	4.14	37	33	1	1
高新技术企业数	6.29	4	5	1	1
产业化水平	4.44	14	14	2	1
新产品销售收入占主营业务收入比	4.81	13	8	2	1
万人发明专利授权量	4.61	10	12	1	1
技术合同成交额	3.78	39	25	2	2

续表

指标名称	得分（分）	江西省排名		新余市排名	
	2017 年	2017 年	2016 年	2017 年	2016 年
经济社会发展	4.09	27	19	2	1
经济增长	3.42	88	59	2	2
GDP 增长百分比	2.61	91	69	2	1
万人财政收入	3.55	63	65	2	2
第三产业占 GDP 比重	4.11	31	33	2	2
社会生活	4.84	12	13	1	1
居民人均可支配收入	5.48	11	11	1	1
万人社会消费品零售额	4.64	12	12	1	1
城镇化率	5.30	13	13	1	1
空气质量指数	3.41	77	80	1	2

如图 3-63、图 3-64、表 3-32 所示，渝水区科技创新能力总得分 68.69 分，排在江西省第 7 位，与上一年位次相同，排在新余市第 1 位，与上一年位次相同。在一级指标中，经济社会发展排在江西省第 27 位，比上一年下降了 8 位，排在新余市第 2 位，比上一年下降了 1 位；创新投入排在江西省第 6 位，与上一年位次相同，排在新余市第 1 位，与上一年位次相同；创新成效排在江西省第 13 位，比上一年提升了 15 位，排在新余市第 1 位，与上一年位次相同；创新环境排在江西省第 9 位，与上一年位次相同，排在新余市第 1 位，与上一年位次相同。

目前，渝水区紧扣建设"三个江西省示范区"这一总目标，按照高质量发展的要求，以区委"十件大事"和"六大举措"为主线，突出抓好转型升级、创新创业、乡村振兴三大关键任务，全力推进经济社会持续健康发展。该区的经济社会发展较上一年排名有所下降，影响了科技竞争力，建议该区在支柱产业科技竞争力培育、区域创新平台建设、人才培养、科技投入等方面有新的突破和提升，促进区县科技经济社会融合发展。

二、分宜县

分宜县位于江西省西中部，是江西省新余市下辖县。2017年，该县常住人口31.65万人，地区GDP 2 468 835万元。居民人均可支配收入23 610.23元，排在江西省第33位、新余市第2位。万人GDP 78 004.27万元，排在江西省第13位、新余市第2位。GDP增长9.16%，排在江西省第87位、新余市第1位。城镇化率55.43%，排在江西省第27位、新余市第2位。规模以上工业企业数76家，排在江西省第65位、新余市第2位。万人专利申请量14.06件，排在江西省第41位、新余市第2位。万人发明专利授权量0.25件，排在江西省第34位、新余市第2位。人均科普经费投入1.24元，排在江西省第4位、新余市第1位。万人R&D人员数22.43人，排在江西省第20位、新余市第2位。R&D人员全时当量476人·年，排在江西省第27位、新余市第2位。R&D经费投入占GDP百分比0.78%，排在江西省第43位、新余市第2位。企业技术获取和改造费用占主营业务收入比0.38%，排在江西省第5位、新余市第1位。高新技术产业增加值占规模以上工业增加值比24.26%，排在江西省第60位、新余市第2位。新产品销售收入占主营业务收入比35.25%，排在江西省第5位、新余市第1位。万人财政收入1亿元，排在江西省第12位、新余市第1位。万人社会消费品零售额1.84亿元，排在江西省第17位、新余市第2位。第三产业占GDP比重48.11%，排在江西省第17位、新余市第1位。具体如图3-65、图3-66、表3-33所示。

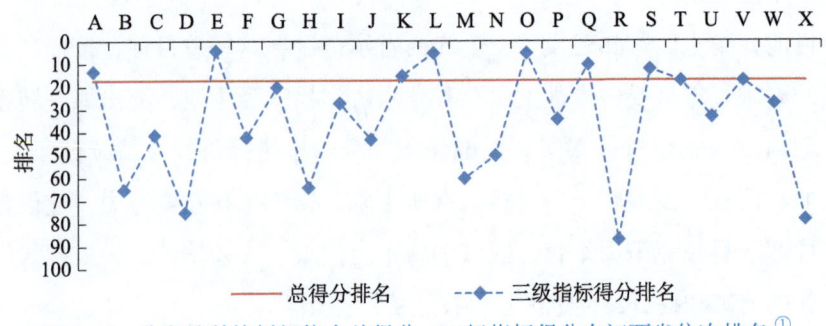

图3-65 分宜县科技创新能力总得分、三级指标得分在江西省位次排名[1]

---

[1] 图注同本书27页图3-1图注。

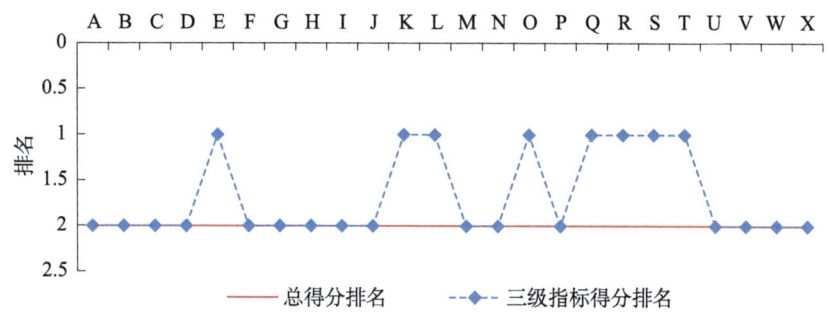

图 3-66　分宜县科技创新能力总得分、三级指标得分在新余市位次排名 [1]

表 3-33　分宜县科技创新能力评价指标得分与位次

指标名称	得分（分）	江西省排名		新余市排名	
	2017 年	2017 年	2016 年	2017 年	2016 年
科技创新能力总得分	62.86	17	17	2	2
创新环境	4.31	20	18	2	2
创新基础	4.21	25	19	2	2
万人 GDP	5.26	13	13	2	2
规模以上工业企业数	3.57	65	45	2	2
万人专利申请量	3.97	41	34	2	2
科技意识	4.41	24	19	1	1
开展 R&D 活动的企业占比	3.28	75	81	2	1
人均科普经费投入	6.50	4	4	1	1
民众浏览科技网页频度	3.83	42	80	2	2
创新投入	4.29	17	9	2	2
人力投入	3.95	41	32	2	2
万人 R&D 人员数	4.23	20	15	2	2
研究人员占 R&D 人员比	3.62	64	59	2	2
R&D 人员全时当量	4.03	27	15	2	2
财力投入	4.63	11	8	1	1
R&D 经费投入占 GDP 百分比	3.83	43	27	2	2
企业 R&D 经费投入占主营业务收入比	4.74	15	11	1	1

[1] 图注同本书27页图3-1图注。

续表

指标名称	得分（分） 2017年	江西省排名 2017年	江西省排名 2016年	新余市排名 2017年	新余市排名 2016年
企业技术获取和改造费用占主营业务收入比	5.51	5	4	1	1
创新成效	4.31	24	57	2	2
技术创新	3.68	59	73	2	2
高新技术产业增加值占规模以上工业增加值比	3.65	60	73	2	2
高新技术企业数	3.71	50	64	2	2
产业化水平	4.97	9	19	1	2
新产品销售收入占主营业务收入比	6.26	5	26	1	2
万人发明专利授权量	3.83	34	29	2	2
技术合同成交额	4.50	10	8	1	1
经济社会发展	4.19	21	20	1	1
经济增长	4.37	18	13	1	1
GDP增长百分比	3.28	87	79	1	2
万人财政收入	5.19	12	11	1	1
第三产业占GDP比重	4.59	17	19	1	1
社会生活	4.00	30	25	2	2
居民人均可支配收入	4.21	33	32	2	2
万人社会消费品零售额	4.21	17	16	1	1
城镇化率	4.04	27	27	2	2
空气质量指数	3.33	78	65	2	1

如图3-65、图3-66、表3-33所示，分宜县科技创新能力总得分62.86分，排在江西省第17位，与上一年位次相同，排在新余市第2位，与上一年位次相同。在一级指标中，经济社会发展排在江西省第21位，比上一年下降了1位，排在新余市第1位，比上一年提升了1位；创新投入排在江西省第17位，比上一年下降了8位，排在新余市第2位，与上一年位次相同；创新成效排在江西省第24位，比上一年提升了33位，排在新余市第2位，与上一年位次相同；创新环境排在江西省第20位，比上一年下降了2位，排在新余市第2位，与上一年位次相同。

目前，分宜县坚持工业强县，加快新旧动能转换，加速培育新兴产业，强力推进改革创新。着力打造全国麻纺产业示范基地和全球电池级锂盐基地，大力推进乡村振兴，打好防范化解重大风险、精准脱贫、污染防治三大攻坚战，为重回江西省前十强和建设新时代"分外宜人地、天工开物城"打下坚实基础。该县的经济社会发展、创新投入和创新环境较上一年排名都有所下降，建议该县在支柱产业科技竞争力提升、科技投入、人才培养等方面做进一步强化和提升，不断提高科技对经济增长的贡献率。

第六节　鹰　潭　市

一、月湖区

月湖区位于江西省东部偏北、鹰潭市中部，是江西省鹰潭市市辖区。2017 年，该区常住人口 22.13 万人，地区 GDP 2 506 944 万元。居民人均可支配收入 34 281.25 元，排在江西省第 8 位、鹰潭市第 1 位。万人 GDP 113 282.60 万元，排在江西省第 3 位、鹰潭市第 1 位。GDP 增长 15%，排在江西省第 15 位、鹰潭市第 1 位。城镇化率 95.52%，排在江西省第 7 位、鹰潭市第 1 位。规模以上工业企业数 83 家，排在江西省第 61 位、鹰潭市第 3 位。开展 R&D 活动的企业占比 11.11%，排在江西省第 100 位、鹰潭市第 3 位。万人专利申请量 26.25 件，排在江西省第 10 位、鹰潭市第 2 位。万人发明专利授权量 0.36 件，排在江西省第 25 位、鹰潭市第 1 位。万人 R&D 人员数 52.5 人，排在江西省第 4 位、鹰潭市第 1 位。R&D 人员全时当量 879 人·年，排在江西省第 10 位、鹰潭市第 2 位。R&D 经费投入占 GDP 百分比 1.64%，排在江西省第 15 位、鹰潭市第 3 位。高新技术产业增加值占规模以上工业增加值比 48.86%，排在江西省第 17 位、鹰潭市第 1 位。新产品销售收入占主营业务收入比 8.47%，排在江西省第 38 位、鹰潭市第 3 位。万人财政收入 0.75 亿元，排在江西省第 20 位、鹰潭市第 2 位。万人社会消费品零售额 4.47 亿元，排在江西省第 7 位、鹰潭市第 1 位。第三产业占 GDP 比重 53.45%，排在江西省第 13 位、鹰潭市第 1 位。具体如图 3-67、图 3-68、表 3-34 所示。

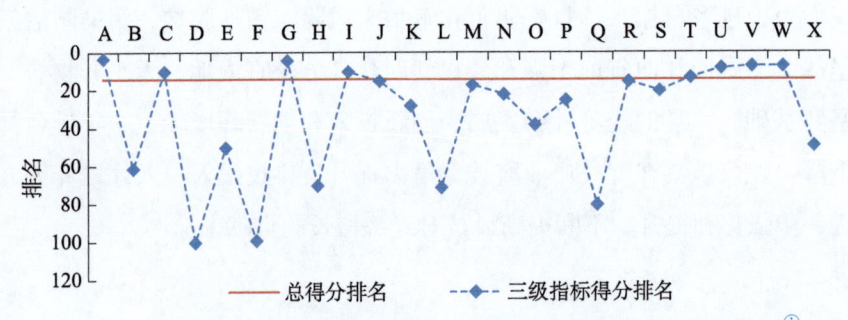

图 3-67　月湖区科技创新能力总得分、三级指标得分在江西省位次排名[①]

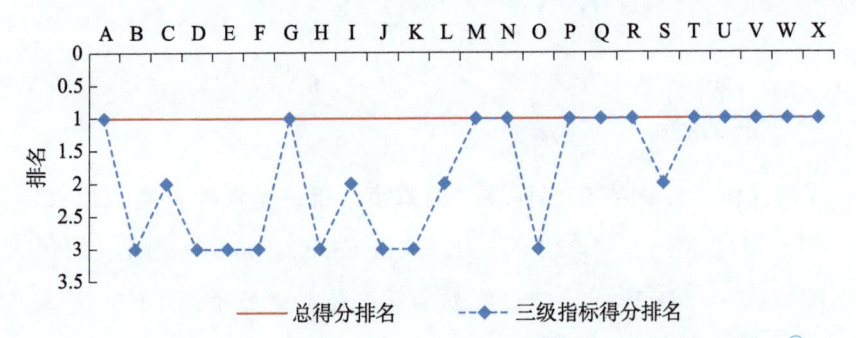

图 3-68　月湖区科技创新能力总得分、三级指标得分在鹰潭市位次排名[②]

表 3-34　月湖区科技创新能力评价指标得分与位次

指标名称	得分（分）	江西省排名		鹰潭市排名	
	2017 年	2017 年	2016 年	2017 年	2016 年
科技创新能力总得分	63.89	14	6	1	1
创新环境	3.80	63	8	3	1
创新基础	5.00	10	4	1	1
万人 GDP	6.63	3	3	1	1
规模以上工业企业数	3.66	61	54	3	3
万人专利申请量	4.96	10	2	2	1
科技意识	2.56	100	77	3	3
开展 R&D 活动的企业占比	1.49	100	78	3	2

---

①② 图注同本书27页图3-1图注。

续表

指标名称	得分（分）	江西省排名		鹰潭市排名	
	2017 年	2017 年	2016 年	2017 年	2016 年
人均科普经费投入	3.56	50	44	3	3
民众浏览科技网页频度	3.29	99	33	3	1
创新投入	4.31	15	14	3	2
人力投入	4.46	12	11	2	2
万人 R&D 人员数	5.45	4	4	1	1
研究人员占 R&D 人员比	3.47	70	63	3	3
R&D 人员全时当量	4.56	10	12	2	2
财力投入	4.16	26	21	3	3
R&D 经费投入占 GDP 百分比	4.56	15	12	3	3
企业 R&D 经费投入占主营业务收入比	4.14	28	21	3	3
企业技术获取和改造费用占主营业务收入比	3.68	71	43	2	2
创新成效	4.30	25	16	1	1
技术创新	4.74	17	22	1	1
高新技术产业增加值占规模以上工业增加值比	4.94	17	27	1	2
高新技术企业数	4.47	22	19	1	1
产业化水平	3.85	40	16	3	2
新产品销售收入占主营业务收入比	3.93	38	7	3	2
万人发明专利授权量	4.00	25	13	1	1
技术合同成交额	3.57	80	85	1	3
经济社会发展	5.20	7	6	1	1
经济增长	4.72	11	7	1	1
GDP 增长百分比	4.67	15	7	1	2
万人财政收入	4.47	20	17	2	2
第三产业占 GDP 比重	5.02	13	9	1	1
社会生活	5.74	6	7	1	1
居民人均可支配收入	5.99	8	8	1	1
万人社会消费品零售额	6.09	7	7	1	1
城镇化率	6.58	7	7	1	1
空气质量指数	3.85	49	81	1	3

如图3-67、图3-68、表3-34所示，月湖区科技创新能力总得分63.89分，排在江西省第14位，比上一年下降了8位，排在鹰潭市第1位，与上一年位次相同。在一级指标中，经济社会发展排在江西省第7位，比上一年下降了1位，排在鹰潭市第1位，与上一年位次相同；创新投入排在江西省第15位，比上一年下降了1位，排在鹰潭市第3位，比上一年下降了1位；创新成效排在江西省第25位，比上一年下降了9位，排在鹰潭市第1位，与上一年位次相同；创新环境排在江西省第63位，比上一年下降了55位，排在鹰潭市第3位，比上一年下降了2位。

目前，月湖区积极策应鹰潭"产业强市"目标，全力以赴争项目、建项目，加快三大产业发展，不断增强区经济发展后劲，营造科技创新氛围，加强科技服务，推动全区科技竞争力再上台阶。该区的经济社会发展、创新投入、创新成效和创新环境较上一年排名都有所下降，影响了科技竞争力，建议该区在支柱产业科技竞争力培育、人才培养、区域创新平台建设等方面作进一步强化和提升。

二、余江区

余江区，原名余江县，2018年5月，余江撤县设区，以原余江县的行政区域为鹰潭市余江区的行政区域，位于江西省东部偏北，隶属于江西省鹰潭市。2017年，该区常住人口为36.69万人，地区GDP 1 346 371万元。居民人均可支配收入22 404.57元，排在江西省第45位、鹰潭市第3位。万人GDP 36 695.86万元，排在江西省第52位、鹰潭市第3位。GDP增长9.55%，排在江西省第86位、鹰潭市第3位。城镇化率50.37%，排在江西省第45位、鹰潭市第3位。规模以上工业企业数98家，排在江西省第45位、鹰潭市第1位。万人专利申请量15.62件，排在江西省第35位、鹰潭市第3位。人均科普经费投入0.4元，排在江西省第36位、鹰潭市第2位。万人R&D人员数18.32人，排在江西省第22位、鹰潭市第3位。研究人员占R&D人员比32.59%，排在江西省第36位、鹰潭市第2位。R&D人员全时当量521人·年，排在江西省第21位、鹰潭市第3位。R&D经费投入占GDP百分比2.69%，排在江西省第 6 位、鹰潭市第 2 位。高新技术产业增加值占规模以上工业增加值比 47.1%，排在江西省第 20 位、鹰潭市第 2 位。新产品销售收入占主营业务收入比 15.69%，排在江西省第 16 位、鹰潭市第 2 位。万人财政收入 0.53 亿元，排在江西省第 43 位、鹰潭市第 3 位。万人社会消费品零售额 1.23 亿元，排在江西省第 39 位、鹰潭市第 3 位。第三产业占 GDP 比重 26.76%，排在江西省第 96 位、鹰潭市第 3 位。具体如图 3-69、图 3-70、表 3-35 所示。

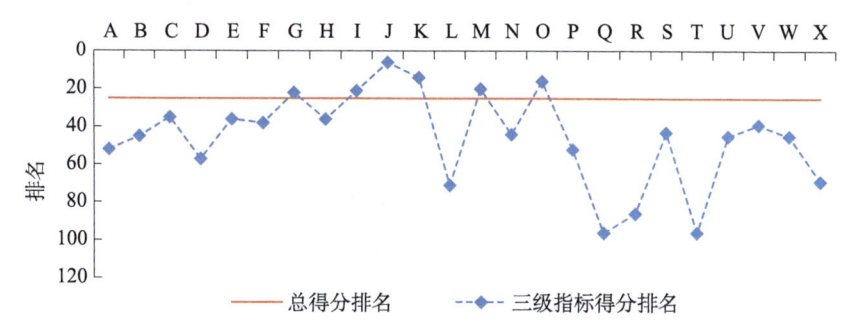

图 3-69　余江区科技创新能力总得分、三级指标得分在江西省位次排名 [①]

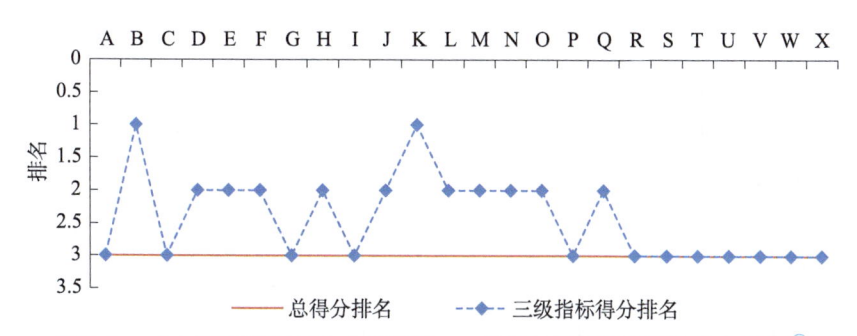

图 3-70　余江区科技创新能力总得分、三级指标得分在鹰潭市位次排名 [②]

表 3-35　余江区科技创新能力评价指标得分与位次

指标名称	得分（分）	江西省排名		鹰潭市排名	
	2017 年	2017 年	2016 年	2017 年	2016 年
科技创新能力总得分	60.26	25	32	3	3
创新环境	3.88	54	67	2	3
创新基础	3.89	47	52	3	3
万人 GDP	3.66	52	51	3	3

①② 图注同本书27页图3-1图注。

续表

指标名称	得分（分）	江西省排名		鹰潭市排名	
	2017 年	2017 年	2016 年	2017 年	2016 年
规模以上工业企业数	3.86	45	41	1	1
万人专利申请量	4.10	35	50	3	3
科技意识	3.87	55	72	2	2
开展 R&D 活动的企业占比	3.87	57	80	2	3
人均科普经费投入	3.87	36	28	2	1
民众浏览科技网页频度	3.86	38	86	2	3
创新投入	4.45	11	18	2	3
人力投入	4.19	20	43	3	3
万人 R&D 人员数	4.06	22	22	3	3
研究人员占 R&D 人员比	4.39	36	54	2	2
R&D 人员全时当量	4.09	21	27	3	3
财力投入	4.70	8	13	2	2
R&D 经费投入占 GDP 百分比	5.47	6	6	2	2
企业 R&D 经费投入占主营业务收入比	4.75	14	16	1	2
企业技术获取和改造费用占主营业务收入比	3.68	71	80	2	3
创新成效	4.20	26	37	2	2
技术创新	4.44	27	25	2	2
高新技术产业增加值占规模以上工业增加值比	4.85	20	18	2	1
高新技术企业数	3.88	44	40	2	2
产业化水平	3.96	32	56	2	3
新产品销售收入占主营业务收入比	4.56	16	53	2	3
万人发明专利授权量	3.68	52	98	3	3
技术合同成交额	3.46	96	9	2	1
经济社会发展	3.57	86	39	3	2
经济增长	3.36	90	33	3	2
GDP 增长百分比	3.37	86	5	3	1

续表

指标名称	得分（分） 2017年	江西省排名 2017年	江西省排名 2016年	鹰潭市排名 2017年	鹰潭市排名 2016年
万人财政收入	3.84	43	43	3	3
第三产业占GDP比重	2.84	96	95	3	3
社会生活	3.81	48	39	3	3
居民人均可支配收入	4.01	45	46	3	3
万人社会消费品零售额	3.77	39	40	3	3
城镇化率	3.72	45	47	3	3
空气质量指数	3.59	69	55	3	2

如图3-69、图3-70、表3-35所示，余江区科技创新能力总得分60.26分，排在江西省第25位，比上一年提升了7位，排在鹰潭市第3位，与上一年位次相同。在一级指标中，经济社会发展排在江西省第86位，比上一年下降了47位，排在鹰潭市第3位，比上一年下降了1位；创新投入排在江西省第11位，比上一年提升了7位，排在鹰潭市第2位，比上一年提升了1位；创新成效排在江西省第26位，比上一年提升了11位，排在鹰潭市第2位，与上一年位次相同；创新环境排在江西省第54位，比上一年提升了13位，排在鹰潭市第2位，比上一年提升了1位。

目前，余江区坚持"创新引领、决战园区、特色兴县、同步小康"的工作思路，积极打造闻名全国的"眼镜之都、雕刻之乡、精密中心、循环基地"，努力建设"经济繁荣、文化昌盛、生态优美、和谐幸福"的新余江，推动全区科技竞争更进一步。该区的经济社会发展得分较低，建议该区加快创新平台建设，强力推进新能源、新材料、节能环保等产业，加快实施创新驱动发展战略，促进产业转型升级和经济可持续发展。

三、贵溪市

贵溪市位于江西省东部偏北，是江西省鹰潭市下辖县级市。2017年，该市常住人口57.93万人，地区GDP 4 154 725万元。居民人均可支配收入

23 385.01 元，排在江西省第 36 位、鹰潭市第 2 位。万人 GDP 71 719.75 万元，排在江西省第 15 位、鹰潭市第 2 位。GDP 增长 11.49%，排在江西省第 72 位、鹰潭市第 2 位。城镇化率 50.68%，排在江西省第 40 位、鹰潭市第 2 位。规模以上工业企业数 95 家，排在江西省第 48 位、鹰潭市第 2 位。开展 R&D 活动的企业占比 39.37%，排在江西省第 47 位、鹰潭市第 1 位。万人专利申请量 30.12 件，排在江西省第 8 位、鹰潭市第 1 位。万人发明专利授权量 0.29 件，排在江西省第 28 位、鹰潭市第 2 位。人均科普经费投入 0.59 元，排在江西省第 20 位、鹰潭市第 1 位。万人 R&D 人员数 45.95 人，排在江西省第 7 位、鹰潭市第 2 位。研究人员占 R&D 人员比 34.56%，排在江西省第 26 位、鹰潭市第 1 位。R&D 人员全时当量 1735 人·年，排在江西省第 4 位、鹰潭市第 1 位。R&D 经费投入占 GDP 百分比 5.98%，排在江西省第 2 位、鹰潭市第 1 位。企业技术获取和改造费用占主营业务收入比 0.05%，排在江西省第 16 位、鹰潭市第 1 位。新产品销售收入占主营业务收入比 18.83%，排在江西省第 12 位、鹰潭市第 1 位。万人财政收入 0.99 亿元，排在江西省第 13 位、鹰潭市第 1 位。第三产业占 GDP 比重 30%，排在江西省第 89 位、鹰潭市第 2 位。具体如图 3-71、图 3-72、表 3-36 所示。

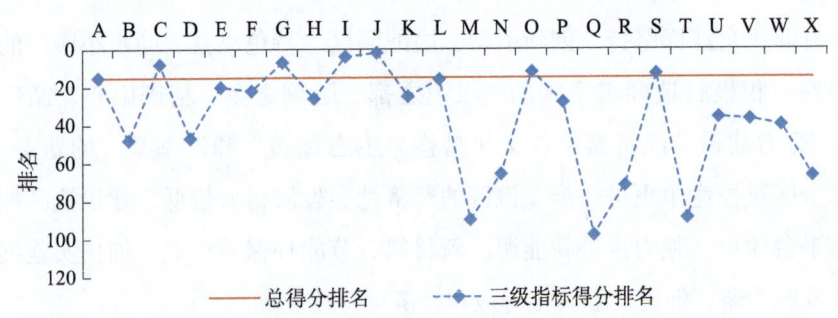

图 3-71　贵溪市科技创新能力总得分、三级指标得分在江西省位次排名[①]

---

① 图注同本书 27 页图 3-1 图注。

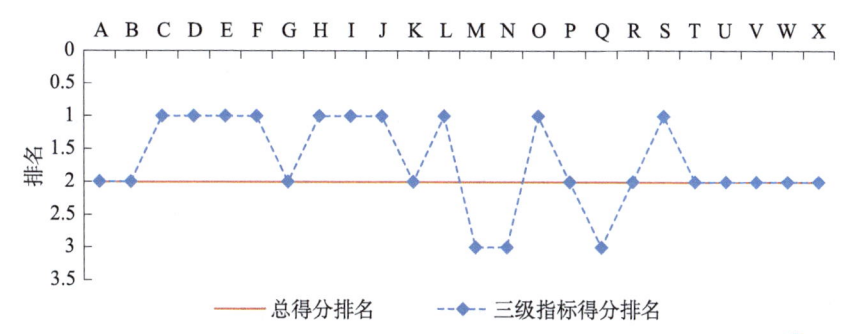

图 3-72　贵溪市科技创新能力总得分、三级指标得分在鹰潭市位次排名[1]

表 3-36　贵溪市科技创新能力评价指标得分与位次

指标名称	得分（分）	江西省排名		鹰潭市排名	
	2017 年	2017 年	2016 年	2017 年	2016 年
科技创新能力总得分	63.70	15	10	2	2
创新环境	4.47	14	19	1	2
创新基础	4.70	12	12	2	2
万人 GDP	5.02	15	15	2	2
规模以上工业企业数	3.82	48	51	2	2
万人专利申请量	5.27	8	8	1	2
科技意识	4.23	30	43	1	1
开展 R&D 活动的企业占比	4.12	47	40	1	1
人均科普经费投入	4.46	20	28	1	1
民众浏览科技网页频度	4.12	22	53	1	2
创新投入	5.38	4	3	1	1
人力投入	5.13	6	5	1	1
万人 R&D 人员数	5.18	7	5	2	2
研究人员占 R&D 人员比	4.63	26	32	1	1
R&D 人员全时当量	5.67	4	3	1	1
财力投入	5.63	3	2	1	1
R&D 经费投入占 GDP 百分比	8.29	2	2	1	1
企业 R&D 经费投入占主营业务收入比	4.27	25	14	2	1

---

[1] 图注同本书27页图3-1图注。

续表

指标名称	得分（分） 2017年	江西省排名 2017年	江西省排名 2016年	鹰潭市排名 2017年	鹰潭市排名 2016年
企业技术获取和改造费用占主营业务收入比	3.94	16	16	1	1
创新成效	3.60	70	52	3	3
技术创新	3.08	89	85	3	3
高新技术产业增加值占规模以上工业增加值比	2.80	90	92	3	3
高新技术企业数	3.46	66	64	3	3
产业化水平	4.13	24	13	1	1
新产品销售收入占主营业务收入比	4.83	12	5	1	1
万人发明专利授权量	3.89	28	21	2	2
技术合同成交额	3.44	98	77	3	2
经济社会发展	3.97	35	40	2	3
经济增长	4.06	33	44	2	3
GDP增长百分比	3.84	72	97	2	3
万人财政收入	5.16	13	16	1	1
第三产业占GDP比重	3.10	89	88	2	2
社会生活	3.87	38	33	2	2
居民人均可支配收入	4.18	36	37	2	2
万人社会消费品零售额	3.80	37	36	2	2
城镇化率	3.74	40	42	2	2
空气质量指数	3.61	67	50	2	1

如图3-71、图3-72、表3-36所示，贵溪市科技创新能力总得分63.70分，排在江西省第15位，比上一年下降了5位，排在鹰潭市第2位，与上一年位次相同。在一级指标中，经济社会发展排在江西省第35位，比上一年提升了5位，排在鹰潭市第2位，比上一年提升了1位；创新投入排在江西省第4位，比上一年下降了1位，排在鹰潭市第1位，与上一年位次相同；创新成效排在江西省第70位，比上一年下降了18位，排在鹰潭市第3位，与上一年位次相同；创新环境排在江西省第14位，比上一年提升了5位，排在鹰潭市第1位，比上一年提升了1位。

目前，贵溪市坚持"智能产业＋对外贸易"双轮驱动战略，大力实施智慧园区建设，大力发展智能终端、集成电路和互联网大数据三大产业，推动园区发展实现质量变革、效率变革、产业变革，推动全市科技竞争力提档升级。该市的创新投入和创新成效得分较低，尚有极大的提升空间，建议该市在支柱产业科技竞争力培育、科技投入、人才培养等方面做进一步强化和提升。

第七节 赣 州 市

一、章贡区

章贡区位于江西省南部、赣州市中偏西北部，是江西省赣州市市辖区。2017 年，该区常住人口 53.77 万人，地区 GDP 3 876 538 万元。居民人均可支配收入 30 767.61 元，排在江西省第 12 位、赣州市第 1 位。万人 GDP 72 094.81 万元，排在江西省第 14 位、赣州市第 1 位。GDP 增长 16.76%，排在江西省第 5 位、赣州市第 1 位。城镇化率 80.24%，排在江西省第 12 位、赣州市第 1 位。规模以上工业企业数 285 家，排在江西省第 4 位、赣州市第 2 位。开展 R&D 活动的企业占比 40%，排在江西省第 43 位、赣州市第 15 位。万人专利申请量 97.04 件，排在江西省第 1 位、赣州市第 1 位。万人发明专利授权量 3.14 件，排在江西省第 3 位、赣州市第 1 位。万人 R&D 人员数 29.88 人，排在江西省第 11 位、赣州市第 1 位。R&D 人员全时当量 1125 人·年，排在江西省第 7 位、赣州市第 1 位。R&D 经费投入占 GDP 百分比 1.68%，排在江西省第 12 位、赣州市第 2 位。高新技术产业增加值占规模以上工业增加值比 39.66%，排在江西省第 29 位、赣州市第 8 位。新产品销售收入占主营业务收入比 21.35%，排在江西省第 10 位、赣州市第 1 位。万人财政收入 0.75 亿元，排在江西省第 19 位、赣州市第 1 位。万人社会消费品零售额 5.31 亿元，排在江西省第 5 位、赣州市第 1 位。第三产业占 GDP 比重 65.09%，排在江西省第 6 位、赣州市第 1 位。具体如图 3-73、图 3-74、

表 3-37 所示。

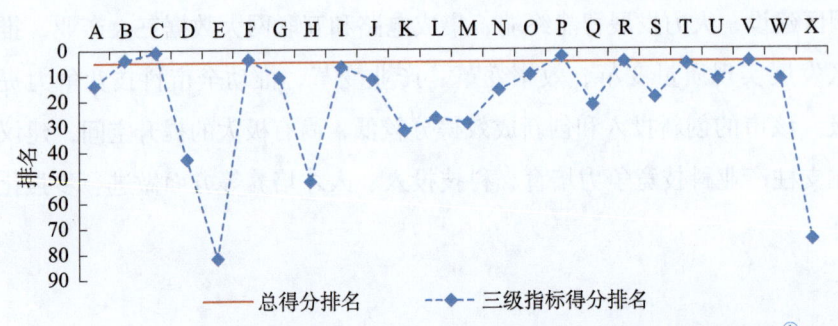

图 3-73 章贡区科技创新能力总得分、三级指标得分在江西省位次排名[①]

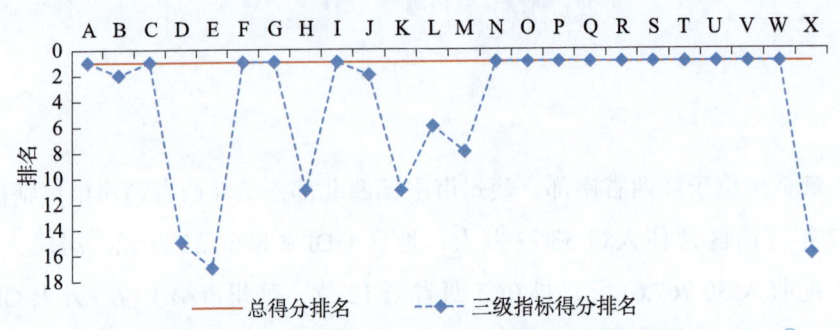

图 3-74 章贡区科技创新能力总得分、三级指标得分在赣州市位次排名[②]

表 3-37 章贡区科技创新能力评价指标得分与位次

指标名称	得分（分）	江西省排名		赣州市排名	
	2017 年	2017 年	2016 年	2017 年	2016 年
科技创新能力总得分	74.72	5	5	1	1
创新环境	5.97	1	3	1	1
创新基础	7.51	1	2	1	1
万人 GDP	5.03	14	16	1	1
规模以上工业企业数	6.27	4	5	2	1
万人专利申请量	10.70	1	1	1	1
科技意识	4.36	25	32	8	8
开展 R&D 活动的企业占比	4.18	43	58	15	15
人均科普经费投入	3.40	82	13	17	1

①② 图注同本书27页图3-1图注。

续表

指标名称	得分（分）	江西省排名		赣州市排名	
	2017年	2017年	2016年	2017年	2016年
民众浏览科技网页频度	5.98	4	7	1	1
创新投入	4.31	16	20	2	6
人力投入	4.44	14	9	1	2
万人R&D人员数	4.53	11	14	1	1
研究人员占R&D人员比	3.99	52	36	11	7
R&D人员全时当量	4.88	7	8	1	1
财力投入	4.17	25	38	9	10
R&D经费投入占GDP百分比	4.60	12	24	2	5
企业R&D经费投入占主营业务收入比	4.01	32	55	11	17
企业技术获取和改造费用占主营业务收入比	3.81	27	25	6	3
创新成效	5.19	7	6	1	1
技术创新	4.54	23	39	5	9
高新技术产业增加值占规模以上工业增加值比	4.46	29	46	8	11
高新技术企业数	4.64	16	3	1	1
产业化水平	5.86	4	4	1	1
新产品销售收入占主营业务收入比	5.05	10	6	1	1
万人发明专利授权量	8.58	3	2	1	1
技术合同成交额	3.96	22	43	1	5
经济社会发展	5.26	6	7	1	1
经济增长	5.17	5	6	1	1
GDP增长百分比	5.10	5	9	1	1
万人财政收入	4.49	19	22	1	1
第三产业占GDP比重	5.98	6	5	1	1
社会生活	5.37	10	9	1	1
居民人均可支配收入	5.40	12	12	1	1
万人社会消费品零售额	6.69	5	5	1	1
城镇化率	5.61	12	11	1	1
空气质量指数	3.42	75	89	16	18

如图 3-73、图 3-74、表 3-37 所示，章贡区科技创新能力总得分 74.72 分，排在江西省第 5 位，与上一年位次相同，排在赣州市第 1 位，与上一年位次相同。在一级指标中，经济社会发展排在江西省第 6 位，比上一年提升了 1 位，排在赣州市第 1 位，与上一年位次相同；创新投入排在江西省第 16 位，比上一年提升了 4 位，排在赣州市第 2 位，比上一年提升了 4 位；创新成效排在江西省第 7 位，比上一年下降了 1 位，排在赣州市第 1 位，与上一年位次相同；创新环境在江西省排名第 1 位，比上一年提升了 2 位，排在赣州市第 1 位，与上一年位次相同。

目前，章贡区围绕"1+3"工业产业体系，加快建设青峰药谷，打造大健康产业集群，持续推进降成本、优环境专项行动，大力实施企业技术改造升级行动，以智能制造为主攻，以科睿特软件集团股份有限公司、忆源多媒体科技有限公司为龙头，集中资源推动互联网、区块链、大数据、人工智能与实体经济深度融合，推动全区科技竞争再上台阶。该区的创新成效得分较低，建议该区加快对传统服务业的技术改造升级，加快新兴服务业发展和城市再造。此外，还应因地制宜发展绿色经济，提高经济发展的质量与效率。

二、南康区

南康区位于江西省南部、赣州市西部，是江西省赣州市市辖区。2017 年，该区常住人口 73.6 万人，地区 GDP 2 142 672 万元。居民人均可支配收入 18 820.86 元，排在江西省第 68 位、赣州市第 4 位。万人 GDP 29 112.39 万元，排在江西省第 73 位、赣州市第 8 位。GDP 增长 13.5%，排在江西省第 49 位、赣州市第 12 位。城镇化率 48.44%，排在江西省第 61 位、赣州市第 6 位。规模以上工业企业数 423 家，排在江西省第 2 位、赣州市第 1 位。开展 R&D 活动的企业占比 46.26%，排在江西省第 20 位、赣州市第 9 位。万人专利申请量 18.25 件，排在江西省第 25 位、赣州市第 7 位。人均科普经费投入 1 元，排在江西省第 7 位、赣州市第 1 位。研究人员占 R&D 人员比 31.19%，排在江西省第 41 位、赣州市第 8 位。R&D 人员全时当量 289 人·年，排在江西省第 45 位、赣州市第 5 位。万人财政收入 0.4 亿元，排在江西省第 69 位、赣州市第 7 位。万人社会消费品零售额 0.64 亿元,排在江西省第 92 位、赣州市第 13 位。第三产业占 GDP 比重 37.07%,排在江西省第 61 位、赣州市第 14 位。具体如图 3-75、图 3-76、表 3-38 所示。

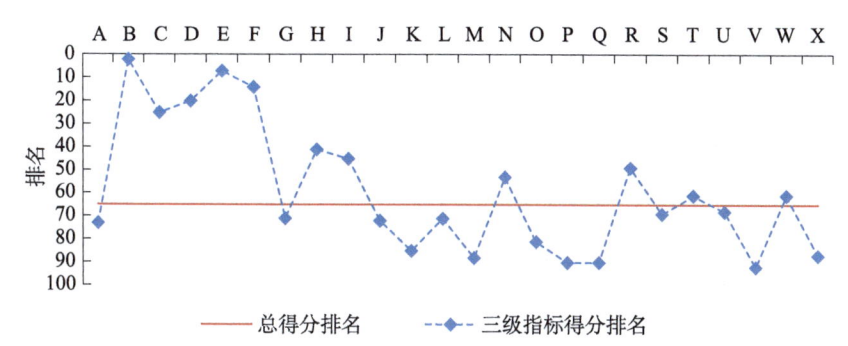

图 3-75 南康区科技创新能力总得分、三级指标得分在江西省位次排名[①]

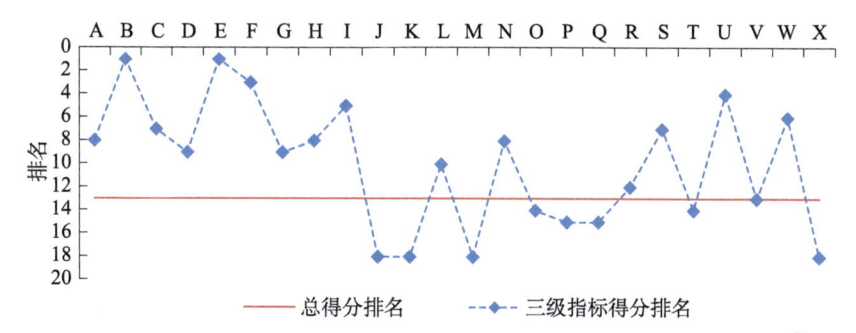

图 3-76 南康区科技创新能力总得分、三级指标得分在赣州市位次排名[②]

表 3-38 南康区科技创新能力评价指标得分与位次

指标名称	得分（分）	江西省排名		赣州市排名	
	2017 年	2017 年	2016 年	2017 年	2016 年
科技创新能力总得分	56.14	65	69	13	12
创新环境	5.15	5	10	2	2
创新基础	5.33	7	9	2	2
万人 GDP	3.37	73	74	8	8
规模以上工业企业数	8.06	2	6	1	2
万人专利申请量	4.31	25	5	7	2

①② 图注同本书27页图3-1图注。

续表

指标名称	得分（分）2017年	江西省排名 2017年	江西省排名 2016年	赣州市排名 2017年	赣州市排名 2016年
科技意识	4.95	7	24	1	6
开展R&D活动的企业占比	4.76	20	21	9	7
人均科普经费投入	5.74	7	44	1	9
民众浏览科技网页频度	4.29	14	19	3	2
创新投入	3.67	75	67	17	15
人力投入	3.87	54	47	9	6
万人R&D人员数	3.56	71	87	9	15
研究人员占R&D人员比	4.22	41	33	8	6
R&D人员全时当量	3.79	45	57	5	8
财力投入	3.48	86	75	18	18
R&D经费投入占GDP百分比	3.50	72	67	18	18
企业R&D经费投入占主营业务收入比	3.30	85	66	18	18
企业技术获取和改造费用占主营业务收入比	3.68	71	76	10	10
创新成效	3.35	90	90	18	16
技术创新	3.28	81	88	18	17
高新技术产业增加值占规模以上工业增加值比	2.99	88	75	18	16
高新技术企业数	3.67	53	53	8	8
产业化水平	3.43	94	70	16	8
新产品销售收入占主营业务收入比	3.33	81	55	14	8
万人发明专利授权量	3.48	90	63	15	9
技术合同成交额	3.50	90	82	15	17
经济社会发展	3.60	84	58	16	3
经济增长	3.82	58	72	11	14
GDP增长百分比	4.32	49	32	12	9
万人财政收入	3.48	69	72	7	8
第三产业占GDP比重	3.68	61	56	14	14
社会生活	3.35	94	88	18	17
居民人均可支配收入	3.42	68	68	4	4

续表

指标名称	得分（分）	江西省排名		赣州市排名	
	2017年	2017年	2016年	2017年	2016年
万人社会消费品零售额	3.35	92	92	13	13
城镇化率	3.60	61	61	6	6
空气质量指数	2.92	87	71	18	17

如图 3-75、图 3-76、表 3-38 所示，南康区科技创新能力总得分 56.14 分，排在江西省第 65 位，比上一年提升了 4 位，排在赣州市第 13 位，比上一年下降了 1 位。在一级指标中，经济社会发展排在江西省第 84 位，比上一年下降了 26 位，排在赣州市第 16 位，比上一年下降了 13 位；创新投入排在江西省第 75 位，比上一年下降了 8 位，排在赣州市第 17 位，比上一年下降了 2 位；创新成效排在江西省第 90 位，与上一年位次相同，排在赣州市第 18 位，比上一年下降了 2 位；创新环境排在江西省第 5 位，比上一年提升了 5 位，排在赣州市第 2 位，与上一年位次相同。

目前，南康区加快产业升级步伐，推动产业集群发展、创新发展，以千亿家具产业为代表的工业产业活力迸发，努力形成特色产业集群，成为江西省典范，推动全区科技竞争上档升级。该区的经济社会发展、创新投入得分较低，影响了科技竞争力，建议该区改造传统产业，加快新兴产业发展，加强生产和服务全过程资源节约和综合利用，提高经济增长质量。

三、赣县区

赣县区，原名赣县，2017 年 10 月，撤销赣县设立赣州市赣县区，以原赣县的行政区域为赣州市赣县区的行政区域。赣县区位于江西省南部、赣州市中部，是江西省赣州市市辖区。2017 年，该区常住人口 56.21 万人，地区 GDP 1 677 000 万元。居民人均可支配收入 18 208.25 元，排在江西省第 71 位、赣州市第 7 位。万人 GDP 29 834.55 万元，排在江西省第 70 位、赣州市第 7 位。GDP 增长 14.57%，排在江西省第 28 位、赣州市第 6 位。城镇化率 50.39%，排在江西省第 44 位、赣州市第 4 位。规模以上工业企业数 106 家，排在江西省第 40 位、赣州市第 4 位。开展 R&D 活动的企业占比 51.33%，排在江西省第 14 位、赣州市第 6 位。万人专利申请量 20.83 件，排在江西省第 20 位、赣州市第 5 位。万人发明专利授权量 0.43 件，排在江西省第 21 位、赣州市第 3 位。人均科普经费投入 0.49 元，排在江西省第 28 位、赣州市第 4 位。万人 R&D 人员数 5.87 人，排在江西省第 72 位、赣州市第 10 位。研究人员占 R&D 人员比 29.7%，排在江西省第 49 位、赣州市第 10 位。R&D 经费投入占 GDP 百分比 0.92%，排在江西省第 34 位、赣州市第 9 位。企业技术获取和改造费用占主营业务收入比 0.01%，排在江西省第 42 位、赣州市第 8 位。高新技术产业增加值占规模以上工业增加值比 41.48%，排在江西省第 27 位、赣州市第 6 位。万人财政收入 0.39 亿元，排在江西省第 72 位、赣州市第 8 位。万人社会消费品零售额 0.66 亿元，排在江西省第 91 位、赣州市第 12 位。第三产业占 GDP 比重 29.58%，排在江西省第 91 位、赣州市第 18 位。具体如图 3-77、图 3-78、表 3-39 所示。

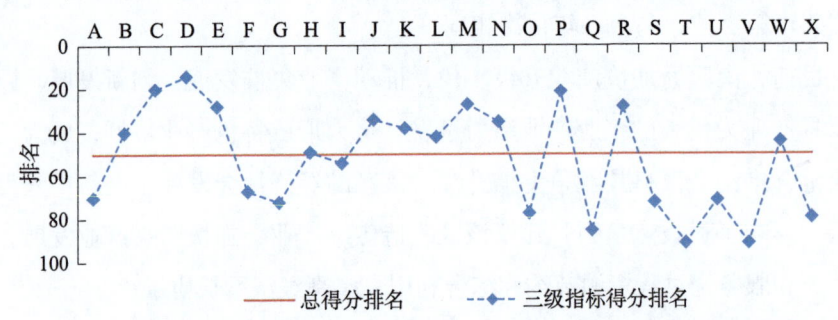

图 3-77　赣县区科技创新能力总得分、三级指标得分在江西省位次排名①

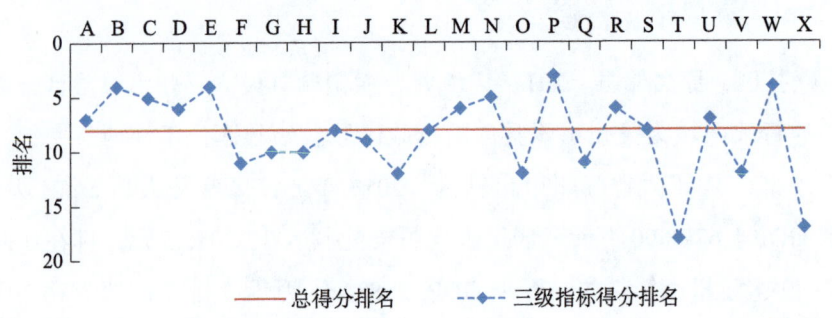

图 3-78　赣县区科技创新能力总得分、三级指标得分在赣州市位次排名②

①②　图注同本书27页图3-1图注。

表 3-39 赣县区科技创新能力评价指标得分与位次

指标名称	得分（分） 2017 年	江西省排名 2017 年	江西省排名 2016 年	赣州市排名 2017 年	赣州市排名 2016 年
科技创新能力总得分	57.77	50	55	8	7
创新环境	4.25	24	30	5	6
创新基础	4.00	39	45	5	5
万人 GDP	3.39	70	72	7	7
规模以上工业企业数	3.96	40	48	4	3
万人专利申请量	4.52	20	23	5	8
科技意识	4.52	19	18	7	4
开展 R&D 活动的企业占比	5.23	14	12	6	5
人均科普经费投入	4.15	28	43	4	8
民众浏览科技网页频度	3.64	67	81	11	17
创新投入	3.83	53	44	12	11
人力投入	3.78	63	35	12	5
万人 R&D 人员数	3.55	72	59	10	8
研究人员占 R&D 人员比	4.03	49	30	10	5
R&D 人员全时当量	3.72	54	37	8	4
财力投入	3.88	43	53	12	15
R&D 经费投入占 GDP 百分比	3.95	34	32	9	7
企业 R&D 经费投入占主营业务收入比	3.93	38	44	12	16
企业技术获取和改造费用占主营业务收入比	3.74	42	75	8	9
创新成效	4.03	40	43	7	8
技术创新	4.38	29	30	6	5
高新技术产业增加值占规模以上工业增加值比	4.55	27	37	6	8
高新技术企业数	4.14	35	34	5	4
产业化水平	3.67	70	69	8	7
新产品销售收入占主营业务收入比	3.40	77	69	12	11
万人发明专利授权量	4.11	21	46	3	5
技术合同成交额	3.56	85	64	11	11

续表

指标名称	得分（分）2017年	江西省排名 2017年	江西省排名 2016年	赣州市排名 2017年	赣州市排名 2016年
经济社会发展	3.56	88	83	17	10
经济增长	3.70	76	91	15	16
GDP 增长百分比	4.57	28	45	6	13
万人财政收入	3.46	72	67	8	6
第三产业占 GDP 比重	3.07	91	90	18	18
社会生活	3.41	87	85	16	15
居民人均可支配收入	3.32	71	72	7	7
万人社会消费品零售额	3.36	91	91	12	12
城镇化率	3.72	44	45	4	4
空气质量指数	3.23	79	66	17	16

如图 3-77、图 3-78、表 3-39 所示，赣县区科技创新能力总得分 57.77 分，排在江西省第 50 位，比上一年提升了 5 位，排在赣州市第 8 位，比上一年下降了 1 位。在一级指标中，经济社会发展排在江西省第 88 位，比上一年下降了 5 位，排在赣州市第 17 位，比上一年下降了 7 位；创新投入排在江西省第 53 位，比上一年下降了 9 位，排在赣州市第 12 位，比上一年下降了 1 位；创新成效排在江西省第 40 位，比上一年提升了 3 位，排在赣州市第 7 位，比上一年提升了 1 位；创新环境排在江西省第 24 位，比上一年提升了 6 位，排在赣州市第 5 位，比上一年提升了 1 位。

目前，赣县区围绕打造具有国际竞争力的稀土稀有金属产业基地和江西省军民融合有色金属新材料产业基地，重点引进和培育一批"高精尖"稀有金属企业，推进产业集聚联动，推动全区科技竞争上档升级。该区的经济社会发展与创新投入得分较低，建议该区突出发展高新技术及先进制造业，强化人才培养，大力发展现代服务业，增强科技竞争的后劲，不断提高经济增长质量。

四、信丰县

信丰县位于江西省南部、赣州市中部，是江西省赣州市下辖县。2017 年，该县常住人口 68.29 万人，地区 GDP 1 882 892 万元。居民人均可支配收入 19 220.37 元，排在江西省第 65 位、赣州市第 2 位。万人 GDP 27 572.00 万元，排在江西省第 79 位、赣州市第 9 位。GDP 增速 9.73%，排在江西省第 85 位、赣州市第 18 位。城镇化率 45.28%，排在江西省第 75 位、赣州市第 10 位。开展 R&D 活动的企业占比 51.97%，排在江西省第 13 位、赣州市第 5 位。万人专利申请量 14.81 件，排在江西省第 38 位、赣州市第 10 位。人均科普经费投入 0.52 元，排在江西省第 22 位、赣州市第 3 位。万人 R&D 人员数 10.19 人，排在江西省第 51 位、赣州市第 7 位。R&D 人员全时当量 485 人·年，排在江西省第 26 位、赣州市第 2 位。R&D 经费投入占 GDP 百分比 1.06%，排在江西省第 29 位、赣州市第 6 位。企业技术获取和改造费用占主营业务收入比 0.06%，排在江西省第 15 位、赣州市第 3 位。高新技术产业增加值占规模以上工业增加值比 43.08%，排在江西省第 25 位、赣州市第 5 位。新产品销售收入占主营业务收入比 9.97%，排在江西省第 30 位、赣州市第 4 位。万人财政收入 0.27 亿元，排在江西省第 89 位、赣州市第 14 位。万人社会消费品零售额 0.72 亿元，排在江西省第 84 位、赣州市第 8 位。第三产业占 GDP 比重 43.36%，排在江西省第 26 位、赣州市第 5 位。具体如图 3-79、图 3-80、表 3-40 所示。

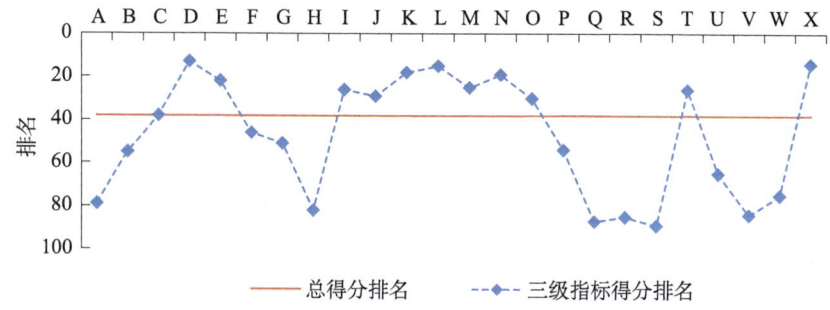

图 3-79 信丰县科技创新能力总得分、三级指标得分在江西省位次排名[1]

---

[1] 图注同本书27页图3-1图注。

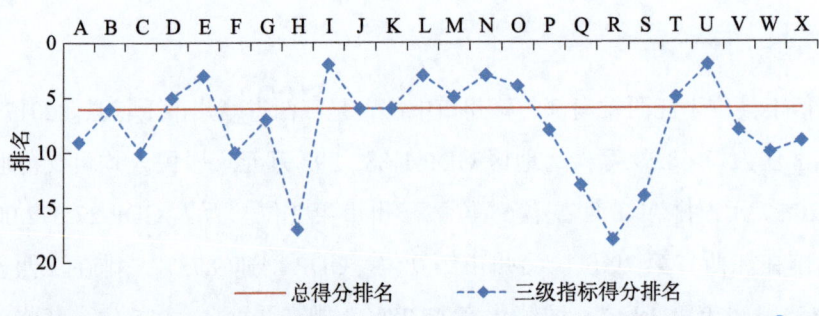

图 3-80　信丰县科技创新能力总得分、三级指标得分在赣州市位次排名[①]

表 3-40　信丰县科技创新能力评价指标得分与位次

指标名称	得分（分）	江西省排名		赣州市排名	
	2017 年	2017 年	2016 年	2017 年	2016 年
科技创新能力总得分	59.02	38	59	6	8
创新环境	4.16	31	38	7	7
创新基础	3.72	64	46	8	6
万人 GDP	3.31	79	77	9	9
规模以上工业企业数	3.74	55	55	8	5
万人专利申请量	4.03	38	21	10	7
科技意识	4.61	14	35	5	10
开展 R&D 活动的企业占比	5.29	13	28	5	11
人均科普经费投入	4.24	22	33	3	5
民众浏览科技网页频度	3.79	46	60	10	10
创新投入	3.93	38	53	9	13
人力投入	3.64	74	82	15	15
万人 R&D 人员数	3.73	51	73	7	10
研究人员占 R&D 人员比	3.23	82	81	17	16
R&D 人员全时当量	4.05	26	38	2	5
财力投入	4.21	23	26	8	8
R&D 经费投入占 GDP 百分比	4.07	29	33	6	8
企业 R&D 经费投入占主营业务收入比	4.55	18	15	6	7

---

① 图注同本书27页图3-1图注。

续表

指标名称	得分（分） 2017年	江西省排名 2017年	江西省排名 2016年	赣州市排名 2017年	赣州市排名 2016年
企业技术获取和改造费用占主营业务收入比	3.95	15	40	3	4
创新成效	4.20	27	40	5	7
技术创新	4.60	22	38	4	8
高新技术产业增加值占规模以上工业增加值比	4.64	25	40	5	9
高新技术企业数	4.56	19	27	3	3
产业化水平	3.79	52	31	4	3
新产品销售收入占主营业务收入比	4.06	30	23	4	2
万人发明专利授权量	3.68	54	45	8	4
技术合同成交额	3.55	87	76	13	14
经济社会发展	3.66	76	80	14	9
经济增长	3.56	83	63	17	12
GDP增长百分比	3.42	85	21	18	7
万人财政收入	3.10	89	88	14	12
第三产业占GDP比重	4.20	26	30	5	7
社会生活	3.77	50	54	5	5
居民人均可支配收入	3.48	65	66	2	2
万人社会消费品零售额	3.41	84	83	8	8
城镇化率	3.40	75	76	10	10
空气质量指数	5.17	14	11	9	9

如图3-79、图3-80、表3-40所示，信丰县科技创新能力总得分59.02分，排在江西省第38位，比上一年提升了21位，排在赣州市第6位，比上一年提升了2位。在一级指标中，经济社会发展排在江西省第76位，比上一年提升了4位，排在赣州市第14位，比上一年下降了5位；创新投入排在江西省第38位，比上一年提升了15位，排在赣州市第9位，比上一年提升了4位；创新成效排在江西省第27位，比上一年提升了13位，排在赣州市第5位，比上一年提升了2位；创新环境排在江西省第31位，比上一年提升了7位，

排在赣州市第7位，与上一年位次相同。

目前，信丰县以乡村振兴引领三农发展，努力实现农业更强、农民更富、农村更美，做大做强特色产业，加快脐橙产业转型升级。围绕智能制造、智能终端、智能模组产业，积极招引优强品牌企业，把电子信息产业打造成分工有序、连接紧密的产业集群，全县科技竞争上档升级。该县的经济社会发展得分较低，影响了科技竞争力，建议该县加快产业结构调整，因地制宜发展绿色经济，提高经济发展的质量与效率。

五、大余县

大余县位于江西省西南部、赣州市西南端，是江西省赣州市下辖县。2017年，该县常住人口29.69万人，地区GDP 1 128 817万元。居民人均可支配收入18 392.67元，排在江西省第69位、赣州市第5位。万人GDP 38 020.11万元，排在江西省第47位、赣州市第5位。GDP增速11.71%，排在江西省第71位、赣州市第15位。城镇化率50.06%，排在江西省第51位、赣州市第5位。规模以上工业企业数76家，排在江西省第65位、赣州市第9位。开展R&D活动的企业占比58%，排在江西省第6位、赣州市第2位。万人专利申请量20.68件，排在江西省第21位、赣州市第6位。万人发明专利授权量0.27件，排在江西省第29位、赣州市第4位。万人R&D人员数10.51人，排在江西省第49位、赣州市第6位。R&D经费投入占GDP百分比1.85%，排在江西省第10位、赣州市第1位。高新技术产业增加值占规模以上工业增加值比33.99%，排在江西省第36位、赣州市第10位。万人财政收入0.42亿元，排在江西省第66位、赣州市第6位。万人社会消费品零售额1.04亿元，排在江西省第56位、赣州市第3位。第三产业占GDP比重39.75%，排在江西省第42位、赣州市第10位。具体如图3-81、图3-82、表3-41所示。

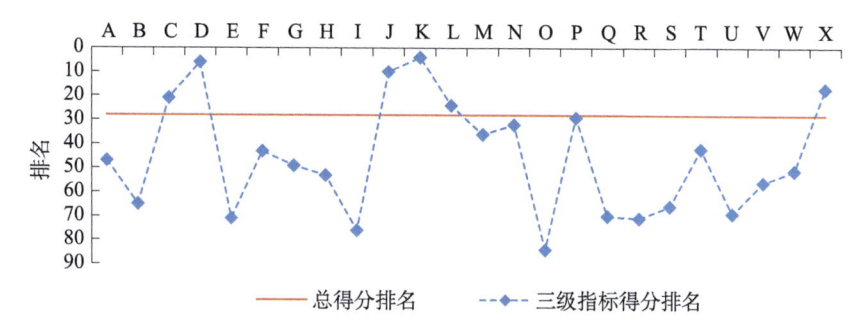

第三章 江西省各县（市、区）科技创新能力水平分析 | 159

图 3-81 大余县科技创新能力总得分、三级指标得分在江西省位次排名[1]

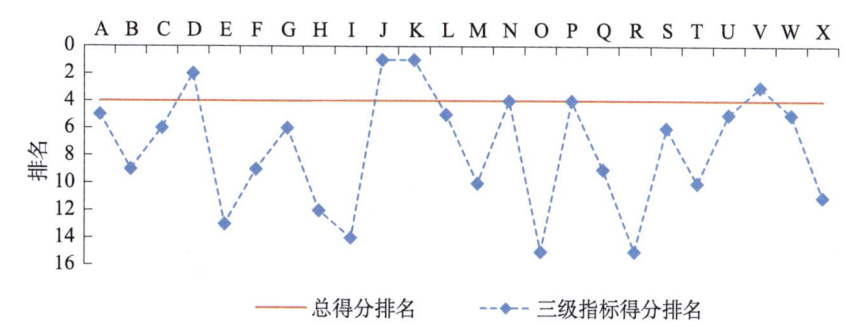

图 3-82 大余县科技创新能力总得分、三级指标得分在赣州市位次排名[2]

表 3-41 大余县科技创新能力评价指标得分与位次

指标名称	得分（分）	江西省排名		赣州市排名	
	2017 年	2017 年	2016 年	2017 年	2016 年
科技创新能力总得分	59.75	28	26	4	3
创新环境	4.29	22	21	4	3
创新基础	3.95	41	43	6	4
万人 GDP	3.71	47	49	5	5
规模以上工业企业数	3.57	65	73	9	11
万人专利申请量	4.51	21	19	6	6
科技意识	4.65	11	12	3	2
开展 R&D 活动的企业占比	5.85	6	5	2	2
人均科普经费投入	3.52	71	84	13	17
民众浏览科技网页频度	3.82	43	52	9	9

[1][2] 图注同本书27页图3-1图注。

续表

指标名称	得分（分） 2017年	江西省排名 2017年	江西省排名 2016年	赣州市排名 2017年	赣州市排名 2016年
创新投入	4.33	13	13	1	3
人力投入	3.77	64	54	13	9
万人R&D人员数	3.74	49	45	6	6
研究人员占R&D人员比	3.97	53	47	12	8
R&D人员全时当量	3.57	76	84	14	17
财力投入	4.89	7	11	1	3
R&D经费投入占GDP百分比	4.75	10	13	1	2
企业R&D经费投入占主营业务收入比	5.88	4	5	1	3
企业技术获取和改造费用占主营业务收入比	3.86	24	80	5	11
创新成效	3.87	49	46	8	9
技术创新	4.17	37	35	8	7
高新技术产业增加值占规模以上工业增加值比	4.16	36	45	10	10
高新技术企业数	4.18	32	40	4	5
产业化水平	3.57	80	78	11	10
新产品销售收入占主营业务收入比	3.30	84	96	15	16
万人发明专利授权量	3.85	29	42	4	3
技术合同成交额	3.62	70	55	9	10
经济社会发展	3.79	59	71	9	6
经济增长	3.77	69	57	13	9
GDP增长百分比	3.89	71	29	15	8
万人财政收入	3.53	66	69	6	7
第三产业占GDP比重	3.90	42	40	10	10
社会生活	3.82	45	47	4	3
居民人均可支配收入	3.35	69	69	5	5
万人社会消费品零售额	3.63	56	55	3	3
城镇化率	3.70	51	50	5	5
空气质量指数	5.01	17	17	11	11

如图 3-81、图 3-82、表 3-41 所示，大余县科技创新能力总得分 59.75 分，排在江西省第 28 位，比上一年下降了 2 位，排在赣州市第 4 位，比上一年下降了 1 位。在一级指标中，经济社会发展排在江西省第 59 位，比上一年提升了 12 位，排在赣州市第 9 位，比上一年下降了 3 位；创新投入排在江西省第 13 位，与上一年位次相同，排在赣州市第 1 位，比上一年提升了 2 位；创新成效排在江西省第 49 位，比上一年下降了 3 位，排在赣州市第 8 位，比上一年提升了 1 位；创新环境排在江西省第 22 位，排在赣州市第 4 位，都比上一年下降了 1 位。

目前，大余县以转型升级为突破点，发展低碳循环绿色工业，鼓励传统优势产业企业自主创新，发展多元化经营，推进技改扩能和节能降耗，走低碳发展、绿色发展之路。紧紧抓住"中国制造 2025"战略机遇，加快新型工业化和信息化的深度融合，大力引进、培育、发展节能环保新兴产业，努力摆脱对资源粗放投入的过度依赖，走绿色化引领的新路，推动全县科技竞争更上台阶。该县的经济社会发展、创新成效得分较低，影响了科技竞争力，建议该县加快传统产业转型升级，在科技意识、技术创新等方面做更多努力，不断提高科技竞争力。

六、上犹县

上犹县位于江西省南部偏西、赣州市西部，是江西省赣州市下辖县。2017 年，该县常住人口 26.52 万人，地区 GDP 655 130 万元。居民人均可支配收入 15 654.48 元，排在江西省第 92 位、赣州市第 14 位。万人 GDP 24 703.24 万元，排在江西省第 84 位、赣州市第 10 位。GDP 增长 14.29%，排在江西省第 35 位、赣州市第 7 位。城镇化率 41.69%，排在江西省第 93 位、赣州市第 17 位。开展 R&D 活动的企业占比 34.67%，排在江西省第 59 位、赣州市第 17 位。万人专利申请量 21.23 件，排在江西省第 19 位、赣州市第 4 位。万人发明专利授权量 0.23 件，排在江西省第 39 位、赣州市第 5 位。人均科普经费投入 1 元，排在江西省第 7 位、赣州市第 1 位。R&D 经费投入占 GDP 百分比 0.56%，排在江西省第 60 位、赣州市第 15 位。高新技术产业增加值占规模以上工业增加值比 86.12%，排在江西省第 3 位、赣州市第 1 位。新产品销售收入占主营业务收入比 3.33%，排在江西省第 69 位、赣州市第 9 位。万人财政收入 0.36 亿元，排在江西省第 75 位、赣州市第 9 位。万人社会消费品零售额 0.68 亿元，排在江西省第 89 位、赣州市第 10 位。第三产业占 GDP 比重 43.27%，排在江西省第 28 位、赣州市第 6 位。具体如图 3-83、图 3-84、表 3-42 所示。

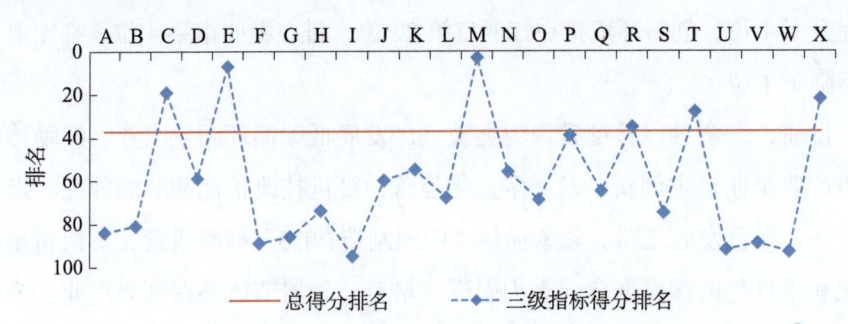

图 3-83　上犹县科技创新能力总得分、三级指标得分在江西省位次排名[①]

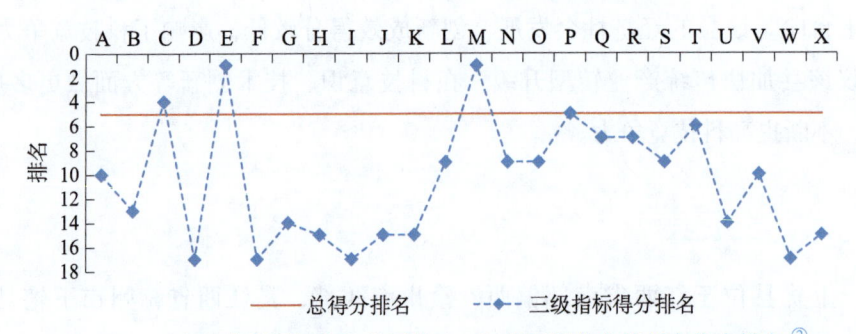

图 3-84　上犹县科技创新能力总得分、三级指标得分在赣州市位次排名[②]

表 3-42　上犹县科技创新能力评价指标得分与位次

指标名称	得分（分）	江西省排名		赣州市排名	
	2017 年	2017 年	2016 年	2017 年	2016 年
科技创新能力总得分	59.04	37	49	5	5
创新环境	3.98	44	83	8	15
创新基础	3.69	66	83	9	13
万人 GDP	3.20	84	85	10	10

①② 图注同本书27页图3-1图注。

续表

指标名称	得分（分）	江西省排名		赣州市排名	
	2017年	2017年	2016年	2017年	2016年
规模以上工业企业数	3.21	81	89	13	16
万人专利申请量	4.55	19	44	4	10
科技意识	4.27	27	60	9	15
开展R&D活动的企业占比	3.68	59	73	17	16
人均科普经费投入	5.74	7	14	1	2
民众浏览科技网页频度	3.49	89	47	17	7
创新投入	3.54	92	81	18	17
人力投入	3.43	88	84	18	16
万人R&D人员数	3.47	86	89	14	16
研究人员占R&D人员比	3.37	74	68	15	11
R&D人员全时当量	3.46	95	93	17	18
财力投入	3.65	66	54	15	16
R&D经费投入占GDP百分比	3.64	60	53	15	14
企业R&D经费投入占主营业务收入比	3.65	55	34	15	12
企业技术获取和改造费用占主营业务收入比	3.68	68	70	9	8
创新成效	4.59	17	8	2	3
技术创新	5.52	7	3	1	1
高新技术产业增加值占规模以上工业增加值比	6.89	3	1	1	1
高新技术企业数	3.63	56	60	9	11
产业化水平	3.63	71	46	9	5
新产品销售收入占主营业务收入比	3.48	69	36	9	5
万人发明专利授权量	3.78	39	48	5	6
技术合同成交额	3.64	65	46	7	6
经济社会发展	3.72	68	78	12	8
经济增长	4.01	40	43	5	6
GDP增长百分比	4.51	35	15	7	3
万人财政收入	3.36	75	79	9	9
第三产业占GDP比重	4.19	28	24	6	5

续表

指标名称	得分（分）	江西省排名		赣州市排名	
	2017年	2017年	2016年	2017年	2016年
社会生活	3.40	89	94	17	18
居民人均可支配收入	2.89	92	91	14	13
万人社会消费品零售额	3.38	89	89	10	10
城镇化率	3.17	93	93	17	17
空气质量指数	4.59	22	31	15	15

如图3-83、图3-84、表3-42所示，上犹县科技创新能力总得分59.04分，排在江西省第37位，比上一年提升了12位，排在赣州市第5位，与上一年位次相同。在一级指标中，经济社会发展排在江西省第68位，比上一年提升了10位，排在赣州市第12位，比上一年下降了4位；创新投入排在江西省第92位，比上一年下降了11位，排在赣州市第18位，比上一年下降了1位；创新成效排在江西省第17位，比上一年下降了9位，排在赣州市第2位，比上一年提升了1位；创新环境排在江西省第44位，比上一年提升了39位，排在赣州市第8位，比上一年提升了7位。

目前，上犹县突出首位产业引领，持续加大工业招商力度，提升精准招商水平。推进产融合作，加大金融支持实体经济力度，加快科技创新引领，营造更加优越的工业发展环境，推动全县科技竞争更上台阶。该县的创新投入和创新成效较上一年排名都有所下降，影响了科技竞争力。建议该县调整产业结构，增强自主创新能力，加快创新平台建设，强力推进战略新兴产业培育，加快推进创新驱动发展战略，促进产业转型升级和经济可持续发展。

七、崇义县

崇义县位于江西省南部偏西，是江西省赣州市下辖县。该县常住人口19.32万人，地区GDP 814 500万元。居民人均可支配收入16 311.19元，排在江西省第85位、赣州市第12位。万人GDP 42 158.39万元，排在江西省第40位、赣州市第3位。GDP增长14.03%，排在江西省第38位、赣州市第 8 位。城镇化率 44.39%，排在江西省第 80 位、赣州市第 12 位。开展 R&D 活动的企业占比 40.68%，排在江西省第 37 位、赣州市第 13 位。万人专利申请量 6.06 件，排在江西省第 79 位、赣州市第 13 位。万人发明专利授权量 0.47 件，排在江西省第 20 位、赣州市第 2 位。万人 R&D 人员数 9.94 人，排在江西省第 52 位、赣州市第 8 位。研究人员占 R&D 人员比 36.98%，排在江西省第 13 位、赣州市第 3 位。企业技术获取和改造费用占主营业务收入比 0.29%，排在江西省第 7 位、赣州市第 2 位。高新技术产业增加值占规模以上工业增加值比 34.67%，排在江西省第 35 位、赣州市第 9 位。新产品销售收入占主营业务收入比 9.26%，排在江西省第 35 位、赣州市第 5 位。万人财政收入 0.62 亿元，排在江西省第 31 位、赣州市第 3 位。万人社会消费品零售额 0.88 亿元，排在江西省第 74 位、赣州市第 6 位。第三产业占 GDP 比重 38.67%，排在江西省第 49 位、赣州市第 12 位。具体如图 3-85、图 3-86、表 3-43 所示。

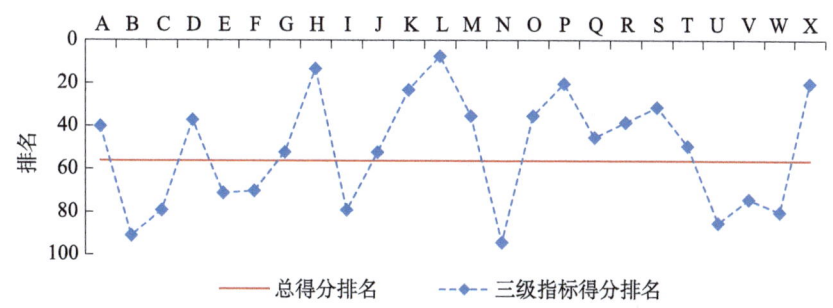

图 3-85 崇义县科技创新能力总得分、三级指标得分在江西省位次排名[①]

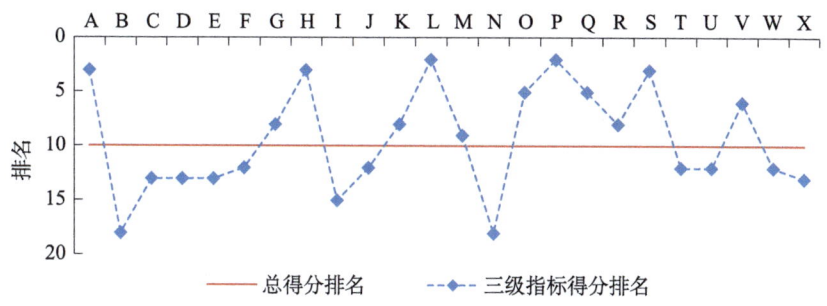

图 3-86 崇义县科技创新能力总得分、三级指标得分在赣州市位次排名[②]

[①][②] 图注同本书 27 页图 3-1 图注。

表 3-43　崇义县科技创新能力评价指标得分与位次

指标名称	得分（分） 2017年	江西省排名 2017年	江西省排名 2016年	赣州市排名 2017年	赣州市排名 2016年
科技创新能力总得分	57.44	56	62	10	9
创新环境	3.62	83	87	17	18
创新基础	3.39	84	73	13	9
万人 GDP	3.87	40	41	3	3
规模以上工业企业数	3.04	91	86	18	14
万人专利申请量	3.32	79	53	13	13
科技意识	3.87	54	83	16	17
开展 R&D 活动的企业占比	4.24	37	84	13	17
人均科普经费投入	3.52	71	44	13	9
民众浏览科技网页频度	3.61	70	50	12	8
创新投入	4.22	21	35	5	7
人力投入	4.11	27	52	4	8
万人 R&D 人员数	3.72	52	40	8	5
研究人员占 R&D 人员比	4.93	13	50	2	9
R&D 人员全时当量	3.56	79	59	15	9
财力投入	4.34	20	32	6	9
R&D 经费投入占 GDP 百分比	3.72	52	50	12	13
企业 R&D 经费投入占主营业务收入比	4.38	23	36	8	13
企业技术获取和改造费用占主营业务收入比	5.07	7	19	2	2
创新成效	3.85	53	33	9	6
技术创新	3.71	57	34	11	6
高新技术产业增加值占规模以上工业增加值比	4.20	35	5	9	3
高新技术企业数	3.04	94	90	18	17
产业化水平	3.99	30	27	2	2
新产品销售收入占主营业务收入比	4.00	35	41	5	6
万人发明专利授权量	4.18	20	16	2	2
技术合同成交额	3.75	45	32	5	4

续表

指标名称	得分（分）	江西省排名		赣州市排名	
	2017年	2017年	2016年	2017年	2016年
经济社会发展	3.86	49	74	4	7
经济增长	4.12	30	34	3	4
GDP增长百分比	4.44	38	57	8	16
万人财政收入	4.11	31	33	3	3
第三产业占GDP比重	3.81	49	46	12	11
社会生活	3.56	75	76	12	11
居民人均可支配收入	3.00	85	85	12	12
万人社会消费品零售额	3.52	74	72	6	6
城镇化率	3.34	80	81	12	12
空气质量指数	4.87	20	21	13	14

如图3-85、图3-86、表3-43所示，崇义县科技创新能力总得分57.44分，排在江西省第56位，比上一年提升了6位，排在赣州市第10位，比上一年下降了1位。在一级指标中，经济社会发展排在江西省第49位，比上一年提升了25位，排在赣州市第4位，比上一年提升了3位；创新投入排在江西省第21位，比上一年提升了14位，排在赣州市第5位，比上一年提升了2位；创新成效排在江西省第53位，比上一年下降了20位，排在赣州市第9位，比上一年下降了3位；创新环境排在江西省第83位，比上一年提升了4位，排在赣州市第17位，比上一年提升了1位。

目前，崇义县按照"发展项目化、产业生态化、建设景区化、服务信息化"战略，实施全域旅游发展路径，不忘初心，知行合一，全面推进县域经济转型升级，加快绿色崛起，促进经济社会可持续发展。该县的创新环境、创新成效、经济社会发展得分较低，影响了科技竞争力，建议该县改造传统产业，加快新兴产业发展，加强生产和服务全过程资源节约和综合利用，提高经济增长质量。

八、安远县

安远县位于江西省南部，是江西省赣州市下辖县。2017年，该县常住人口35.03万人，地区GDP 667 858万元。居民人均可支配收入15 161.01元，排在江西省第96位、赣州市第17位。万人GDP 19 065.32万元，排在江西省第95位、赣州市第17位。GDP增长13.69%，排在江西省第44位、赣州市第10位。城镇化率42.74%，排在江西省第86位、赣州市第14位。规模以上工业企业数37家，排在江西省第90位、赣州市第17位。开展R&D活动的企业占比54.1%，排在江西省第10位、赣州市第4位。万人专利申请量12.68件，排在江西省第48位、赣州市第12位。研究人员占R&D人员比35.14%，排在江西省第23位、赣州市第4位。R&D人员全时当量147人·年，排在江西省第72位、赣州市第13位。R&D经费投入占GDP百分比0.51%，排在江西省第65位、赣州市第16位。企业技术获取和改造费用占主营业务收入比0.38%，排在江西省第4位、赣州市第1位。高新技术产业增加值占规模以上工业增加值比40.19%，排在江西省第28位、赣州市第7位。万人财政收入0.23亿元，排在江西省第92位、赣州市第15位。万人社会消费品零售额0.57亿元，排在江西省第98位、赣州市第16位。第三产业占GDP比重51.48%，排在江西省第14位、赣州市第2位。具体如图3-87、图3-88、表3-44所示。

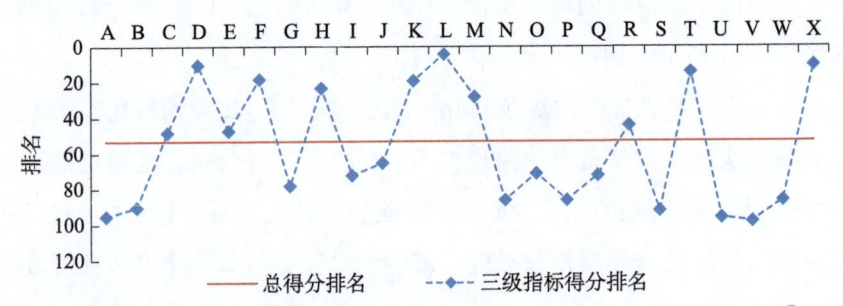

图3-87 安远县科技创新能力总得分、三级指标得分在江西省位次排名[①]

---

① 图注同本书27页图3-1图注。

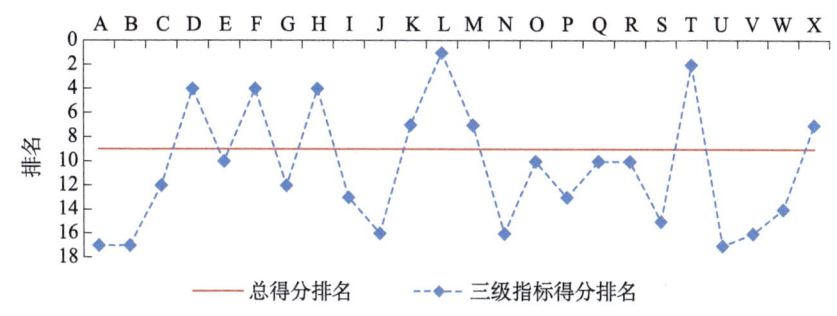

图 3-88　安远县科技创新能力总得分、三级指标得分在赣州市位次排名[①]

表 3-44　安远县科技创新能力评价指标得分与位次

指标名称	得分（分）	江西省排名		赣州市排名	
	2017 年	2017 年	2016 年	2017 年	2016 年
科技创新能力总得分	57.62	53	73	9	14
创新环境	3.95	46	60	10	11
创新基础	3.33	90	96	15	17
万人 GDP	2.98	95	95	17	17
规模以上工业企业数	3.07	90	94	17	18
万人专利申请量	3.86	48	49	12	12
科技意识	4.60	16	20	6	5
开展 R&D 活动的企业占比	5.49	10	9	4	3
人均科普经费投入	3.62	47	76	10	16
民众浏览科技网页频度	4.16	18	39	4	4
创新投入	4.22	22	47	6	12
人力投入	3.98	39	77	6	11
万人 R&D 人员数	3.53	78	79	12	11
研究人员占 R&D 人员比	4.70	23	64	4	10
R&D 人员全时当量	3.61	72	75	13	15
财力投入	4.46	15	22	3	7
R&D 经费投入占 GDP 百分比	3.59	65	55	16	15
企业 R&D 经费投入占主营业务收入比	4.47	19	9	7	6

---

① 图注同本书27页图3-1图注。

续表

指标名称	得分（分）2017年	江西省排名 2017年	江西省排名 2016年	赣州市排名 2017年	赣州市排名 2016年
企业技术获取和改造费用占主营业务收入比	5.52	4	80	1	11
创新成效	3.73	61	56	10	10
技术创新	3.93	47	48	9	11
高新技术产业增加值占规模以上工业增加值比	4.49	28	28	7	6
高新技术企业数	3.17	86	83	16	15
产业化水平	3.52	83	58	12	6
新产品销售收入占主营业务收入比	3.48	71	35	10	4
万人发明专利授权量	3.50	86	87	13	15
技术合同成交额	3.59	72	51	10	8
经济社会发展	3.83	53	86	7	12
经济增长	4.05	34	36	4	5
GDP 增长百分比	4.36	44	20	10	6
万人财政收入	3.00	92	92	15	15
第三产业占 GDP 比重	4.86	14	16	2	3
社会生活	3.57	74	83	11	13
居民人均可支配收入	2.81	96	96	17	17
万人社会消费品零售额	3.30	98	98	16	16
城镇化率	3.24	86	87	14	14
空气质量指数	5.63	10	7	7	6

如图 3-87、图 3-88、表 3-44 所示，安远县科技创新能力总得分 57.62 分，排在江西省第 53 位，比上一年提升了 20 位，排在赣州市第 9 位，比上一年提升了 5 位。在一级指标中，经济社会发展排在江西省第 53 位，比上一年提升了 33 位，排在赣州市第 7 位，比上一年提升了 5 位；创新投入排在江西省第 22 位，比上一年提升了 25 位，排在赣州市第 6 位，比上一年提升了 6 位；创新成效排在江西省第 61 位，比上一年下降了 5 位，排在赣州市第 10 位，与上一年位次相同；创新环境在江西省排名第 46 位，比上一年提升了 14 位，

排在赣州市第 10 位，比上一年提升了 1 位。

目前，安远县完善产业扶持政策，提升产业直补资金使用效益，有序引导贫困户进行病毁果园转产，开展适度规模脐橙复产。实施光伏扶贫扩面工程，继续推广"旅游+""电商+""金融+"等扶贫模式，盘活贫困村和贫困户各类资源。开发居家养老、物业管理等服务性岗位，拓宽就业渠道。该县的创新成效较上一年排名都有所下降，影响了科技竞争力。建议该县大力发展现代服务业和高新技术产业，强化人才培养，提高农业现代化水平，不断提高科技对经济的贡献度。

九、龙南县

龙南县位于江西省最南端，是江西省赣州市下辖县。2017 年，该县常住人口 30.9 万人，地区 GDP 1 532 206 万元。居民人均可支配收入 19 061.2 元，排在江西省第 66 位、赣州市第 3 位。万人 GDP 49 585.95 万元，排在江西省第 26 位、赣州市第 2 位。GDP 增长 13.07%，排在江西省第 55 位、赣州市第 13 位。城镇化率 50.47%，排在江西省第 41 位、赣州市第 3 位。规模以上工业企业数 103 家，排在江西省第 42 位、赣州市第 5 位。开展 R&D 活动的企业占比 37.5%，排在江西省第 50 位、赣州市第 16 位。万人专利申请量 16.47 件，排在江西省第 29 位、赣州市第 9 位。万人发明专利授权量 0.19 件，排在江西省第 44 位、赣州市第 7 位。万人 R&D 人员数 14.21 人，排在江西省第 32 位、赣州市第 3 位。R&D 人员全时当量 318 人·年，排在江西省第 41 位、赣州市第 4 位。R&D 经费投入占 GDP 百分比 0.86%，排在江西省第 39 位、赣州市第 11 位。新产品销售收入占主营业务收入比 7.11%，排在江西省第 41 位、赣州市第 6 位。万人财政收入 0.62 亿元，排在江西省第 30 位、赣州市第 2 位。万人社会消费品零售额 1.12 亿元，排在江西省第 50 位、赣州市第 2 位。第三产业占 GDP 比重 36.93%，排在江西省第 63 位、赣州市第 15 位。具体如图 3-89、图 3-90、表 3-45 所示。

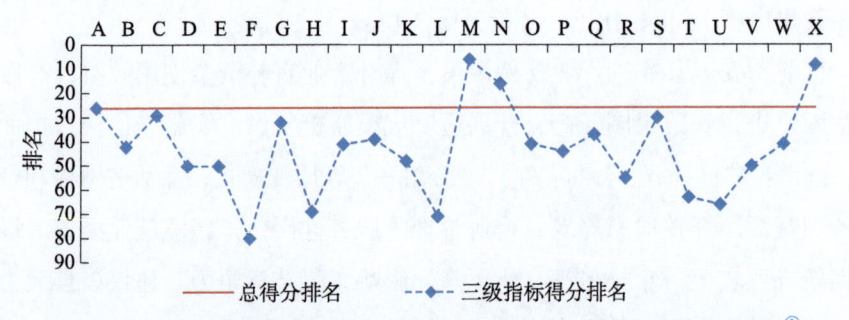

图 3-89　龙南县科技创新能力总得分、三级指标得分在江西省位次排名[①]

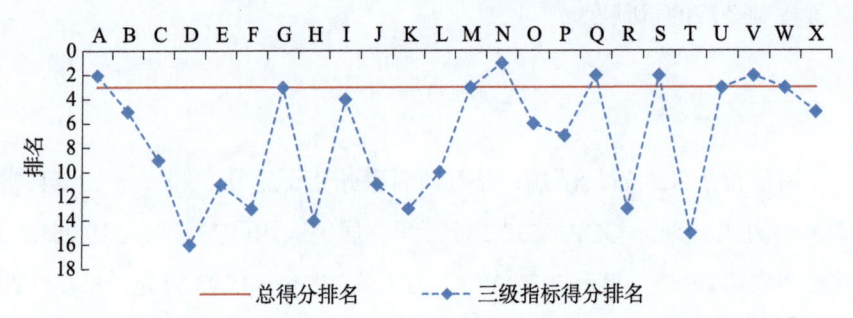

图 3-90　龙南县科技创新能力总得分、三级指标得分在赣州市位次排名[②]

表 3-45　龙南县科技创新能力评价指标得分与位次

指标名称	得分（分）	江西省排名		赣州市排名	
	2017 年	2017 年	2016 年	2017 年	2016 年
科技创新能力总得分	60.11	26	40	3	4
创新环境	3.91	52	26	11	5
创新基础	4.08	35	27	4	3
万人 GDP	4.16	26	26	2	2
规模以上工业企业数	3.92	42	58	5	7
万人专利申请量	4.17	29	18	9	5
科技意识	3.73	66	33	17	9
开展 R&D 活动的企业占比	3.95	50	23	16	8
人均科普经费投入	3.56	50	72	11	15
民众浏览科技网页频度	3.55	80	43	13	5

①② 图注同本书 27 页图 3-1 图注。

续表

指标名称	得分（分）	江西省排名		赣州市排名	
	2017 年	2017 年	2016 年	2017 年	2016 年
创新投入	3.75	64	59	15	14
人力投入	3.73	67	67	14	10
万人 R&D 人员数	3.89	32	32	3	4
研究人员占 R&D 人员比	3.49	69	69	14	12
R&D 人员全时当量	3.83	41	28	4	2
财力投入	3.77	53	51	13	13
R&D 经费投入占 GDP 百分比	3.90	39	37	11	11
企业 R&D 经费投入占主营业务收入比	3.72	48	41	13	14
企业技术获取和改造费用占主营业务收入比	3.68	71	80	10	11
创新成效	4.53	19	22	4	5
技术创新	5.26	9	10	2	4
高新技术产业增加值占规模以上工业增加值比	5.70	6	14	3	5
高新技术企业数	4.64	16	22	1	2
产业化水平	3.78	54	79	5	11
新产品销售收入占主营业务收入比	3.81	41	88	6	13
万人发明专利授权量	3.73	44	62	7	8
技术合同成交额	3.78	37	26	2	1
经济社会发展	4.01	32	56	3	2
经济增长	4.00	41	45	6	7
GDP 增长百分比	4.21	55	48	13	15
万人财政收入	4.11	30	37	2	4
第三产业占 GDP 比重	3.67	63	60	15	15
社会生活	4.01	29	37	2	2
居民人均可支配收入	3.46	66	67	3	3
万人社会消费品零售额	3.69	50	48	2	2
城镇化率	3.73	41	43	3	3
空气质量指数	5.73	8	6	5	5

如图 3-89、图 3-90、表 3-45 所示，龙南县科技创新能力总得分 60.11 分，排在江西省第 26 位，比上一年提升了 14 位，排在赣州市第 3 位，比上一年提升了 1 位。在一级指标中，经济社会发展排在江西省第 32 位，比上一年提升了 24 位，排在赣州市第 3 位，比上一年下降了 1 位；创新投入排在江西省第 64 位，比上一年下降了 5 位，排在赣州市第 15 位，比上一年下降了 1 位；创新成效排在江西省第 19 位，比上一年提升了 3 位，排在赣州市第 4 位，比上一年提升了 1 位；创新环境排在江西省第 52 位，比上一年下降了 26 位，排在赣州市第 11 位，比上一年下降了 6 位。

目前，龙南县坚持抓电子信息首位产业不动摇，以优信普科技有限公司、志浩电子科技有限公司、骏亚电子科技有限公司、比邦数码科技有限公司等企业为基础，突出引进高精尖端的电子信息项目，重点发展智能光电、智能视听、电子新材料制造产业，聚力做优产业，推动科技竞争上档升级。该县的创新环境、创新投入得分较低，科技竞争力提升有很大的潜力和空间。建议该县优化创新环境，加大科技经费的投入力度，强化人才培养，提高农业现代化水平，不断提高经济增长质量。

十、定南县

定南县位于江西省最南端，是江西省赣州市下辖县。2017 年，该县常住人口 19.15 万人，地区 GDP 774 765 万元。居民人均可支配收入 17 342.7 元，排在江西省第 78 位、赣州市第 9 位。万人 GDP 40 457.70 万元，排在江西省第 44 位、赣州市第 4 位。GDP 增长 15.39%，排在江西省第 10 位、赣州市第 2 位。城镇化率 47.87%，排在江西省第 66 位、赣州市第 7 位。开展 R&D 活动的企业占比 45.45%，排在江西省第 23 位、赣州市第 10 位。万人专利申请量 12.74 件，排在江西省第 46 位、赣州市第 11 位。万人发明专利授权量 0.05 件，排在江西省第 87 位、赣州市第 14 位。万人 R&D 人员数 18.02 人，排在江西省第 23 位、赣州市第 2 位。R&D 人员全时当量 191 人·年，排在江西省第 61 位、赣州市第 9 位。R&D 经费投入占 GDP 百分比 1.49%，排在江西省第 18 位、赣州市第 3 位。高新技术产业增加值占规模以上工业增加值比77.49%，排在江西省第4位、赣州市第2位。新产品销售收入占主营业务收入比11.83%，排在江西省第20位、赣州市第2位。万人财政收入0.6亿元，排在江西省第36位、赣州市第4位。万人社会消费品零售额0.89亿元，排在江西省第70位、赣州市第5位。第三产业占GDP比重41.62%，排在江西省第33位、赣州市第8位。具体如图3-91、图3-92、表3-46所示。

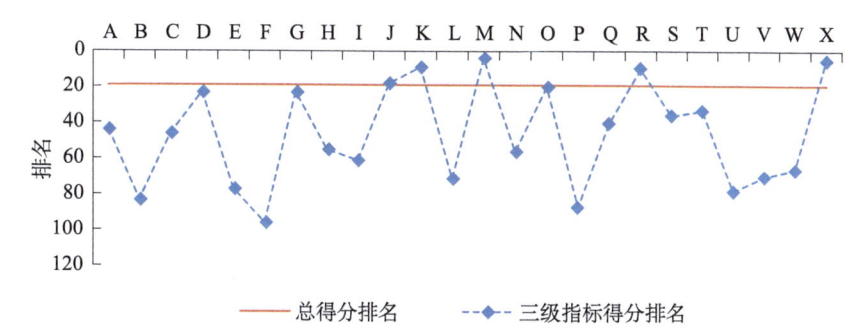

图3-91 定南县科技创新能力总得分、三级指标得分在江西省位次排名[1]

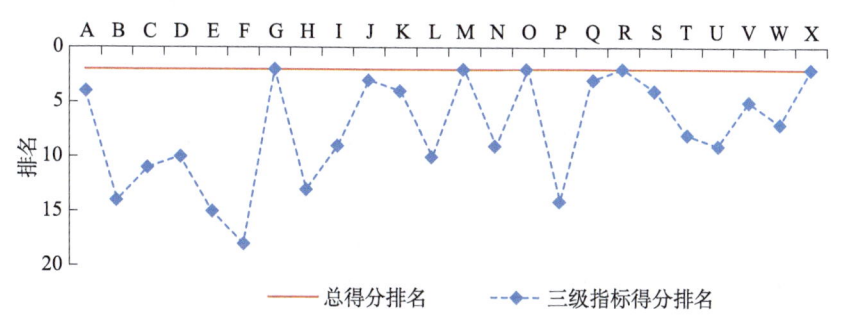

图3-92 定南县科技创新能力总得分、三级指标得分在赣州市位次排名[2]

表3-46 定南县科技创新能力评价指标得分与位次

指标名称	得分（分）	江西省排名		赣州市排名	
	2017年	2017年	2016年	2017年	2016年
科技创新能力总得分	61.95	19	15	2	2
创新环境	3.80	64	51	13	10
创新基础	3.61	71	76	10	10
万人GDP	3.81	44	45	4	4

---

[1][2] 图注同本书27页图3-1图注。

续表

指标名称	得分（分）	江西省排名		赣州市排名	
	2017年	2017年	2016年	2017年	2016年
规模以上工业企业数	3.19	83	90	14	17
万人专利申请量	3.87	46	48	11	11
科技意识	4.00	48	29	13	7
开展R&D活动的企业占比	4.69	23	20	10	6
人均科普经费投入	3.49	77	67	15	14
民众浏览科技网页频度	3.37	96	68	18	14
创新投入	4.15	25	8	7	1
人力投入	3.85	56	25	10	3
万人R&D人员数	4.05	23	25	4	2
研究人员占R&D人员比	3.84	55	18	13	2
R&D人员全时当量	3.66	61	60	9	10
财力投入	4.45	16	9	4	2
R&D经费投入占GDP百分比	4.44	18	11	3	1
企业R&D经费投入占主营业务收入比	5.09	9	4	4	2
企业技术获取和改造费用占主营业务收入比	3.68	71	60	10	6
创新成效	4.57	18	7	3	2
技术创新	5.26	10	4	3	2
高新技术产业增加值占规模以上工业增加值比	6.43	4	4	3	2
高新技术企业数	3.63	56	50	9	7
产业化水平	3.86	39	44	3	4
新产品销售收入占主营业务收入比	4.22	20	30	2	3
万人发明专利授权量	3.50	87	77	14	11
技术合同成交额	3.77	40	31	3	3
经济社会发展	4.09	26	68	2	4
经济增长	4.29	22	32	2	3
GDP增长百分比	4.77	10	85	2	18
万人财政收入	4.05	36	29	4	2
第三产业占GDP比重	4.05	33	34	8	9

续表

指标名称	得分（分）	江西省排名		赣州市排名	
	2017年	2017年	2016年	2017年	2016年
社会生活	3.86	41	51	3	4
居民人均可支配收入	3.17	78	79	9	9
万人社会消费品零售额	3.53	70	69	5	5
城镇化率	3.56	66	65	7	7
空气质量指数	5.85	5	3	2	2

如图3-91、图3-92、表3-46所示，定南县科技创新能力总得分61.95分，排在江西省第19位，比上一年下降了4位，排在赣州市第2位，与上一年位次相同。在一级指标中，经济社会发展排在江西省第26位，比上一年提升了42位，排在赣州市第2位，比上一年提升了2位；创新投入排在江西省第25位，比上一年下降了17位，排在赣州市第7位，比上一年下降了6位；创新成效排在江西省第18位，比上一年下降了11位，排在赣州市第3位，比上一年下降了1位；创新环境排在江西省第64位，比上一年下降了13位，排在赣州市第13位，比上一年下降了3位。

目前，定南县坚持工业主导，大力培育发展新动能，促进产业转型升级，加快平台建设。夯实产业集聚平台。积极发展电子信息、稀土永磁及其应用产业。支持中科微电子科技有限公司、锦鹏电子有限公司、启懋电子有限公司等企业扩大生产规模，促进大华新材料股份有限公司等稀土加工企业稳定生产，引导明高科技股份有限公司、鑫磊稀土新材料股份有限公司等企业创建市级以上研发中心，推动科技竞争上档升级。该县的创新投入、创新成效和创新环境较上一年排名都有所下降，影响了科技竞争力。建议该县不断优化创新环境，加大科技经费的投入力度，强化人才培养，提高农业现代化水平，不断提高经济增长质量。

十一、全南县

全南县位于江西省最南端，是江西省赣州市下辖县。2017年，该县常住人口18.55万人，地区GDP 670 936万元。居民人均可支配收入

15 428.25元，排在江西省第95位、赣州市第16位。万人GDP 36 169.06万元，排在江西省第54位、赣州市第6位。GDP增长14.82%，排在江西省第22位、赣州市第5位。城镇化率45.32%，排在江西省第74位、赣州市第9位。开展R&D活动的企业占比40.58%，排在江西省第39位、赣州市第14位。万人专利申请量41.13件，排在江西省第3位、赣州市第2位。万人发明专利授权量0.22件，排在江西省第42位、赣州市第6位。人均科普经费投入0.41元，排在江西省第35位、赣州市第7位。万人R&D人员数14.12人，排在江西省第33位、赣州市第4位。R&D人员全时当量157人·年，排在江西省第66位、赣州市第11位。R&D经费投入占GDP百分比1.06%，排在江西省第30位、赣州市第7位。企业技术获取和改造费用占主营业务收入比0.04%，排在江西省第22位、赣州市第4位。高新技术产业增加值占规模以上工业增加值比47.57%，排在江西省第19位、赣州市第4位。新产品销售收入占主营业务收入比6.41%，排在江西省第47位、赣州市第7位。万人财政收入0.51亿元，排在江西省第46位、赣州市第5位。万人社会消费品零售额0.98亿元，排在江西省第63位、赣州市第4位。第三产业占GDP比重35.21%，排在江西省第73位、赣州市第16位。具体如图3-93、图3-94、表3-47所示。

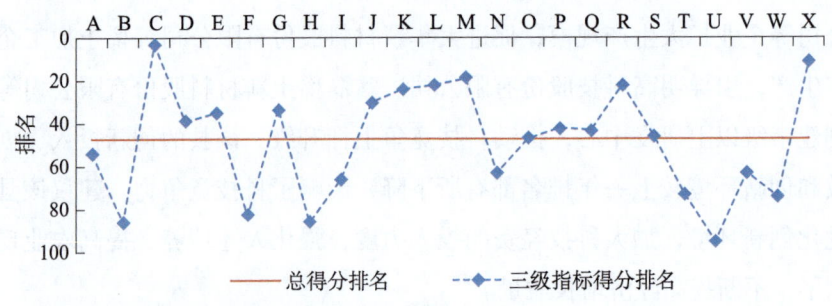

图3-93　全南县科技创新能力总得分、三级指标得分在江西省位次排名[①]

---

① 图注同本书27页图3-1图注。

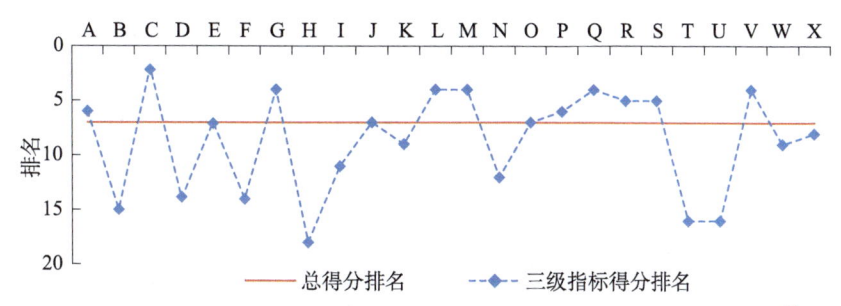

图 3-94　全南县科技创新能力总得分、三级指标得分在赣州市位次排名[1]

表 3-47　全南县科技创新能力评价指标得分与位次

指标名称	得分（分）	江西省排名		赣州市排名	
	2017 年	2017 年	2016 年	2017 年	2016 年
科技创新能力总得分	58.04	47	54	7	6
创新环境	4.18	28	84	6	16
创新基础	4.39	18	55	3	7
万人 GDP	3.64	54	57	6	6
规模以上工业企业数	3.15	86	87	15	15
万人专利申请量	6.17	3	17	2	4
科技意识	3.96	50	87	15	18
开展 R&D 活动的企业占比	4.23	39	87	14	18
人均科普经费投入	3.90	35	31	7	4
民众浏览科技网页频度	3.52	83	96	14	18
创新投入	3.78	56	41	14	9
人力投入	3.45	86	79	17	12
万人 R&D 人员数	3.89	33	28	4	3
研究人员占 R&D 人员比	2.92	86	84	18	17
R&D 人员全时当量	3.62	66	54	11	7
财力投入	4.11	30	20	10	6
R&D 经费投入占 GDP 百分比	4.07	30	35	7	10
企业 R&D 经费投入占主营业务收入比	4.34	24	32	9	11
企业技术获取和改造费用占主营业务收入比	3.88	22	8	4	1

[1] 图注同本书27页图3-1图注。

续表

指标名称	得分（分）2017年	江西省排名 2017年	江西省排名 2016年	赣州市排名 2017年	赣州市排名 2016年
创新成效	4.03	39	18	6	4
技术创新	4.30	31	8	7	3
高新技术产业增加值占规模以上工业增加值比	4.87	19	8	6	4
高新技术企业数	3.50	63	60	12	11
产业化水平	3.76	56	83	6	14
新产品销售收入占主营业务收入比	3.75	47	86	7	12
万人发明专利授权量	3.76	42	76	6	10
技术合同成交额	3.76	43	27	4	2
经济社会发展	3.85	51	87	6	13
经济增长	3.99	42	62	7	11
GDP增长百分比	4.63	22	59	5	17
万人财政收入	3.81	46	45	5	5
第三产业占GDP比重	3.53	73	65	16	16
社会生活	3.68	65	75	10	10
居民人均可支配收入	2.85	95	95	16	16
万人社会消费品零售额	3.60	63	62	4	4
城镇化率	3.40	74	74	9	9
空气质量指数	5.59	11	14	8	10

如图3-93、图3-94、表3-47所示，全南县科技创新能力总得分58.04分，排在江西省第47位，比上一年提升了7位，排在赣州市第7位，比上一年下降了1位。在一级指标中，经济社会发展排在江西省第51位，比上一年提升了36位，排在赣州市第6位，比上一年提升了7位；创新投入排在江西省第56位，比上一年下降了15位，排在赣州市第14位，比上一年下降了5位；创新成效排在江西省第39位，比上一年下降了21位，排在赣州市第6位，比上一年下降了2位；创新环境排在江西省第28位，比上一年提升了56位，排在赣州市第6位，比上一年提升了10位。

目前，全南县聚焦首位产业，加快推进华鼎电子有限公司、耐力科技股份有限公司等企业投产达效，推动电子信息产业发展壮大、向细分领域集群化发展，壮大优势产业。该县的创新投入与创新成效较上一年排名都有所下降，科技竞争力提升有很大的潜力和空间。建议该县在传统产业科技竞争力培育、现代科技农业打造、创新平台建设、人才培养、生态文明建设等方面进一步强化和提升。

十二、宁都县

宁都县位于江西省东南部，是江西省赣州市下辖县。2017年，该县常住人口81.61万人，地区GDP 1 632 300万元。居民人均可支配收入15 566.76元，排在江西省第94位、赣州市第15位。万人GDP 20 001.23万元，排在江西省第94位、赣州市第16位。GDP增长14.02%，排在江西省第39位、赣州市第9位。城镇化率45.75%，排在江西省第72位、赣州市第8位。规模以上工业企业数89家，排在江西省第55位、赣州市第6位。开展R&D活动的企业占比41.94%，排在江西省第33位、赣州市第11位。万人R&D人员数5.7人，排在江西省第74位、赣州市第11位。R&D人员全时当量383人·年，排在江西省第31位、赣州市第3位。R&D经费投入占GDP百分比1.04%，排在江西省第31位、赣州市第8位。企业技术获取和改造费用占主营业务收入比0.03%，排在江西省第29位、赣州市第7位。新产品销售收入占主营业务收入比5.9%，排在江西省第50位、赣州市第8位。万人财政收入0.15亿元，排在江西省第99位、赣州市第18位。万人社会消费品零售额0.57亿元，排在江西省第99位、赣州市第17位。第三产业占GDP比重38.97%，排在江西省第48位、赣州市第11位。具体如图3-95、图3-96、表3-48所示。

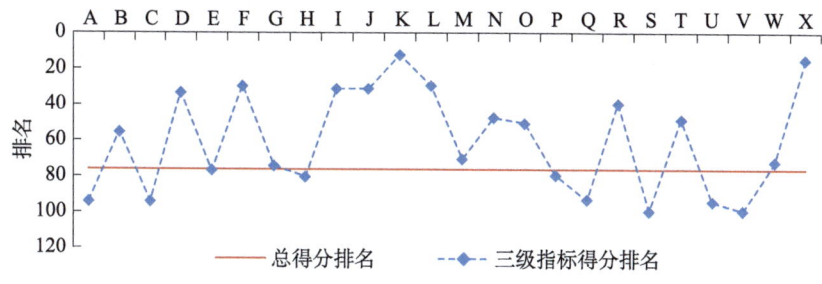

图3-95 宁都县科技创新能力总得分、三级指标得分在江西省位次排名[1]

---

[1] 图注同本书27页图3-1图注。

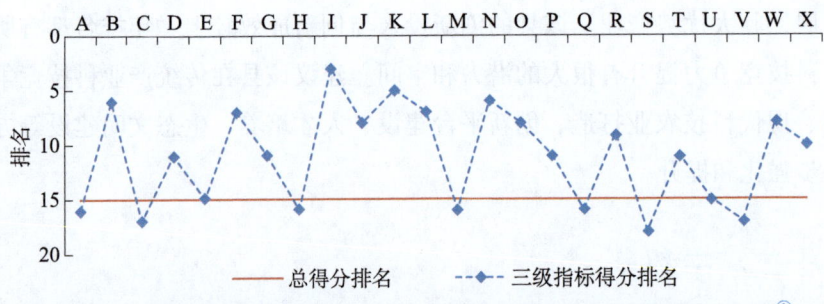

图 3-96　宁都县科技创新能力总得分、三级指标得分在赣州市位次排名[①]

表 3-48　宁都县科技创新能力评价指标得分与位次

指标名称	得分（分）	江西省排名		赣州市排名	
	2017年	2017年	2016年	2017年	2016年
科技创新能力总得分	54.27	76	86	15	17
创新环境	3.65	79	68	16	12
创新基础	3.31	91	91	16	16
万人GDP	3.01	94	94	16	16
规模以上工业企业数	3.74	55	58	6	7
万人专利申请量	3.15	94	94	17	17
科技意识	3.99	49	37	14	11
开展R&D活动的企业占比	4.36	33	26	11	9
人均科普经费投入	3.49	77	64	15	13
民众浏览科技网页频度	3.95	29	46	7	6
创新投入	3.93	39	38	10	8
人力投入	3.56	81	80	16	13
万人R&D人员数	3.55	74	80	11	12
研究人员占R&D人员比	3.26	80	80	16	15
R&D人员全时当量	3.91	31	31	3	3
财力投入	4.29	21	19	7	5
R&D经费投入占GDP百分比	4.05	31	31	8	6
企业R&D经费投入占主营业务收入比	4.93	12	8	5	5
企业技术获取和改造费用占主营业务收入比	3.81	29	80	7	11

---

① 图注同本书27页图3-1图注。

续表

指标名称	得分（分） 2017年	江西省排名 2017年	江西省排名 2016年	赣州市排名 2017年	赣州市排名 2016年
创新成效	3.59	71	95	13	17
技术创新	3.59	64	86	14	16
高新技术产业增加值占规模以上工业增加值比	3.46	70	82	16	17
高新技术企业数	3.76	47	69	6	14
产业化水平	3.59	76	99	10	17
新产品销售收入占主营业务收入比	3.71	50	92	8	14
万人发明专利授权量	3.53	79	82	11	13
技术合同成交额	3.50	93	81	16	16
经济社会发展	3.60	82	98	15	17
经济增长	3.66	77	94	16	17
GDP增长百分比	4.44	39	37	9	11
万人财政收入	2.76	99	99	18	18
第三产业占GDP比重	3.84	48	50	11	12
社会生活	3.54	78	77	13	12
居民人均可支配收入	2.88	94	94	15	15
万人社会消费品零售额	3.30	99	99	17	17
城镇化率	3.43	72	72	8	8
空气质量指数	5.11	15	10	10	8

如图3-95、图3-96、表3-48所示，宁都县科技创新能力总得分54.27分，排在江西省第76位，比上一年提升了10位，排在赣州市第15位，比上一年提升了2位。在一级指标中，经济社会发展排在江西省第82位，比上一年提升了16位，排在赣州市第15位，比上一年提升了2位；创新投入排在江西省第39位，比上一年下降了1位，排在赣州市第10位，比上一年下降了2位；创新成效排在江西省第71位，比上一年提升了24位，排在赣州市第13位，比上一年提升了4位；创新环境排在江西省第79位，比上一年下降了11位，排在赣州市第16位，比上一年下降了4位。

目前，宁都县围绕现代轻纺首位产业，矿产品精深加工和食品加工两大主导产业，突出扩增量、抓平台、优服务，加强生态文明建设，推动全县科技竞争力提档升级。该县的创新环境、经济社会发展得分较低，影响了科技竞争力，建议该县不断优化创新环境，在科技意识、技术创新等方面做更多努力，不断提高科技竞争力。

十三、于都县

于都县，位于江西省南部、赣州市东部，是江西省赣州市下辖县。2017年，该县常住人口87.79万人，地区GDP 2 111 517万元。居民人均可支配收入18 296.74元，排在江西省第70位、赣州市第6位。万人GDP 24 051.91万元，排在江西省第86位、赣州市第11位。GDP增长14.86%，排在江西省第20位、赣州市第4位。城镇化率50.86%，排在江西省第39位、赣州市第2位。规模以上工业企业数111家，排在江西省第36位、赣州市第3位。开展R&D活动的企业占比46.79%，排在江西省第18位、赣州市第7位。万人专利申请量5.06件，排在江西省第88位、赣州市第14位。研究人员占R&D人员比32.64%，排在江西省第35位、赣州市第7位。R&D人员全时当量160人·年，排在江西省第65位、赣州市第10位。R&D经费投入占GDP百分比0.5%，排在江西省第66位、赣州市第17位。高新技术产业增加值占规模以上工业增加值比26.98%，排在江西省第56位、赣州市第13位。万人财政收入0.22亿元，排在江西省第94位、赣州市第17位。万人社会消费品零售额0.63亿元，排在江西省第94位、赣州市第14位。第三产业占GDP比重38.41%，排在江西省第52位、赣州市第13位。具体如图3-97、图3-98、表3-49所示。

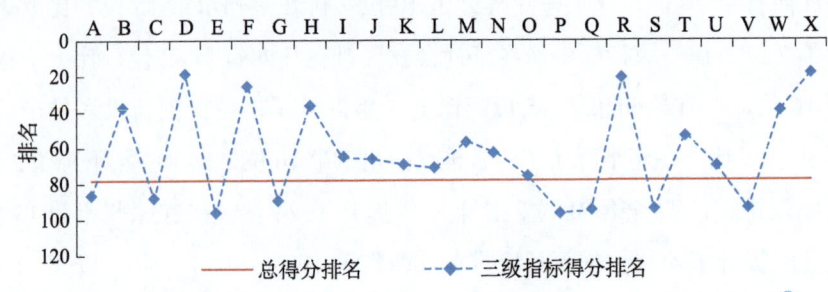

图3-97 于都县科技创新能力总得分、三级指标得分在江西省位次排名[①]

---

① 图注同本书27页图3-1图注。

图 3-98 于都县科技创新能力总得分、三级指标得分在赣州市位次排名 [1]

表 3-49 于都县科技创新能力评价指标得分与位次

指标名称	得分（分） 2017 年	江西省排名 2017 年	江西省排名 2016 年	赣州市排名 2017 年	赣州市排名 2016 年
科技创新能力总得分	53.91	78	87	16	18
创新环境	3.77	67	85	14	17
创新基础	3.49	77	82	12	12
万人 GDP	3.17	86	88	11	13
规模以上工业企业数	4.03	36	51	3	4
万人专利申请量	3.24	88	79	14	15
科技意识	4.05	43	67	12	16
开展 R&D 活动的企业占比	4.81	18	39	7	14
人均科普经费投入	2.90	97	91	18	18
民众浏览科技网页频度	4.10	24	61	5	11
创新投入	3.71	69	85	16	18
人力投入	3.84	58	86	11	17
万人 R&D 人员数	3.43	90	91	16	17
研究人员占 R&D 人员比	4.40	35	79	7	14
R&D 人员全时当量	3.62	65	65	10	12
财力投入	3.58	75	63	17	17
R&D 经费投入占 GDP 百分比	3.59	66	58	17	17
企业 R&D 经费投入占主营业务收入比	3.49	69	43	17	15

[1] 图注同本书27页图3-1图注。

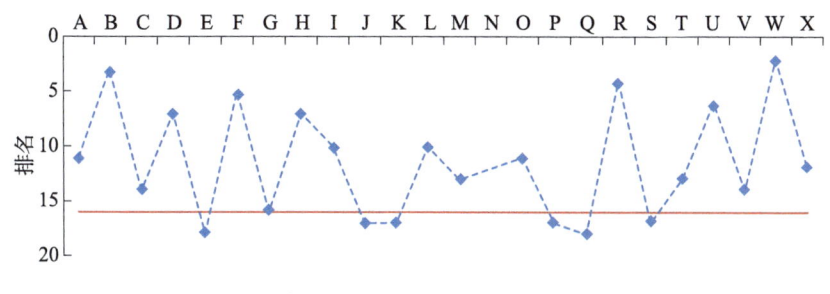

续表

指标名称	得分（分） 2017年	江西省排名 2017年	江西省排名 2016年	赣州市排名 2017年	赣州市排名 2016年
企业技术获取和改造费用占主营业务收入比	3.68	71	54	10	5
创新成效	3.56	75	65	14	11
技术创新	3.67	60	52	12	12
高新技术产业增加值占规模以上工业增加值比	3.80	56	30	13	7
高新技术企业数	3.50	63	53	12	8
产业化水平	3.44	91	75	15	9
新产品销售收入占主营业务收入比	3.42	76	46	11	7
万人发明专利授权量	3.43	96	96	17	18
技术合同成交额	3.47	95	83	18	18
经济社会发展	3.77	61	89	10	14
经济增长	3.78	67	90	12	15
GDP增长百分比	4.64	20	36	4	10
万人财政收入	2.96	94	97	17	17
第三产业占GDP比重	3.79	52	51	13	13
社会生活	3.75	55	63	7	6
居民人均可支配收入	3.33	70	71	6	6
万人社会消费品零售额	3.34	94	94	14	14
城镇化率	3.75	39	40	2	2
空气质量指数	4.98	18	20	12	13

如图3-97、图3-98、表3-49所示，于都县科技创新能力总得分53.91分，排在江西省第78位，比上一年提升了9位，排在赣州市第16位，比上一年提升了2位。在一级指标中，经济社会发展排在江西省第61位，比上一年提升了28位，排在赣州市第10位，比上一年提升了4位；创新投入排在江西省第69位，比上一年提升了16位，排在赣州市第16位，比上一年提升了2位；创新成效排在江西省第75位，比上一年下降了10位，排在赣州市第14位，比上一年下降了3位；创新环境在江西省排名第67位，比上一年提升了18位，排在赣州市第14位，比上一年提升了

3位。

2018年，于都县突出发展纺织服装首位产业，开展"产业集群提升年"活动，扶持一批智能制造示范企业、示范车间，着力打造全国纺织服装产业智能制造示范基地。完善平台建设，推动全县科技竞争力提档升级。该县的创新成效较上一年排名有所下降，影响了科技竞争力，建议该县加速绿色崛起，在传统产业科技竞争力培育、现代科技农业打造、创新平台建设、人才培养等方面进一步强化和提升，不断提高科技竞争力。

十四、兴国县

兴国县位于江西省中南部、赣州市北部，是江西省赣州市下辖县。2017年，该县常住人口74.08万人，地区GDP 1 584 177万元。居民人均可支配收入16 560.07元，排在江西省第83位、赣州市第11位。万人GDP 21 384.68万元，排在江西省第92位、赣州市第15位。GDP增长11.32%，排在江西省第73位、赣州市第16位。城镇化率41.87%，排在江西省第92位、赣州市第16位。规模以上工业企业数88家，排在江西省第57位、赣州市第8位。开展R&D活动的企业占比41.79%，排在江西省第34位、赣州市第12位。人均科普经费投入0.43元，排在江西省第32位、赣州市第5位。万人R&D人员数2.9人，排在江西省第88位、赣州市第15位。研究人员占R&D活动人员比33.49%，排在江西省第31位、赣州市第6位。R&D人员全时当量150人·年，排在江西省第70位、赣州市第12位。R&D经费投入占GDP百分比0.9%，排在江西省第36位、赣州市第10位。万人财政收入0.23亿元，排在江西省第93位、赣州市第16位。万人社会消费品零售额0.59亿元，排在江西省第96位、赣州市第15位。第三产业占GDP比重32.6%，排在江西省第84位、赣州市第17位。具体如图3-99、图3-100、表3-50所示。

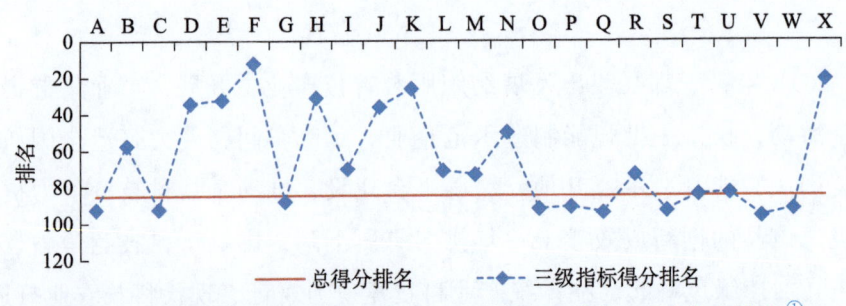

图 3-99　兴国县科技创新能力总得分、三级指标得分在江西省位次排名[①]

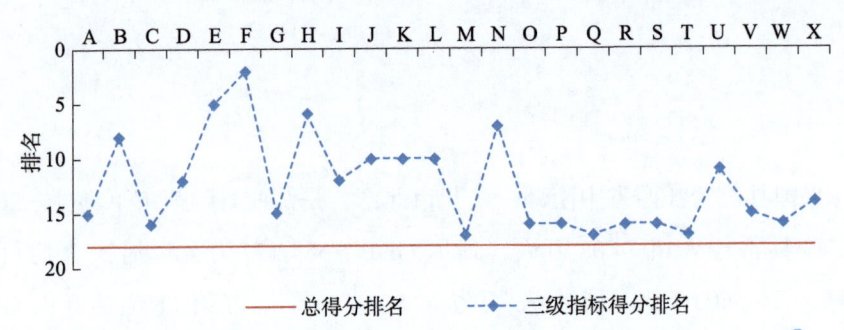

图 3-100　兴国县科技创新能力总得分、三级指标得分在赣州市位次排名[②]

表 3-50　兴国县科技创新能力评价指标得分与位次

指标名称	得分（分）	江西省排名		赣州市排名	
	2017 年	2017 年	2016 年	2017 年	2016 年
科技创新能力总得分	53.37	85	78	18	16
创新环境	3.77	68	71	15	13
创新基础	3.33	88	84	14	14
万人 GDP	3.07	92	91	15	15
规模以上工业企业数	3.73	57	56	8	6
万人专利申请量	3.17	92	86	16	16
科技意识	4.22	33	45	10	14
开展 R&D 活动的企业占比	4.35	34	32	12	13
人均科普经费投入	3.96	32	44	5	9
民众浏览科技网页频度	4.30	12	37	2	3

①② 图注同本书27页图3-1图注。

续表

指标名称	得分（分） 2017年	江西省排名 2017年	江西省排名 2016年	赣州市排名 2017年	赣州市排名 2016年
创新投入	3.93	40	42	11	10
人力投入	3.87	52	48	7	7
万人R&D人员数	3.43	88	93	15	18
研究人员占R&D人员比	4.50	31	29	6	4
R&D人员全时当量	3.61	70	68	12	13
财力投入	3.98	36	40	11	11
R&D经费投入占GDP百分比	3.93	36	34	10	9
企业R&D经费投入占主营业务收入比	4.27	26	22	10	8
企业技术获取和改造费用占主营业务收入比	3.68	71	68	10	7
创新成效	3.45	84	71	17	13
技术创新	3.50	69	53	16	13
高新技术产业增加值占规模以上工业增加值比	3.35	73	48	17	12
高新技术企业数	3.71	50	46	7	6
产业化水平	3.39	99	100	18	18
新产品销售收入占主营业务收入比	3.24	92	94	16	15
万人发明专利授权量	3.48	91	89	16	16
技术合同成交额	3.48	94	78	17	15
经济社会发展	3.40	93	99	18	18
经济增长	3.36	91	98	18	18
GDP增长百分比	3.80	73	46	16	14
万人财政收入	2.99	93	93	16	16
第三产业占GDP比重	3.32	84	84	17	17
社会生活	3.45	83	84	15	14
居民人均可支配收入	3.04	83	83	11	11
万人社会消费品零售额	3.31	96	96	15	15
城镇化率	3.18	92	92	16	16
空气质量指数	4.66	21	18	14	12

如图 3-99、图 3-100、表 3-50 所示，兴国县科技创新能力总得分 53.37 分，排在江西省第 85 位，比上一年下降了 7 位，排在赣州市第 18 位，比上一年下降了 2 位。在一级指标中，经济社会发展排在江西省第 93 位，比上一年提升了 6 位，排在赣州市第 18 位，与上一年位次相同；创新投入排在江西省第 40 位，比上一年提升了 2 位，排在赣州市第 11 位，比上一年下降了 1 位；创新成效排在江西省第 84 位，比上一年下降了 13 位，排在赣州市第 17 位，比上一年下降了 4 位；创新环境在江西省排名第 68 位，比上一年提升了 3 位，排在赣州市第 15 位，比上一年下降了 2 位。

目前，兴国县加快产业结构调整优化，加速各类要素集中集聚，培育壮大发展动能，努力推动更高质量、更有效率、更可持续发展。紧盯机电制造首位产业，瞄准产业链、技术链、价值链，强力招大引强，全力突破龙头型、旗舰型、航母型项目，推动全县科技竞争力提档升级。该县的创新成效较上一年排名有所下降，影响了科技竞争力，建议该县优化产业结构，集聚产业程度，在传统产业科技竞争力培育、现代科技农业打造、创新平台建设、人才培养等方面进一步强化和提升，不断提高科技竞争力。

十五、会昌县

会昌县位于江西省南部偏东、赣州市东部偏南，是江西省赣州市下辖县。2017 年，该县常住人口 45.79 万人，地区 GDP 1 042 171 万元。居民人均可支配收入 16 626.15 元，排在江西省第 81 位、赣州市第 10 位。万人 GDP 22 759.79 万元，排在江西省第 90 位、赣州市第 14 位。GDP 增长 15.21%，排在江西省第 13 位、赣州市第 3 位。城镇化率 44.91%，排在江西省第 78 位、赣州市第 11 位。规模以上工业企业数 53 家，排在江西省第 78 位、赣州市第 12 位。人均科普经费投入 0.42 元，排在江西省第 33 位、赣州市第 6 位。万人 R&D 人员数 1.81 人，排在江西省第 95 位、赣州市第 18 位。研究人员占 R&D 人员比 44.58%，排在江西省第 5 位、赣州市第 1 位。R&D 经费投入占 GDP 百分比 0.6%，排在江西省第 56 位、赣州市第 13 位。高新技术产业增加值占规模以上工业增加值比 21.49%，排在江西省第 68 位、赣州市第 15 位。万人财政收入 0.29 亿元，排在江西省第 86 位、赣州市第 11 位。万人社会消费品零售额 0.7 亿元，排在江西省第 87 位、赣州市第 9 位。第三产业占 GDP 比重 42.03%，排在江西省第 32 位、赣州市第 7 位。具体如图 3-101、图 3-102、表 3-51 所示。

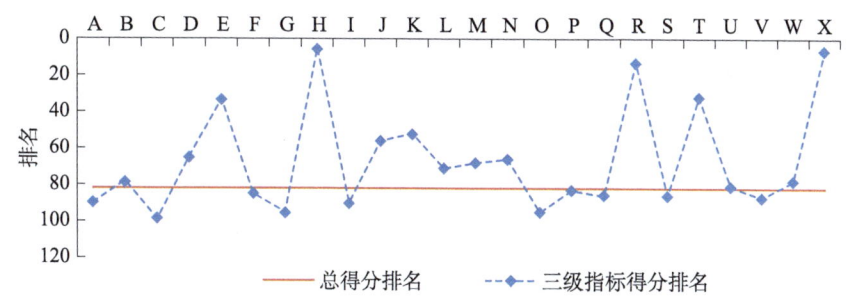

图 3-101　会昌县科技创新能力总得分、三级指标得分在江西省位次排名[①]

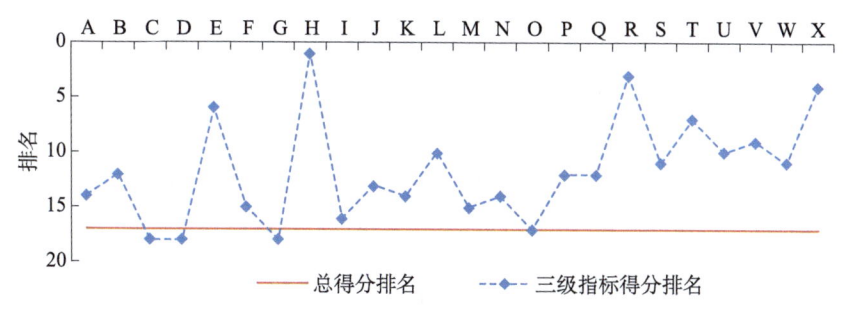

图 3-102　会昌县科技创新能力总得分、三级指标得分在赣州市位次排名[②]

表 3-51　会昌县科技创新能力评价指标得分与位次

指标名称	得分（分）	江西省排名		赣州市排名	
	2017 年	2017 年	2016 年	2017 年	2016 年
科技创新能力总得分	53.68	82	65	17	10
创新环境	3.38	93	82	18	14
创新基础	3.13	99	98	18	18
万人 GDP	3.12	90	90	14	14
规模以上工业企业数	3.28	78	70	12	9

---

①② 图注同本书27页图3-1图注。

续表

指标名称	得分（分） 2017年	江西省排名 2017年	江西省排名 2016年	赣州市排名 2017年	赣州市排名 2016年
万人专利申请量	3.01	99	98	18	18
科技意识	3.65	70	41	18	13
开展R&D活动的企业占比	3.52	65	31	18	12
人均科普经费投入	3.93	33	39	6	7
民众浏览科技网页频度	3.51	85	76	15	16
创新投入	3.99	32	17	8	4
人力投入	4.31	17	7	2	1
万人R&D人员数	3.39	95	85	18	14
研究人员占R&D人员比	5.86	5	1	1	1
R&D人员全时当量	3.47	90	72	16	14
财力投入	3.67	64	46	14	12
R&D经费投入占GDP百分比	3.67	56	41	13	12
企业R&D经费投入占主营业务收入比	3.65	52	29	14	10
企业技术获取和改造费用占主营业务收入比	3.68	71	80	10	11
创新成效	3.45	83	67	16	12
技术创新	3.49	71	46	17	10
高新技术产业增加值占规模以上工业增加值比	3.51	68	67	15	15
高新技术企业数	3.46	66	60	14	11
产业化水平	3.40	97	97	17	16
新产品销售收入占主营业务收入比	3.20	95	96	17	16
万人发明专利授权量	3.52	83	79	12	12
技术合同成交额	3.55	86	72	12	13
经济社会发展	3.86	50	85	5	11
经济增长	3.97	43	50	8	8
GDP增长百分比	4.72	13	11	3	2
万人财政收入	3.16	86	86	11	11
第三产业占GDP比重	4.09	32	29	7	6

续表

指标名称	得分（分）	江西省排名		赣州市排名	
	2017年	2017年	2016年	2017年	2016年
社会生活	3.73	59	69	9	8
居民人均可支配收入	3.05	81	82	10	10
万人社会消费品零售额	3.39	87	86	9	9
城镇化率	3.38	78	78	11	11
空气质量指数	5.76	7	5	4	4

如图3-101、图3-102、表3-51所示，会昌县科技创新能力总得分53.68分，排在江西省第82位，比上一年下降了17位，排在赣州市第17位，比上一年下降了7位。在一级指标中，经济社会发展排在江西省第50位，比上一年提升了35位，排在赣州市第5位，比上一年提升了6位；创新投入排在江西省第32位，比上一年下降了15位，排在赣州市第8位，比上一年下降了4位；创新成效排在江西省第83位，比上一年下降了16位，排在赣州市第16位，比上一年下降了4位；创新环境在江西省排名第93位，比上一年下降了11位，排在赣州市第18位，比上一年下降了4位。

目前，会昌县以打好"主攻工业、精准扶贫、新型城镇化、现代农业、现代服务业、基础设施建设"六大攻坚战为抓手，推动全县科技竞争力提档升级。建议该县积极营造创新氛围，优化创新政策，鼓励企业开展创新活动、技术创新和成果转化，强化专利意识，促进经济发展水平不断提高。

十六、寻乌县

寻乌县位于江西省东南端，是江西省赣州市下辖县。2017年，该县常住人口29.62万人，地区GDP 708 160万元。居民人均可支配收入15 674.26元，排在江西省第91位、赣州市第13位。万人GDP 23 908.17万元，排在江西省第87位、赣州市第12位。GDP增长12.97%，排在江西省第56位、赣州市第14位。城镇化率42.68%，排在江西省第88位、赣州市第15位。开展 R&D 活动的企业占比 46.43%，排在江西省第 19 位、赣州市第 8 位。万人专利申请量 16.74 件，排在江西省第 27 位、赣州市第 8 位。万人 R&D 人员数 10.8 人，排在江西省第 47 位、赣州市第 5 位。研究人员占 R&D 人员比 30.31%，排在江西省第 44 位、赣州市第 9 位。R&D 人员全时当量 240 人·年，排在江西省第 52 位、赣州市第 7 位。R&D 经费投入占 GDP 百分比 1.38%，排在江西省第 20 位、赣州市第 4 位。高新技术产业增加值占规模以上工业增加值比 31.59%，排在江西省第 41 位、赣州市第 11 位。万人财政收入 0.27 亿元，排在江西省第 88 位、赣州市第 13 位。万人社会消费品零售额 0.73 亿元，排在江西省第 82 位、赣州市第 7 位。第三产业占 GDP 比重 39.98%，排在江西省第 39 位、赣州市第 9 位。具体如图 3-103、图 3-104、表 3-52 所示。

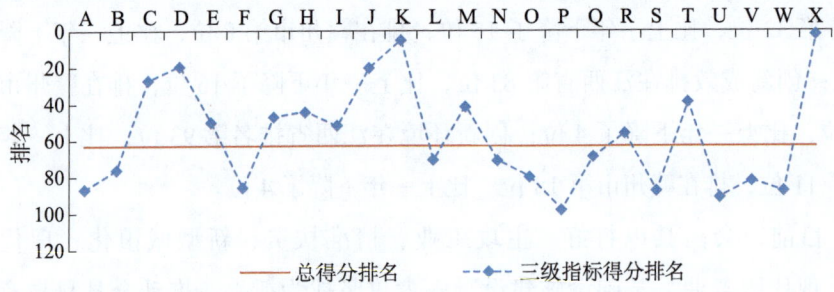

图 3-103　寻乌县科技创新能力总得分、三级指标得分在江西省位次排名①

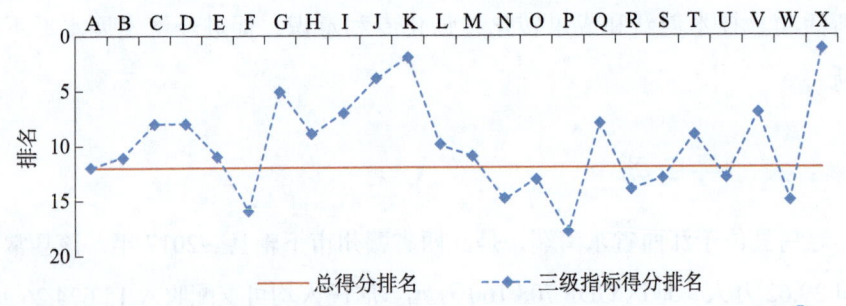

图 3-104　寻乌县科技创新能力总得分、三级指标得分在赣州市位次排名②

①② 图注同本书27页图3-1图注。

表 3-52 寻乌县科技创新能力评价指标得分与位次

指标名称	得分（分） 2017年	江西省排名 2017年	江西省排名 2016年	赣州市排名 2017年	赣州市排名 2016年
科技创新能力总得分	56.70	63	67	12	11
创新环境	3.83	59	48	12	8
创新基础	3.58	75	59	11	8
万人GDP	3.16	87	87	12	12
规模以上工业企业数	3.29	76	83	11	12
万人专利申请量	4.19	27	15	8	3
科技意识	4.10	38	39	11	12
开展R&D活动的企业占比	4.78	19	27	8	10
人均科普经费投入	3.56	50	44	11	9
民众浏览科技网页频度	3.50	86	74	16	15
创新投入	4.27	18	11	3	2
人力投入	3.87	53	33	8	4
万人R&D人员数	3.75	47	47	5	7
研究人员占R&D人员比	4.11	44	27	9	3
R&D人员全时当量	3.73	52	50	7	6
财力投入	4.66	10	12	2	4
R&D经费投入占GDP百分比	4.34	20	19	4	3
企业R&D经费投入占主营业务收入比	5.78	5	6	2	4
企业技术获取和改造费用占主营业务收入比	3.68	71	80	10	11
创新成效	3.61	69	85	12	15
技术创新	3.78	53	77	10	15
高新技术产业增加值占规模以上工业增加值比	4.04	41	63	11	14
高新技术企业数	3.42	71	83	15	15
产业化水平	3.45	89	85	14	15
新产品销售收入占主营业务收入比	3.34	80	68	13	10
万人发明专利授权量	3.41	98	85	18	14
技术合同成交额	3.62	69	53	8	9

续表

指标名称	得分（分）2017年	江西省排名 2017年	江西省排名 2016年	赣州市排名 2017年	赣州市排名 2016年
经济社会发展	3.74	66	93	11	15
经济增长	3.73	73	66	14	13
GDP增长百分比	4.19	56	17	14	4
万人财政收入	3.11	88	90	13	14
第三产业占GDP比重	3.92	39	31	9	8
社会生活	3.75	56	70	8	9
居民人均可支配收入	2.89	91	92	13	14
万人社会消费品零售额	3.42	82	82	7	7
城镇化率	3.23	88	88	15	15
空气质量指数	6.26	3	1	1	1

如图3-103、图3-104、表3-52所示，寻乌县科技创新能力总得分56.70分，排在江西省第63位，比上一年提升了4位，排在赣州市第12位，比上一年下降了1位。在一级指标中，经济社会发展排在江西省第66位，比上一年提升了27位，排在赣州市第11位，比上一年提升了4位；创新投入排在江西省第18位，比上一年下降了7位，排在赣州市第3位，比上一年下降了1位；创新成效排在江西省第69位，比上一年提升了16位，排在赣州市第12位，比上一年提升了3位；创新环境排在江西省第59位，比上一年下降了11位，排在赣州市第12位，比上一年下降了4位。

目前，寻乌县按照"首位产业、首位支持、首位服务、首位发展"的思路，进一步完善首位产业扶持政策，提高政策的时效性和针对性，加大建链、补链、强链力度，推动全县科技竞争力提档升级。该县的创新投入和创新环境较上一年排名都有所下降，影响了科技竞争力，建议该县进一步加大在创新基础环境培育、创新投入等方面的力度，不断提高竞争力。

十七、石城县

石城县位于江西省东南端，是江西省赣州市下辖县。2017年，该县常住人口28.64万人，地区GDP 528 511万元。居民人均可支配收入14 212.69元，排在江西省第99位、赣州市第18位。万人GDP 18 453.60万元，排在江西省第96位、赣州市第18位。GDP增长13.51%，排在江西省第47位、赣州市第11位。城镇化率39.8%，排在江西省第97位、赣州市第18位。规模以上工业企业数43家，排在江西省第86位、赣州市第15位。开展R&D活动的企业占比62.32%，排在江西省第2位、赣州市第1位。万人专利申请量25.94件，排在江西省第11位、赣州市第3位。人均科普经费投入0.36元，排在江西省第44位、赣州市第9位。万人R&D人员数2.3人，排在江西省第93位、赣州市第17位。研究人员占R&D人员比40.91%，排在江西省第8位、赣州市第2位。R&D经费投入占GDP百分比1.08%，排在江西省第25位、赣州市第5位。高新技术产业增加值占规模以上工业增加值比27.01%，排在江西省第55位、赣州市第12位。万人财政收入0.28亿元，排在江西省第87位、赣州市第12位。第三产业占GDP比重44.9%，排在江西省第22位、赣州市第4位。具体如图3-105、图3-106、表3-53所示。

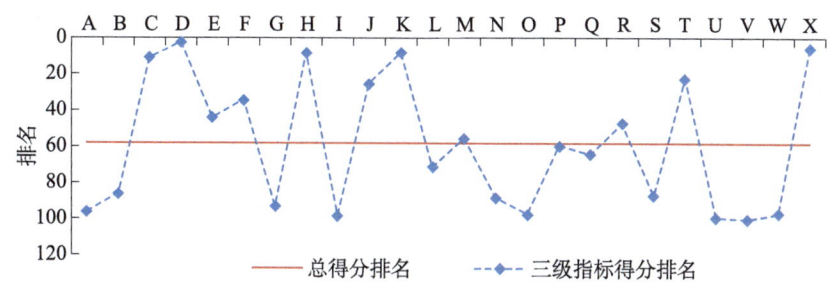

图3-105 石城县科技创新能力总得分、三级指标得分在江西省位次排名[①]

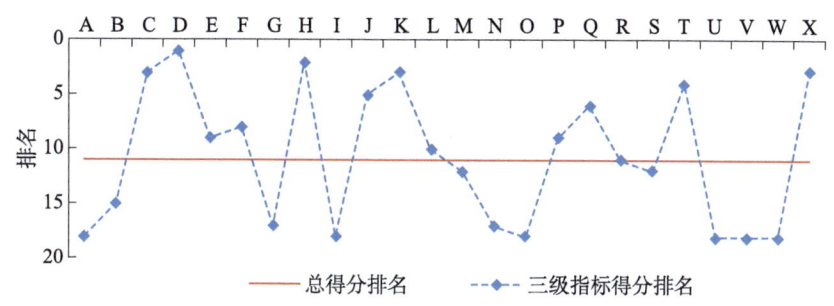

图3-106 石城县科技创新能力总得分、三级指标得分在赣州市位次排名[②]

[①][②] 图注同本书27页图3-1图注。

表 3-53 石城县科技创新能力评价指标得分与位次

指标名称	得分（分）2017年	江西省排名 2017年	江西省排名 2016年	赣州市排名 2017年	赣州市排名 2016年
科技创新能力总得分	57.27	58	71	11	13
创新环境	4.32	19	24	3	4
创新基础	3.74	61	81	7	11
万人 GDP	2.95	96	96	18	18
规模以上工业企业数	3.15	86	85	15	13
万人专利申请量	4.93	11	27	3	9
科技意识	4.92	8	7	2	1
开展 R&D 活动的企业占比	6.26	2	4	1	1
人均科普经费投入	3.74	44	34	9	6
民众浏览科技网页频度	3.91	34	66	8	13
创新投入	4.25	19	19	4	5
人力投入	4.15	23	89	3	18
万人 R&D 人员数	3.41	93	61	17	9
研究人员占 R&D 人员比	5.41	8	85	3	18
R&D 人员全时当量	3.45	98	81	18	16
财力投入	4.34	19	7	5	1
R&D 经费投入占 GDP 百分比	4.09	25	21	5	4
企业 R&D 经费投入占主营业务收入比	5.15	8	3	3	1
企业技术获取和改造费用占主营业务收入比	3.68	71	80	10	11
创新成效	3.49	79	99	15	18
技术创新	3.51	68	96	15	18
高新技术产业增加值占规模以上工业增加值比	3.80	55	97	12	18
高新技术企业数	3.12	88	97	17	18
产业化水平	3.47	87	81	13	12
新产品销售收入占主营业务收入比	3.19	97	96	18	16
万人发明专利授权量	3.64	59	51	9	7
技术合同成交额	3.65	64	50	6	7

续表

指标名称	得分（分）	江西省排名		赣州市排名	
	2017年	2017年	2016年	2017年	2016年
经济社会发展	3.71	71	96	13	16
经济增长	3.91	50	58	9	10
GDP增长百分比	4.32	47	19	11	5
万人财政收入	3.13	87	89	12	13
第三产业占GDP比重	4.32	22	23	4	4
社会生活	3.49	81	87	14	16
居民人均可支配收入	2.65	99	100	18	18
万人社会消费品零售额	3.23	100	100	18	18
城镇化率	3.05	97	98	18	18
空气质量指数	5.82	6	4	3	3

如图3-105、图3-106、表3-53所示，石城县科技创新能力总得分57.27分，排在江西省第58位，比上一年提升了13位，排在赣州市第11位，比上一年提升了2位。在一级指标中，经济社会发展排在江西省第71位，比上一年提升了25位，排在赣州市第13位，比上一年提升了3位；创新投入排在江西省第19位，与上一年位次相同，排在赣州市第4位，比上一年提升了1位；创新成效排在江西省第79位，比上一年提升了20位，排在赣州市第15位，比上一年提升了3位；创新环境排在江西省第19位，比上一年提升了5位，排在赣州市第3位，比上一年提升了1位。

目前，石城县围绕机械制造、绿色食品、矿产品精深加工和新能源等主导产业开展重点招商，突出鞋服产业首位招商，着力吸引国内知名品牌鞋服企业入驻，争取实现"引进一个、带动一批"，补齐建强产业链条，形成产业集聚优势。做强工业产业引导基金，放大资金杠杆效应，推动全县科技竞争力提档升级。该县的经济社会发展、创新成效得分较低，科技竞争力提升有很大的潜力和空间，建议该县加快实施创新驱动发展战略，促进产业转型升级和经济可持续发展。

十八、瑞金市

瑞金市位于江西省南部偏东、赣州市东部，是江西省赣州市下辖县级市。2017年，该市常住人口63.69万人，地区GDP 1 491 576万元。居民人均可支配收入17 864.61元，排在江西省第73位、赣州市第8位。万人GDP 23 419.31万元，排在江西省第88位、赣州市第13位。GDP增长10.54%，排在江西省第79位、赣州市第17位。城镇化率43.73%，排在江西省第82位、赣州市第13位。规模以上工业企业数71家，排在江西省第70位、赣州市第10位。开展R&D活动的企业占比54.21%，排在江西省第9位、赣州市第3位。人均科普经费投入0.4元，排在江西省第36位、赣州市第8位。万人R&D人员数4.63人，排在江西省第80位、赣州市第13位。研究人员占R&D人员比34.58%，排在江西省第25位、赣州市第5位。R&D人员全时当量249人·年，排在江西省第50位、赣州市第6位。新产品销售收入占主营业务收入比10.71%，排在江西省第27位、赣州市第3位。万人财政收入0.32亿元，排在江西省第81位、赣州市第10位。万人社会消费品零售额0.67亿元，排在江西省第90位、赣州市第11位。第三产业占GDP比重50.37%，排在江西省第16位、赣州市第3位。具体如图3-107、图3-108、表3-54所示。

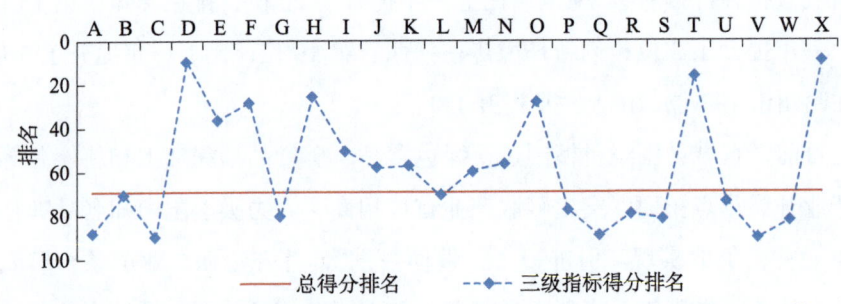

图3-107 瑞金市科技创新能力总得分、三级指标得分在江西省位次排名[1]

---

[1] 图注同本书27页图3-1图注。

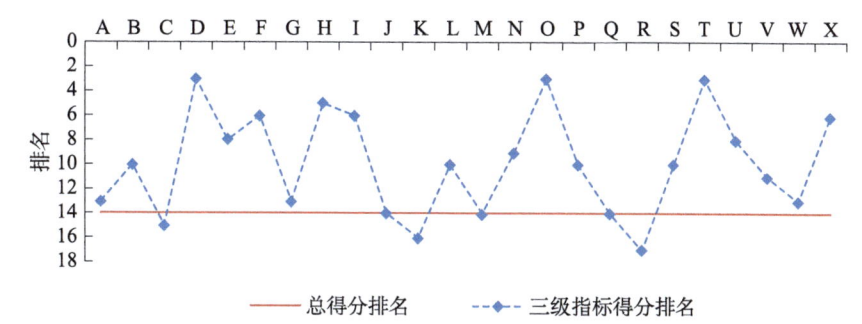

图 3-108　瑞金市科技创新能力总得分、三级指标得分在赣州市位次排名[①]

表 3-54　瑞金市科技创新能力评价指标得分与位次

指标名称	得分（分）	江西省排名		赣州市排名	
	2017 年	2017 年	2016 年	2017 年	2016 年
科技创新能力总得分	55.82	69	77	14	15
创新环境	3.95	45	49	9	9
创新基础	3.29	93	86	17	15
万人 GDP	3.15	88	86	13	11
规模以上工业企业数	3.51	70	70	10	9
万人专利申请量	3.21	90	67	15	14
科技意识	4.64	12	15	4	3
开展 R&D 活动的企业占比	5.50	9	11	3	4
人均科普经费投入	3.87	36	24	8	3
民众浏览科技网页频度	4.02	28	65	6	12
创新投入	3.82	55	78	13	16
人力投入	3.99	36	81	5	14
万人 R&D 人员数	3.50	80	82	13	13
研究人员占 R&D 人员比	4.63	25	73	5	13
R&D 人员全时当量	3.74	50	64	6	11
财力投入	3.65	67	52	16	14
R&D 经费投入占 GDP 百分比	3.65	58	56	14	16
企业 R&D 经费投入占主营业务收入比	3.62	57	27	16	9

---

① 图注同本书27页图3-1图注。

续表

指标名称	得分（分）2017年	江西省排名 2017年	江西省排名 2016年	赣州市排名 2017年	赣州市排名 2016年
企业技术获取和改造费用占主营业务收入比	3.68	71	80	10	11
创新成效	3.71	62	72	11	14
技术创新	3.67	61	59	13	14
高新技术产业增加值占规模以上工业增加值比	3.70	59	60	14	13
高新技术企业数	3.63	56	53	9	8
产业化水平	3.76	57	82	7	13
新产品销售收入占主营业务收入比	4.13	27	58	3	9
万人发明专利授权量	3.54	77	94	10	17
技术合同成交额	3.50	89	71	14	12
经济社会发展	3.82	55	70	8	5
经济增长	3.87	56	31	10	2
GDP增长百分比	3.61	79	43	17	12
万人财政收入	3.26	81	84	10	10
第三产业占GDP比重	4.77	16	14	3	2
社会生活	3.76	54	68	6	7
居民人均可支配收入	3.26	73	74	8	8
万人社会消费品零售额	3.37	90	90	11	11
城镇化率	3.30	82	82	13	13
空气质量指数	5.67	9	8	6	7

如图3-107、图3-108、表3-54所示，瑞金市科技创新能力总得分55.82分，排在江西省第69位，比上一年提升了8位，排在赣州市第14位，比上一年提升了1位。在一级指标中，经济社会发展排在江西省第55位，比上一年提升了15位，排在赣州市第8位，比上一年下降了3位；创新投入排在江西省第55位，比上一年提升了23位，排在赣州市第13位，比上一年提升了3位；创新成效排在江西省第62位，比上一年提升了10位，排在赣州市第11位，比上一年提升了3位；创新环境排在江西省第45位，比上一年提升了4位，排在赣州市第9位，与上一年位次相同。

目前，瑞金市牢固树立优质环境，打造效能服务高地，汇聚创新创业的蓬勃活力，积极创建国家企业技术中心、产学研平台，加快建设南昌大学产学研基地。加大招才引智力度，全面落实"人才新政"，推动全市科技竞争力提档升级。该市的经济社会发展、创新环境、创新投入和创新成效较上一年排名都有所提升。建议该市继续优化科技创新氛围、培养科研人才、加速经济社会发展，不断提高科技竞争力。

第八节 吉 安 市

一、吉州区

吉州区位于江西省中部，是江西省吉安市市辖区。2017年，该区常住人口34.83万人，地区GDP 1 635 622万元。居民人均可支配收入30 555.15元，排在江西省第13位、吉安市第1位。万人GDP 46 960.15万元，排在江西省第32位、吉安市第2位。GDP增长14.73%，排在江西省第24位、吉安市第1位。城镇化率80.29%，排在江西省第11位、吉安市第1位。万人专利申请量8.47件，排在江西省第63位、吉安市第7位。万人发明专利授权量0.26件，排在江西省第32位、吉安市第3位。研究人员占R&D人员比44.41%，排在江西省第6位、吉安市第2位。R&D人员全时当量192人·年，排在江西省第60位、吉安市第8位。R&D经费投入占GDP百分比0.19%，排在江西省第91位、吉安市第12位。高新技术产业增加值占规模以上工业增加值比49.06%，排在江西省第16位、吉安市第2位。新产品销售收入占主营业务收入比4.26%，排在江西省第58位、吉安市第7位。万人财政收入0.45亿元，排在江西省第57位、吉安市第6位。万人社会消费品零售额1.92亿元，排在江西省第16位、吉安市第1位。第三产业占GDP比重55.46%，排在江西省第11位、吉安市第2位。具体如图3-109、图3-110、表3-55所示。

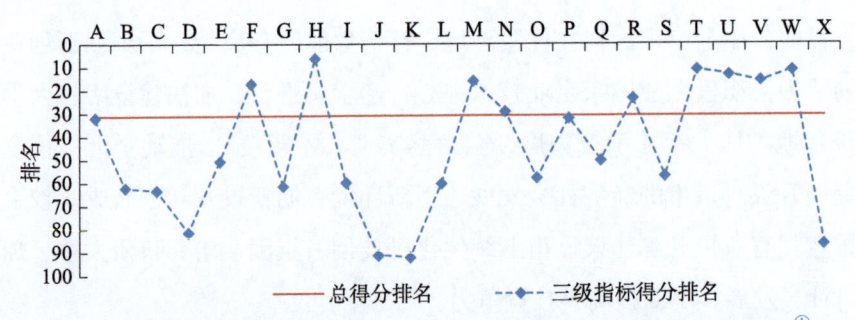

图 3-109　吉州区科技创新能力总得分、三级指标得分在江西省位次排名①

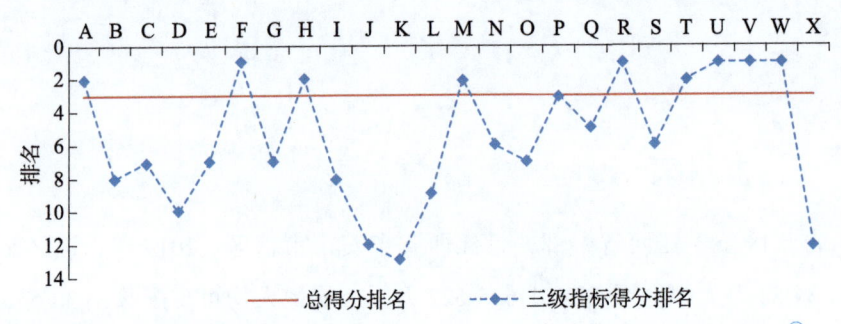

图 3-110　吉州区科技创新能力总得分、三级指标得分在吉安市位次排名②

表 3-55　吉州区科技创新能力评价指标得分与位次

指标名称	得分（分）	江西省排名		吉安市排名	
	2017 年	2017 年	2016 年	2017 年	2016 年
科技创新能力总得分	59.48	31	27	3	1
创新环境	3.60	85	73	9	8
创新基础	3.72	63	62	6	6
万人 GDP	4.06	32	33	2	2
规模以上工业企业数	3.65	62	61	8	7
万人专利申请量	3.52	63	69	7	6
科技意识	3.48	83	70	8	11
开展 R&D 活动的企业占比	3.07	81	65	10	9
人均科普经费投入	3.56	50	44	7	7
民众浏览科技网页频度	4.17	17	58	1	8

---

①② 图注同本书27页图3-1图注。

续表

指标名称	得分（分） 2017年	江西省排名 2017年	江西省排名 2016年	吉安市排名 2017年	吉安市排名 2016年
创新投入	3.91	43	70	4	8
人力投入	4.45	13	38	3	3
万人R&D人员数	3.65	61	75	7	12
研究人员占R&D人员比	5.84	6	21	2	2
R&D人员全时当量	3.66	60	63	8	9
财力投入	3.38	93	91	13	12
R&D经费投入占GDP百分比	3.32	91	91	12	12
企业R&D经费投入占主营业务收入比	3.20	92	93	13	13
企业技术获取和改造费用占主营业务收入比	3.68	60	34	9	2
创新成效	4.18	29	23	4	2
技术创新	4.64	19	14	3	1
高新技术产业增加值占规模以上工业增加值比	4.95	16	15	2	2
高新技术企业数	4.22	29	25	6	4
产业化水平	3.69	66	47	8	6
新产品销售收入占主营业务收入比	3.56	58	54	7	6
万人发明专利授权量	3.84	32	28	3	3
技术合同成交额	3.71	50	37	5	6
经济社会发展	4.57	15	15	1	1
经济增长	4.46	15	19	2	2
GDP增长百分比	4.61	24	22	1	1
万人财政收入	3.64	57	61	6	7
第三产业占GDP比重	5.19	11	10	2	2
社会生活	4.70	13	14	1	1
居民人均可支配收入	5.37	13	13	1	1
万人社会消费品零售额	4.26	16	15	1	1
城镇化率	5.61	11	10	1	1
空气质量指数	2.94	86	85	12	13

如图3-109、图3-110、表3-55所示，吉州区科技创新能力总得分59.48

分，排在江西省第 31 位，比上一年下降了 4 位，排在吉安市第 3 位，比上一年下降了 2 位。在一级指标中，经济社会发展排在江西省第 15 位，与上一年位次相同，排在吉安市第 1 位，与上一年位次相同；创新投入排在江西省第 43 位，比上一年提升了 27 位，排在吉安市第 4 位，比上一年提升了 4 位；创新成效排在江西省第 29 位，比上一年下降了 6 位，排在吉安市第 4 位，比上一年下降了 2 位；创新环境排在江西省第 85 位，比上一年下降了 12 位，排在吉安市第 9 位，比上一年下降了 1 位。

目前，吉州区引导企业加大科技创新和设备更新，促进其增资扩股、升级发展，加大"僵尸"企业清理力度，盘活闲置资产，促进企业转型，推动全区科技竞争力提档升级。该区的创新环境和创新成效较上一年排名都有所下降。建议该区加快实施创新驱动发展战略，促进产业转型升级和经济可持续发展。

二、青原区

青原区位于江西省中部，是江西省吉安市市辖区。2017 年，该区常住人口 20.62 万人，地区 GDP 1 028 754 万元。居民人均可支配收入 22 791.09 元，排在江西省第 41 位、吉安市第 3 位。万人 GDP 49 891.08 万元，排在江西省第 25 位、吉安市第 1 位。GDP 增长 13.87%，排在江西省第 41 位、吉安市第 4 位。城镇化率 47.41%，排在江西省第 67 位、吉安市第 7 位。开展 R&D 活动的企业占比 47.14%，排在江西省第 16 位、吉安市第 4 位。万人专利申请量 13.34 件，排在江西省第 43 位、吉安市第 2 位。万人发明专利授权量 1.21 件，排在江西省第 6 位、吉安市第 1 位。人均科普经费投入 0.5 元，排在江西省第 24 位、吉安市第 2 位。万人 R&D 人员数 13.14 人，排在江西省第 38 位、吉安市第 5 位。R&D 人员全时当量 157 人·年，排在江西省第 66 位、吉安市第 9 位。R&D 经费投入占 GDP 百分比 0.54%，排在江西省第 63 位、吉安市第 7 位。高新技术产业增加值占规模以上工业增加值比 32.25%，排在江西省第 38 位、吉安市第 6 位。万人财政收入 0.45 亿元，排在江西省第 59 位、吉安市第 7 位。万人社会消费品零售额 1.31 亿元，排在江西省第 32 位、吉安市第 3 位。第三产业占 GDP 比重 33.48%，排在江西省第 78 位、吉安市第 10 位。具体如图 3-111、图 3-112、表 3-56 所示。

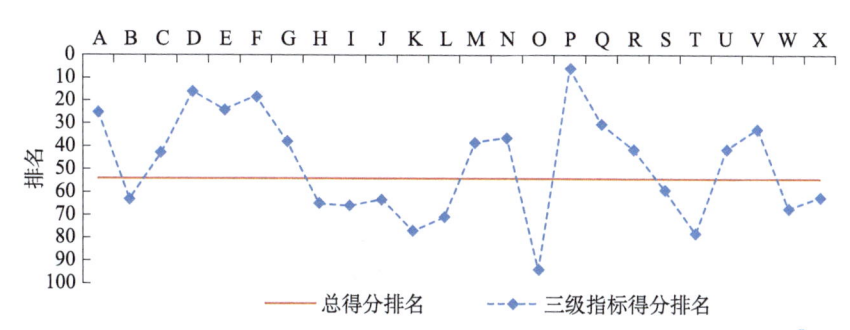

图 3-111　青原区科技创新能力总得分、三级指标得分在江西省位次排名①

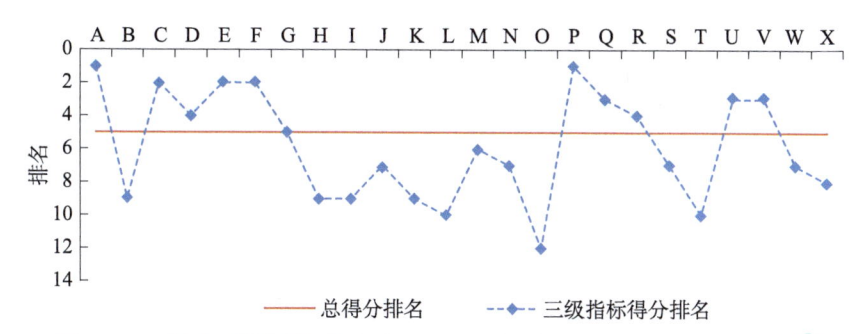

图 3-112　青原区科技创新能力总得分、三级指标得分在吉安市位次排名②

表 3-56　青原区科技创新能力评价指标得分与位次

指标名称	得分（分）	江西省排名		吉安市排名	
	2017 年	2017 年	2016 年	2017 年	2016 年
科技创新能力总得分	57.56	54	39	5	4
创新环境	4.17	29	17	3	2
创新基础	3.88	48	38	3	2
万人 GDP	4.17	25	25	1	1
规模以上工业企业数	3.60	63	66	9	9
万人专利申请量	3.91	43	26	2	2

---

①②　图注同本书27页图3-1图注。

续表

指标名称	得分（分） 2017年	江西省排名 2017年	江西省排名 2016年	吉安市排名 2017年	吉安市排名 2016年
科技意识	4.48	21	8	3	2
开展R&D活动的企业占比	4.84	16	6	4	2
人均科普经费投入	4.18	24	11	2	2
民众浏览科技网页频度	4.16	18	31	2	2
创新投入	3.63	82	83	11	11
人力投入	3.69	68	69	9	11
万人R&D人员数	3.85	38	36	5	4
研究人员占R&D人员比	3.60	65	62	9	10
R&D人员全时当量	3.62	66	62	9	8
财力投入	3.57	76	83	8	8
R&D经费投入占GDP百分比	3.62	63	71	7	6
企业R&D经费投入占主营业务收入比	3.42	77	80	9	9
企业技术获取和改造费用占主营业务收入比	3.68	71	80	10	10
创新成效	4.09	38	31	6	5
技术创新	4.08	40	36	7	6
高新技术产业增加值占规模以上工业增加值比	4.07	38	42	6	6
高新技术企业数	4.09	36	36	7	5
产业化水平	4.10	25	20	2	1
新产品销售收入占主营业务收入比	3.20	94	84	12	12
万人发明专利授权量	5.40	6	7	1	1
技术合同成交额	3.86	30	22	3	3
经济社会发展	3.81	56	42	3	3
经济增长	3.80	62	81	6	8
GDP增长百分比	4.40	41	70	4	12
万人财政收入	3.63	59	60	7	6
第三产业占GDP比重	3.39	78	73	10	8
社会生活	3.81	46	73	3	9
居民人均可支配收入	4.08	41	43	3	3

续表

指标名称	得分（分）	江西省排名		吉安市排名	
	2017年	2017年	2016年	2017年	2016年
万人社会消费品零售额	3.83	32	32	3	3
城镇化率	3.53	67	67	7	7
空气质量指数	3.68	62	83	8	12

如图3-111、图3-112、表3-56所示，青原区科技创新能力总得分57.56分，排在江西省第54位，比上一年下降了15位，排在吉安市第5位，比上一年下降了1位。在一级指标中，经济社会发展排在江西省第56位，比上一年下降了14位，排在吉安市第3位，与上一年位次相同；创新投入排在江西省第82位，比上一年提升了1位，排在吉安市第11位，与上一年位次相同；创新成效排在江西省第38位，比上一年下降了7位，排在吉安市第6位，比上一年下降了1位；创新环境在江西省排名第29位，比上一年下降了12位，排在吉安市第3位，比上一年下降了1位。

目前，青原区突出发展电子信息首位产业，大力发展新能源新材料、先进装备制造、生物医药等新兴技术产业。围绕主导产业延链、补链、强链做文章，实施招大引强、返乡兴业、利用外资、首位产业、引智入青"五大攻坚行动"，推动全区科技竞争力提档升级。该区的经济社会发展、创新成效和创新环境较上一年排名都有所下降，影响了科技竞争力。建议该区继续优化科技创新氛围、培养科研人才、加速经济社会发展等，不断提高科技竞争力。

三、吉安县

吉安县位于江西省中部，是江西省吉安市下辖县。2017年，该县常住人口47.71万人，地区GDP 1 801 659万元。居民人均可支配收入19 775.28元，排在江西省第61位、吉安市第8位。万人GDP 37 762.71万元，排在江西省第48位、吉安市第6位。GDP增长14.64%，排在江西省第26位、吉安市第2位。城镇化率48.12%，排在江西省第63位、吉安市第6位。规模以上工业企业数228家，排在江西省第6位、吉安市第1位。开展R&D活动的企业占比29.29%，排在江西省第79位、吉安市第9位。万人发明专利授权量0.13件，排在江西省第62位、吉安市第8位。万人R&D人员数45.44人，排在江西省第8位、吉安市第1位。R&D人员全时当量1314人·年，排在江西省第5位、吉安市第1位。R&D经费投入占GDP百分比1.67%，排在江西省第13位、吉安市第1位。高新技术产业增加值占规模以上工业增加值比48.13%，排在江西省第18位、吉安市第3位。新产品销售收入占主营业务收入比9.78%，排在江西省第32位、吉安市第3位。万人财政收入0.54亿元，排在江西省第40位、吉安市第2位。万人社会消费品零售额1.04亿元，排在江西省第55位、吉安市第6位。第三产业占GDP比重30.87%，排在江西省第88位、吉安市第13位。具体如图3-113、图3-114、表3-57所示。

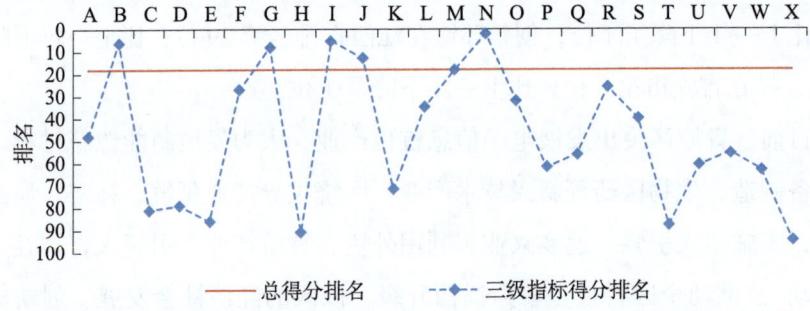

图3-113 吉安县科技创新能力总得分、三级指标得分在江西省位次排名[①]

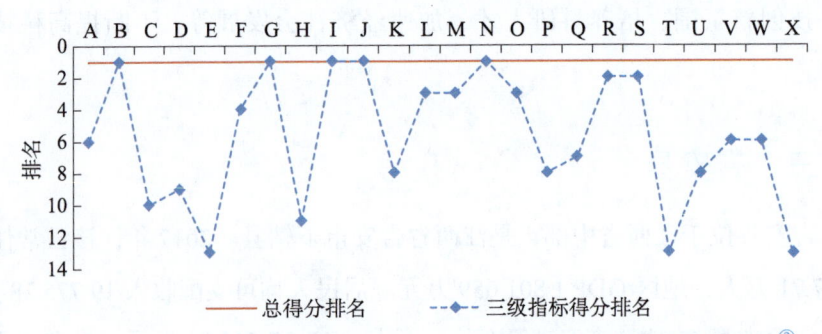

图3-114 吉安县科技创新能力总得分、三级指标得分在吉安市位次排名[②]

---

①② 图注同本书27页图3-1图注。

表 3-57　吉安县科技创新能力评价指标得分与位次

指标名称	得分（分） 2017年	江西省排名 2017年	江西省排名 2016年	吉安市排名 2017年	吉安市排名 2016年
科技创新能力总得分	62.10	18	36	1	3
创新环境	3.81	62	34	6	4
创新基础	4.19	26	25	1	1
万人GDP	3.70	48	54	6	7
规模以上工业企业数	5.54	6	7	1	1
万人专利申请量	3.30	81	72	10	8
科技意识	3.41	88	54	10	5
开展R&D活动的企业占比	3.18	79	57	9	7
人均科普经费投入	3.24	86	76	13	12
民众浏览科技网页频度	4.04	27	6	4	1
创新投入	4.13	26	46	2	4
人力投入	4.30	18	42	4	4
万人R&D人员数	5.16	8	9	1	1
研究人员占R&D人员比	2.83	91	82	11	13
R&D人员全时当量	5.12	5	10	1	1
财力投入	3.96	37	48	2	3
R&D经费投入占GDP百分比	4.59	13	17	1	1
企业R&D经费投入占主营业务收入比	3.45	72	75	8	6
企业技术获取和改造费用占主营业务收入比	3.77	35	48	3	5
创新成效	4.82	10	21	1	2
技术创新	5.80	4	16	1	2
高新技术产业增加值占规模以上工业增加值比	4.90	18	17	3	3
高新技术企业数	7.05	2	2	1	1
产业化水平	3.80	47	38	4	4
新产品销售收入占主营业务收入比	4.04	32	29	3	3
万人发明专利授权量	3.62	62	57	8	6
技术合同成交额	3.68	56	40	7	7

续表

指标名称	得分（分） 2017年	江西省排名 2017年	江西省排名 2016年	吉安市排名 2017年	吉安市排名 2016年
经济社会发展	3.65	77	60	8	4
经济增长	3.88	55	71	3	4
GDP增长百分比	4.59	26	61	2	9
万人财政收入	3.87	40	38	2	2
第三产业占GDP比重	3.17	88	87	13	13
社会生活	3.39	90	67	11	7
居民人均可支配收入	3.58	61	62	8	8
万人社会消费品零售额	3.64	55	56	6	6
城镇化率	3.58	63	64	6	6
空气质量指数	2.52	94	60	13	10

如图3-113、图3-114、表3-57所示，吉安县科技创新能力总得分62.1分，排在江西省第18位，比上一年提升了18位，排在吉安市第1位，比上一年提升了2位。在一级指标中，经济社会发展排在江西省第77位，比上一年下降了17位，排在吉安市第8位，比上一年下降了4位；创新投入排在江西省第26位，比上一年提升了20位，排在吉安市第2位，比上一年提升了2位；创新成效排在江西省第10位，比上一年提升了11位，排在吉安市第1位，与上一年位次相同；创新环境排在江西省第62位，比上一年下降了28位，排在吉安市第6位，比上一年下降了2位。

目前，吉安县突出抓好主导产业和骨干企业的发展，依托大企业引领、大项目带动、园区化承载、集群化发展，重点打造电子信息首位产业、大健康绿色食品主攻产业、新能源新材料潜力产业，努力培植战略性新兴产业，推动全县科技竞争力提档升级。该县的经济社会发展和创新环境较上一年排名都有所下降，影响了科技竞争力。建议该县进一步加大科普宣传，政府和各部门支持、参与创新活动，营造全社会创新氛围，鼓励支持企业开展研发活动，促进经济社会发展。

四、吉水县

吉水县位于江西省中部，是江西省吉安市下辖县。2017年，该县常住人口51.5万人，地区GDP 1 490 718万元。居民人均可支配收入21 065.79元，排在江西省第53位、吉安市第4位。万人GDP 28 945.98万元，排在江西省第75位、吉安市第10位。GDP增长11.72%，排在江西省第70位、吉安市第12位。城镇化率50.11%，排在江西省第49位、吉安市第4位。规模以上工业企业数88家，排在江西省第57位、吉安市第6位。开展R&D活动的企业占比39.87%，排在江西省第44位、吉安市第7位。万人专利申请量5.2件，排在江西省第86位、吉安市第13位。万人发明专利授权量0.06件，排在江西省第85位、吉安市第12位。人均科普经费投入0.5元，排在江西省第24位、吉安市第2位。万人R&D人员数5.61人，排在江西省第75位、吉安市第9位。高新技术产业增加值占规模以上工业增加值比29.7%，排在江西省第48位、吉安市第8位。新产品销售收入占主营业务收入比3.9%，排在江西省第63位、吉安市第8位。万人财政收入0.31亿元，排在江西省第83位、吉安市第11位。万人社会消费品零售额0.94亿元，排在江西省第66位、吉安市第8位。第三产业占GDP比重37.69%，排在江西省第57位、吉安市第5位。具体如图3-115、图3-116、表3-58所示。

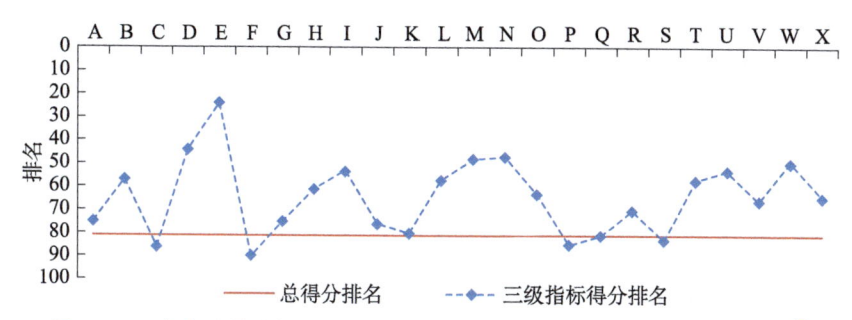

图3-115　吉水县科技创新能力总得分、三级指标得分在江西省位次排名[①]

---

① 图注同本书27页图3-1图注。

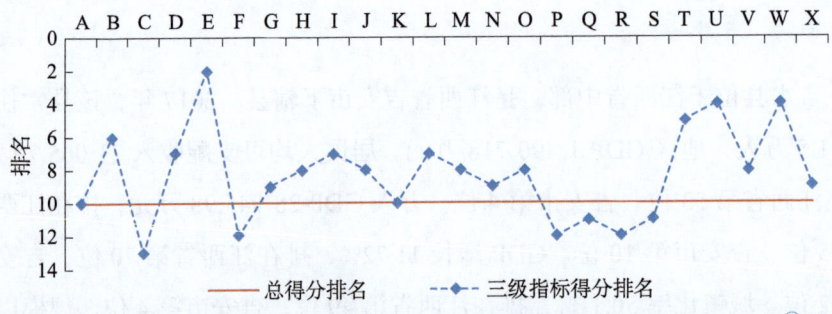

图 3-116　吉水县科技创新能力总得分、三级指标得分在吉安市位次排名①

表 3-58　吉水县科技创新能力评价指标得分与位次

指标名称	得分（分） 2017年	江西省排名 2017年	江西省排名 2016年	吉安市排名 2017年	吉安市排名 2016年
科技创新能力总得分	53.69	81	80	10	11
创新环境	3.72	73	74	8	9
创新基础	3.45	80	75	11	9
万人 GDP	3.36	75	73	10	10
规模以上工业企业数	3.73	57	39	6	5
万人专利申请量	3.25	86	89	13	12
科技意识	4.01	47	59	6	7
开展 R&D 活动的企业占比	4.17	44	71	7	11
人均科普经费投入	4.18	24	14	2	3
民众浏览科技网页频度	3.48	90	100	12	13
创新投入	3.58	88	80	13	10
人力投入	3.64	76	59	11	9
万人 R&D 人员数	3.54	75	66	9	7
研究人员占 R&D 人员比	3.66	61	52	8	8
R&D 人员全时当量	3.72	53	42	7	6
财力投入	3.52	81	86	9	10
R&D 经费投入占 GDP 百分比	3.48	76	74	8	8
企业 R&D 经费投入占主营业务收入比	3.41	80	76	10	7

① 图注同本书27页图3-1图注。

续表

指标名称	得分（分）	江西省排名		吉安市排名	
	2017年	2017年	2016年	2017年	2016年
企业技术获取和改造费用占主营业务收入比	3.69	57	80	7	10
创新成效	3.70	64	77	9	11
技术创新	3.86	52	72	9	11
高新技术产业增加值占规模以上工业增加值比	3.94	48	53	8	9
高新技术企业数	3.76	47	46	9	8
产业化水平	3.54	81	62	11	8
新产品销售收入占主营业务收入比	3.53	63	45	8	5
万人发明专利授权量	3.51	85	69	12	9
技术合同成交额	3.57	81	62	11	12
经济社会发展	3.65	78	62	9	5
经济增长	3.61	80	84	12	9
GDP增长百分比	3.89	70	30	12	2
万人财政收入	3.24	83	83	11	11
第三产业占GDP比重	3.73	57	59	5	5
社会生活	3.69	63	52	5	3
居民人均可支配收入	3.79	53	53	4	4
万人社会消费品零售额	3.57	66	67	8	8
城镇化率	3.70	49	51	4	4
空气质量指数	3.67	64	59	9	9

如图3-115、图3-116、表3-58所示，吉水县科技创新能力总得分53.69分，排在江西省第81位，比上一年下降了1位，排在吉安市第10位，比上一年提升了1位。在一级指标中，经济社会发展排在江西省第78位，比上一年下降了16位，排在吉安市第9位，比上一年下降了4位；创新投入排在江西省第88位，比上一年下降了8位，排在吉安市第13位，比上一年下降了3位；创新成效排在江西省第64位，比上一年提升了13位，排在吉安市第9位，比上一年提升了2位；创新环境排在江西省第73位，比上一年提升了1位，排在吉安市第8位，比上一年提升了1位。

目前，吉水县强攻绿色食品、电子信息、林化香料三大主导产业，实现集聚、集约、集群发展。引导绿色食品产业向中高端发展，以百威英博、金田粮油等企业为龙头，重点开发健康食品、特色食品和有机食品，打造赣中优质粮油集散地和啤酒生产基地，推动全县科技竞争力提档升级。该县的经济社会发展和创新投入较上一年排名都有所下降，建议该县营造创新氛围，依托现有电子信息、绿色食品、林化香料等产业优势，鼓励技术创新和产业化，强化专利意识，促进当地经济发展、人民增收。

五、峡江县

峡江县位于江西省中部、吉安市北部，是江西省吉安市下辖县。2017年，该县常住人口 18.91 万人，地区 GDP 729 808 万元。居民人均可支配收入 17 809.09 元，排在江西省第 74 位、吉安市第 10 位。万人 GDP 38 593.76 万元，排在江西省第 45 位、吉安市第 4 位。GDP 增长 11.72%，排在江西省第 69 位、吉安市第 11 位。城镇化率 45.22%，排在江西省第 76 位、吉安市第 8 位。规模以上工业企业数 67 家，排在江西省第 72 位、吉安市第 11 位。万人发明专利授权量 0.21 件，排在江西省第 43 位、吉安市第 5 位。人均科普经费投入 0.4 元，排在江西省第 36 位、吉安市第 5 位。研究人员占 R&D 人员比 35%，排在江西省第 24 位、吉安市第 5 位。高新技术产业增加值占规模以上工业增加值比 21.59%，排在江西省第 67 位、吉安市第 12 位。新产品销售收入占主营业务收入比 2.86%，排在江西省第 73 位、吉安市第 10 位。万人财政收入 0.61 亿元，排在江西省第 33 位、吉安市第 1 位。万人社会消费品零售额 1.03 亿元，排在江西省第 57 位、吉安市第 7 位。第三产业占 GDP 比重 34.24%，排在江西省第 75 位、吉安市第 8 位。具体如图 3-117、图 3-118、表 3-59 所示。

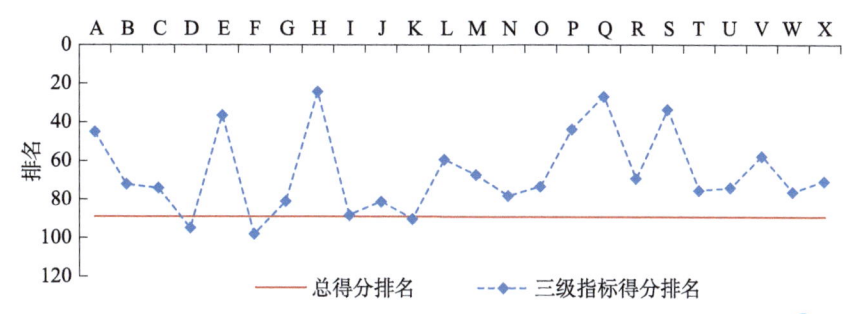

图 3-117　峡江县科技创新能力总得分、三级指标得分在江西省位次排名[①]

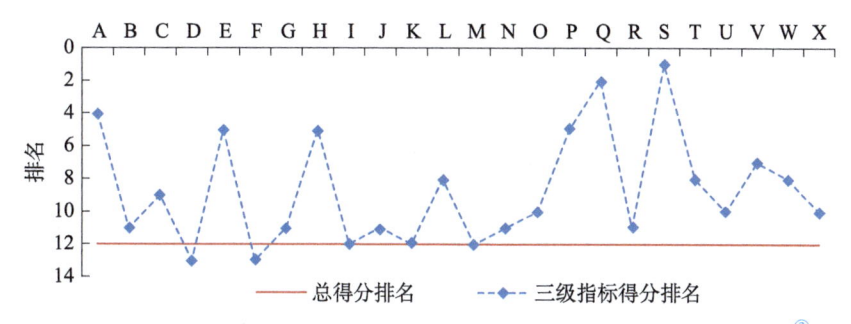

图 3-118　峡江县科技创新能力总得分、三级指标得分在吉安市位次排名[②]

表 3-59　峡江县科技创新能力评价指标得分与位次

指标名称	得分（分）	江西省排名		吉安市排名	
	2017 年	2017 年	2016 年	2017 年	2016 年
科技创新能力总得分	52.17	89	89	12	12
创新环境	3.33	95	93	12	12
创新基础	3.50	76	72	9	8
万人 GDP	3.73	45	47	4	4
规模以上工业企业数	3.46	72	77	11	12
万人专利申请量	3.36	74	56	9	5
科技意识	3.14	97	92	13	12
开展 R&D 活动的企业占比	2.57	95	96	13	12
人均科普经费投入	3.87	36	39	5	6
民众浏览科技网页频度	3.30	98	94	13	12

---

①② 图注同本书27页图3-1图注。

续表

指标名称	得分（分）2017年	江西省排名 2017年	江西省排名 2016年	吉安市排名 2017年	吉安市排名 2016年
创新投入	3.68	74	90	8	13
人力投入	3.92	45	78	6	13
万人R&D人员数	3.49	81	69	11	9
研究人员占R&D人员比	4.69	24	70	5	11
R&D人员全时当量	3.48	88	78	12	12
财力投入	3.43	90	94	12	13
R&D经费投入占GDP百分比	3.41	81	88	11	11
企业R&D经费投入占主营业务收入比	3.25	90	92	12	12
企业技术获取和改造费用占主营业务收入比	3.68	59	66	12	9
创新成效	3.55	77	66	12	9
技术创新	3.42	75	63	11	10
高新技术产业增加值占规模以上工业增加值比	3.51	67	69	12	13
高新技术企业数	3.29	78	74	11	11
产业化水平	3.68	68	42	10	5
新产品销售收入占主营业务收入比	3.44	73	65	10	8
万人发明专利授权量	3.76	43	24	5	2
技术合同成交额	3.91	26	19	2	2
经济社会发展	3.63	81	65	10	6
经济增长	3.81	60	60	4	3
GDP增长百分比	3.89	69	67	11	11
万人财政收入	4.07	33	36	1	1
第三产业占GDP比重	3.45	75	75	8	9
社会生活	3.43	85	80	9	10
居民人均可支配收入	3.25	74	73	10	10
万人社会消费品零售额	3.63	57	57	7	7
城镇化率	3.40	76	75	8	8
空气质量指数	3.58	70	58	10	8

如图 3-117、图 3-118、表 3-59 所示，峡江县科技创新能力总得分 52.17 分，排在江西省第 89 位，排在吉安市第 12 位，都与上一年位次相同。在一级指标中，经济社会发展排在江西省第 81 位，比上一年下降了 16 位，排在吉安市第 10 位，比上一年下降了 4 位；创新投入排在江西省第 74 位，比上一年提升了 16 位，排在吉安市第 8 位，比上一年提升了 5 位；创新成效排在江西省第 77 位，比上一年下降了 11 位，排在吉安市第 12 位，比上一年下降了 3 位；创新环境排在江西省第 95 位，比上一年下降了 2 位，排在吉安市第 12 位，与上一年位次相同。

峡江县强化创新引领，发挥政府引导作用，落实专项专利补助、企业研发费用税前加计扣除优惠政策，鼓励企业增加研发投入，发挥人才支撑作用，加强与峡江籍在外人才的合作，利用博士工作站、院士工作站、工程技术中心等平台，柔性引进中高端和各领域紧缺人才，推进协同创新，促进更多科研成果在峡江转化应用，推动全县科技竞争力提档升级。该县的经济社会发展、创新成效和创新环境较上一年排名都有所下降，建议该县加大科普宣传，政府和各部门支持、参与创新活动，营造企业创新氛围，鼓励支持企业技术创新和成果转化，强化专利意识，促进经济社会协调发展。

六、新干县

新干县，位于江西省中部、吉安市北部，是江西省吉安市下辖县。2017 年，该县常住人口 33.86 万人，地区 GDP 1 298 058 万元。居民人均可支配收入 20 720.14 元，排在江西省第 57 位、吉安市第 6 位。万人 GDP 38 336.03 万元，排在江西省第 46 位、吉安市第 5 位。GDP 增长 13.7%，排在江西省第 43 位、吉安市第 5 位。城镇化率 42.69%，排在江西省第 87 位、吉安市第 12 位。规模以上工业企业数 125 家，排在江西省第 30 位、吉安市第 3 位。开展 R&D 活动的企业占比 52.97%，排在江西省第 12 位、吉安市第 2 位。万人专利申请量 12.38 件，排在江西省第 50 位、吉安市第 3 位。人均科普经费投入 0.5 元，排在江西省第 24 位、吉安市第 2 位。万人 R&D 人员数 5.82 人，排在江西省第 73 位、吉安市第 8 位。研究人员占 R&D 人员比 31.98%，排在江西省第 37 位、吉安市第 6 位。R&D 人员全时当量 130 人·年，排在江西省第 74 位、吉安市第 10 位。R&D 经费投入占 GDP 百分比 0.35%，排在江西省第 78 位、吉安市第 9 位。企业技术获取和改造费用占主营业务收入比 0.03%，排在江西省第 25 位、吉安市第 2 位。万人财政收入 0.48 亿元，排在江西省第 53 位、吉安市第 4 位。万人社会消费品零售额 1.16 亿元，排在江西省第 46 位、吉安市第 5 位。第三产业占 GDP 比重 33.15%，排在江西省第 80 位、吉安市第 11 位。具体如图 3-119、图 3-120、表 3-60 所示。

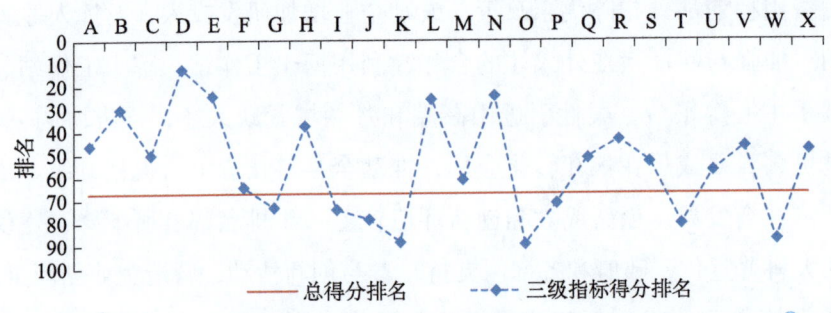

图 3-119 新干县科技创新能力总得分、三级指标得分在江西省位次排名①

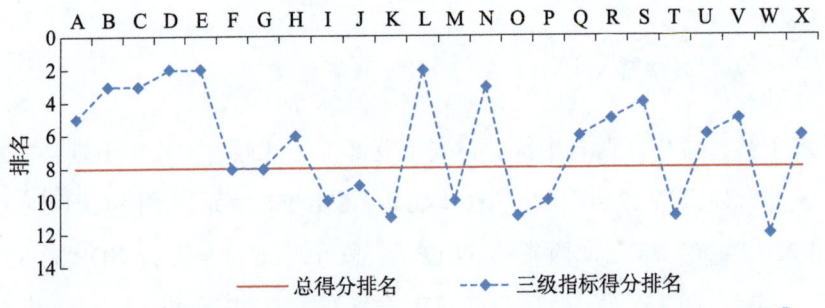

图 3-120 新干县科技创新能力总得分、三级指标得分在吉安市位次排名②

---

①② 图注同本书27页图3-1图注。

表 3-60　新干县科技创新能力评价指标得分与位次

指标名称	得分（分）	江西省排名		吉安市排名	
	2017 年	2017 年	2016 年	2017 年	2016 年
科技创新能力总得分	55.95	67	72	8	8
创新环境	4.26	23	25	2	3
创新基础	3.93	45	65	2	7
万人 GDP	3.72	46	50	5	5
规模以上工业企业数	4.21	30	33	3	3
万人专利申请量	3.84	50	83	3	11
科技意识	4.60	15	10	2	3
开展 R&D 活动的企业占比	5.39	12	7	2	3
人均科普经费投入	4.18	24	21	2	4
民众浏览科技网页频度	3.67	64	44	8	5
创新投入	3.67	76	84	9	12
人力投入	3.84	59	73	8	12
万人 R&D 人员数	3.55	73	62	8	6
研究人员占 R&D 人员比	4.31	37	61	6	9
R&D 人员全时当量	3.58	74	66	10	10
财力投入	3.50	84	80	10	7
R&D 经费投入占 GDP 百分比	3.46	78	72	9	7
企业 R&D 经费投入占主营业务收入比	3.27	88	82	11	10
企业技术获取和改造费用占主营业务收入比	3.83	25	41	2	3
创新成效	3.74	60	60	8	8
技术创新	3.98	44	44	8	7
高新技术产业增加值占规模以上工业增加值比	3.65	61	58	10	11
高新技术企业数	4.43	24	50	3	9
产业化水平	3.48	86	77	13	10
新产品销售收入占主营业务收入比	3.26	89	79	11	10
万人发明专利授权量	3.56	71	65	10	8
技术合同成交额	3.71	51	28	6	4

续表

指标名称	得分（分） 2017年	江西省排名 2017年	江西省排名 2016年	吉安市排名 2017年	吉安市排名 2016年
经济社会发展	3.73	67	75	4	8
经济增长	3.81	61	76	5	5
GDP增长百分比	4.36	43	49	5	6
万人财政收入	3.70	53	57	4	4
第三产业占GDP比重	3.36	80	77	11	11
社会生活	3.63	69	62	7	6
居民人均可支配收入	3.73	57	57	6	6
万人社会消费品零售额	3.72	46	46	5	5
城镇化率	3.24	87	89	12	12
空气质量指数	3.86	48	42	6	5

如图3-119、图3-120、表3-60所示，新干县科技创新能力总得分55.95分，排在江西省第67位，比上一年提升了5位，排在吉安市第8位，与上一年位次相同。在一级指标中，经济社会发展排在江西省第67位，比上一年提升了8位，排在吉安市第4位，比上一年提升了4位；创新投入排在江西省第76位，比上一年提升了8位，排在吉安市第9位，比上一年提升了3位；创新成效排在江西省第60位，与上一年位次相同，排在吉安市第8位，比上一年下降了1位；创新环境排在江西省第23位，比上一年提升了2位，排在吉安市第2位，比上一年提升了1位。

目前，新干县坚持"工业强县、质量兴县"战略，协同推进现代农业和现代服务业，综合施策促进产业转型升级。大力实施"工业三年突围"行动，主攻盐卤药化、箱包皮具、机械机电、灯饰照明四大主导产业，推动全县科技竞争力提档升级。该县的经济社会发展、创新投入和创新环境较上一年排名都有所提升，建议该县继续优化科技创新环境，提高区县科技创新与进步能力，促进区县科技经济社会融合发展。

七、永丰县

永丰县位于江西省中部、吉安市东北部，是江西省吉安市下辖县。2017年，该县常住人口 44 万人，地区 GDP 1 549 481 万元。居民人均可支配收入 20 969.99 元，排在江西省第 55 位、吉安市第 5 位。万人 GDP 35 215.48 万元，排在江西省第 58 位、吉安市第 8 位。GDP 增长 12.57%，排在江西省第 59 位、吉安市第 8 位。城镇化率 44.79%，排在江西省第 79 位、吉安市第 10 位。规模以上工业企业数 127 家，排在江西省第 27 位、吉安市第 2 位。开展 R&D 活动的企业占比 46.12%，排在江西省第 21 位、吉安市第 5 位。万人专利申请量 10.73 件，排在江西省第 55 位、吉安市第 4 位。万人发明专利授权量 0.23 件，排在江西省第 38 位、吉安市第 4 位。万人 R&D 人员数 12.39 人，排在江西省第 39 位、吉安市第 6 位。R&D 人员全时当量 343 人·年，排在江西省第 38 位、吉安市第 4 位。R&D 经费投入占 GDP 百分比 0.59%，排在江西省第 57 位、吉安市第 5 位。高新技术产业增加值占规模以上工业增加值比 45.02%，排在江西省第 22 位、吉安市第 4 位。新产品销售收入占主营业务收入比 6.73%，排在江西省第 43 位、吉安市第 6 位。万人财政收入 0.41 亿元，排在江西省第 68 位、吉安市第 8 位。万人社会消费品零售额 0.91 亿元，排在江西省第 69 位、吉安市第 9 位。第三产业占 GDP 比重 36.16%，排在江西省第 67 位、吉安市第 6 位。具体如图 3-121、图 3-122、表 3-61 所示。

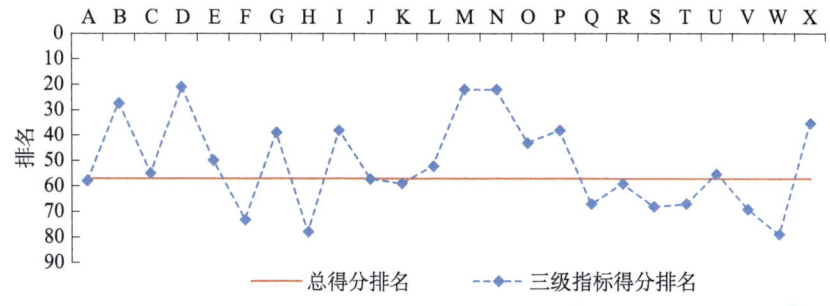

图 3-121　永丰县科技创新能力总得分、三级指标得分在江西省位次排名[①]

---

① 图注同本书27页图3-1图注。

图 3-122　永丰县科技创新能力总得分、三级指标得分在吉安市位次排名①

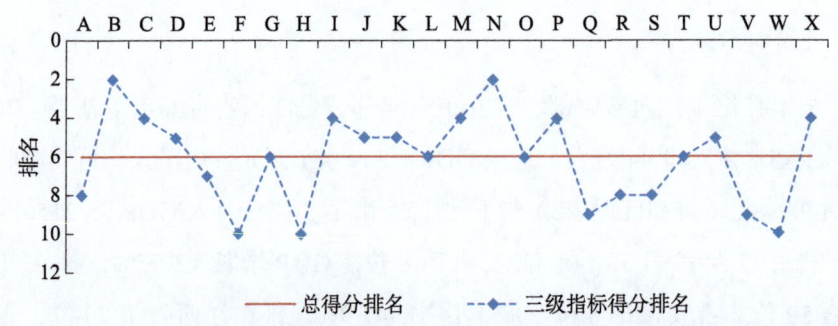

表 3-61　永丰县科技创新能力评价指标得分与位次

指标名称	得分（分） 2017年	江西省排名 2017年	江西省排名 2016年	吉安市排名 2017年	吉安市排名 2016年
科技创新能力总得分	57.40	57	63	6	6
创新环境	3.98	43	63	5	7
创新基础	3.86	50	58	4	5
万人 GDP	3.60	58	58	8	8
规模以上工业企业数	4.23	27	26	2	2
万人专利申请量	3.70	55	73	4	9
科技意识	4.11	37	62	5	9
开展 R&D 活动的企业占比	4.75	21	35	5	4
人均科普经费投入	3.56	50	91	7	13
民众浏览科技网页频度	3.59	73	55	10	6
创新投入	3.65	79	66	10	6
人力投入	3.64	75	68	10	10
万人 R&D 人员数	3.82	39	34	6	3
研究人员占 R&D 人员比	3.29	78	74	10	12
R&D 人员全时当量	3.86	38	25	4	3
财力投入	3.65	65	55	6	4
R&D 经费投入占 GDP 百分比	3.67	57	43	5	4
企业 R&D 经费投入占主营业务收入比	3.60	59	45	5	4

① 图注同本书27页图3-1图注。

续表

指标名称	得分（分） 2017年	江西省排名 2017年	江西省排名 2016年	吉安市排名 2017年	吉安市排名 2016年
企业技术获取和改造费用占主营业务收入比	3.70	52	52	6	6
创新成效	4.19	28	29	3	4
技术创新	4.63	21	19	4	3
高新技术产业增加值占规模以上工业增加值比	4.74	22	19	4	4
高新技术企业数	4.47	22	21	2	2
产业化水平	3.74	60	52	7	7
新产品销售收入占主营业务收入比	3.78	43	44	6	4
万人发明专利授权量	3.78	38	47	4	4
技术合同成交额	3.63	67	47	9	9
经济社会发展	3.72	70	77	6	10
经济增长	3.73	72	80	9	7
GDP增长百分比	4.09	59	65	8	10
万人财政收入	3.50	68	70	8	8
第三产业占GDP比重	3.61	67	64	6	6
社会生活	3.70	61	53	4	4
居民人均可支配收入	3.77	55	56	5	5
万人社会消费品零售额	3.54	69	70	9	9
城镇化率	3.37	79	79	10	10
空气质量指数	4.17	35	30	4	1

如图3-121、图3-122、表3-61所示，永丰县科技创新能力总得分57.40分，排在江西省第57位，比上一年提升了6位，排在吉安市第6位，与上一年位次相同。在一级指标中，经济社会发展排在江西省第70位，比上一年提升了7位，排在吉安市第6位，比上一年提升了4位；创新投入排在江西省第79位，比上一年下降了13位，排在吉安市第10位，比上一年下降了4位；创新成效排在江西省第28位，比上一年提升了1位，排在吉安市第3位，比上一年提升了1位；创新环境排在江西省第43位，比上一年提升了20位，排在吉安市第5位，比上一年提升了2位。

目前，永丰县始终坚持创新驱动，深入实施"工业强县"战略，大力改造提升传统产业，培育壮大新经济业态，推动产业发展迈向中高端，突出工业首位发展地位，集约集优要素资源，持续开展"降成本、优环境"行动，推动全县科技竞争力提档升级。该县的经济社会发展和创新投入得分较低，影响了科技竞争力。建议该县改造传统产业，加快新兴产业发展，加强生产和服务全过程资源节约和综合利用，提高经济增长质量。

八、泰和县

泰和县位于江西省中南部，是江西省吉安市下辖县。2017年，该县常住人口52.62万人，地区GDP 1 678 691万元。居民人均可支配收入20 236.83元，排在江西省第60位、吉安市第7位。万人GDP 31 902.15万元，排在江西省第65位、吉安市第9位。GDP增长14.15%，排在江西省第37位、吉安市第3位。城镇化率50.26%，排在江西省第47位、吉安市第3位。规模以上工业企业数90家，排在江西省第53位、吉安市第5位。万人R&D人员数24.42人，排在江西省第17位、吉安市第2位。研究人员占R&D人员比37.12%，排在江西省第12位、吉安市第3位。R&D人员全时当量739人·年，排在江西省第14位、吉安市第2位。R&D经费投入占GDP百分比0.78%，排在江西省第41位、吉安市第3位。高新技术产业增加值占规模以上工业增加值比57.83%，排在江西省第8位、吉安市第1位。新产品销售收入占主营业务收入比30.12%，排在江西省第7位、吉安市第1位。万人财政收入0.4亿元，排在江西省第70位、吉安市第9位。万人社会消费品零售额0.89亿元，排在江西省第72位、吉安市第10位。第三产业占GDP比重32.29%，排在江西省第86位、吉安市第12位。具体如图3-123、图3-124、表3-62所示。

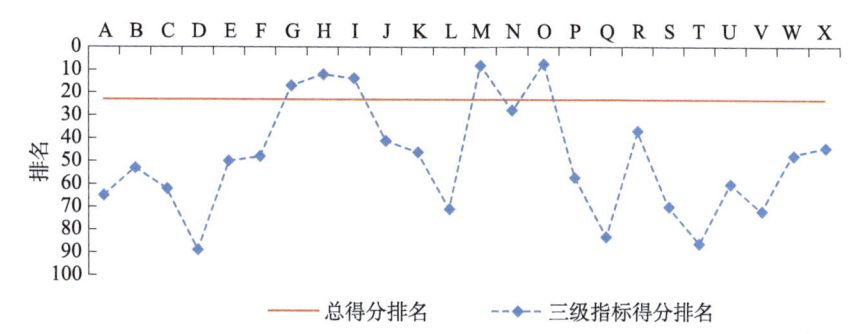

图 3-123　泰和县科技创新能力总得分、三级指标得分在江西省位次排名[①]

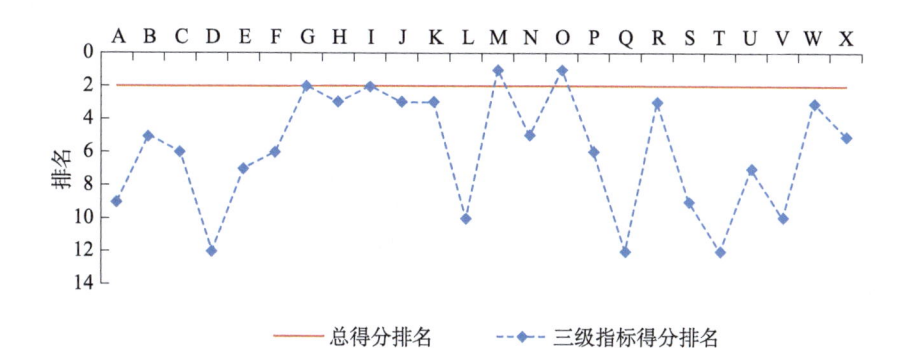

图 3-124　泰和县科技创新能力总得分、三级指标得分在吉安市位次排名[②]

表 3-62　泰和县科技创新能力评价指标得分与位次

指标名称	得分（分）	江西省排名		吉安市排名	
	2017 年	2017 年	2016 年	2017 年	2016 年
科技创新能力总得分	60.85	23	34	2	2
创新环境	3.45	89	53	10	5
创新基础	3.59	73	40	8	3
万人 GDP	3.47	65	65	9	9
规模以上工业企业数	3.76	53	37	5	4
万人专利申请量	3.52	62	25	6	1
科技意识	3.30	92	61	11	8
开展 R&D 活动的企业占比	2.88	89	67	12	10
人均科普经费投入	3.56	50	24	7	5

---

①② 图注同本书27页图3-1图注。

续表

指标名称	得分（分） 2017 年	江西省排名 2017 年	江西省排名 2016 年	吉安市排名 2017 年	吉安市排名 2016 年
民众浏览科技网页频度	3.76	48	35	6	3
创新投入	4.17	24	22	1	1
人力投入	4.56	10	13	2	1
万人 R&D 人员数	4.31	17	18	2	2
研究人员占 R&D 人员比	4.95	12	23	3	3
R&D 人员全时当量	4.37	14	18	2	2
财力投入	3.77	52	33	3	1
R&D 经费投入占 GDP 百分比	3.83	41	25	3	2
企业 R&D 经费投入占主营业务收入比	3.79	46	33	3	2
企业技术获取和改造费用占主营业务收入比	3.68	71	28	10	1
创新成效	4.71	14	26	2	3
技术创新	4.94	15	21	2	4
高新技术产业增加值占规模以上工业增加值比	5.41	8	10	1	1
高新技术企业数	4.31	28	36	5	5
产业化水平	4.47	11	35	1	3
新产品销售收入占主营业务收入比	5.81	7	21	1	2
万人发明专利授权量	3.66	57	64	6	7
技术合同成交额	3.57	83	61	12	11
经济社会发展	3.72	69	76	5	9
经济增长	3.74	71	87	8	10
GDP 增长百分比	4.47	37	39	3	3
万人财政收入	3.47	70	71	9	9
第三产业占 GDP 比重	3.29	86	83	12	12
社会生活	3.69	64	59	6	5
居民人均可支配收入	3.65	60	60	7	7
万人社会消费品零售额	3.53	72	74	10	10
城镇化率	3.71	47	49	3	3
空气质量指数	3.93	44	48	5	7

如图 3-123、图 3-124、表 3-62 所示，泰和县科技创新能力总得分 60.85 分，排在江西省第 23 位，比上一年提升了 11 位，排在吉安市第 2 位，与上一年位次相同。在一级指标中，经济社会发展排在江西省第 69 位，比上一年提升了 7 位，排在吉安市第 5 位，比上一年提升了 4 位；创新投入排在江西省第 24 位，比上一年下降了 2 位，排在吉安市第 1 位，与上一年位次相同；创新成效排在江西省第 14 位，比上一年提升了 12 位，排在吉安市第 2 位，比上一年提升了 1 位；创新环境排在江西省第 89 位，比上一年下降了 36 位，排在吉安市第 10 位，比上一年下降了 5 位。

目前，泰和县加快产业集聚，做强产业集群，加速电子信息、装备制造、绿色食品三大主导产业集群集聚发展，推动全县科技竞争力提档升级。该县的创新环境和创新投入较上一年排名都有所下降，影响了科技竞争力。建议该县优化人才机制，加大人才培育引进，依托电子信息、机械制造和绿色食品等优势产业，鼓励企业开展研发活动、加大研发投入，促进经济增长和人民增收。

九、遂川县

遂川县位于江西省西南部，是江西省吉安市下辖县。2017 年，该县常住人口 55.07 万人，地区 GDP 1 286 285 万元。居民人均可支配收入 16 307.53 元，排在江西省第 86 位、吉安市第 11 位。万人 GDP 23 357.27 万元，排在江西省第 89 位、吉安市第 12 位。GDP 增长 13.29%，排在江西省第 53 位、吉安市第 7 位。城镇化率 42.36%，排在江西省第 91、吉安市第 13 位。规模以上工业企业数 84 家，排在江西省第 59 位、吉安市第 7 位。研究人员占 R&D 人员比 31.44%，排在江西省第 38 位、吉安市第 7 位。R&D 人员全时当量 243 人·年，排在江西省第 51 位、吉安市第 6 位。R&D 经费投入占 GDP 百分比 0.66%，排在江西省第 51 位、吉安市第 4 位。企业技术获取和改造费用占主营业务收入比 0.02%，排在江西省第 38 位、吉安市第 4 位。高新技术产业增加值占规模以上工业增加值比 27.59%，排在江西省第 52 位、吉安市第 9 位。新产品销售收入占主营业务收入比 3.5%，排在江西省第 67 位、吉安市第 9 位。万人财政收入 0.26 亿元，排在江西省第 90 位、吉安市第 12 位。万人社会消费品零售额 0.7 亿元，排在江西省第 88 位、吉安市第 12 位。第三产业占 GDP 比重 38.22%，排在江西省第 55 位、吉安市第 3 位。具体如图 3-125、图 3-126、表 3-63 所示。

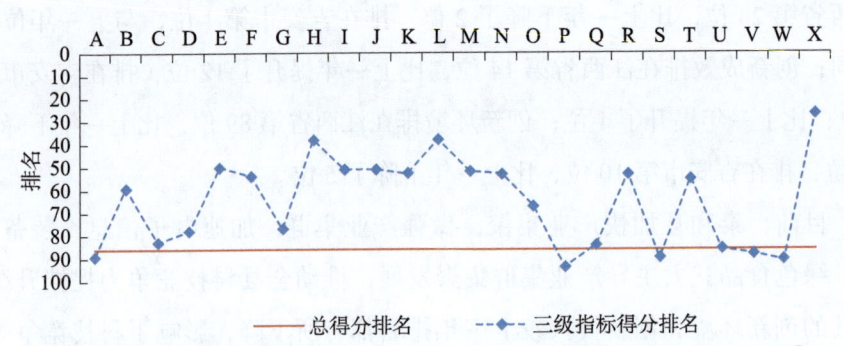

图 3-125　遂川县科技创新能力总得分、三级指标得分在江西省位次排名[①]

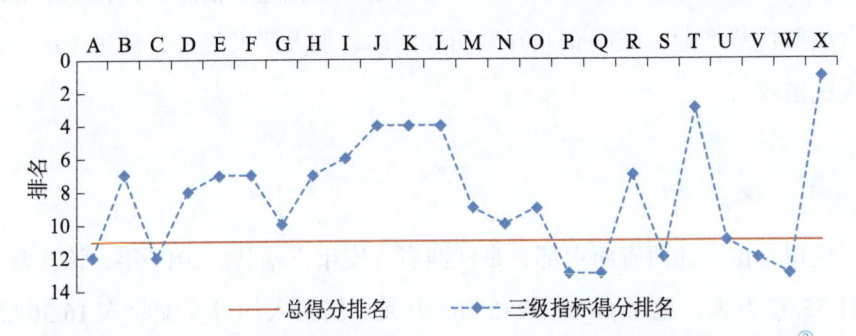

图 3-126　遂川县科技创新能力总得分、三级指标得分在吉安市位次排名[②]

表 3-63　遂川县科技创新能力评价指标得分与位次

指标名称	得分（分）	江西省排名		吉安市排名	
	2017 年	2017 年	2016 年	2017 年	2016 年
科技创新能力总得分	53.14	86	76	11	10
创新环境	3.41	91	80	11	11
创新基础	3.38	85	87	12	12
万人 GDP	3.14	89	89	12	12
规模以上工业企业数	3.68	59	61	7	7

①② 图注同本书27页图3-1图注。

续表

指标名称	得分（分） 2017年	江西省排名 2017年	江西省排名 2016年	吉安市排名 2017年	吉安市排名 2016年
万人专利申请量	3.29	83	90	12	13
科技意识	3.45	87	53	9	4
开展R&D活动的企业占比	3.23	78	42	8	5
人均科普经费投入	3.56	50	44	7	7
民众浏览科技网页频度	3.73	54	56	7	7
创新投入	3.78	57	34	6	2
人力投入	3.85	55	22	7	2
万人R&D人员数	3.54	77	67	10	8
研究人员占R&D人员比	4.25	38	11	7	1
R&D人员全时当量	3.73	51	40	6	5
财力投入	3.71	59	56	5	5
R&D经费投入占GDP百分比	3.72	51	47	4	5
企业R&D经费投入占主营业务收入比	3.65	53	51	4	5
企业技术获取和改造费用占主营业务收入比	3.76	38	44	4	4
创新成效	3.63	66	70	10	10
技术创新	3.76	54	57	10	9
高新技术产业增加值占规模以上工业增加值比	3.83	52	43	9	7
高新技术企业数	3.67	53	64	10	10
产业化水平	3.50	84	91	12	13
新产品销售收入占主营业务收入比	3.50	67	80	9	11
万人发明专利授权量	3.44	94	83	13	11
技术合同成交额	3.56	84	66	13	13
经济社会发展	3.57	87	94	11	12
经济增长	3.70	75	89	10	12
GDP增长百分比	4.27	53	47	7	5
万人财政收入	3.09	90	87	12	12
第三产业占GDP比重	3.78	55	52	3	3

续表

指标名称	得分（分） 2017年	江西省排名 2017年	江西省排名 2016年	吉安市排名 2017年	吉安市排名 2016年
社会生活	3.41	86	90	10	12
居民人均可支配收入	3.00	86	86	11	11
万人社会消费品零售额	3.39	88	87	12	12
城镇化率	3.21	91	91	13	13
空气质量指数	4.41	27	35	1	3

如图3-125、图3-126、表3-63所示，遂川县科技创新能力总得分53.14分，排在江西省第86位，比上一年下降了10位，排在吉安市第11位，比上一年下降了1位。在一级指标中，经济社会发展排在江西省第87位，比上一年提升了7位，排在吉安市第11位，比上一年提升了1位；创新投入排在江西省第57位，比上一年下降了23位，排在吉安市第6位，比上一年下降了4位；创新成效排在江西省第66位，比上一年提升了4位，排在吉安市第10位，与上一年位次相同；创新环境排在江西省第91位，比上一年下降了11位，排在吉安市第11位，与上一年位次相同。

目前，遂川县聚焦主导产业，推进量质齐升，产业结构更加优化，立足电子信息、硅基材料、绿色食品、全域旅游等优势产业，推动全县科技竞争力提档升级。该县的创新投入和创新环境较上一年排名都有所下降，影响了科技竞争力。建议该县营造科技创新氛围，支持鼓励企业研发活动，强化专利意识和成果转化，促进经济增长、百姓生活富足。

十、万安县

万安县位于江西省中南部、吉安市境南缘，是江西省吉安市下辖县。2017年，该县常住人口30.97万人，地区GDP 757 693万元。居民人均可支配收入16 058.12元，排在江西省第89位、吉安市第12位。万人GDP 24 465.39万元，排在江西省第85位、吉安市第11位。GDP增长11.73%，排在江西省第68位、吉安市第10位。城镇化率42.94%，排在江西省第85位、吉安市第 11 位。开展 R&D 活动的企业占比 50.79%，排在江西省第 15 位、吉安市第 3 位。万人专利申请量 20.28 件，排在江西省第 24 位、吉安市第 1 位。万人 R&D 人员数 15.53 人，排在江西省第 29 位、吉安市第 4 位。R&D 人员全时当量 314 人·年，排在江西省第 42 位、吉安市第 5 位。R&D 经费投入占 GDP 百分比 0.92%，排在江西省第 35 位、吉安市第 2 位。高新技术产业增加值占规模以上工业增加值比 41.96%，排在江西省第 26 位、吉安市第 5 位。新产品销售收入占主营业务收入比 10.59%，排在江西省第 28 位、吉安市第 2 位。万人财政收入 0.38 亿元，排在江西省第 73 位、吉安市第 10 位。万人社会消费品零售额 0.64 亿元，排在江西省第 93 位、吉安市第 13 位。第三产业占 GDP 比重 35.32%，排在江西省第 71 位、吉安市第 7 位。具体如图 3-127、图 3-128、表 3-64 所示。

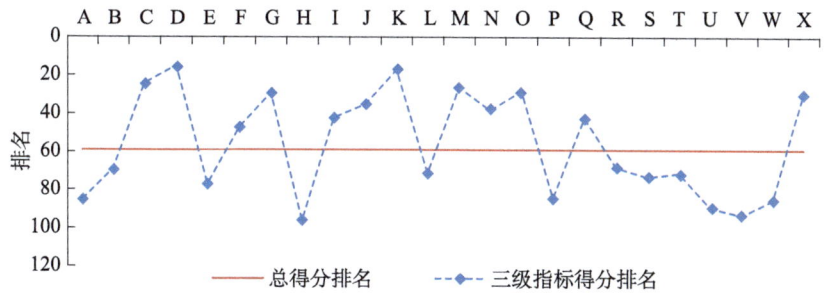

图 3-127　万安县科技创新能力总得分、三级指标得分在江西省位次排名[①]

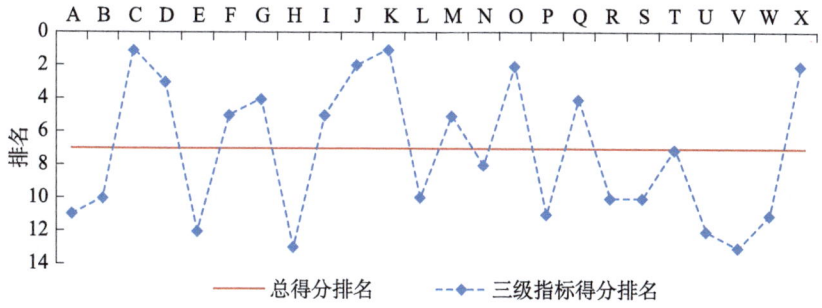

图 3-128　万安县科技创新能力总得分、三级指标得分在吉安市位次排名[②]

①② 图注同本书27页图3-1图注。

表 3-64 万安县科技创新能力评价指标得分与位次

指标名称	得分（分）2017年	江西省排名 2017年	江西省排名 2016年	吉安市排名 2017年	吉安市排名 2016年
科技创新能力总得分	57.09	59	66	7	7
创新环境	4.04	37	75	4	10
创新基础	3.77	58	78	5	10
万人 GDP	3.19	85	84	11	11
规模以上工业企业数	3.54	69	73	10	11
万人专利申请量	4.48	24	47	1	4
科技意识	4.32	26	58	4	6
开展 R&D 活动的企业占比	5.18	15	45	3	6
人均科普经费投入	3.49	77	67	12	11
民众浏览科技网页频度	3.77	47	78	5	10
创新投入	3.77	62	43	7	3
人力投入	3.41	90	46	13	6
万人 R&D 人员数	3.95	29	37	4	5
研究人员占 R&D 人员比	2.58	96	51	13	7
R&D 人员全时当量	3.82	42	35	5	4
财力投入	4.12	29	41	1	2
R&D 经费投入占 GDP 百分比	3.95	35	26	2	3
企业 R&D 经费投入占主营业务收入比	4.65	17	28	1	1
企业技术获取和改造费用占主营业务收入比	3.68	71	57	10	8
创新成效	4.09	37	36	5	6
技术创新	4.36	30	31	5	5
高新技术产业增加值占规模以上工业增加值比	4.58	26	24	5	5
高新技术企业数	4.05	38	43	8	7
产业化水平	3.82	44	33	3	2
新产品销售收入占主营业务收入比	4.12	28	16	2	1
万人发明专利授权量	3.52	84	86	11	12
技术合同成交额	3.76	42	35	4	5

续表

指标名称	得分（分）	江西省排名		吉安市排名	
	2017年	2017年	2016年	2017年	2016年
经济社会发展	3.50	90	95	12	13
经济增长	3.61	79	88	11	11
GDP增长百分比	3.89	68	60	10	8
万人财政收入	3.42	73	75	10	10
第三产业占GDP比重	3.54	71	71	7	7
社会生活	3.38	92	93	13	13
居民人均可支配收入	2.96	89	90	12	13
万人社会消费品零售额	3.35	93	93	13	13
城镇化率	3.25	85	85	11	11
空气质量指数	4.32	29	34	2	2

如图3-127、图3-128、表3-64所示，万安县科技创新能力总得分57.09分，排在江西省第59位，比上一年提升了7位，排在吉安市第7位，与上一年位次相同。在一级指标中，经济社会发展排在江西省第90位，比上一年提升了5位，排在吉安市第12位，比上一年提升了1位；创新投入排在江西省第62位，比上一年下降了19位，排在吉安市第7位，比上一年下降了4位；创新成效排在江西省第37位，比上一年下降了1位，排在吉安市第5位，比上一年提升了1位；创新环境排在江西省第37位，比上一年提升了38位，排在吉安市第4位，比上一年提升了6位。

目前，万安县全力做优做强主导产业，突出电子信息产业首位度，围绕声学元器件等优势板块，制定出台促进首位产业特惠政策，瞄准产业链条的高端，着力引进一批科技含量高、发展前景好、带动效应强的骨干企业、龙头企业，做大产业规模，提升产业层次，推动全县电子信息产业向中高端迈进；培育壮大先进装备制造业。该县的创新投入和创新成效较上一年排名都有所下降，影响了科技竞争力。建议该县优化人才机制，加大科技研发人才培育和引进，出台具体的政策办法支持鼓励企业开展研发活动，强化专利意识及成果转化，提高企业产品科技含量水平，促进经济增长和社会进步。

十一、安福县

安福县位于江西省中部偏西、吉安市西北部，是江西省吉安市下辖县。2017年，该县常住人口39.61万人，地区GDP 1 489 203万元。居民人均可支配收入19 422.33元，排在江西省第63位、吉安市第9位。万人GDP 37 596.64万元，排在江西省第50位、吉安市第7位。GDP增长13.51%，排在江西省第48位、吉安市第6位。城镇化率45.02%，排在江西省第77位、吉安市第9位。规模以上工业企业数96家，排在江西省第46位、吉安市第4位。开展R&D活动的企业占比41.3%，排在江西省第36位、吉安市第6位。人均科普经费投入0.31元，排在江西省第48位、吉安市第6位。万人R&D人员数16.69人，排在江西省第25位、吉安市第3位。R&D人员全时当量581人·年，排在江西省第20位、吉安市第3位。R&D经费投入占GDP百分比0.55%，排在江西省第61位、吉安市第6位。企业技术获取和改造费用占主营业务收入比0.01%，排在江西省第51位、吉安市第5位。高新技术产业增加值占规模以上工业增加值比30.09%，排在江西省第45位、吉安市第7位。新产品销售收入占主营业务收入比6.99%，排在江西省第42位、吉安市第5位。万人财政收入0.46亿元，排在江西省第56位、吉安市第5位。万人社会消费品零售额1.18亿元，排在江西省第44位、吉安市第4位。第三产业占GDP比重33.66%，排在江西省第77位、吉安市第9位。具体如图3-129、图3-130、表3-65所示。

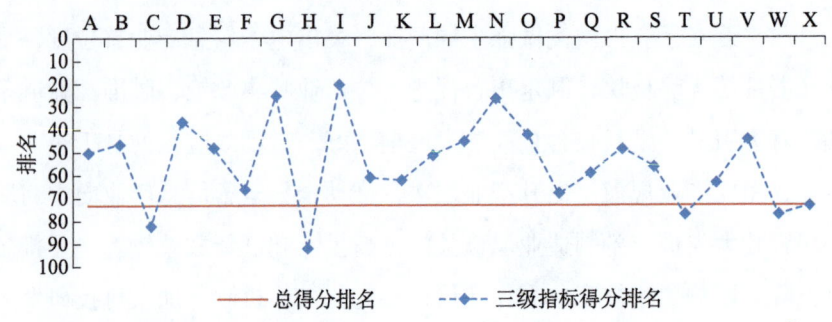

图3-129 安福县科技创新能力总得分、三级指标得分在江西省位次排名[1]

---

[1] 图注同本书27页图3-1图注。

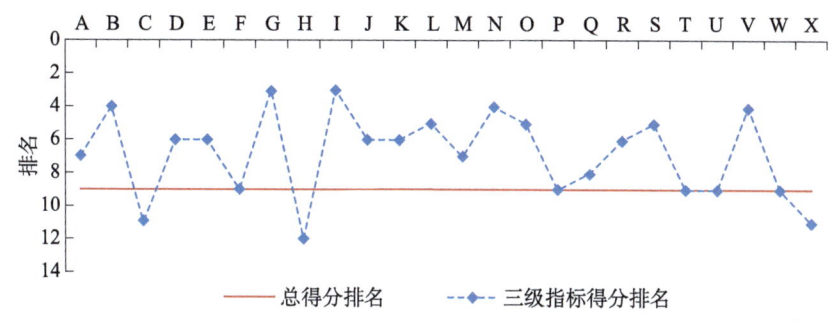

图 3-130 安福县科技创新能力总得分、三级指标得分在吉安市位次排名 [①]

表 3-65 安福县科技创新能力评价指标得分与位次

指标名称	得分（分） 2017年	江西省排名 2017年	江西省排名 2016年	吉安市排名 2017年	吉安市排名 2016年
科技创新能力总得分	55.09	73	75	9	9
创新环境	3.76	70	62	7	6
创新基础	3.60	72	49	7	4
万人 GDP	3.69	50	53	7	6
规模以上工业企业数	3.83	46	45	4	6
万人专利申请量	3.29	82	40	11	3
科技意识	3.92	51	68	7	10
开展 R&D 活动的企业占比	4.30	36	61	6	8
人均科普经费投入	3.59	48	44	6	7
民众浏览科技网页频度	3.64	66	63	9	9
创新投入	3.62	84	69	12	7
人力投入	3.60	79	45	12	5
万人 R&D 人员数	3.99	25	72	3	11
研究人员占 R&D 人员比	2.76	92	34	12	5
R&D 人员全时当量	4.17	20	55	3	7
财力投入	3.63	71	84	7	9
R&D 经费投入占 GDP 百分比	3.63	61	75	6	9
企业 R&D 经费投入占主营业务收入比	3.57	62	77	6	8
企业技术获取和改造费用占主营业务收入比	3.70	51	55	5	7

---

① 图注同本书27页图3-1图注。

续表

指标名称	得分（分）2017年	江西省排名 2017年	江西省排名 2016年	吉安市排名 2017年	吉安市排名 2016年
创新成效	3.91	47	62	7	8
技术创新	4.12	39	51	6	8
高新技术产业增加值占规模以上工业增加值比	3.96	45	52	7	8
高新技术企业数	4.35	26	23	4	3
产业化水平	3.69	67	80	9	11
新产品销售收入占主营业务收入比	3.80	42	72	5	9
万人发明专利授权量	3.58	68	70	9	10
技术合同成交额	3.66	59	42	8	8
经济社会发展	3.67	75	69	7	7
经济增长	3.79	66	77	7	6
GDP增长百分比	4.32	48	55	6	7
万人财政收入	3.66	56	59	5	5
第三产业占GDP比重	3.40	77	76	9	10
社会生活	3.54	77	71	8	8
居民人均可支配收入	3.52	63	64	9	9
万人社会消费品零售额	3.74	44	45	4	4
城镇化率	3.38	77	77	9	9
空气质量指数	3.53	73	63	11	11

如图3-129、图3-130、表3-65所示，安福县科技创新能力总得分55.09分，排在江西省第73位，比上一年提升了2位，排在吉安市第9位，与上一年位次相同。在一级指标中，经济社会发展排在江西省第75位，比上一年下降了6位，排在吉安市第7位，与上一年位次相同；创新投入排在江西省第84位，比上一年下降了15位，排在吉安市第12位，比上一年下降了5位；创新成效排在江西省第47位，比上一年提升了15位，排在吉安市第7位，比上一年提升了1位；创新环境排在江西省第70位，比上一年下降了8位，排在吉安市第7位，比上一年下降了1位。

目前，安福县立足产业基础，顺应发展趋势，集聚优势资源，重点发展电子信息首位产业，主攻电子原配件和高端线材两大产业集群；积极探索虚拟现实、生物识别、人工智能等前沿领域，促进电子信息高端化、终端化生产，推动全县科技竞争力提档升级。该县的经济社会发展、创新投入、创新环境得分较低，科技竞争力提升有很大的潜力和空间。

十二、永新县

永新县位于江西省西部边境，是江西省吉安市下辖县。2017年，该县常住人口48.84万人，地区GDP 1 038 045万元。居民人均可支配收入16 010.83元，排在江西省第90位、吉安市第13位。万人GDP 21 253.99万元，排在江西省第93位、吉安市第13位。GDP增长11.09%，排在江西省第77位、吉安市第13位。城镇化率48.65%，排在江西省第60位、吉安市第5位。规模以上工业企业数54家，排在江西省第76位、吉安市第12位。开展R&D活动的企业占比26.87%，排在江西省第85位、吉安市第11位。万人专利申请量8.13件，排在江西省第65位、吉安市第8位。万人发明专利授权量0.14件，排在江西省第58位、吉安市第7位。研究人员占R&D人员比35.98%，排在江西省第18位、吉安市第4位。企业技术获取和改造费用占主营业务收入比0.04%，排在江西省第21位、吉安市第1位。新产品销售收入占主营业务收入比8.6%，排在江西省第37位、吉安市第4位。万人财政收入0.23亿元，排在江西省第91位、吉安市第13位。第三产业占GDP比重38.09%，排在江西省第56位、吉安市第4位。具体如图3-131、图3-132、表3-66所示。

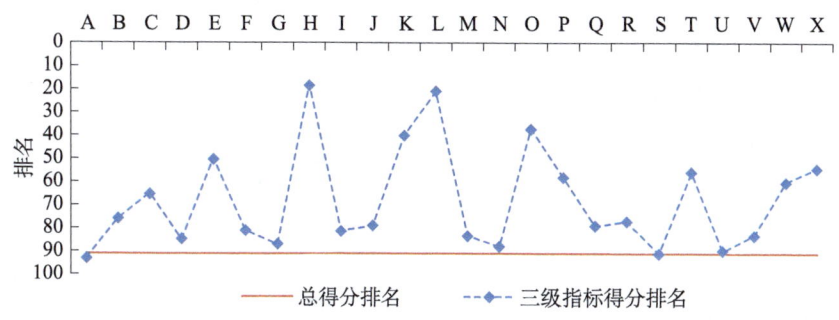

图3-131　永新县科技创新能力总得分、三级指标得分在江西省位次排名[①]

---

① 图注同本书27页图3-1图注。

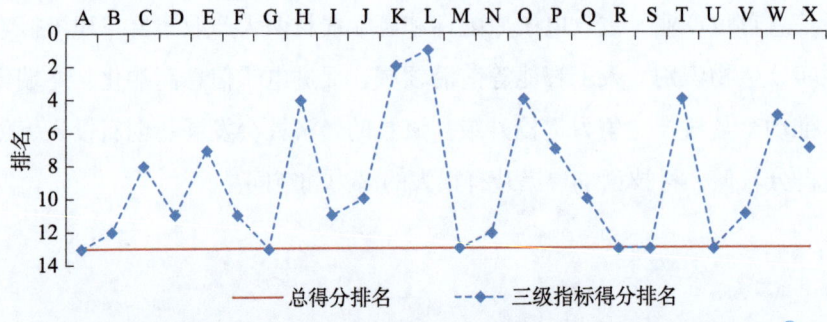

图 3-132 永新县科技创新能力总得分、三级指标得分在吉安市位次排名[①]

表 3-66 永新县科技创新能力评价指标得分与位次

指标名称	得分（分） 2017年	江西省排名 2017年	江西省排名 2016年	吉安市排名 2017年	吉安市排名 2016年
科技创新能力总得分	51.72	91	96	13	13
创新环境	3.29	97	98	13	13
创新基础	3.30	92	93	13	13
万人 GDP	3.06	93	93	13	13
规模以上工业企业数	3.29	76	70	12	10
万人专利申请量	3.49	65	70	8	7
科技意识	3.28	93	99	12	13
开展 R&D 活动的企业占比	2.96	85	99	11	13
人均科普经费投入	3.56	50	64	7	10
民众浏览科技网页频度	3.54	81	85	11	11
创新投入	3.86	47	79	5	9
人力投入	3.98	38	50	5	7
万人 R&D 人员数	3.47	87	90	13	13
研究人员占 R&D 人员比	4.81	18	31	4	4
R&D 人员全时当量	3.55	81	73	11	11
财力投入	3.73	58	90	4	11
R&D 经费投入占 GDP 百分比	3.46	79	78	10	10
企业 R&D 经费投入占主营业务收入比	3.88	40	85	2	11
企业技术获取和改造费用占主营业务收入比	3.88	21	80	1	10

① 图注同本书27页图3-1图注。

续表

指标名称	得分（分） 2017年	江西省排名 2017年	江西省排名 2016年	吉安市排名 2017年	吉安市排名 2016年
创新成效	3.42	85	86	13	12
技术创新	3.12	88	79	13	12
高新技术产业增加值占规模以上工业增加值比	3.11	83	59	13	12
高新技术企业数	3.12	88	83	12	12
产业化水平	3.74	58	84	6	12
新产品销售收入占主营业务收入比	3.94	37	62	4	7
万人发明专利授权量	3.65	58	92	7	13
技术合同成交额	3.58	79	59	10	10
经济社会发展	3.44	92	92	13	11
经济增长	3.49	84	92	13	13
GDP 增长百分比	3.74	77	41	13	4
万人财政收入	3.00	91	91	13	13
第三产业占 GDP 比重	3.76	56	57	4	4
社会生活	3.38	91	86	12	11
居民人均可支配收入	2.95	90	89	13	12
万人社会消费品零售额	3.41	83	84	11	11
城镇化率	3.61	60	60	5	5
空气质量指数	3.82	54	46	7	6

如图 3-131、图 3-132、表 3-66 所示，永新县科技创新能力总得分 51.72 分，排在江西省第 91 位，比上一年提升了 5 位，排在吉安市第 13 位，与上一年位次相同。在一级指标中，经济社会发展排在江西省第 92 位，与上一年位次相同，排在吉安市第 13 位，比上一年下降了 2 位；创新投入排在江西省第 47 位，比上一年提升了 32 位，排在吉安市第 5 位，比上一年提升了 4 位；创新成效排在江西省第 85 位，比上一年提升了 1 位，排在吉安市第 13 位，比上一年下降了 1 位；创新环境排在江西省第 97 位，比上一年提升了 1 位，排在吉安市第 13 位，与上一年位次相同。

目前，永新县积极培育新兴产业，加快新旧动能接续转换，全力推进电子信息产业园建设，升级发展新材料产业，大力发展特色农业、设施农业，真正让农业成为有奔头的产业，推动全县科技竞争力提档升级。该县的经济社会发展、创新成效得分较低，影响了科技竞争力。建议该县改造传统产业，加快新兴产业发展，加强生产和服务全过程资源节约和综合利用，提高经济增长质量。

十三、井冈山市

井冈山市位于江西省西部偏南，是江西省直管县级市，由吉安市代管。2017年，该市常住人口15.66万人，地区GDP 705 534万元。居民人均可支配收入23 899.7元，排在江西省第31位、吉安市第2位。万人GDP 45 053.26万元，排在江西省第34位、吉安市第3位。GDP增长12.2%，排在江西省第65位、吉安市第9位。城镇化率64.49%，排在江西省第18位、吉安市第2位。开展R&D活动的企业占比54.76%，排在江西省第8位、吉安市第1位。万人发明专利授权量0.51件，排在江西省第18位、吉安市第2位。人均科普经费投入1元，排在江西省第7位、吉安市第1位。万人R&D人员数4.09人，排在江西省第83位、吉安市第12位。研究人员占R&D人员比50%，排在江西省第2位、吉安市第1位。R&D人员全时当量44人·年，排在江西省第91位、吉安市第13位。万人财政收入0.53亿元，排在江西省第42位、吉安市第3位。万人社会消费品零售额1.73亿元，排在江西省第20位、吉安市第2位。第三产业占GDP比重61.88%，排在江西省第8位、吉安市第1位。具体如图3-133、图3-134、表3-67所示。

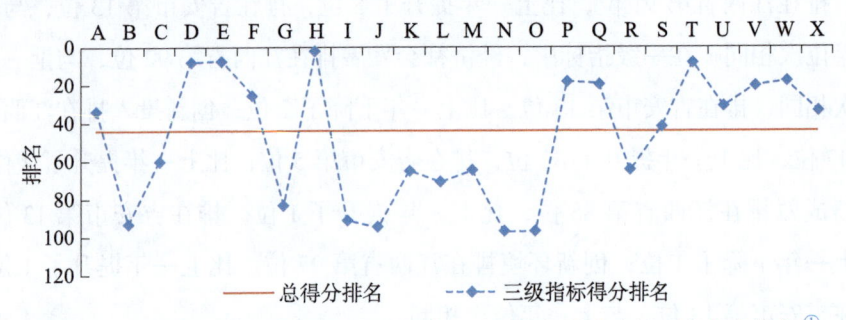

图3-133 井冈山市科技创新能力总得分、三级指标得分在江西省位次排名[①]

---

① 图注同本书27页图3-1图注。

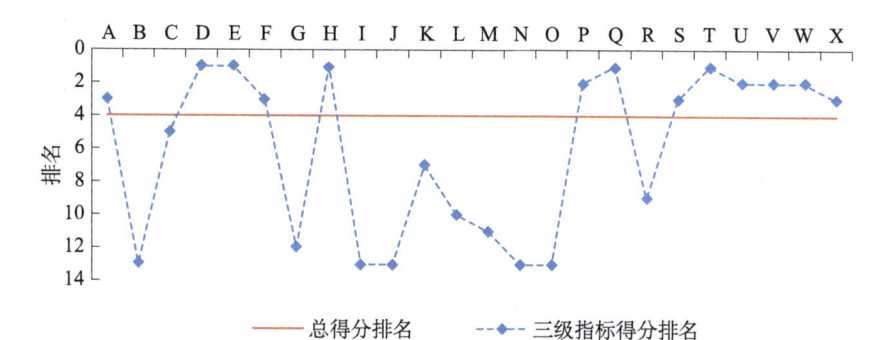

图 3-134　井冈山市科技创新能力总得分、三级指标得分在吉安市位次排名 [①]

表 3-67　井冈山市科技创新能力评价指标得分与位次

指标名称	得分（分）	江西省排名		吉安市排名	
	2017 年	2017 年	2016 年	2017 年	2016 年
科技创新能力总得分	58.46	44	53	4	5
创新环境	4.35	16	16	1	1
创新基础	3.47	78	85	10	11
万人 GDP	3.98	34	36	3	3
规模以上工业企业数	2.98	93	95	13	13
万人专利申请量	3.54	60	77	5	10
科技意识	5.27	4	3	1	1
开展 R&D 活动的企业占比	5.55	8	2	1	1
人均科普经费投入	5.74	7	9	1	1
民众浏览科技网页频度	4.10	25	40	3	4
创新投入	4.03	30	63	3	5
人力投入	4.58	8	51	1	8
万人 R&D 人员数	3.48	83	71	12	10
研究人员占 R&D 人员比	6.53	2	38	1	6
R&D 人员全时当量	3.47	91	81	13	13
财力投入	3.48	87	71	11	6
R&D 经费投入占 GDP 百分比	3.26	95	92	13	13
企业 R&D 经费投入占主营业务收入比	3.53	65	35	7	3

---

① 图注同本书27页图3-1图注。

续表

指标名称	得分（分） 2017年	江西省排名 2017年	江西省排名 2016年	吉安市排名 2017年	吉安市排名 2016年
企业技术获取和改造费用占主营业务收入比	3.68	71	80	10	10
创新成效	3.56	74	88	11	13
技术创新	3.33	79	83	12	13
高新技术产业增加值占规模以上工业增加值比	3.57	65	57	11	10
高新技术企业数	3.00	97	90	13	13
产业化水平	3.80	48	66	5	9
新产品销售收入占主营业务收入比	3.19	97	93	13	13
万人发明专利授权量	4.25	18	56	2	5
技术合同成交额	4.11	19	16	1	1
经济社会发展	4.41	17	21	2	2
经济增长	4.51	14	18	1	1
GDP增长百分比	4.00	65	80	9	13
万人财政收入	3.85	42	47	3	3
第三产业占GDP比重	5.71	8	8	1	1
社会生活	4.30	17	18	2	2
居民人均可支配收入	4.26	31	31	2	2
万人社会消费品零售额	4.13	20	19	2	2
城镇化率	4.61	18	18	2	2
空气质量指数	4.20	33	40	3	4

如图3-133、图3-134、表3-67所示，井冈山市科技创新能力总得分58.46分，排在江西省第44位，比上一年提升了9位，排在吉安市第4位，比上一年提升了1位。在一级指标中，经济社会发展排在江西省第17位，比上一年提升了4位，排在吉安市第2位，与上一年位次相同；创新投入排在江西省第30位，比上一年提升了33位，排在吉安市第3位，比上一年提升了2位；创新成效排在江西省第74位，比上一年提升了14位，排在吉安市第11位，比上一年提升了2位；创新环境排在江西省第16位，排在吉安市第1位，都与上一年位次相同。

目前，井冈山市坚持顺应市场需求，全力推动产业转型升级，促进发展质量和效益同步提升，全力振兴工业经济，提升绿色工业的支撑作用。坚定不移推进工业强市发展战略，坚持做大增量与优化存量并重，着力推进全域旅游，推动全市科技竞争力提档升级。该市的经济社会发展、创新投入和创新成效较上一年排名都有所提升。建议该市不断优化创新环境，加大人才培育引进和财政支持力度，营造企业创新氛围，依托旅游、毛竹等优势资源，以科技创新促进产业转型升级。

第九节 宜 春 市

一、袁州区

袁州区位于江西省西部，是江西省宜春市市辖区。2017年，该区常住人口107.5万人，地区GDP 2 850 981万元。居民人均可支配收入24 565.92元，排在江西省第22位、宜春市第1位。万人GDP 26 520.75万元，排在江西省第82位、宜春市第10位。GDP增长14.52%，排在江西省第31位、宜春市第3位。城镇化率56.29%，排在江西省第22位、宜春市第1位。规模以上工业企业数228家，排在江西省第6位、宜春市第1位。万人发明专利授权量0.57件，排在江西省第13位、宜春市第2位。万人R&D人员数13.65人，排在江西省第36位、宜春市第6位。R&D人员全时当量732人·年，排在江西省第15位、宜春市第3位。企业技术获取和改造费用占主营业务收入比0.03%，排在江西省第28位、宜春市第3位。高新技术产业增加值占规模以上工业增加值比62.89%，排在江西省第7位、宜春市第1位。新产品销售收入占主营业务收入比13.97%，排在江西省第17位、宜春市第1位。万人财政收入0.29亿元，排在江西省第85位、宜春市第10位。万人社会消费品零售额1.99亿元，排在江西省第15位、宜春市第1位。第三产业占GDP比重50.65%，排在江西省第15位、宜春市第1位。具体如图3-135、图3-136、表3-68所示。

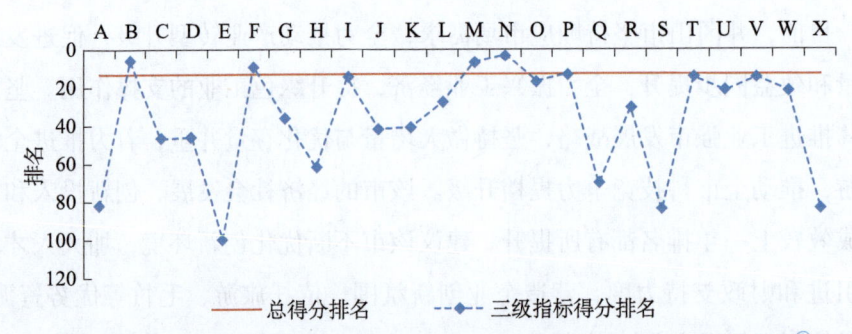

图 3-135　袁州区科技创新能力总得分、三级指标得分在江西省位次排名[①]

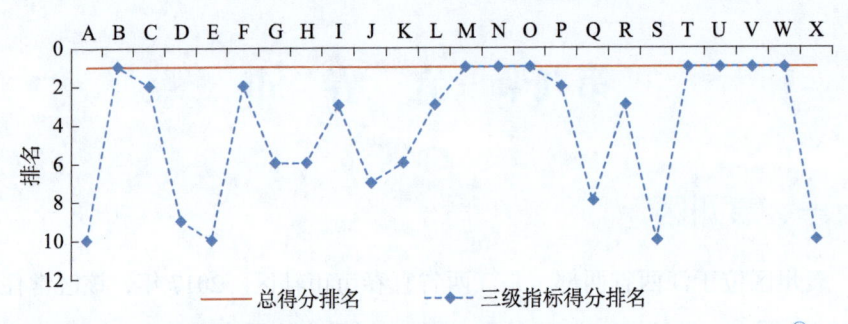

图 3-136　袁州区科技创新能力总得分、三级指标得分在宜春市位次排名[②]

表 3-68　袁州区科技创新能力评价指标得分与位次

指标名称	得分（分）	江西省排名		宜春市排名	
	2017 年	2017 年	2016 年	2017 年	2016 年
科技创新能力总得分	64.28	13	12	1	1
创新环境	4.05	36	36	3	3
创新基础	4.27	21	23	2	3
万人 GDP	3.27	82	83	10	10
规模以上工业企业数	5.54	6	8	1	1
万人专利申请量	3.86	47	28	2	2
科技意识	3.82	61	65	9	8
开展 R&D 活动的企业占比	4.14	46	37	9	6
人均科普经费投入	2.75	100	99	10	9
民众浏览科技网页频度	4.60	9	16	2	1

---

①② 图注同本书27页图3-1图注。

续表

指标名称	得分（分） 2017年	江西省排名 2017年	江西省排名 2016年	宜春市排名 2017年	宜春市排名 2016年
创新投入	3.89	44	12	7	1
人力投入	3.94	42	19	5	1
万人R&D人员数	3.87	36	19	6	4
研究人员占R&D人员比	3.65	62	56	6	3
R&D人员全时当量	4.37	15	5	3	1
财力投入	3.84	49	18	6	2
R&D经费投入占GDP百分比	3.83	42	22	7	6
企业R&D经费投入占主营业务收入比	3.87	41	17	6	2
企业技术获取和改造费用占主营业务收入比	3.81	28	18	3	1
创新成效	5.10	8	10	1	1
技术创新	6.00	3	11	1	1
高新技术产业增加值占规模以上工业增加值比	5.67	7	7	1	1
高新技术企业数	6.46	3	4	1	1
产业化水平	4.16	23	17	2	2
新产品销售收入占主营业务收入比	4.41	17	12	1	2
万人发明专利授权量	4.34	13	11	2	2
技术合同成交额	3.62	71	69	8	9
经济社会发展	4.11	25	24	3	1
经济增长	4.16	29	37	6	5
GDP增长百分比	4.56	31	50	3	1
万人财政收入	3.18	85	85	10	10
第三产业占GDP比重	4.79	15	15	1	1
社会生活	4.05	27	30	1	2
居民人均可支配收入	4.37	22	22	1	1
万人社会消费品零售额	4.32	15	13	1	1
城镇化率	4.10	22	22	1	1
空气质量指数	3.10	83	77	10	10

如图 3-135、图 3-136、表 3-68 所示，袁州区科技创新能力总得分 64.28 分，排在江西省第 13 位，比上一年下降了 1 位，排在宜春市第 1 位，与上一年位次相同。在一级指标中，经济社会发展排在江西省第 25 位，比上一年下降了 1 位，排在宜春市第 3 位，比上一年下降了 2 位；创新投入排在江西省第 44 位，比上一年下降了 32 位，排在宜春市第 7 位，比上一年下降了 6 位；创新成效排在江西省第 8 位，比上一年提升了 2 位，排在宜春市第 1 位，与上一年位次相同；创新环境排在江西省第 36 位，排在宜春市第 3 位，都与上一年位次相同。

目前，袁州区重点培育和壮大生物医药、锂电新能源及智能装备制造业等主导产业。大力发展大数据产业，完善信息化网络基础设施，建设覆盖城乡、服务便捷、高速畅通、技术先进的智慧城区，推动全区科技竞争力提档升级。该区的经济社会发展、创新投入较上一年排名都有所下降，影响了科技竞争力。建议该区加强科普宣传，强化专利意识，政府及各部门支持、参与科技创新活动，依托现有的医药、机电锂电、油茶等优势产业，营造创新氛围，积极拓展成果转化，提升产品科技附加值和竞争力，提高经济发展质量。

二、奉新县

奉新县位于江西省西北部，是江西省宜春市下辖县。2017 年，该县常住人口 32.18 万人，地区 GDP 1 410 543 万元。居民人均可支配收入 23 095.7 元，排在江西省第 39 位、宜春市第 4 位。万人 GDP 43 832.91 万元，排在江西省第 36 位、宜春市第 3 位。GDP 增长 14.57%，排在江西省第 27 位、宜春市第 2 位。城镇化率 52.66%，排在江西省第 34 位、宜春市第 3 位。规模以上工业企业数 106 家，排在江西省第 40 位、宜春市第 8 位。开展 R&D 活动的企业占比 43.64%，排在江西省第 29 位、宜春市第 6 位。万人发明专利授权量 0.25 件，排在江西省第 35 位、宜春市第 5 位。万人 R&D 人员数 25.91 人，排在江西省第 15 位、宜春市第 1 位。R&D 人员全时当量 584 人·年，排在江西省第 19 位、宜春市第 5 位。R&D 经费投入占 GDP 百分比为 1.01%，排在江西省第 32 位、宜春市第 5 位。企业技术获取和改造费用占主营业务收入比 0.02%，排在江西省第 39 位、宜春市第 5 位。高新技术产业增加值占规模以上工业增加值比 31.37%，排在江西省第 43 位、宜春市第 5 位。新产品销售收入占主营业务收入比 10.43%，排在江西省第 29 位、宜春市第 4 位。万人财政收入 0.74 亿元，排在江西省第 21 位、宜春市第 3 位。万人社会消费品零售额 1.4 亿元，排在江西省第 31 位、宜春市第 3 位。第三产业占 GDP 比重 40.2%，排在江西省第 37 位、宜春市第 3 位。具体如图 3-137、图 3-138、表 3-69 所示。

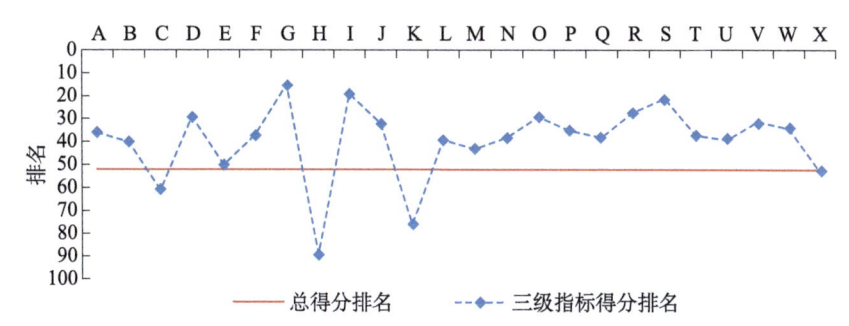

图 3-137　奉新县科技创新能力总得分、三级指标得分在江西省位次排名 [①]

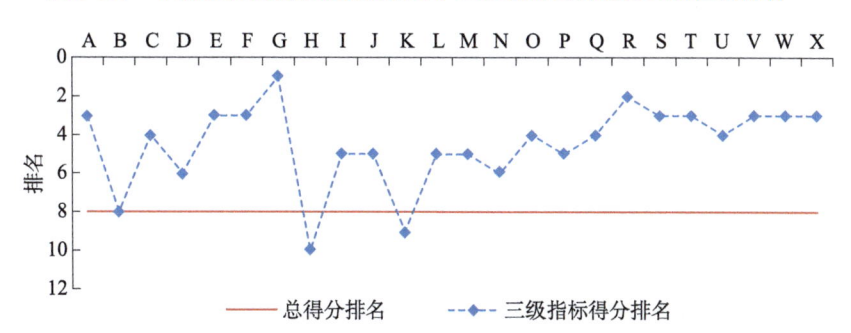

图 3-138　奉新县科技创新能力总得分、三级指标得分在宜春市位次排名 [②]

表 3-69　奉新县科技创新能力评价指标得分与位次

指标名称	得分（分）	江西省排名		宜春市排名	
	2017 年	2017 年	2016 年	2017 年	2016 年
科技创新能力总得分	57.63	52	47	8	6
创新环境	3.93	49	79	7	10
创新基础	3.80	53	64	6	8
万人 GDP	3.94	36	39	3	3
规模以上工业企业数	3.96	40	51	8	8

①②　图注同本书27页图3-1图注。

续表

指标名称	得分（分）2017年	江西省排名 2017年	江西省排名 2016年	宜春市排名 2017年	宜春市排名 2016年
万人专利申请量	3.52	61	75	4	7
科技意识	4.06	42	73	5	9
开展R&D活动的企业占比	4.52	29	75	6	10
人均科普经费投入	3.56	50	31	3	2
民众浏览科技网页频度	3.86	37	83	3	7
创新投入	3.75	66	52	9	6
人力投入	3.76	66	72	9	9
万人R&D人员数	4.37	15	11	1	2
研究人员占R&D人员比	2.84	89	89	10	9
R&D人员全时当量	4.17	19	29	5	6
财力投入	3.74	57	34	8	6
R&D经费投入占GDP百分比	4.03	32	14	5	3
企业R&D经费投入占主营业务收入比	3.43	76	49	9	7
企业技术获取和改造费用占主营业务收入比	3.76	39	53	5	6
创新成效	3.98	41	25	5	3
技术创新	4.04	42	26	6	4
高新技术产业增加值占规模以上工业增加值比	4.02	43	31	5	4
高新技术企业数	4.05	38	32	6	5
产业化水平	3.92	34	21	4	3
新产品销售收入占主营业务收入比	4.10	29	20	4	4
万人发明专利授权量	3.82	35	22	5	4
技术合同成交额	3.78	38	38	4	5
经济社会发展	4.15	22	31	1	4
经济增长	4.32	20	23	2	3
GDP增长百分比	4.57	27	72	2	2
万人财政收入	4.45	21	19	3	3
第三产业占GDP比重	3.94	37	35	3	3

续表

指标名称	得分（分）	江西省排名		宜春市排名	
	2017年	2017年	2016年	2017年	2016年
社会生活	3.95	33	27	2	1
居民人均可支配收入	4.13	39	39	4	4
万人社会消费品零售额	3.89	31	31	3	3
城镇化率	3.87	34	34	3	3
空气质量指数	3.82	53	41	3	1

如图3-137、图3-138、表3-69所示，奉新县科技创新能力总得分57.63分，排在江西省第52位，比上一年下降了5位，排在宜春市第8位，比上一年下降了2位。在一级指标中，经济社会发展排在江西省第22位，比上一年提升了9位，排在宜春市第1位，比上一年提升了3位；创新投入排在江西省第66位，比上一年下降了14位，排在宜春市第9位，比上一年下降了3位；创新成效排在江西省第41位，比上一年下降了16位，排在宜春市第5位，比上一年下降了2位；创新环境排在江西省第49位，比上一年提升了30位，排在宜春市第7位，比上一年提升了3位。

目前，奉新县依托奉新良好的生态资源优势和产业优势，围绕纺织服装、新能源新材料和大健康等重点产业，大力开展招商引资，发展产业集群，优化产业结构，提高产业层次，提升发展质量，不断壮大经济实力，推动全县科技竞争力提档升级。该县的创新投入和创新成效较上一年排名都有所下降，影响了科技竞争力。建议该县继续营造创新氛围，依托纺织、新材料、竹加工支柱产业，大力发展特色农业，鼓励企业开展研发活动，不断推进经济社会协调发展。

三、万载县

万载县位于江西省西北部，是江西省宜春市下辖县。2017年，该县常住人口49.11万人，地区GDP 1 378 510万元。居民人均可支配收入17 278.72元，排在江西省第79位、宜春市第9位。万人GDP 28 069.84万元，排在江西省第78位、宜春市第9位。GDP增长14.85%，排在江西省第21位、宜春市第 1 位。城镇化率 40.61%，排在江西省第 96 位、宜春市第 10 位。规模以上工业企业数 151 家，排在江西省第 19 位、宜春市第 6 位。开展 R&D 活动的企业占比 44.13%，排在江西省第 27 位、宜春市第 4 位。万人 R&D 人员数 11.38 人，排在江西省第 45 位、宜春市第 10 位。R&D 人员全时当量 343 人·年，排在江西省第 38 位、宜春市第 7 位。R&D 经费投入占 GDP 百分比 0.63%，排在江西省第 55 位、宜春市第 10 位。万人财政收入 0.52 亿元，排在江西省第 44 位、宜春市第 7 位。万人社会消费品零售额 0.85 亿元，排在江西省第 76 位、宜春市第 8 位。第三产业占 GDP 比重 36.03%，排在江西省第 69 位、宜春市第 10 位。具体如图 3-139、图 3-140、表 3-70 所示。

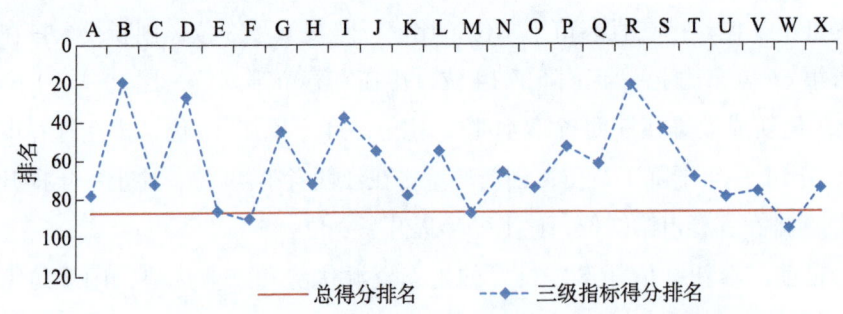

图 3-139 万载县科技创新能力总得分、三级指标得分在江西省位次排名[①]

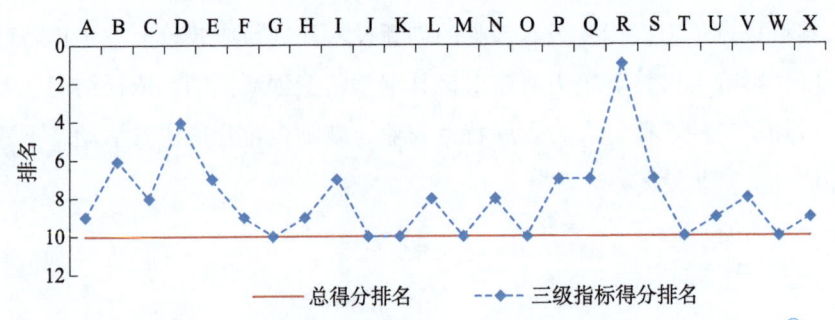

图 3-140 万载县科技创新能力总得分、三级指标得分在宜春市位次排名[②]

①② 图注同本书27页图3-1图注。

表 3-70　万载县科技创新能力评价指标得分与位次

指标名称	得分（分） 2017年	江西省排名 2017年	江西省排名 2016年	宜春市排名 2017年	宜春市排名 2016年
科技创新能力总得分	52.65	87	84	10	10
创新环境	3.83	58	58	10	8
创新基础	3.78	56	61	8	7
万人 GDP	3.33	78	81	9	9
规模以上工业企业数	4.54	19	21	6	6
万人专利申请量	3.40	72	85	8	9
科技意识	3.89	52	51	7	5
开展 R&D 活动的企业占比	4.56	27	24	4	5
人均科普经费投入	3.24	86	94	7	8
民众浏览科技网页频度	3.47	91	89	9	8
创新投入	3.64	80	65	10	9
人力投入	3.68	70	66	10	8
万人 R&D 人员数	3.78	45	30	10	8
研究人员占 R&D 人员比	3.44	72	71	9	5
R&D 人员全时当量	3.86	38	22	7	5
财力投入	3.60	74	57	10	8
R&D 经费投入占 GDP 百分比	3.70	55	38	10	7
企业 R&D 经费投入占主营业务收入比	3.42	78	52	10	8
企业技术获取和改造费用占主营业务收入比	3.69	55	71	8	9
创新成效	3.38	89	93	10	10
技术创新	3.19	86	93	10	10
高新技术产业增加值占规模以上工业增加值比	2.99	87	70	10	8
高新技术企业数	3.46	66	64	8	8
产业化水平	3.57	79	67	10	9
新产品销售收入占主营业务收入比	3.42	74	77	10	9
万人发明专利授权量	3.68	53	38	7	6
技术合同成交额	3.66	62	41	7	7

续表

指标名称	得分（分） 2017年	江西省排名 2017年	江西省排名 2016年	宜春市排名 2017年	宜春市排名 2016年
经济社会发展	3.68	73	82	10	10
经济增长	4.02	39	70	8	8
GDP增长百分比	4.64	21	83	1	5
万人财政收入	3.83	44	44	7	7
第三产业占GDP比重	3.60	69	69	10	9
社会生活	3.29	98	95	10	10
居民人均可支配收入	3.16	79	78	9	9
万人社会消费品零售额	3.50	76	76	8	8
城镇化率	3.10	96	96	10	10
空气质量指数	3.48	74	61	9	9

如图3-139、图3-140、表3-70所示，万载县科技创新能力总得分52.65分，排在江西省第87位，比上一年下降了3位，排在宜春市第10位，与上一年位次相同。在一级指标中，经济社会发展排在江西省第73位，比上一年提升了9位，排在宜春市第10位，与上一年位次相同；创新投入排在江西省第80位，比上一年下降了15位，排在宜春市第10位，比上一年下降了1位；创新成效排在江西省第89位，比上一年提升了4位，排在宜春市第10位，与上一年位次相同；创新环境排在江西省第58位，与上一年位次相同，排在宜春市第10位，比上一年下降了2位。

目前，万载县聚焦发展"两新"产业，加速培育以南氏锂电新材料有限公司、睿达新能源科技有限公司为龙头的新能源产业，打造新能源产业基地；扎实开展有机绿色农业"十大行动"，着力提高有机产业规模和产业化水平，推动全县科技竞争力提档升级。该县的经济社会发展、创新投入和创新成效得分较低，影响了科技竞争力。建议该县依托特色（种）养殖、花炮、互联网+等现有优势资源，优化人才机制，加大人力、财力投入，强化专利意识，支持企业创新研发和成果转化，不断提升科技竞争力。

四、上高县

上高县位于江西省西北部，是江西省宜春市下辖县。2017年，该县常住人口33.67万人，地区GDP 1 625 290万元。居民人均可支配收入23 518.4元，排在江西省第34位、宜春市第2位。万人GDP 48 271.16万元，排在江西省第30位、宜春市第2位。GDP增长13.52%，排在江西省第46位、宜春市第7位。城镇化率53.12%，排在江西省第32位、宜春市第2位。规模以上工业企业数197家，排在江西省第12位、宜春市第5位。万人发明专利授权量0.18件，排在江西省第47位、宜春市第6位。万人R&D人员数22.78人，排在江西省第19位、宜春市第3位。研究人员占R&D人员比重30.25%，排在江西省第45位、宜春市第3位。R&D人员全时当量351人·年，排在江西省第35位、宜春市第6位。R&D经费投入占GDP百分比2.5%，排在江西省第7位、宜春市第1位。高新技术产业增加值占规模以上工业增加值比23.18%，排在江西省第64位、宜春市第8位。万人财政收入0.81亿元，排在江西省第17位、宜春市第2位。万人社会消费品零售额1.08亿元，排在江西省第53位、宜春市第4位。第三产业占GDP比重38.25%，排在江西省第54位、宜春市第7位。具体如图3-141、图3-142、表3-71所示。

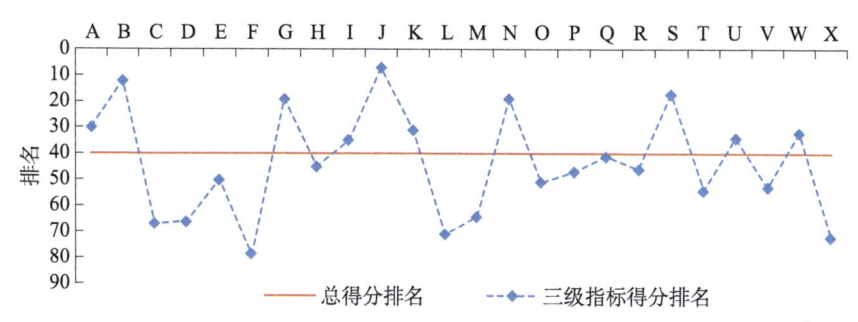

图3-141 上高县科技创新能力总得分、三级指标得分在江西省位次排名[①]

---

① 图注同本书27页图3-1图注。

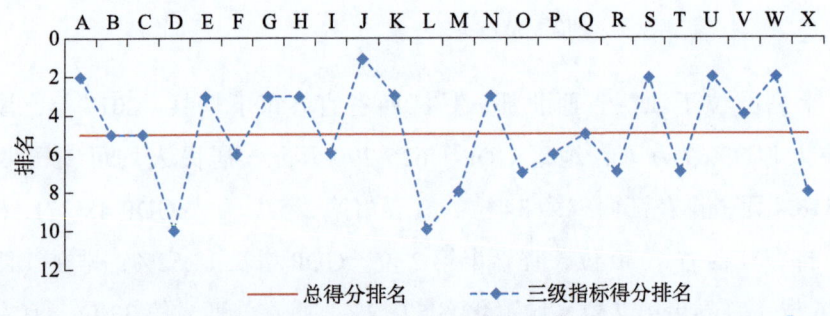

图 3-142　上高县科技创新能力总得分、三级指标得分在宜春市位次排名 ①

表 3-71　上高县科技创新能力评价指标得分与位次

指标名称	得分（分）	江西省排名		宜春市排名	
	2017 年	2017 年	2016 年	2017 年	2016 年
科技创新能力总得分	58.88	40	29	5	3
创新环境	3.90	53	31	8	2
创新基础	4.24	24	21	3	2
万人 GDP	4.11	30	29	2	2
规模以上工业企业数	5.14	12	15	5	5
万人专利申请量	3.48	67	41	5	4
科技意识	3.54	78	55	10	6
开展 R&D 活动的企业占比	3.52	66	49	10	8
人均科普经费投入	3.56	50	44	3	3
民众浏览科技网页频度	3.55	79	49	6	3
创新投入	4.24	20	23	1	3
人力投入	4.08	31	23	3	2
万人 R&D 人员数	4.24	19	20	3	5
研究人员占 R&D 人员比	4.10	45	28	3	2
R&D 人员全时当量	3.87	35	52	6	8
财力投入	4.41	18	23	2	3
R&D 经费投入占 GDP 百分比	5.31	7	8	1	2
企业 R&D 经费投入占主营业务收入比	4.08	31	39	3	6

---

① 图注同本书27页图3-1图注。

续表

指标名称	得分（分）2017年	江西省排名 2017年	江西省排名 2016年	宜春市排名 2017年	宜春市排名 2016年
企业技术获取和改造费用占主营业务收入比	3.68	71	80	10	10
创新成效	3.86	51	47	8	7
技术创新	4.00	43	42	7	5
高新技术产业增加值占规模以上工业增加值比	3.60	64	49	8	7
高新技术企业数	4.56	19	15	3	2
产业化水平	3.72	65	48	8	7
新产品销售收入占主营业务收入比	3.68	51	49	7	8
万人发明专利授权量	3.70	47	33	6	5
技术合同成交额	3.77	41	33	5	4
经济社会发展	4.08	28	30	4	3
经济增长	4.26	24	22	3	2
GDP增长百分比	4.32	46	82	3	4
万人财政收入	4.66	17	18	2	2
第三产业占GDP比重	3.78	54	47	7	6
社会生活	3.88	37	31	4	3
居民人均可支配收入	4.20	34	35	2	2
万人社会消费品零售额	3.67	53	53	4	4
城镇化率	3.89	32	32	2	2
空气质量指数	3.55	72	56	8	8

如图3-141、图3-142、表3-71所示，上高县科技创新能力总得分58.88分，排在江西省第40位，比上一年下降了11位，排在宜春市第5位，比上一年下降了2位。在一级指标中，经济社会发展排在江西省第28位，比上一年提升了2位，排在宜春市第4位，比上一年下降了1位；创新投入排在江西省第20位，比上一年提升了3位，排在宜春市第1位，比上一年提升了2位；创新成效排在江西省第51位，比上一年下降了4位，排在宜春市第8位，比上一年下降了1位；创新环境排在江西省第53位，比上一年下降了22位，排在宜春市第8位，比上一年下降了6位。

目前，上高县坚持新型工业化、新型城镇化、农业现代化同步发展，推进城乡区域统筹，构建优势互补、良性互动、协调互进的县域发展新格局，推动全县科技竞争力提档升级。该县的创新成效和创新环境较上一年排名都有所下降，影响了科技竞争力。建议该县依托绿色食品、鞋业、粮食产业等现有优势资源，加大科普宣传，强化科技创新意识，优化人才机制，加大人力投入，鼓励企业创新研发和成果转化，提高产品科技含量，进一步提升科技创新能力服务经济社会发展。

五、宜丰县

宜丰县位于江西省西北部，是江西省宜春市下辖县。2017年，该县常住人口28.18万人，地区GDP 1 156 486万元。居民人均可支配收入22 179.19元，排在江西省第48位、宜春市第7位。万人GDP 41 039.25万元，排在江西省第43位、宜春市第4位。GDP增长12.55%，排在江西省第60位、宜春市第10位。城镇化率51.72%，排在江西省第36位、宜春市第4位。规模以上工业企业数124家，排在江西省第31位、宜春市第7位。开展R&D活动的企业占比42.86%，排在江西省第32位、宜春市第7位。万人发明专利授权量0.43件，排在江西省第22位、宜春市第4位。人均科普经费投入0.4元，排在江西省第36位、宜春市第1位。万人R&D人员数13.91人，排在江西省第35位、宜春市第5位。R&D人员全时当量305人·年，排在江西省第43位、宜春市第8位。R&D经费投入占GDP百分比1.7%，排在江西省第11位、宜春市第2位。高新技术产业增加值占规模以上工业增加值比50.51%，排在江西省第13位、宜春市第3位。万人财政收入0.71亿元，排在江西省第23位、宜春市第4位。万人社会消费品零售额0.79亿元，排在江西省第77位、宜春市第9位。第三产业占GDP比重36.18%，排在江西省第66位、宜春市第8位。具体如图3-143、图3-144、表3-72所示。

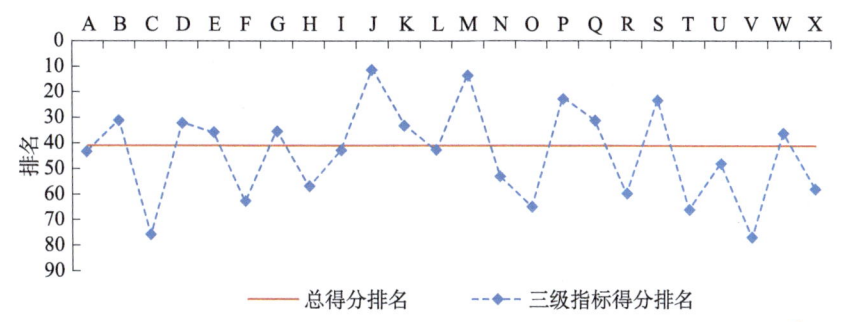

图 3-143　宜丰县科技创新能力总得分、三级指标得分在江西省位次排名①

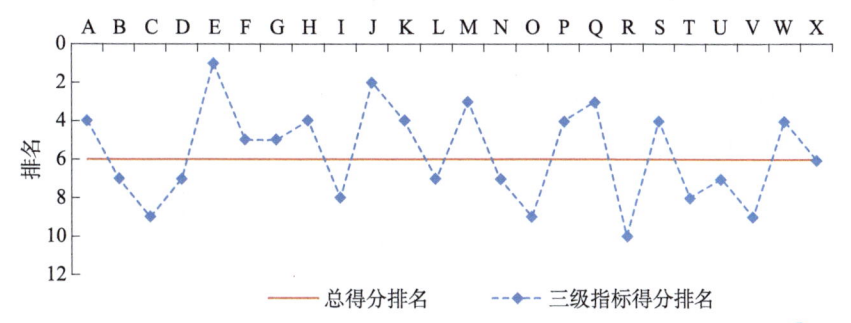

图 3-144　宜丰县科技创新能力总得分、三级指标得分在宜春市位次排名②

表 3-72　宜丰县科技创新能力评价指标得分与位次

指标名称	得分（分）	江西省排名		宜春市排名	
	2017 年	2017 年	2016 年	2017 年	2016 年
科技创新能力总得分	58.88	41	57	6	7
创新环境	3.93	48	54	6	6
创新基础	3.78	54	48	7	6
万人 GDP	3.83	43	43	4	4
规模以上工业企业数	4.19	31	32	7	7
万人专利申请量	3.35	76	62	9	6
科技意识	4.08	41	56	4	7
开展 R&D 活动的企业占比	4.45	32	44	7	7
人均科普经费投入	3.87	36	44	1	3
民众浏览科技网页频度	3.67	63	99	5	10

---

①②　图注同本书27页图3-1图注。

续表

指标名称	得分（分） 2017年	江西省排名 2017年	江西省排名 2016年	宜春市排名 2017年	宜春市排名 2016年
创新投入	3.98	33	56	5	7
人力投入	3.82	62	83	8	10
万人R&D人员数	3.88	35	16	5	3
研究人员占R&D人员比	3.77	57	90	4	10
R&D人员全时当量	3.81	43	30	8	7
财力投入	4.15	27	28	3	4
R&D经费投入占GDP百分比	4.62	11	16	2	4
企业R&D经费投入占主营业务收入比	4.00	33	31	4	4
企业技术获取和改造费用占主营业务收入比	3.73	43	59	4	8
创新成效	4.14	32	34	3	4
技术创新	4.46	25	15	2	3
高新技术产业增加值占规模以上工业增加值比	5.02	13	12	3	3
高新技术企业数	3.67	53	43	7	7
产业化水平	3.80	46	89	6	10
新产品销售收入占主营业务收入比	3.52	65	85	9	10
万人发明专利授权量	4.11	22	84	4	10
技术合同成交额	3.85	31	30	3	3
经济社会发展	3.91	41	54	6	7
经济增长	4.03	37	68	7	7
GDP增长百分比	4.09	60	96	10	10
万人财政收入	4.37	23	26	4	5
第三产业占GDP比重	3.61	66	78	8	10
社会生活	3.77	52	42	6	5
居民人均可支配收入	3.97	48	47	7	6
万人社会消费品零售额	3.46	77	77	9	9
城镇化率	3.81	36	36	4	4
空气质量指数	3.72	58	49	6	4

如图 3-143、图 3-144、表 3-72 所示，宜丰县科技创新能力总得分 58.88 分，排在江西省第 41 位，比上一年提升了 16 位，排在宜春市第 6 位，比上一年提升了 1 位。在一级指标中，经济社会发展排在江西省第 41 位，比上一年提升了 13 位，排在宜春市第 6 位，比上一年提升了 1 位；创新投入排在江西省第 33 位，比上一年提升了 23 位，排在宜春市第 5 位，比上一年提升了 2 位；创新成效排在江西省第 32 位，比上一年提升了 2 位，排在宜春市第 3 位，比上一年提升了 1 位；创新环境排在江西省第 48 位，比上一年提升了 6 位，排在宜春市第 6 位，与上一年位次相同。

目前，宜丰县大力振兴实体经济，加速产业融合，加快实施节能技改，推动"机器换人"。设立绿色产业发展引导基金、工业企业转贷资金、工业发展专项资金，扶持实体企业发展壮大，推动全县科技竞争力提档升级。该县的经济社会发展、创新投入、创新成效和创新环境较上一年排名都有所提升。建议该县依托竹、矿产等现有资源，加快创新平台建设，加快实施创新驱动发展战略，促进产业转型升级和经济可持续发展。

六、靖安县

靖安县位于江西省北部偏西、宜春市北部，是江西省宜春市下辖县。2017 年，该县常住人口 14.9 万人，地区 GDP 449 759 万元。居民人均可支配收入 20 351.32 元，排在江西省第 58 位、宜春市第 8 位。万人 GDP 30 185.17 万元，排在江西省第 69 位、宜春市第 7 位。GDP 增长 14.43%，排在江西省第 33 位、宜春市第 4 位。城镇化率 49.72%，排在江西省第 53 位、宜春市第 6 位。规模以上工业企业数 60 家，排在江西省第 74 位、宜春市第 9 位。开展 R&D 活动的企业占比 56.04%，排在江西省第 7 位、宜春市第 2 位。万人发明专利授权量 0.54 件，排在江西省第 15 位、宜春市第 3 位。人均科普经费投入 0.39 元，排在江西省第 42 位、宜春市第 2 位。万人 R&D 人员数 14.7 人，排在江西省第 30 位、宜春市第 4 位。研究人员占 R&D 人员比 35.62%，排在江西省第 21 位、宜春市第 1 位。R&D 经费投入占 GDP 百分比 1.51%，排在江西省第 17 位、宜春市第 4 位。新产品销售收入占主营业务收入比 11.8%，排在江西省第 21 位、宜春市第 2 位。万人财政收入 0.62 亿元，排在江西省第 29 位、宜春市第 6 位。万人社会消费品零售额 0.58 亿元，排在江西省第 97 位、宜春市第 10 位。第三产业占 GDP 比重 40%，排在江西省第 38 位、宜春市第 4 位。具体如图 3-145、图 3-146、表 3-73 所示。

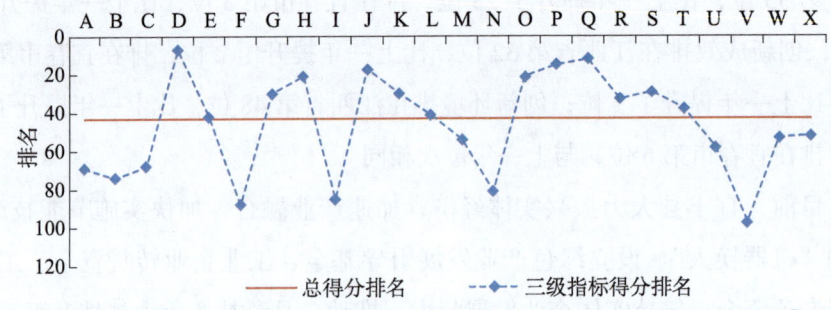

图 3-145 靖安县科技创新能力总得分、三级指标得分在江西省位次排名[①]

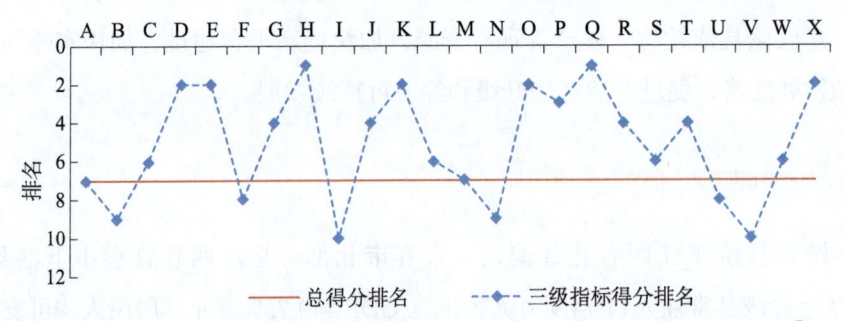

图 3-146 靖安县科技创新能力总得分、三级指标得分在宜春市位次排名[②]

表 3-73 靖安县科技创新能力评价指标得分与位次

指标名称	得分（分）	江西省排名		宜春市排名	
	2017 年	2017 年	2016 年	2017 年	2016 年
科技创新能力总得分	58.50	43	37	7	5
创新环境	3.99	40	55	4	7
创新基础	3.42	83	95	9	10
万人 GDP	3.41	69	70	7	7
规模以上工业企业数	3.37	74	81	9	9

①② 图注同本书27页图3-1图注。

续表

指标名称	得分（分）	江西省排名		宜春市排名	
	2017 年	2017 年	2016 年	2017 年	2016 年
万人专利申请量	3.47	68	84	6	8
科技意识	4.58	18	17	2	1
开展 R&D 活动的企业占比	5.67	7	18	2	3
人均科普经费投入	3.84	42	22	2	1
民众浏览科技网页频度	3.49	88	91	8	9
创新投入	4.11	27	21	3	2
人力投入	4.09	30	65	2	7
万人 R&D 人员数	3.91	30	23	4	6
研究人员占 R&D 人员比	4.76	21	60	1	4
R&D 人员全时当量	3.49	85	79	10	9
财力投入	4.13	28	15	4	1
R&D 经费投入占 GDP 百分比	4.46	17	7	4	1
企业 R&D 经费投入占主营业务收入比	4.09	30	10	2	1
企业技术获取和改造费用占主营业务收入比	3.76	41	45	6	4
创新成效	3.92	46	38	7	5
技术创新	3.57	65	66	9	7
高新技术产业增加值占规模以上工业增加值比	3.80	54	39	7	5
高新技术企业数	3.25	81	79	9	9
产业化水平	4.28	17	11	1	1
新产品销售收入占主营业务收入比	4.22	21	11	2	1
万人发明专利授权量	4.29	15	9	3	1
技术合同成交额	4.35	12	10	1	1
经济社会发展	3.92	38	52	5	6
经济增长	4.19	28	38	5	6
GDP 增长百分比	4.54	33	92	4	8
万人财政收入	4.12	29	30	6	6
第三产业占 GDP 比重	3.92	38	36	4	4

续表

指标名称	得分（分）	江西省排名		宜春市排名	
	2017年	2017年	2016年	2017年	2016年
社会生活	3.62	71	60	8	8
居民人均可支配收入	3.67	58	58	8	8
万人社会消费品零售额	3.31	97	97	10	10
城镇化率	3.68	53	53	6	6
空气质量指数	3.83	52	44	2	2

如图 3-145、图 3-146、表 3-73 所示，靖安县科技创新能力总得分 58.50 分，排在江西省第 43 位，比上一年下降了 6 位，排在宜春市第 7 位，比上一年下降了 2 位。在一级指标中，经济社会发展排在江西省第 38 位，比上一年提升了 14 位，排在宜春市第 5 位，比上一年提升了 1 位；创新投入排在江西省第 27 位，比上一年下降了 6 位，排在宜春市第 3 位，比上一年下降了 1 位；创新成效排在江西省第 46 位，比上一年下降了 8 位，排在宜春市第 7 位，比上一年下降了 2 位；创新环境排在江西省第 40 位，比上一年提升了 15 位，排在宜春市第 4 位，比上一年提升了 3 位。

目前，靖安县围绕"呵护绿心、领跑昌铜、融入省会、和美靖安"的发展方针，着力构建现代化生态经济产业体系，打赢防范化解重大风险、精准脱贫、环境整治攻坚战，建设"生态文明示范区、美丽中国样板县"，推动全县科技竞争力提档升级。该县的创新投入与创新成效较上一年排名都有所下降，影响了科技竞争力。建议该县优化人才机制，加大人力投入，依托现有的旅游、高新技术企业、绿色生态农业等优势产业，鼓励支持企业技术创新和成果转化，提升产品的科技含量，带动当地经济发展、让百姓生活更加富足。

七、铜鼓县

铜鼓县位于江西省西北部，是江西省宜春市下辖县。2017 年，该县常住人口 13.89 万人，地区 GDP 444 055 万元。居民人均可支配收入 16 568.15 元，排在江西省第 82 位、宜春市第 10 位。万人 GDP 31 969.40 万元，排在江西省第 64 位、宜春市第 6 位。GDP 增长 13.64%，排在江西省第 45 位、宜春市第 6 位。城镇化率 49.96%，排在江西省第 52 位、宜春市第 5 位。开展 R&D 活动的企业占比 58.06%，排在江西省第 5 位、宜春市第 1 位。万人 R&D 人员数 12.23 人，排在江西省第 40 位、宜春市第 7 位。研究人员占 R&D 人员比 32.94%，排在江西省第 34 位、宜春市第 2 位。R&D 经费投入占 GDP 百分比 0.99%，排在江西省第 33 位、宜春市第 6 位。企业技术获取和改造费用占主营业务收入比 0.13%，排在江西省第 12 位、宜春市第 1 位。高新技术产业增加值占规模以上工业增加值比 54.94%，排在江西省第 10 位、宜春市第 2 位。新产品销售收入占主营业务收入比 9.51%，排在江西省第 34 位、宜春市第 5 位。万人财政收入 0.67 亿元，排在江西省第 26 位、宜春市第 5 位。万人社会消费品零售额 0.89 亿元，排在江西省第 73 位、宜春市第 6 位。第三产业占 GDP 比重 42.88%，排在江西省第 29 位、宜春市第 2 位。具体如图 3-147、图 3-148、表 3-74 所示。

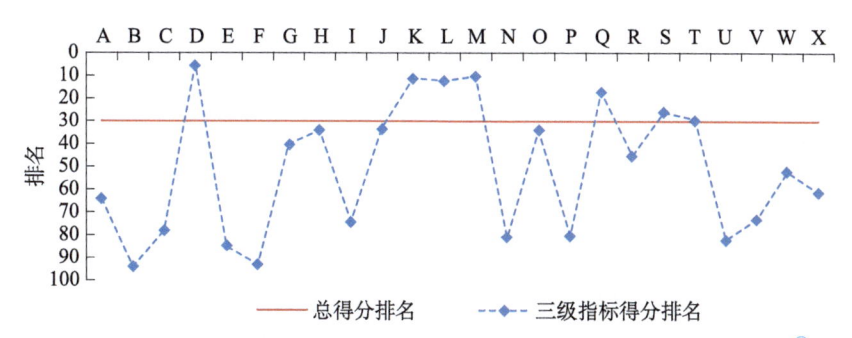

图 3-147 铜鼓县科技创新能力总得分、三级指标得分在江西省位次排名 [①]

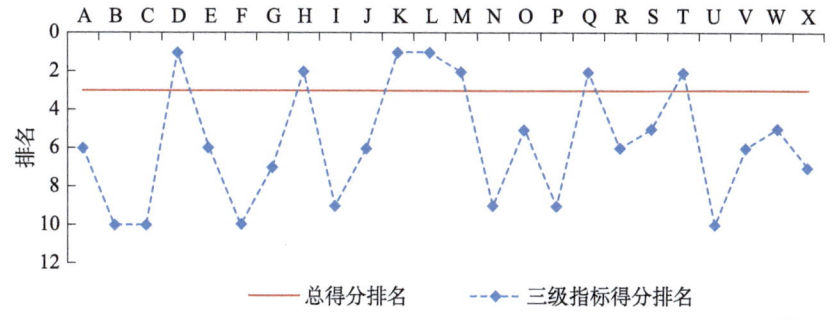

图 3-148 铜鼓县科技创新能力总得分、三级指标得分在宜春市位次排名 [②]

①② 图注同本书27页图3-1图注。

表 3-74 铜鼓县科技创新能力评价指标得分与位次

指标名称	得分（分） 2017 年	江西省排名 2017 年	江西省排名 2016 年	宜春市排名 2017 年	宜春市排名 2016 年
科技创新能力总得分	59.60	30	30	3	4
创新环境	3.84	57	50	9	5
创新基础	3.23	97	74	10	9
万人 GDP	3.48	64	64	6	6
规模以上工业企业数	2.92	94	93	10	10
万人专利申请量	3.33	78	29	10	3
科技意识	4.49	20	30	3	3
开展 R&D 活动的企业占比	5.86	5	14	1	1
人均科普经费投入	3.28	85	75	6	6
民众浏览科技网页频度	3.45	93	82	10	6
创新投入	4.20	23	30	2	4
人力投入	3.97	40	30	4	3
万人 R&D 人员数	3.81	40	60	7	10
研究人员占 R&D 人员比	4.43	34	15	2	1
R&D 人员全时当量	3.58	74	87	9	10
财力投入	4.43	17	39	1	7
R&D 经费投入占 GDP 百分比	4.01	33	57	6	8
企业 R&D 经费投入占主营业务收入比	4.94	11	24	1	3
企业技术获取和改造费用占主营业务收入比	4.32	12	27	1	2
创新成效	4.16	31	19	2	2
技术创新	4.41	28	13	3	2
高新技术产业增加值占规模以上工业增加值比	5.26	10	9	2	2
高新技术企业数	3.25	81	81	9	10
产业化水平	3.90	36	28	5	6
新产品销售收入占主营业务收入比	4.02	34	27	5	5
万人发明专利授权量	3.53	80	50	9	8
技术合同成交额	4.15	17	13	2	2

续表

指标名称	得分（分）	江西省排名		宜春市排名	
	2017 年	2017 年	2016 年	2017 年	2016 年
经济社会发展	3.87	48	50	8	5
经济增长	4.25	26	25	4	4
GDP 增长百分比	4.35	45	89	6	6
万人财政收入	4.25	26	25	5	4
第三产业占 GDP 比重	4.16	29	22	2	2
社会生活	3.44	84	79	9	9
居民人均可支配收入	3.04	82	80	10	10
万人社会消费品零售额	3.53	73	71	6	6
城镇化率	3.69	52	48	5	5
空气质量指数	3.69	61	52	7	6

如图 3-147、图 3-148、表 3-74 所示，铜鼓县科技创新能力总得分 59.60 分，排在江西省第 30 位，与上一年位次相同，排在宜春市第 3 位，比上一年提升了 1 位。在一级指标中，经济社会发展排在江西省第 48 位，比上一年提升了 2 位，排在宜春市第 8 位，比上一年下降了 3 位；创新投入排在江西省第 23 位，比上一年提升了 7 位，排在宜春市第 2 位，比上一年提升了 2 位；创新成效排在江西省第 31 位，比上一年下降了 12 位，排在宜春市第 2 位，与上一年位次相同；创新环境排在江西省第 57 位，比上一年下降了 7 位，排在宜春市第 9 位，比上一年下降了 4 位。

目前，铜鼓县深入实施"生态立县"发展战略，整体推进全域旅游、全域有机农业、全域生态工业、全域秀美城乡"四个全域"，坚持"生态+大健康"产业发展方向，加快建设"百里生态文明示范带"，努力打造生态文明建设模式和中国最美山村，推动全县科技竞争力提档升级。该县的创新成效和创新环境较上一年排名都有所下降，影响了科技竞争力。建议该县依托现有的旅游、生态工业、有机农业等产业基础，加大科普宣传，营造创新氛围，培育支持规模以上企业及创新研发，优化人才机制，促进经济社会协调发展。

八、丰城市

丰城市位于江西省中部，是江西省试点省直管市。2017年，该市常住人口136.21万人，地区GDP 4 837 409万元。居民人均可支配收入22 293.05元，排在江西省第47位、宜春市第6位。万人GDP 35 514.35万元，排在江西省第56位、宜春市第5位。GDP增长14.18%，排在江西省第36位、宜春市第5位。城镇化率41.4%，排在江西省第94位、宜春市第9位。规模以上工业企业数217家，排在江西省第9位、宜春市第3位。开展R&D活动的企业占比40.24%，排在江西省第42位、宜春市第8位。万人R&D人员数11.45人，排在江西省第44位、宜春市第9位。R&D人员全时当量979人·年，排在江西省第9位、宜春市第1位。企业技术获取和改造费用占主营业务收入比0.02%，排在江西省第36位、宜春市第4位。高新技术产业增加值占规模以上工业增加值比31.91%，排在江西省第40位、宜春市第4位。新产品销售收入占主营业务收入比8.32%，排在江西省第39位、宜春市第6位。万人财政收入0.51亿元，排在江西省第47位、宜春市第8位。第三产业占GDP比重36.05%，排在江西省第68位、宜春市第9位。具体如图3-149、图3-150、表3-75所示。

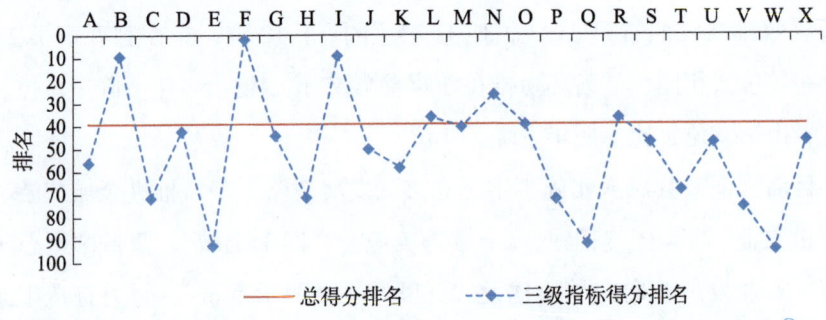

图3-149 丰城市科技创新能力总得分、三级指标得分在江西省位次排名[①]

---

① 图注同本书27页图3-1图注。

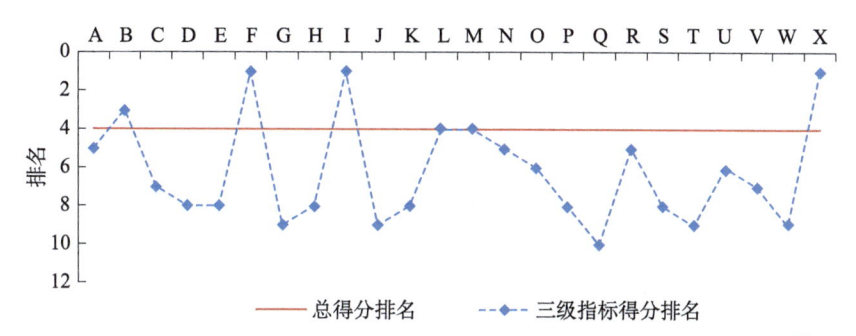

图 3-150　丰城市科技创新能力总得分、三级指标得分在宜春市位次排名 ①

表 3-75　丰城市科技创新能力评价指标得分与位次

指标名称	得分（分）	江西省排名		宜春市排名	
	2017 年	2017 年	2016 年	2017 年	2016 年
科技创新能力总得分	58.94	39	79	4	9
创新环境	4.65	10	59	1	9
创新基础	4.16	30	33	4	5
万人 GDP	3.61	56	59	5	5
规模以上工业企业数	5.40	9	9	3	2
万人专利申请量	3.41	71	91	7	10
科技意识	5.17	5	82	1	10
开展 R&D 活动的企业占比	4.20	42	64	8	9
人均科普经费投入	3.09	92	85	8	7
民众浏览科技网页频度	9.74	2	38	1	2
创新投入	3.82	54	76	8	10
人力投入	3.94	43	64	6	6
万人 R&D 人员数	3.78	44	52	9	9
研究人员占 R&D 人员比	3.45	71	77	8	7
R&D 人员全时当量	4.69	9	11	1	3
财力投入	3.70	61	74	9	9
R&D 经费投入占 GDP 百分比	3.73	50	69	9	9
企业 R&D 经费投入占主营业务收入比	3.61	58	63	8	9

① 图注同本书27页图3-1图注。

续表

指标名称	得分（分）2017年	江西省排名 2017年	江西省排名 2016年	宜春市排名 2017年	宜春市排名 2016年
企业技术获取和改造费用占主营业务收入比	3.77	36	50	4	5
创新成效	3.93	44	76	6	9
技术创新	4.18	36	75	5	8
高新技术产业增加值占规模以上工业增加值比	4.05	40	72	4	9
高新技术企业数	4.35	26	27	5	4
产业化水平	3.68	69	49	9	6
新产品销售收入占主营业务收入比	3.92	39	31	6	6
万人发明专利授权量	3.56	72	66	8	9
技术合同成交额	3.50	92	79	10	10
经济社会发展	3.82	54	67	9	9
经济增长	3.96	45	75	9	10
GDP增长百分比	4.48	36	91	5	7
万人财政收入	3.81	47	48	8	8
第三产业占GDP比重	3.60	68	63	9	8
社会生活	3.66	66	57	7	7
居民人均可支配收入	3.99	47	48	6	7
万人社会消费品零售额	3.52	75	75	7	7
城镇化率	3.15	94	94	9	9
空气质量指数	3.90	46	45	1	3

如图3-149、图3-150、表3-75所示，丰城市科技创新能力总得分58.94分，排在江西省第39位，比上一年提升了40位，排在宜春市第4位，比上一年提升了5位。在一级指标中，经济社会发展排在江西省第54位，比上一年提升了13位，排在宜春市第9位，与上一年位次相同；创新投入排在江西省第54位，比上一年提升了22位，排在宜春市第8位，比上一年提升了2位；创新成效排在江西省第44位，比上一年提升了32位，排在宜春市第6位，比上一年提升了3位；创新环境排在江西省第10位，比上一年提升了49位，排在宜春市第1位，比上一年提升了8位。

目前，丰城市坚定不移推进"产业兴市、工业强市"战略，坚定不移实施"1618"工程，着力抓好稳增长、促改革、调结构、惠民生、防风险各项工作，着力打好精准脱贫、城乡环境治理和安全维稳三大攻坚战，努力建设秀美人文金丰城，推动全市科技竞争力提档升级。该市的经济社会发展、创新投入、创新成效和创新环境较上一年排名都有所提升。建议该市依托能源、食品、富硒等产业为依托，加大人才培养引进和财力投入，进一步支持鼓励企业研发活动和成果转化，强化专利意识，同时大力发展第三产业，促进经济社会协调发展。

九、樟树市

樟树市位于江西省中部，是江西省宜春市下辖县级市。2017年，该市常住人口56.27万人，地区GDP 3 755 686万元。居民人均可支配收入23 353.51元，排在江西省第37位、宜春市第3位。万人GDP 66 744.02万元，排在江西省第19位、宜春市第1位。GDP增长12.58%，排在江西省第58位、宜春市第9位。城镇化率46.62%，排在江西省第71位、宜春市第8位。规模以上工业企业数221家，排在江西省第8位、宜春市第2位。开展R&D活动的企业占比44.01%，排在江西省第28位、宜春市第5位。万人专利申请量15.84件，排在江西省第34位、宜春市第1位。万人发明专利授权量0.66件，排在江西省第11位、宜春市第1位。万人R&D人员数24.79人，排在江西省第16位、宜春市第2位。R&D人员全时当量826人·年，排在江西省第12位、宜春市第2位。R&D经费投入占GDP百分比0.71%，排在江西省第47位、宜春市第8位。企业技术获取和改造费用占主营业务收入比0.04%，排在江西省第23位、宜春市第2位。高新技术产业增加值占规模以上工业增加值比28.02%，排在江西省第51位、宜春市第6位。新产品销售收入占主营业务收入比5.49%，排在江西省第54位、宜春市第8位。万人财政收入0.98亿元，排在江西省第14位、宜春市第1位。万人社会消费品零售额1.48亿元，排在江西省第28位、宜春市第2位。第三产业占GDP比重39%，排在江西省第45位、宜春市第5位。具体如图3-151、

图 3-152、表 3-76 所示。

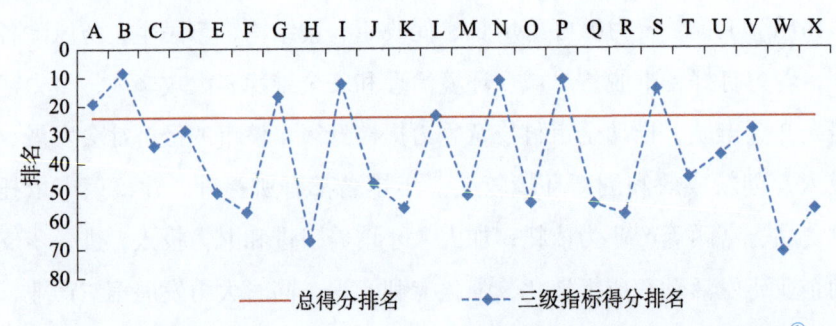

图 3-151　樟树市科技创新能力总得分、三级指标得分在江西省位次排名[①]

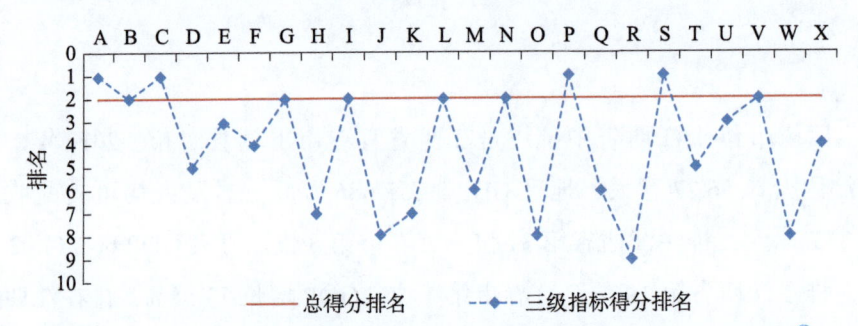

图 3-152　樟树市科技创新能力总得分、三级指标得分在宜春市位次排名[②]

表 3-76　樟树市科技创新能力评价指标得分与位次

指标名称	得分（分）	江西省排名		宜春市排名	
	2017 年	2017 年	2016 年	2017 年	2016 年
科技创新能力总得分	60.38	24	25	2	2
创新环境	4.42	15	14	2	1
创新基础	4.78	11	11	1	1
万人 GDP	4.82	19	18	1	1
规模以上工业企业数	5.45	8	12	2	4
万人专利申请量	4.12	34	13	1	1
科技意识	4.04	45	25	6	2
开展 R&D 活动的企业占比	4.55	28	16	5	2
人均科普经费投入	3.56	50	67	3	5
民众浏览科技网页频度	3.70	57	64	4	4

①② 图注同本书27页图3-1图注。

续表

指标名称	得分（分）	江西省排名		宜春市排名	
	2017年	2017年	2016年	2017年	2016年
创新投入	3.92	41	57	6	8
人力投入	4.10	29	37	1	4
万人R&D人员数	4.32	16	10	2	1
研究人员占R&D人员比	3.55	67	83	7	8
R&D人员全时当量	4.49	12	7	2	2
财力投入	3.75	56	76	7	10
R&D经费投入占GDP百分比	3.77	47	70	8	10
企业R&D经费投入占主营业务收入比	3.63	56	68	7	10
企业技术获取和改造费用占主营业务收入比	3.86	23	58	2	7
创新成效	4.10	35	42	4	6
技术创新	4.25	33	43	4	6
高新技术产业增加值占规模以上工业增加值比	3.85	51	44	6	6
高新技术企业数	4.81	11	15	2	2
产业化水平	3.94	33	24	3	4
新产品销售收入占主营业务收入比	3.67	54	37	8	7
万人发明专利授权量	4.49	11	14	1	3
技术合同成交额	3.69	54	39	6	6
经济社会发展	4.15	23	28	2	2
经济增长	4.38	17	20	1	1
GDP增长百分比	4.10	58	94	9	9
万人财政收入	5.15	14	12	1	1
第三产业占GDP比重	3.84	45	43	5	5
社会生活	3.88	36	35	3	4
居民人均可支配收入	4.17	37	36	3	3
万人社会消费品零售额	3.95	28	29	2	2
城镇化率	3.48	71	71	8	8
空气质量指数	3.81	56	51	4	5

如图 3-151、图 3-152、表 3-76 所示，樟树市科技创新能力总得分 60.38 分，排在江西省第 24 位，比上一年提升了 1 位，排在宜春市第 2 位，与上一年位次相同。在一级指标中，经济社会发展排在江西省第 23 位，比上一年提升了 5 位，排在宜春市第 2 位，与上一年位次相同；创新投入排在江西省第 41 位，比上一年提升了 16 位，排在宜春市第 6 位，比上一年提升了 2 位；创新成效排在江西省第 35 位，比上一年提升了 7 位，排在宜春市第 4 位，比上一年提升了 2 位；创新环境排在江西省第 15 位，比上一年下降了 1 位，排在宜春市第 2 位，比上一年下降了 1 位。

目前，樟树市全力推进"中国药都"振兴，统筹抓好改革开放、城乡融合、民生保障等重点工作，推动全市科技竞争力提档升级。该市的创新环境较上一年排名有所下降，影响了科技竞争力。建议该市以药、酒、盐和金属家具制造四大支柱产业为依托，优化人才培养、引进机制，加大研发投入，进一步支持鼓励企业科技创新研发和成果转化，促进经济社会发展。

十、高安市

高安市位于江西省中部，是江西省宜春市代管县级市。2017 年，该市常住人口 83.46 万人，地区 GDP 2 359 134 万元。居民人均可支配收入 22 592.36 元，排在江西省第 43 位、宜春市第 5 位。万人 GDP 28 266.64 万元，排在江西省第 76 位、宜春市第 8 位。GDP 增长 13.39%，排在江西省第 50 位、宜春市第 8 位。城镇化率 48.35%，排在江西省第 62 位、宜春市第 7 位。规模以上工业企业数 213 家，排在江西省第 11 位、宜春市第 4 位。开展 R&D 活动的企业占比 44.77%，排在江西省第 25 位、宜春市第 3 位。万人 R&D 人员数 12.2 人，排在江西省第 41 位、宜春市第 8 位。R&D 人员全时当量 620 人·年，排在江西省第 17 位、宜春市第 4 位。R&D 经费投入占 GDP 百分比 1.64%，排在江西省第 14 位、宜春市第 3 位。新产品销售收入占主营业务收入比 11.07%，排在江西省第 25 位、宜春市第 3 位。万人财政收入 0.48 亿元，排在江西省第 51 位、宜春市第 9 位。万人社会消费品零售额 1.01 亿元，排在江西省第 59 位、宜春市第 5 位。第三产业占 GDP 比重 38.98%，排在江西省第47位、宜春市第6位。具体如图3-153、图3-154、表3-77所示。

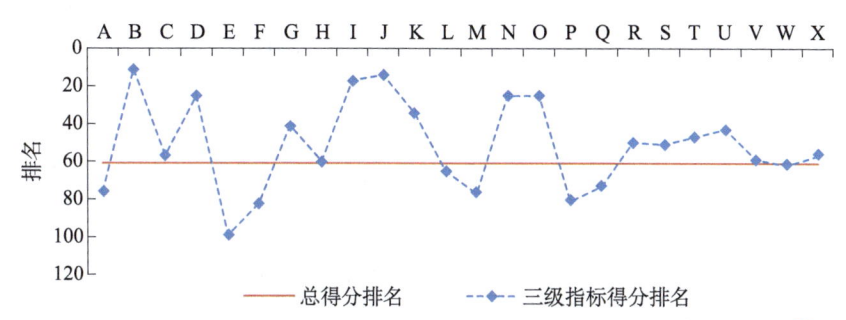

图3-153 高安市科技创新能力总得分、三级指标得分在江西省位次排名[1]

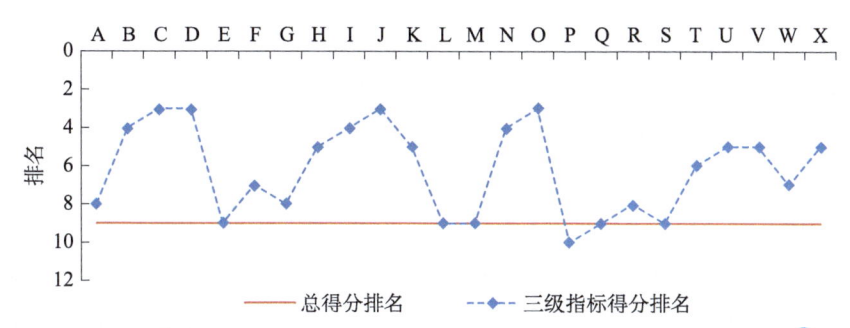

图3-154 高安市科技创新能力总得分、三级指标得分在宜春市位次排名[2]

表3-77 高安市科技创新能力评价指标得分与位次

指标名称	得分（分）	江西省排名		宜春市排名	
	2017年	2017年	2016年	2017年	2016年
科技创新能力总得分	57.01	61	68	9	8
创新环境	3.99	41	39	5	4
创新基础	4.14	31	32	5	4
万人GDP	3.33	76	78	8	8
规模以上工业企业数	5.34	11	11	4	3
万人专利申请量	3.63	57	54	3	5
科技意识	3.83	58	50	8	4
开展R&D活动的企业占比	4.62	25	22	3	4
人均科普经费投入	2.90	99	99	9	9

---

[1][2] 图注同本书27页图3-1图注。

续表

指标名称	得分（分）	江西省排名		宜春市排名	
	2017年	2017年	2016年	2017年	2016年
民众浏览科技网页频度	3.53	82	71	7	5
创新投入	4.00	31	40	4	5
人力投入	3.89	49	55	7	5
万人R&D人员数	3.81	41	29	8	7
研究人员占R&D人员比	3.69	60	72	5	6
R&D人员全时当量	4.22	17	13	4	4
财力投入	4.10	31	30	5	5
R&D经费投入占GDP百分比	4.57	14	18	3	5
企业R&D经费投入占主营业务收入比	3.96	34	37	5	5
企业技术获取和改造费用占主营业务收入比	3.68	65	36	9	3
创新成效	3.75	59	74	9	8
技术创新	3.71	56	82	9	9
高新技术产业增加值占规模以上工业增加值比	3.22	77	84	9	10
高新技术企业数	4.39	25	38	4	6
产业化水平	3.79	50	25	7	5
新产品销售收入占主营业务收入比	4.16	25	15	3	3
万人发明专利授权量	3.53	81	40	10	7
技术合同成交额	3.59	73	49	9	8
经济社会发展	3.87	47	55	7	8
经济增长	3.94	47	73	10	9
GDP增长百分比	4.29	50	73	8	3
万人财政收入	3.71	51	54	9	9
第三产业占GDP比重	3.84	47	62	6	7
社会生活	3.79	49	43	5	6
居民人均可支配收入	4.04	43	42	5	5
万人社会消费品零售额	3.62	59	60	5	5
城镇化率	3.59	62	62	7	7
空气质量指数	3.81	57	54	7	7

如图3-153、图3-154、表3-77所示，高安市科技创新能力总得分57.01分，排在江西省第61位，比上一年提升了7位，排在宜春市第9位，比上一年下降了1位。在一级指标中，经济社会发展排在江西省第47位，比上一年提升了8位，排在宜春市第7位，比上一年提升了1位；创新投入排在江西省第31位，比上一年提升了9位，排在宜春市第4位，比上一年提升了1位；创新成效排在江西省第59位，比上一年提升了15位，排在宜春市第9位，比上一年下降了1位；创新环境排在江西省第41位，比上一年下降了2位，排在宜春市第5位，比上一年下降了1位。

目前，高安市深入实施"产业兴市、工业强市"战略，推进产业转型升级，发展新经济，培育新动能，着力构建现代产业体系，实施战略性新兴产业培育计划，大力发展光电锂电、电子信息、通用航空、精密制造等战略性新兴产业，推动全市科技竞争力提档升级。该市的经济社会发展、创新成效和创新环境得分较低，影响了科技竞争力。建议该市优化企业创新环境，鼓励研发投入和成果转化，大力发展第三产业，强化人才培养、引进机制，进一步提升科技竞争力。

第十节 抚 州 市

一、临川区

临川区，位于江西省东部，是江西省抚州市市辖区。2017年，该区常住人口112.26万人，地区GDP 4 197 798万元。居民人均可支配收入27 172.45元，排在江西省第17位、抚州市第1位。万人GDP 37 393.53万元，排在江西省第51位、抚州市第3位。GDP增长12.47%，排在江西省第63位、抚州市第5位。城镇化率54.46%，排在江西省第28位、抚州市第2位。规模以上工业企业数216家，排在江西省第10位、抚州市第1位。万人专利申请量16.21件，排在江西省第30位、抚州市第4位。万人发明专利授权量0.49件，排在江西省第19位、抚州市第1位。R&D人员全时当量664人·年，排在江西省第 16 位、抚州市第 1 位。R&D 经费投入占 GDP 百分比 0.81%，排在江西省第 40 位、抚州市第 2 位。企业技术获取和改造费用占主营业务收入比 0.06%，排在江西省第 14 位、抚州市第 1 位。高新技术产业增加值占规模以上工业增加值比 35.14%，排在江西省第 33 位、抚州市第 2 位。新产品销售收入占主营业务收入比 15.88%，排在江西省第 15 位、抚州市第 6 位。万人财政收入 0.2 亿元，排在江西省第 97 位、抚州市第 11 位。万人社会消费品零售额 1.73 亿元，排在江西省第 19 位、抚州市第 1 位。第三产业占 GDP 比重 39.64%，排在江西省第 44 位、抚州市第 8 位。具体如图 3-155、图 3-156、表 3-78 所示。

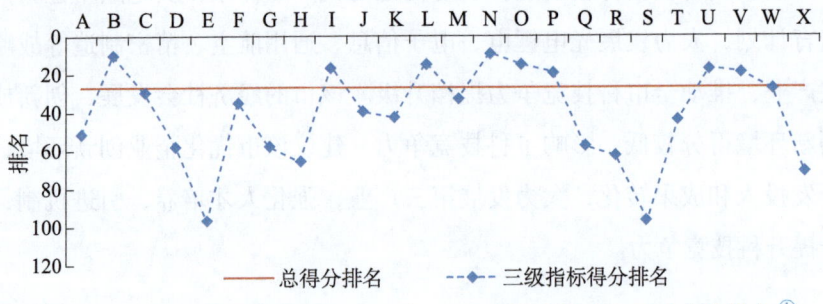

图 3-155　临川区科技创新能力总得分、三级指标得分在江西省位次排名[①]

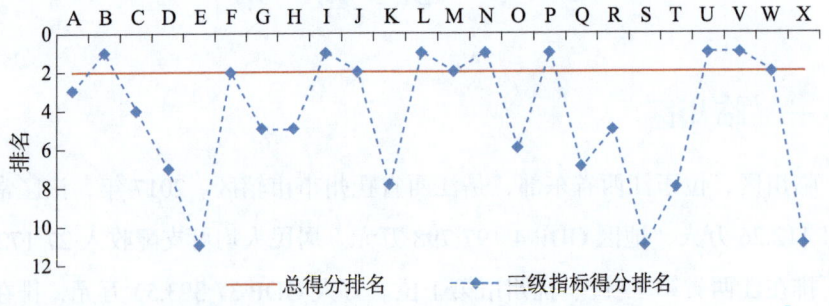

图 3-156　临川区科技创新能力总得分、三级指标得分在抚州市位次排名[②]

---

①② 图注同本书27页图3-1图注。

表 3-78 临川区科技创新能力评价指标得分与位次

指标名称	得分（分）2017年	江西省排名 2017年	江西省排名 2016年	抚州市排名 2017年	抚州市排名 2016年
科技创新能力总得分	59.94	27	51	2	2
创新环境	3.99	39	57	2	2
创新基础	4.44	15	24	1	1
万人 GDP	3.69	51	52	3	3
规模以上工业企业数	5.38	10	4	1	1
万人专利申请量	4.15	30	96	4	11
科技意识	3.53	79	88	9	9
开展 R&D 活动的企业占比	3.76	58	76	7	5
人均科普经费投入	2.90	97	94	11	11
民众浏览科技网页频度	3.89	35	30	2	1
创新投入	3.86	46	37	2	1
人力投入	3.83	60	36	3	2
万人 R&D 人员数	3.68	58	51	5	4
研究人员占 R&D 人员比	3.59	66	42	5	3
R&D 人员全时当量	4.28	16	17	1	1
财力投入	3.88	44	45	7	2
R&D 经费投入占 GDP 百分比	3.86	40	44	2	1
企业 R&D 经费投入占主营业务收入比	3.85	43	38	8	4
企业技术获取和改造费占主营业务收入比	3.95	14	32	1	4
创新成效	4.42	22	48	2	3
技术创新	4.63	20	58	2	3
高新技术产业增加值占规模以上工业增加值比	4.22	33	54	2	3
高新技术企业数	5.19	9	10	1	1
产业化水平	4.20	22	22	5	2
新产品销售收入占主营业务收入比	4.57	15	9	6	1
万人发明专利授权量	4.22	19	54	1	6
技术合同成交额	3.66	58	91	7	5

续表

指标名称	得分（分） 2017年	江西省排名 2017年	江西省排名 2016年	抚州市排名 2017年	抚州市排名 2016年
经济社会发展	3.89	44	34	5	1
经济增长	3.61	81	93	9	11
GDP增长百分比	4.07	63	76	5	8
万人财政收入	2.91	97	96	11	11
第三产业占GDP比重	3.89	44	48	8	7
社会生活	4.21	21	29	1	4
居民人均可支配收入	4.80	17	17	1	1
万人社会消费品零售额	4.13	19	18	1	1
城镇化率	3.98	28	28	2	2
空气质量指数	3.57	71	86	11	11

如图3-155、图3-156、表3-78所示，临川区科技创新能力总得分59.94分，排在江西省第27位，比上一年提升了24位，排在抚州市第2位，与上一年位次相同。在一级指标中，经济社会发展排在江西省第44位，比上一年下降了10位，排在抚州市第5位，比上一年下降了4位；创新投入排在江西省第46位，比上一年下降了9位，排在抚州市第2位，比上一年下降了1位；创新成效排在江西省第22位，比上一年提升了26位，排在抚州市第2位，比上一年提升了1位；创新环境排在江西省第39位，比上一年提升了18位，排在抚州市第2位，与上一年位次相同。

目前，临川区把创新放在发展全局的核心位置，全面建立区政府科技顾问制度，深入开展"加大全社会研发投入攻坚行动"，以创新引领产业升级，推进现代产业质量和效益齐升，推动全区科技竞争力提档升级。该区的经济社会发展、创新投入较上一年排名都有所下降，影响了科技竞争力。建议该区加强科普宣传，政府及各部门积极支持、参考相关创新活动，提高科技意识，优化人才培养、引进机制，加大对企业创新研发活动的支持力度，促进经济社会发展。

二、东乡区

东乡区，原名东乡县，于 2017 年 12 月，撤销东乡县设立抚州市东乡区。东乡区位于江西省东部，是江西省抚州市市辖区。2017 年，该区常住人口 45.14 万人，地区 GDP 1 580 131 万元。居民人均可支配收入 24 122.27 元，排在江西省第 29 位、抚州市第 3 位。万人 GDP 35 005.12 万元，排在江西省第 59 位、抚州市第 4 位。GDP 增速 8.29%，排在江西省第 88 位、抚州市第 11 位。城镇化率 50.42%，排在江西省第 43 位、抚州市第 5 位。规模以上工业企业数 108 家，排在江西省第 38 位、抚州市第 2 位。万人专利申请量 16.73 件，排在江西省第 28 位、抚州市第 3 位。万人发明专利授权量 0.11 件，排在江西省第 65 位、抚州市第 9 位。万人 R&D 人员数 10.41 人，排在江西省第 50 位、抚州市第 3 位。R&D 人员全时当量 266 人·年，排在江西省第 48 位、抚州市第 3 位。R&D 经费投入占 GDP 百分比 0.54%，排在江西省第 62 位、抚州市第 7 位。企业技术获取和改造费用占主营业务收入比 0.05%，排在江西省第 19 位、抚州市第 4 位。万人财政收入 0.52 亿元，排在江西省第 45 位、抚州市第 1 位。万人社会消费品零售额 1.61 亿元，排在江西省第 21 位、抚州市第 2 位。第三产业占 GDP 比重 35.51%，排在江西省第 70 位、抚州市第 11 位。具体如图 3-157、图 3-158、表 3-79 所示。

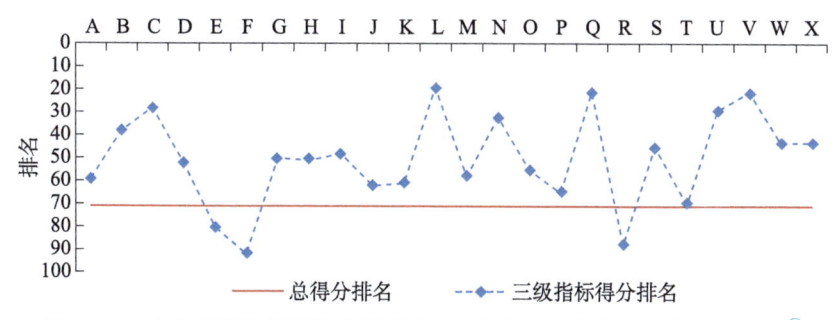

图 3-157　东乡区科技创新能力总得分、三级指标得分在江西省位次排名[①]

---

① 图注同本书27页图3-1图注。

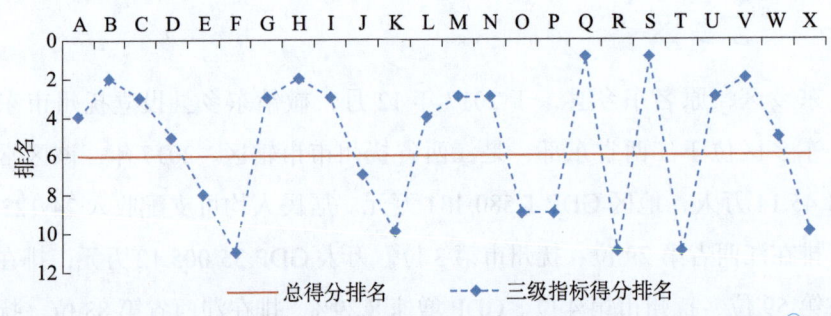

图 3-158 东乡区科技创新能力总得分、三级指标得分在抚州市位次排名[1]

表 3-79 东乡区科技创新能力评价指标得分与位次

指标名称	得分（分） 2017年	江西省排名 2017年	江西省排名 2016年	抚州市排名 2017年	抚州市排名 2016年
科技创新能力总得分	55.64	71	61	6	3
创新环境	3.80	65	43	6	1
创新基础	3.95	42	39	2	2
万人 GDP	3.59	59	56	4	4
规模以上工业企业数	3.99	38	34	2	2
万人专利申请量	4.19	28	33	3	2
科技意识	3.66	69	47	7	2
开展 R&D 活动的企业占比	3.91	52	34	5	2
人均科普经费投入	3.43	80	34	8	2
民众浏览科技网页频度	3.47	92	98	11	11
创新投入	3.77	60	75	4	8
人力投入	3.85	57	53	2	4
万人 R&D 人员数	3.74	50	44	3	2
研究人员占 R&D 人员比	4.02	51	49	6	6
R&D 人员全时当量	3.76	48	56	3	4
财力投入	3.69	62	82	9	10
R&D 经费投入占 GDP 百分比	3.63	62	73	7	7
企业 R&D 经费投入占主营业务收入比	3.59	61	72	10	9

---

[1] 图注同本书27页图3-1图注。

续表

指标名称	得分（分） 2017年	江西省排名 2017年	江西省排名 2016年	抚州市排名 2017年	抚州市排名 2016年
企业技术获取和改造费用占主营业务收入比	3.89	19	72	4	8
创新成效	3.83	54	45	5	2
技术创新	3.92	49	37	3	2
高新技术产业增加值占规模以上工业增加值比	3.73	58	41	3	2
高新技术企业数	4.18	32	24	3	3
产业化水平	3.74	59	50	9	7
新产品销售收入占主营业务收入比	3.67	55	32	9	5
万人发明专利授权量	3.59	65	59	9	7
技术合同成交额	4.00	21	68	1	2
经济社会发展	3.74	65	45	7	3
经济增长	3.49	85	69	10	8
GDP增长百分比	3.07	88	78	11	10
万人财政收入	3.82	45	42	1	1
第三产业占GDP比重	3.55	70	72	11	11
社会生活	4.04	28	26	4	3
居民人均可支配收入	4.30	29	29	3	3
万人社会消费品零售额	4.04	21	21	2	2
城镇化率	3.72	43	46	5	5
空气质量指数	3.96	43	47	10	10

如图3-157、图3-158、表3-79所示，东乡区科技创新能力总得分55.64分，排在江西省第71位，比上一年下降了10位，排在抚州市第6位，比上一年下降了3位。在一级指标中，经济社会发展排在江西省第65位，比上一年下降了20位，排在抚州市第7位，比上一年下降了4位；创新投入排在江西省第60位，比上一年提升了15位，排在抚州市第4位，比上一年提升了4位；创新成效排在江西省第54位，比上一年下降了9位，排在抚州市第5位，比上一年下降了3位；创新环境排在江西省第65位，比上一年下降了22位，排在抚州市第6位，比上一年下降了5位。

目前，东乡区围绕建设品质新东乡的工作目标，以撤县设区为新起点，扶持发展新技术、新工艺、新产品，推动新旧产业融合发展，加快形成以生物医药、电子信息、新能源新材料为主导的"3+X"产业体系，推动全区科技竞争力提档升级。该区的经济社会发展、创新成效和创新环境较上一年排名都有所下降，影响了科技竞争力。2017年国务院批准东乡撤县设区，建议以此为契机，积极融入抚州市整体布局发展，大力培育好创新环境，鼓励企业开展创新研发活动，加大政府创新投入，出台政策促进第三产业发展。

三、南城县

南城县位于江西省东部、抚州市中部，是江西省抚州市下辖县。2017年，该县常住人口31.51万人，地区GDP 1 296 491万元。居民人均可支配收入23 993.27元，排江西省第30位、抚州市第4位。万人GDP 41 145.38万元，排在江西省第42位、抚州市第2位。GDP增长11.24%，排在江西省第74位、抚州市第7位。城镇化率54.08%，排在江西省第29位、抚州市第3位。规模以上工业企业数74家，排在江西省第68位、抚州市第5位。万人专利申请量13.87件，排在江西省第42位、抚州市第7位。万人发明专利授权量0.22件，排在江西省第40位、抚州市第5位。万人R&D人员数8.03人，排在江西省第62位、抚州市第6位。R&D人员全时当量181人·年，排在江西省第62位、抚州市第4位。R&D经费投入占GDP百分比0.71%，排在江西省第46位、抚州市第3位。企业技术获取和改造费用占主营业务收入比0.02%，排在江西省第37位、抚州市第6位。新产品销售收入占主营业务收入比16%，排在江西省第14位、抚州市第5位。万人财政收入0.48亿元，排在江西省第50位、抚州市第2位。万人社会消费品零售额1.55亿元，排在江西省第24位、抚州市第3位。第三产业占GDP比重43.32%，排在江西省第27位、抚州市第5位。具体如图3-159、图3-160、表3-80所示。

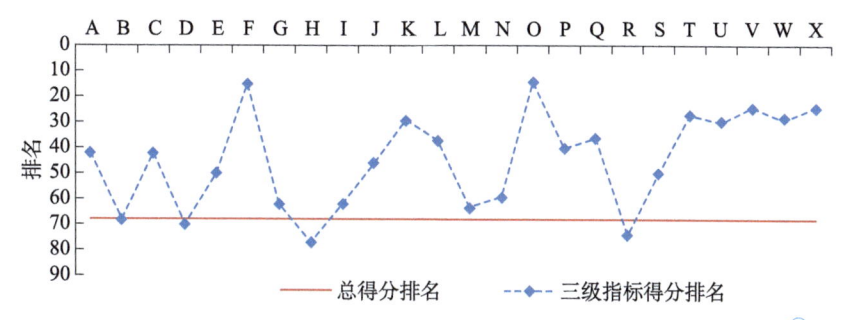

图 3-159　南城县科技创新能力总得分、三级指标得分在江西省位次排名[①]

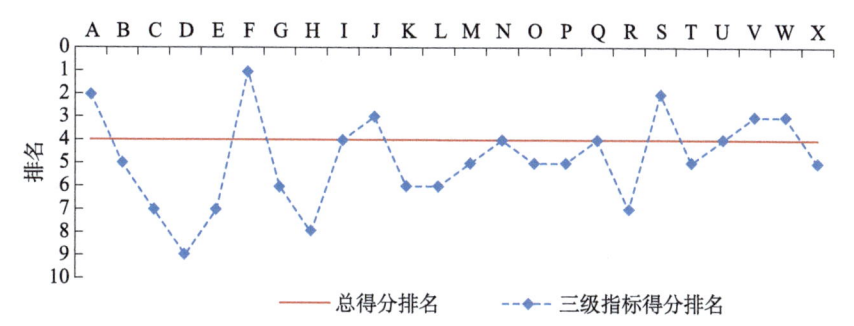

图 3-160　南城县科技创新能力总得分、三级指标得分在抚州市位次排名[②]

表 3-80　南城县科技创新能力评价指标得分与位次

指标名称	得分（分）	江西省排名		抚州市排名	
	2017 年	2017 年	2016 年	2017 年	2016 年
科技创新能力总得分	55.92	68	64	4	4
创新环境	3.73	72	64	7	4
创新基础	3.78	55	41	4	3
万人 GDP	3.83	42	40	2	2
规模以上工业企业数	3.55	68	39	5	4
万人专利申请量	3.96	42	42	7	3
科技意识	3.68	68	76	6	4
开展 R&D 活动的企业占比	3.47	70	72	9	4
人均科普经费投入	3.56	50	64	7	6
民众浏览科技网页频度	4.23	15	96	1	10

---

①② 图注同本书27页图3-1图注。

续表

指标名称	得分（分） 2017年	江西省排名 2017年	江西省排名 2016年	抚州市排名 2017年	抚州市排名 2016年
创新投入	3.71	70	45	8	2
人力投入	3.52	84	44	7	3
万人R&D人员数	3.64	62	50	6	3
研究人员占R&D人员比	3.30	77	40	8	2
R&D人员全时当量	3.65	62	46	4	3
财力投入	3.89	42	47	6	3
R&D经费投入占GDP百分比	3.77	46	48	3	2
企业R&D经费投入占主营业务收入比	4.12	29	25	6	3
企业技术获取和改造费用占主营业务收入比	3.77	37	80	6	10
创新成效	3.85	52	61	4	5
技术创新	3.61	63	65	4	5
高新技术产业增加值占规模以上工业增加值比	3.62	63	62	5	5
高新技术企业数	3.59	59	60	4	4
产业化水平	4.10	26	32	6	5
新产品销售收入占主营业务收入比	4.59	14	34	5	6
万人发明专利授权量	3.78	40	20	5	1
技术合同成交额	3.79	36	90	4	4
经济社会发展	4.03	31	37	1	2
经济增长	3.89	53	35	3	3
GDP增长百分比	3.78	74	53	7	5
万人财政收入	3.72	50	50	2	2
第三产业占GDP比重	4.19	27	28	5	5
社会生活	4.18	23	20	2	1
居民人均可支配收入	4.28	30	30	4	4
万人社会消费品零售额	4.00	24	24	3	3
城镇化率	3.96	29	29	3	3
空气质量指数	4.51	24	23	5	5

如图 3-159、图 3-160、表 3-80 所示，南城县科技创新能力总得分 55.92 分，排在江西省第 68 位，比上一年下降了 4 位，排在抚州市第 4 位，与上一年位次相同。在一级指标中，经济社会发展排在江西省第 31 位，比上一年提升了 6 位，排在抚州市第 1 位，比上一年提升了 1 位；创新投入排在江西省第 70 位，比上一年下降了 25 位，排在抚州市第 8 位，比上一年下降了 6 位；创新成效排在江西省第 52 位，比上一年提升了 9 位，排在抚州市第 4 位，比上一年提升了 1 位；创新环境排在江西省第 72 位，比上一年下降了 8 位，排在抚州市第 7 位，比上一年下降了 3 位。

目前，南城县坚持"搭平台、育龙头、破难题、扶实体、产集聚、建机制"的工作主线，持续打好产业发展升级组合拳，推动工业扩总量、优质量、提效益，集中各类资源，围绕机械电子首位产业和中医药、校具两个主攻产业定向发力，加快主导产业转型发展，推动全县科技竞争力提档升级。该县的创新投入和创新环境较上一年排名都有所下降，影响了科技竞争力。建议该县鼓励企业创新研发和成果转化，同时因地制宜发展绿色经济，培育壮大蜜橘、水产、蛋鸡等特色农村企业，促进地方经济发展。

四、黎川县

黎川县位于江西省中部偏东，是江西省抚州市下辖县。2017 年，该县常住人口 23.69 万人，地区 GDP 742 230 万元。居民人均可支配收入 19 517.87 元，排在江西省第 62 位、抚州市第 6 位。万人 GDP 31 330.94 万元，排在江西省第 66 位、抚州市第 7 位。GDP 增长 12.82%，排在江西省第 57 位、抚州市第 3 位。城镇化率 51.05%，排在江西省第 37 位、抚州市第 4 位。开展 R&D 活动的企业占比 45.33%，排在江西省第 24 位、抚州市第 3 位。万人专利申请量 21.91 件，排在江西省第 17 位、抚州市第 2 位。万人发明专利授权量 0.25 件，排在江西省第 33 位、抚州市第 4 位。人均科普经费投入 0.42 元，排在江西省第 33 位、抚州市第 3 位。万人 R&D 人员数 11.15 人，排在江西省第 46 位、抚州市第 2 位。R&D 人员全时当量 154 人·年，排在江西省第 68 位、抚州市第 6 位。新产品销售收入占主营业务收入比 9.15%，排在江西省第 36 位、抚州市第 8 位。万人财政收入 0.45 亿元,排在江西省第 58 位、抚州市第 3 位。万人社会消费品零售额 1.17 亿元,排在江西省第 45 位、抚州市第 5 位。第三产业占 GDP 比重 39.77%,排在江西省第 41 位、抚州市第 7 位。具体如图 3-161、图 3-162、表 3-81 所示。

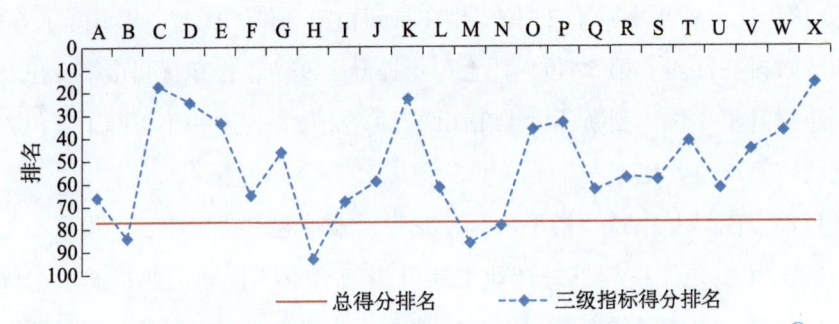

图 3-161　黎川县科技创新能力总得分、三级指标得分在江西省位次排名 [①]

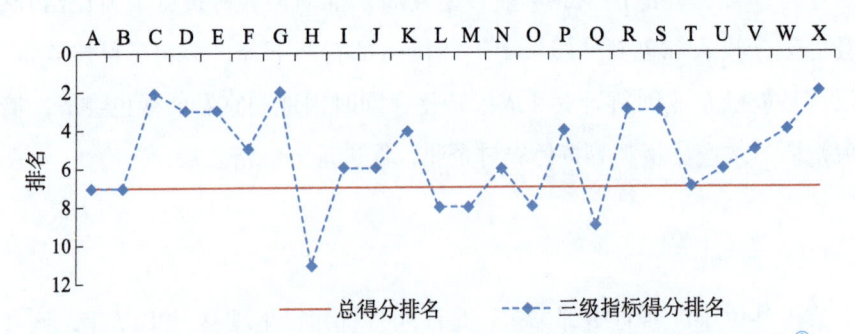

图 3-162　黎川县科技创新能力总得分、三级指标得分在抚州市位次排名 [②]

表 3-81　黎川县科技创新能力评价指标得分与位次

指标名称	得分（分）	江西省排名		抚州市排名	
	2017 年	2017 年	2016 年	2017 年	2016 年
科技创新能力总得分	54.17	77	91	7	10
创新环境	3.98	42	78	3	6
创新基础	3.78	57	57	5	5
万人 GDP	3.45	66	66	7	7
规模以上工业企业数	3.17	84	75	7	7

①② 图注同本书27页图3-1图注。

续表

指标名称	得分（分）2017年	江西省排名 2017年	江西省排名 2016年	抚州市排名 2017年	抚州市排名 2016年
万人专利申请量	4.61	17	22	2	1
科技意识	4.20	34	80	3	6
开展R&D活动的企业占比	4.68	24	77	3	6
人均科普经费投入	3.93	33	67	3	7
民众浏览科技网页频度	3.65	65	66	5	3
创新投入	3.64	81	95	9	11
人力投入	3.35	92	95	10	11
万人R&D人员数	3.77	46	57	2	5
研究人员占R&D人员比	2.76	93	94	11	11
R&D人员全时当量	3.62	68	69	6	6
财力投入	3.92	40	69	4	8
R&D经费投入占GDP百分比	3.64	59	64	6	4
企业R&D经费投入占主营业务收入比	4.39	22	54	4	7
企业技术获取和改造费用占主营业务收入比	3.68	62	65	8	6
创新成效	3.48	80	81	8	9
技术创新	3.14	87	90	8	8
高新技术产业增加值占规模以上工业增加值比	3.03	86	89	8	9
高新技术企业数	3.29	78	90	6	9
产业化水平	3.84	42	30	7	4
新产品销售收入占主营业务收入比	3.99	36	24	8	4
万人发明专利授权量	3.83	33	32	4	2
技术合同成交额	3.65	63	91	9	5
经济社会发展	3.91	40	64	4	6
经济增长	3.89	54	67	4	7
GDP增长百分比	4.15	57	84	3	11
万人财政收入	3.64	58	53	3	3
第三产业占GDP比重	3.90	41	49	7	8

续表

指标名称	得分（分） 2017年	江西省排名 2017年	江西省排名 2016年	抚州市排名 2017年	抚州市排名 2016年
社会生活	3.93	34	36	5	5
居民人均可支配收入	3.53	62	61	6	6
万人社会消费品零售额	3.73	45	44	5	5
城镇化率	3.76	37	37	4	4
空气质量指数	5.05	16	12	2	1

如图3-161、图3-162、表3-81所示，黎川县科技创新能力总得分54.17分，排在江西省第77位，比上一年提升了14位，排在抚州市第7位，比上一年提升了3位。在一级指标中，经济社会发展排在江西省第40位，比上一年提升了24位，排在抚州市第4位，比上一年提升了2位；创新投入排在江西省第81位，比上一年提升了14位，排在抚州市第9位，比上一年提升了2位；创新成效排在江西省第80位，比上一年提升了1位，排在抚州市第8位，比上一年提升了1位；创新环境排在江西省第42位，比上一年提升了36位，排在抚州市第3位，比上一年提升了3位。

目前，黎川县突出陶瓷首位产业，走质量提升与数量扩张并举之路，实施创新驱动、龙头带动，打好"扶大、联强、补链、集聚"组合拳，推动全县科技竞争力提档升级。该县四个一级指标排名较上一年均有所提升。建议该县改造传统产业，加快新兴产业发展，加强生产和服务全过程资源节约和综合利用，提高经济增长质量。

五、南丰县

南丰县位于江西省东南部、抚州市南部，是江西省抚州市下辖县。2017年，该县常住人口29.65万人，地区GDP 1 270 893万元。居民人均可支配收入24 298.13元，排在江西省第26位、抚州市第2位。万人GDP 42 863.17万元，排在江西省第38位、抚州市第1位。GDP增长10.32%，排在江西省第81位、抚州市第9位。城镇化率42.56%，排在江西省第90位、抚州市第

8位。万人专利申请量14.4件，排在江西省第40位、抚州市第6位。人均科普经费投入0.31元，排在江西省第48位、抚州市第6位。万人R&D人员数6.95人，排在江西省第66位、抚州市第7位。企业技术获取和改造费用占主营业务收入比0.05%，排在江西省第18位、抚州市第3位。高新技术产业增加值占规模以上工业增加值比22.48%，排在江西省第66位、抚州市第6位。新产品销售收入占主营业务收入比28.66%，排在江西省第9位、抚州市第3位。万人财政收入0.42亿元，排在江西省第65位、抚州市第6位。万人社会消费品零售额1.54亿元，排在江西省第25位、抚州市第4位。第三产业占GDP比重44.37%，排在江西省第25位、抚州市第4位。具体如图3-163、图3-164、表3-82所示。

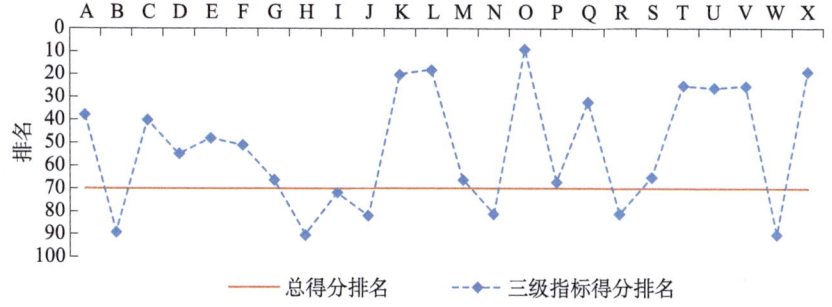

图3-163 南丰县科技创新能力总得分、三级指标得分在江西省位次排名[①]

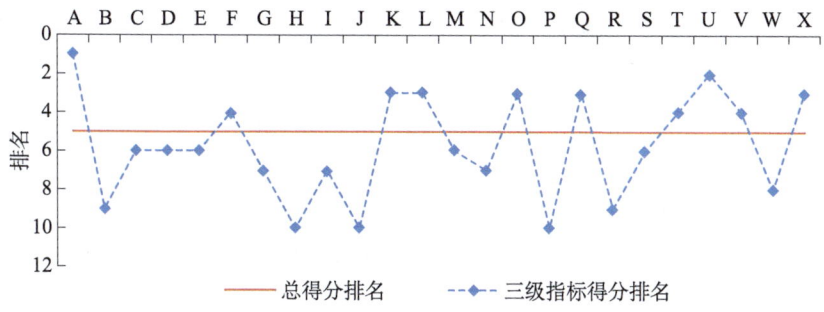

图3-164 南丰县科技创新能力总得分、三级指标得分在抚州市位次排名[②]

---

①② 图注同本书27页图3-1图注。

表 3-82 南丰县科技创新能力评价指标得分与位次

指标名称	得分（分） 2017年	江西省排名 2017年	江西省排名 2016年	抚州市排名 2017年	抚州市排名 2016年
科技创新能力总得分	55.74	70	88	5	9
创新环境	3.71	75	86	8	7
创新基础	3.66	68	63	7	6
万人 GDP	3.90	38	37	1	1
规模以上工业企业数	3.10	89	79	9	9
万人专利申请量	4.00	40	45	6	4
科技意识	3.76	65	85	5	8
开展 R&D 活动的企业占比	3.87	55	88	6	9
人均科普经费投入	3.59	48	24	6	1
民众浏览科技网页频度	3.75	51	94	4	9
创新投入	3.62	83	94	10	10
人力投入	3.32	94	94	11	10
万人 R&D 人员数	3.60	66	77	7	9
研究人员占 R&D 人员比	2.83	90	92	10	10
R&D 人员全时当量	3.61	72	71	7	7
财力投入	3.92	41	68	5	7
R&D 经费投入占 GDP 百分比	3.40	82	89	10	11
企业 R&D 经费投入占主营业务收入比	4.46	20	78	3	10
企业技术获取和改造费用占主营业务收入比	3.89	18	23	3	1
创新成效	3.94	43	79	3	8
技术创新	3.43	74	70	5	7
高新技术产业增加值占规模以上工业增加值比	3.56	66	64	6	6
高新技术企业数	3.25	81	79	7	6
产业化水平	4.47	12	88	2	11
新产品销售收入占主营业务收入比	5.69	9	64	3	9
万人发明专利授权量	3.58	67	71	10	9
技术合同成交额	3.82	32	91	3	5

续表

指标名称	得分（分） 2017年	江西省排名 2017年	江西省排名 2016年	抚州市排名 2017年	抚州市排名 2016年
经济社会发展	3.93	37	49	3	5
经济增长	3.78	68	53	7	5
GDP增长百分比	3.56	81	77	9	9
万人财政收入	3.53	65	62	6	5
第三产业占GDP比重	4.28	25	26	4	4
社会生活	4.09	25	23	3	2
居民人均可支配收入	4.33	26	23	2	2
万人社会消费品零售额	3.99	25	25	4	4
城镇化率	3.23	90	90	8	8
空气质量指数	4.90	19	16	3	3

如图3-163、图3-164、表3-82所示，南丰县科技创新能力总得分55.74分，排在江西省第70位，比上一年提升了18位，排在抚州市第5位，比上一年提升了4位。在一级指标中，经济社会发展排在江西省第37位，比上一年提升了12位，排在抚州市第3位，比上一年提升了2位；创新投入排在江西省第83位，比上一年提升了11位，排在抚州市第10位，与上一年位次相同；创新成效排在江西省第43位，比上一年提升了36位，排在抚州市第3位，比上一年提升了5位；创新环境排在江西省第75位，比上一年提升了11位，排在抚州市第8位，比上一年下降了1位。

目前，南丰县深化"蜜橘+"理念，促进南丰蜜橘与工业、文化、旅游等融合发展，围绕培育绿色食品、生物医药、电子信息三大产业，推动产业升级，打造全国最大的甲鱼种苗繁育基地，因地制宜发展白莲、烟叶、槟榔芋和中药材等特色农业产业。该县的经济社会发展、创新投入、创新成效、创新环境较上一年排名都有所提升。建议该县进一步改善创新环境，以蜜橘产业为核心，引领旅游、烟草、甲鱼等产业发展，鼓励特色农业与绿色养殖、科技养殖相结合，促进农业的产业化、现代化、科技化发展，提升科技竞争力。

六、崇仁县

崇仁县位于江西省中部偏东、抚州西部，是江西省抚州市下辖县。2017年，该县常住人口为35.92万人，地区GDP为1 180 189万元。居民人均可支配收入20 789.01元，排在江西省第56位、抚州市第5位。万人GDP 32 856.04万元，排在江西省第63位、抚州市第6位。GDP增长9.74%，排在江西省第84位、抚州市第10位。城镇化率43.37%，排在江西省第83位、抚州市第7位。开展R&D活动的企业占比46.81%，排在江西省第17位、抚州市第2位。万人发明专利授权量0.17件，排在江西省第48位、抚州市第6位。人均科普经费投入0.39元，排在江西省第42位、抚州市第5位。万人R&D人员数12.08人，排在江西省第42位、抚州市第1位。R&D人员全时当量323人·年，排在江西省第40位、抚州市第2位。R&D经费投入占GDP百分比0.88%，排在江西省第37位、抚州市第1位。企业技术获取和改造费用占主营业务收入比0.02%，排在江西省第33位、抚州市第5位。高新技术产业增加值占规模以上工业增加值比52.61%，排在江西省第12位、抚州市第1位。新产品销售收入占主营业务收入比43.86%，排在江西省第3位、抚州市第1位。万人财政收入0.31亿元，排在江西省第84位、抚州市第9位。万人社会消费品零售额0.92亿元，排在江西省第68位、抚州市第10位。第三产业占GDP比重36.51%，排在江西省第65位、抚州市第10位。具体如图3-165、图3-166、表3-83所示。

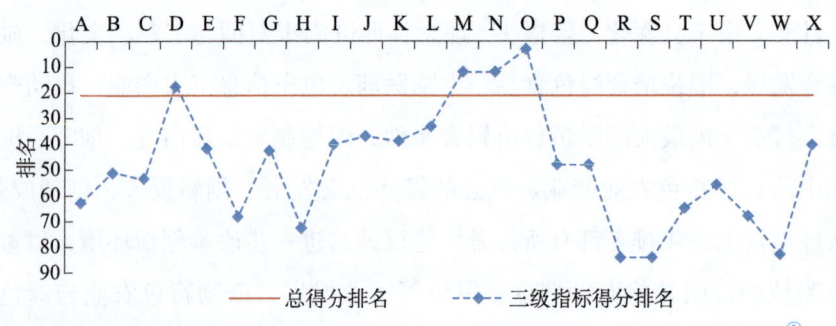

图3-165 崇仁县科技创新能力总得分、三级指标得分在江西省位次排名[①]

---

① 图注同本书27页图3-1图注。

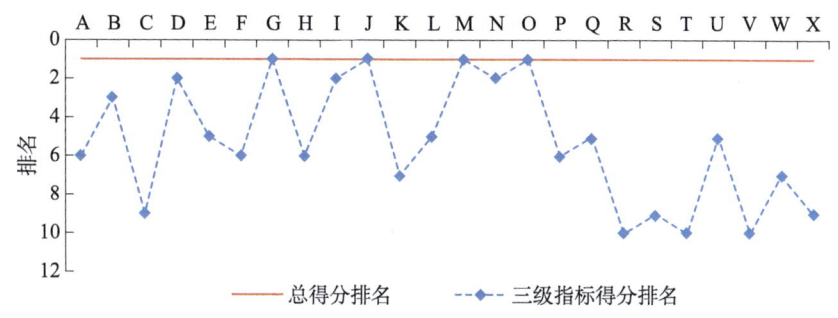

图 3-166　崇仁县科技创新能力总得分、三级指标得分在抚州市位次排名[1]

表 3-83　崇仁县科技创新能力评价指标得分与位次

指标名称	得分（分）	江西省排名		抚州市排名	
	2017 年	2017 年	2016 年	2017 年	2016 年
科技创新能力总得分	61.56	21	50	1	1
创新环境	3.95	47	76	4	5
创新基础	3.68	67	56	6	4
万人 GDP	3.51	63	60	6	5
规模以上工业企业数	3.77	51	36	3	3
万人专利申请量	3.73	54	51	9	5
科技意识	4.23	29	78	2	5
开展 R&D 活动的企业占比	4.81	17	81	2	7
人均科普经费投入	3.84	42	34	5	2
民众浏览科技网页频度	3.63	68	86	6	5
创新投入	3.77	59	60	3	4
人力投入	3.67	72	70	5	7
万人 R&D 人员数	3.81	42	39	1	1
研究人员占 R&D 人员比	3.41	73	67	6	8
R&D 人员全时当量	3.83	40	41	2	2
财力投入	3.87	46	49	8	4
R&D 经费投入占 GDP 百分比	3.92	37	54	1	3
企业 R&D 经费投入占主营业务收入比	3.90	39	53	7	6

---

[1] 图注同本书27页图3-1图注。

续表

指标名称	得分（分）2017年	江西省排名 2017年	江西省排名 2016年	抚州市排名 2017年	抚州市排名 2016年
企业技术获取和改造费用占主营业务收入比	3.79	33	26	5	2
创新成效	4.99	9	13	1	1
技术创新	4.98	14	9	1	1
高新技术产业增加值占规模以上工业增加值比	5.13	12	13	1	1
高新技术企业数	4.77	12	11	2	2
产业化水平	4.99	8	29	1	3
新产品销售收入占主营业务收入比	7.01	3	19	1	2
万人发明专利授权量	3.69	48	36	6	4
技术合同成交额	3.74	48	89	5	3
经济社会发展	3.53	89	79	11	9
经济增长	3.42	87	86	11	10
GDP增长百分比	3.42	84	28	10	3
万人财政收入	3.23	84	81	9	9
第三产业占GDP比重	3.63	65	70	10	10
社会生活	3.65	68	58	7	7
居民人均可支配收入	3.74	56	54	5	5
万人社会消费品零售额	3.55	68	68	10	10
城镇化率	3.28	83	83	7	7
空气质量指数	4.04	40	33	9	7

如图3-165、图3-166、表3-83所示，崇仁县科技创新能力总得分61.56分，排在江西省第21位，比上一年提升了29位，排在抚州市第1位，与上一年位次相同。在一级指标中，经济社会发展排在江西省第89位，比上一年下降了10位，排在抚州市第11位，比上一年下降了2位；创新投入排在江西省第59位，比上一年提升了1位，排在抚州市第3位，比上一年提升了1位；创新成效排在江西省第9位，比上一年提升了4位，排在抚州市第1位，与上一年位次相同；创新环境排在江西省第47位，比上一年提升了29位，排在抚州市第4位，比上一年提升了1位。

目前，崇仁县围绕壮大变电设备、有色金属加工等产业，推动物联网、大数据、云计算、人工智能与变电设备等融合，不断提升工业产品和服务价值链。围绕"稳粮、优供、增效"目标，大力发展崇仁麻鸡、优质稻米、绿色果蔬、中药材、油茶、休闲农业等特色产业，推动全县科技竞争力提档升级。该县的经济社会发展较上一年排名有所下降，影响了科技竞争力。建议该县进一步优化创新环境，改善创新投入，以科技创新为驱动，以变电设备产业为核心，引领带动生物医药、新能源、食品药品等产业发展，促进区域经济社会发展。

七、乐安县

乐安县位于江西省中部、抚州市西南部，是江西省抚州市下辖县。2017年，该县常住人口 35.66 万人，地区 GDP 639 171 万元。居民人均可支配收入 14 395.41 元，排在江西省第 98 位、抚州市第 11 位。万人 GDP 17 924.03 万元，排在江西省第 97 位、抚州市第 11 位。GDP 增长 12.49%，排在江西省第 61 位、抚州市第 4 位。城镇化率 41.27%，排在江西省第 95 位、抚州市第 9 位。万人发明专利授权量 0.11 件，排在江西省第 63 位、抚州市第 8 位。万人 R&D 人员数 1.68 人，排在江西省第 96 位、抚州市第 11 位。高新技术产业增加值占规模以上工业增加值比 23.65%，排在江西省第 62 位、抚州市第 4 位。新产品销售收入占主营业务收入比 21.12%，排在江西省第 11 位、抚州市第 4 位。万人财政收入 0.21 亿元，排在江西省第 95 位、抚州市第 10 位。万人社会消费品零售额 0.94 亿元，排在江西省第 67 位、抚州市第 9 位。第三产业占 GDP 比重 46.79%，排在江西省第 19 位、抚州市第 1 位。具体如图 3-167、图 3-168、表 3-84 所示。

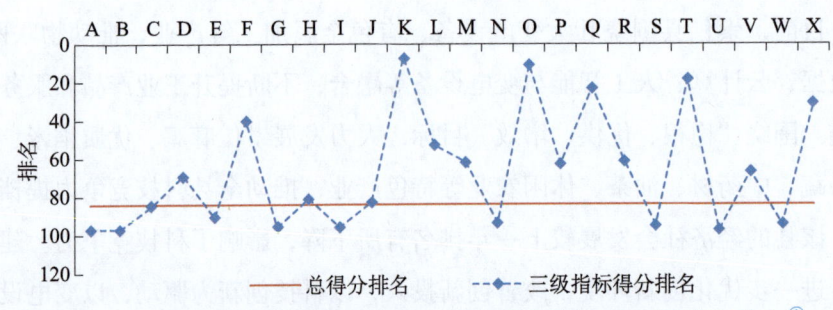

图 3-167　乐安县科技创新能力总得分、三级指标得分在江西省位次排名[①]

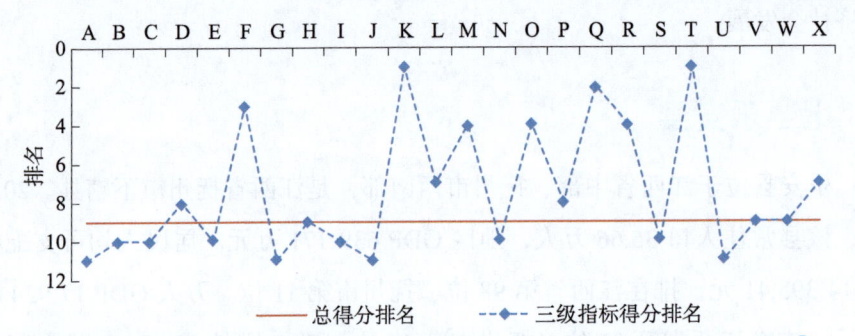

图 3-168　乐安县科技创新能力总得分、三级指标得分在抚州市位次排名[②]

表 3-84　乐安县科技创新能力评价指标得分与位次

指标名称	得分（分）	江西省排名		抚州市排名	
	2017年	2017年	2016年	2017年	2016年
科技创新能力总得分	53.47	84	83	9	7
创新环境	3.23	99	95	11	10
创新基础	3.00	100	100	11	11
万人GDP	2.93	97	97	11	11
规模以上工业企业数	2.77	97	96	10	10
万人专利申请量	3.27	85	80	10	10
科技意识	3.46	84	74	10	3
开展R&D活动的企业占比	3.50	69	55	8	3
人均科普经费投入	3.12	91	85	10	10
民众浏览科技网页频度	3.85	40	88	3	6

①② 图注同本书27页图3-1图注。

续表

指标名称	得分（分） 2017年	江西省排名 2017年	江西省排名 2016年	抚州市排名 2017年	抚州市排名 2016年
创新投入	3.77	61	62	5	6
人力投入	3.36	91	76	9	8
万人R&D人员数	3.38	96	96	11	11
研究人员占R&D人员比	3.25	81	57	9	7
R&D人员全时当量	3.46	96	98	10	11
财力投入	4.17	24	44	1	1
R&D经费投入占GDP百分比	3.40	83	84	11	9
企业R&D经费投入占主营业务收入比	5.35	7	13	1	1
企业技术获取和改造费用占主营业务收入比	3.70	53	69	7	7
创新成效	3.81	55	63	6	6
技术创新	3.38	77	61	6	4
高新技术产业增加值占规模以上工业增加值比	3.62	62	55	4	4
高新技术企业数	3.04	94	90	10	9
产业化水平	4.25	20	41	4	6
新产品销售收入占主营业务收入比	5.03	11	22	4	3
万人发明专利授权量	3.59	63	74	8	10
技术合同成交额	3.93	23	91	2	5
经济社会发展	3.57	85	84	10	10
经济增长	3.81	59	47	5	4
GDP增长百分比	4.07	61	10	4	2
万人财政收入	2.94	95	95	10	10
第三产业占GDP比重	4.48	19	20	1	2
社会生活	3.29	97	96	11	11
居民人均可支配收入	2.68	98	98	11	11
万人社会消费品零售额	3.56	67	65	9	9
城镇化率	3.15	95	95	9	9
空气质量指数	4.21	31	36	7	8

如图 3-167、图 3-168、表 3-84 所示，乐安县科技创新能力总得分 53.47 分，排在江西省第 84 位，比上一年下降了 1 位，排在抚州市第 9 位，比上一年下降了 2 位。在一级指标中，经济社会发展排在江西省第 85 位，比上一年下降了 1 位，排在抚州市第 10 位，与上一年位次相同；创新投入排在江西省第 61 位，比上一年提升了 1 位，排在抚州市第 5 位，比上一年提升了 1 位；创新成效排在江西省第 55 位，比上一年提升了 8 位，排在抚州市第 6 位，与上一年位次相同；创新环境在江西省排名第 99 位，比上一年下降了 4 位，排在抚州市第 11 位，比上一年下降了 1 位。

目前，乐安县继续加大产业直补资金投入，扶持有劳动能力的贫困户发展蚕桑、油茶、烟叶、中药材、蔬菜、肉牛等特色种养业，推广"公司（专业合作社）+基地+贫困户"的产业扶贫模式，深入实施金融扶贫，推动全县科技竞争力提档升级。该县的经济社会发展、创新环境得分较低，影响了科技竞争力。建议该县尽快出台可行性的政策办法，支持企业研发活动，解决企业创新过程中的实际问题，依托现有资源，提升烟叶、蚕桑、油茶等传统行业的科技含量水平。

八、宜黄县

宜黄县位于江西省中部偏东、抚州市南部，是江西省抚州市下辖县。2017 年，该县常住人口 23.06 万人，地区 GDP 708 911 万元。居民人均可支配收入 17 557.98 元，排在江西省第 76 位、抚州市第 9 位。万人 GDP 30 742.02 万元，排在江西省第 68 位、抚州市第 8 位。GDP 增长 11.78%，排在江西省第 67 位、抚州市第 6 位。城镇化率 38.42%，排在江西省第 99 位、抚州市第 11 位。万人专利申请量 12.18 件，排在江西省第 51 位、抚州市第 8 位。万人发明专利授权量 0.26 件，排在江西省第 31 位、抚州市第 3 位。人均科普经费投入 0.4 元，排在江西省第 36 位、抚州市第 4 位。万人 R&D 人员数 9.84 人，排在江西省第 53 位、抚州市第 4 位。R&D 经费投入占 GDP 百分比 0.63%，排在江西省第 53 位、抚州市第 4 位。万人财政收入 0.43 亿元，排在江西省第 62 位、抚州市第 5 位。万人社会消费品零售额 0.95 亿元，排在江西省第 64 位、抚州市第 8 位。第三产业占 GDP 比重 36.88%，排在江西省第 64 位、抚州市第 9 位。具体如图 3-169、图 3-170、表 3-85 所示。

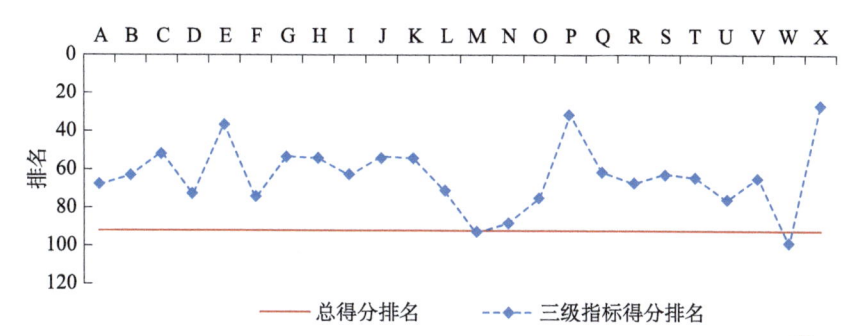

图 3-169　宜黄县科技创新能力总得分、三级指标得分在江西省位次排名[①]

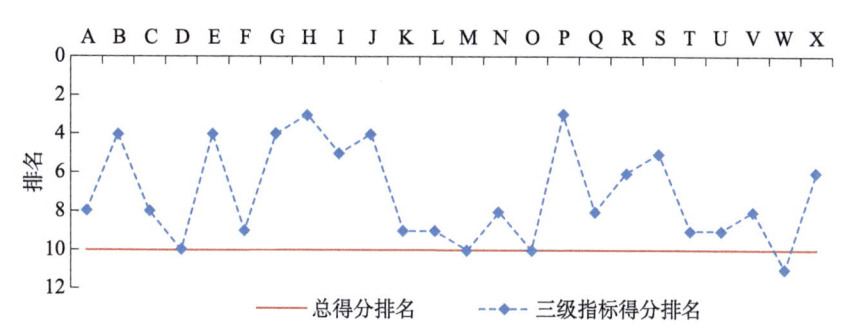

图 3-170　宜黄县科技创新能力总得分、三级指标得分在抚州市位次排名[②]

表 3-85　宜黄县科技创新能力评价指标得分与位次

指标名称	得分（分）	江西省排名		抚州市排名	
	2017 年	2017 年	2016 年	2017 年	2016 年
科技创新能力总得分	51.49	92	82	10	6
创新环境	3.61	84	92	9	9
创新基础	3.63	69	68	8	7
万人 GDP	3.43	68	67	8	8
规模以上工业企业数	3.60	63	60	4	5
万人专利申请量	3.82	51	59	8	8
科技意识	3.59	74	91	8	10
开展 R&D 活动的企业占比	3.40	73	89	10	10

①②　图注同本书27页图3-1图注。

续表

指标名称	得分（分）2017年	江西省排名 2017年	江西省排名 2016年	抚州市排名 2017年	抚州市排名 2016年
人均科普经费投入	3.87	36	74	4	9
民众浏览科技网页频度	3.58	75	93	9	8
创新投入	3.72	68	71	7	7
人力投入	3.76	65	58	4	6
万人 R&D 人员数	3.71	53	68	4	6
研究人员占 R&D 人员比	3.90	54	43	3	4
R&D 人员全时当量	3.65	63	85	5	8
财力投入	3.68	63	73	10	9
R&D 经费投入占 GDP 百分比	3.70	53	68	4	6
企业 R&D 经费投入占主营业务收入比	3.65	54	59	9	8
企业技术获取和改造费用占主营业务收入比	3.68	71	80	9	10
创新成效	3.25	97	51	11	4
技术创新	2.88	96	97	10	11
高新技术产业增加值占规模以上工业增加值比	2.71	93	93	10	10
高新技术企业数	3.12	88	87	8	7
产业化水平	3.62	72	9	10	1
新产品销售收入占主营业务收入比	3.42	75	78	10	11
万人发明专利授权量	3.84	31	41	3	5
技术合同成交额	3.66	61	4	8	1
经济社会发展	3.60	83	88	9	11
经济增长	3.71	74	78	8	9
GDP 增长百分比	3.90	67	75	6	7
万人财政收入	3.58	62	64	5	6
第三产业占 GDP 比重	3.67	64	61	9	9
社会生活	3.47	82	82	10	10
居民人均可支配收入	3.21	76	75	9	9
万人社会消费品零售额	3.57	64	64	8	8
城镇化率	2.97	99	99	11	11
空气质量指数	4.46	26	27	6	6

如图 3-169、图 3-170、表 3-85 所示，宜黄县科技创新能力总得分 51.49 分，排在江西省第 92 位，比上一年下降了 10 位，排在抚州市第 10 位，比上一年下降了 4 位。在一级指标中，经济社会发展排在江西省第 83 位，比上一年提升了 5 位，排在抚州市第 9 位，比上一年提升了 2 位；创新投入排在江西省第 68 位，比上一年提升了 3 位，排在抚州市第 7 位，与上一年位次相同；创新成效排在江西省第 97 位，比上一年下降了 46 位，排在抚州市第 11 位，比上一年下降了 7 位；创新环境排在江西省第 84 位，比上一年提升了 8 位，排在抚州市第 9 位，与上一年位次相同。

目前，宜黄县围绕电子信息、汽车零部件、新能源、塑料制品等优势产业，深入开展"双返双创"活动，推动全县科技竞争力提档升级。该县的经济社会发展、创新成效和创新环境得分较低，影响了科技竞争力。建议该县加大科技创新宣传，政府及各部门积极参与、支持创新活动，同时依托毛竹、食用菌等传统产业，电子信息等优势产业，出台相关政策，强化专利意识，鼓励企业开展研发活动，提高产品科技含量水平。

九、金溪县

金溪县位于江西省中部，是江西省抚州市下辖县。2017 年，该县常住人口 30.44 万人，地区 GDP 882 692 万元。居民人均可支配收入 19 354.96 元，排在江西省第 64 位、抚州市第 7 位。万人 GDP 28 997.77 万元，排在江西省第 74 位、抚州市第 9 位。GDP 增长 11.22%，排在江西省第 75 位、抚州市第 8 位。城镇化率 39.8%，排在江西省第 97 位、抚州市第 10 位。开展 R&D 活动的企业占比 40.66%，排在江西省第 38 位、抚州市第 4 位。万人专利申请量 22.11 件，排在江西省第 16 位、抚州市第 1 位。万人发明专利授权量 0.26 件，排在江西省第 30 位、抚州市第 2 位。研究人员占 R&D 人员比 32.98%，排在江西省第 33 位、抚州市第 1 位。R&D 人员全时当量 116 人·年，排在江西省第 78 位、抚州市第 8 位。R&D 经费投入占 GDP 百分比 0.63%，排在江西省第 54 位、抚州市第 5 位。企业技术获取和改造费用占主营业务收入比 0.05%，排在江西省第 17 位、抚州市第 2 位。万人财政收入 0.35 亿元，排在江西省第77位、抚州市第8位。万人社会消费品零售额1亿元，排在江西省第62位、抚州市第7位。第三产业占GDP比重44.45%，排在江西省第24位、抚州市第3位。具体如图3-171、图3-172、表3-86所示。

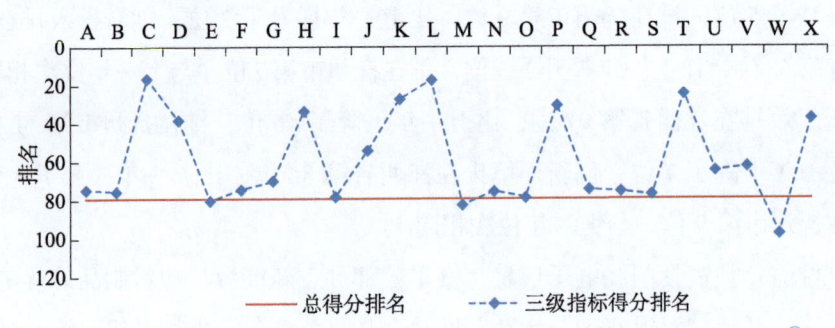

图3-171 金溪县科技创新能力总得分、三级指标得分在江西省位次排名①

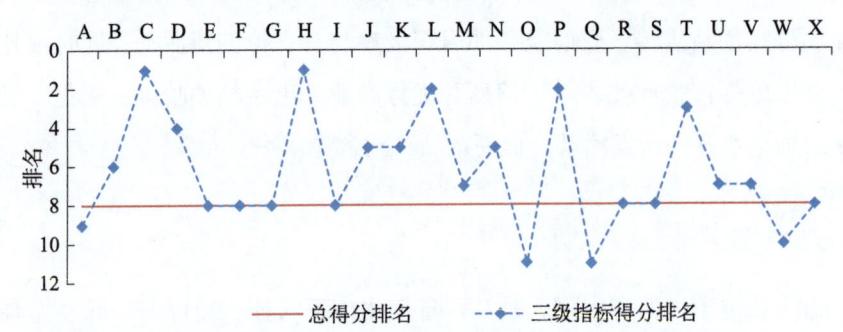

图3-172 金溪县科技创新能力总得分、三级指标得分在抚州市位次排名②

表3-86 金溪县科技创新能力评价指标得分与位次

指标名称	得分（分）	江西省排名		抚州市排名	
	2017年	2017年	2016年	2017年	2016年
科技创新能力总得分	53.85	79	81	8	5
创新环境	3.82	61	88	5	8
创新基础	3.80	52	80	3	8
万人GDP	3.36	74	71	9	9
规模以上工业企业数	3.30	75	69	6	6
万人专利申请量	4.62	16	57	1	7

①② 图注同本书27页图3-1图注。

续表

指标名称	得分（分）2017年	江西省排名 2017年	江西省排名 2016年	抚州市排名 2017年	抚州市排名 2016年
科技意识	3.84	56	81	4	7
开展R&D活动的企业占比	4.24	38	83	4	8
人均科普经费投入	3.43	80	44	8	4
民众浏览科技网页频度	3.59	74	51	8	2
创新投入	3.92	42	61	1	5
人力投入	3.88	51	57	1	5
万人R&D人员数	3.57	70	74	8	7
研究人员占R&D人员比	4.44	33	46	1	5
R&D人员全时当量	3.57	78	67	8	5
财力投入	3.95	38	60	3	6
R&D经费投入占GDP百分比	3.70	54	66	5	5
企业R&D经费投入占主营业务收入比	4.24	27	48	5	5
企业技术获取和改造费用占主营业务收入比	3.92	17	38	2	5
创新成效	3.39	87	75	9	7
技术创新	3.20	85	67	7	6
高新技术产业增加值占规模以上工业增加值比	3.11	82	77	7	7
高新技术企业数	3.33	75	74	5	5
产业化水平	3.58	78	71	11	8
新产品销售收入占主营业务收入比	3.36	78	70	11	10
万人发明专利授权量	3.84	30	35	2	3
技术合同成交额	3.58	74	91	11	5
经济社会发展	3.67	74	72	8	8
经济增长	3.79	65	56	6	6
GDP增长百分比	3.77	75	62	8	6
万人财政收入	3.35	77	74	8	8
第三产业占GDP比重	4.29	24	25	3	3
社会生活	3.54	76	72	9	8
居民人均可支配收入	3.51	64	63	7	7

续表

指标名称	得分（分） 2017年	江西省排名 2017年	江西省排名 2016年	抚州市排名 2017年	抚州市排名 2016年
万人社会消费品零售额	3.60	62	61	7	7
城镇化率	3.05	97	97	10	10
空气质量指数	4.14	37	38	8	9

如图3-171、图3-172、表3-86所示，金溪县科技创新能力总得分53.85分，排在江西省第79位，比上一年提升了2位，排在抚州市第8位，比上一年下降了3位。在一级指标中，经济社会发展排在江西省第74位，比上一年下降了2位，排在抚州市第8位，与上一年位次相同；创新投入排在江西省第42位，比上一年提升了19位，排在抚州市第1位，比上一年提升了4位；创新成效排在江西省第87位，比上一年下降了12位，排在抚州市第9位，比上一年下降了2位；创新环境排在江西省第61位，比上一年提升了27位，排在抚州市第5位，比上一年提升了3位。

目前，金溪县坚持以壮大骨干企业引领优势产业集群发展，着力推动工业强县迈出新步伐，重点推进"降成本、优环境"专项行动，全力破解企业融资难的问题，加大对企业技改贴息力度，提高"财园信贷通"扶持效率，推动全县科技竞争力提档升级。该县的经济社会发展和创新成效较上一年排名有所下降，影响了科技竞争力。建议该县继续改善创新环境，政府积极参与、支持创新宣传活动，并出台相关政策办法，大力支持培育规模以上企业，鼓励企业创新及研发活动，提高产品的科技竞争力，提升区域竞争水平。

十、资溪县

资溪县位于江西省中部偏东、抚州市东部，是江西省抚州市下辖县。2017年，该县常住人口11.51万人，地区GDP 385 429万元。居民人均可支配收入18 903.42元，排在江西省第67位、抚州市第8位。万人GDP 33 486.45万元，排在江西省第61位、抚州市第5位。GDP增长13.29%，排在江西省第 52 位、抚州市第 2 位。城镇化率 55.6%，排在江西省第 25 位、抚州市第 1 位。开展 R&D 活动的企业占比 64.71%，排在江西省第 1 位、抚州市第 1 位。万人专利申请量 14.76 件，排在江西省第 39 位、抚州市第 5 位。人均科普经费投入 1.07 元，排在江西省第 6 位、抚州市第 1 位。R&D 经费投入占 GDP 百分比 0.42%，排在江西省第 71 位、抚州市第 8 位。新产品销售收入占主营业务收入比 30.66%，排在江西省第 6 位、抚州市第 2 位。万人财政收入 0.45 亿元，排在江西省第 61 位、抚州市第 4 位。万人社会消费品零售额 1.07 亿元，排在江西省第 54 位、抚州市第 6 位。第三产业占 GDP 比重 46.7%，排在江西省第 20 位、抚州市第 2 位。具体如图 3-173、图 3-174、表 3-87 所示。

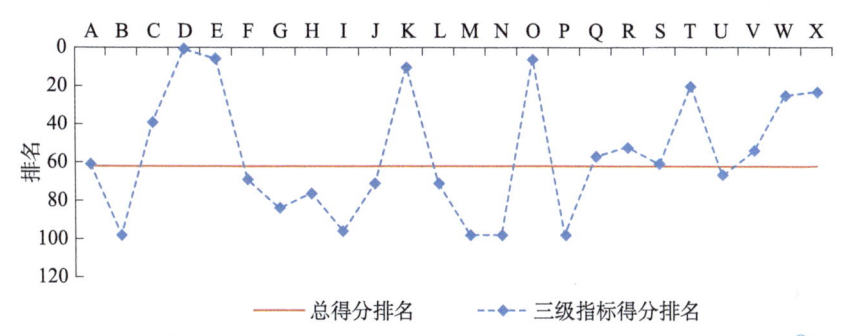

图 3-173　资溪县科技创新能力总得分、三级指标得分在江西省位次排名[①]

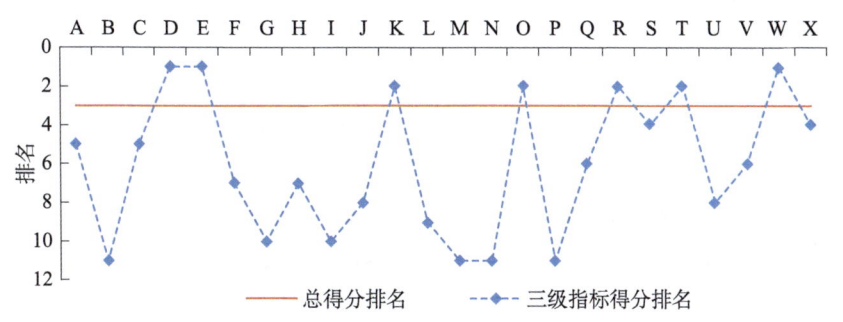

图 3-174　资溪县科技创新能力总得分、三级指标得分在抚州市位次排名[②]

①② 图注同本书27页图3-1图注。

表 3-87　资溪县科技创新能力评价指标得分与位次

指标名称	得分（分）2017年	江西省排名 2017年	江西省排名 2016年	抚州市排名 2017年	抚州市排名 2016年
科技创新能力总得分	56.74	62	85	3	8
创新环境	4.51	13	61	1	3
创新基础	3.43	81	94	9	10
万人 GDP	3.54	61	61	5	6
规模以上工业企业数	2.72	98	98	11	11
万人专利申请量	4.03	39	52	5	6
科技意识	5.64	3	27	1	1
开展 R&D 活动的企业占比	6.48	1	19	1	1
人均科普经费投入	5.96	6	44	1	4
民众浏览科技网页频度	3.62	69	91	7	7
创新投入	3.75	65	82	6	9
人力投入	3.41	89	85	8	9
万人 R&D 人员数	3.48	84	76	10	8
研究人员占 R&D 人员比	3.32	76	75	7	9
R&D 人员全时当量	3.46	96	95	10	9
财力投入	4.08	33	59	2	5
R&D 经费投入占 GDP 百分比	3.52	71	80	8	8
企业 R&D 经费投入占主营业务收入比	4.99	10	23	2	2
企业技术获取和改造费用占主营业务收入比	3.68	71	74	9	9
创新成效	3.57	73	96	7	10
技术创新	2.72	98	92	11	9
高新技术产业增加值占规模以上工业增加值比	2.59	98	94	11	11
高新技术企业数	2.91	98	98	11	11
产业化水平	4.44	15	73	3	9
新产品销售收入占主营业务收入比	5.86	6	40	2	7
万人发明专利授权量	3.41	98	98	11	11
技术合同成交额	3.67	57	91	6	5

续表

指标名称	得分（分）	江西省排名		抚州市排名	
	2017年	2017年	2016年	2017年	2016年
经济社会发展	3.98	33	46	2	4
经济增长	4.11	31	29	1	2
GDP增长百分比	4.27	52	52	2	4
万人财政收入	3.62	61	55	4	4
第三产业占GDP比重	4.47	20	18	2	1
社会生活	3.84	42	38	6	6
居民人均可支配收入	3.43	67	65	8	8
万人社会消费品零售额	3.66	54	54	6	6
城镇化率	4.05	25	24	1	1
空气质量指数	4.52	23	19	4	4

如图3-173、图3-174、表3-87所示，资溪县科技创新能力总得分56.74分，排在江西省第62位，比上一年提升了23位，排在抚州市第3位，比上一年提升了5位。在一级指标中，经济社会发展排在江西省第33位，比上一年提升了13位，排在抚州市第2位，比上一年提升了2位；创新投入排在江西省第65位，比上一年提升了17位，排在抚州市第6位，比上一年提升了3位；创新成效排在江西省第73位，比上一年提升了23位，排在抚州市第7位，比上一年提升了3位；创新环境排在江西省第13位，比上一年提升了48位，排在抚州市第1位，比上一年提升了2位。

目前，资溪县深入实施"生态立县·旅游强县·绿色发展"战略，以生态文明建设为统领，以全域旅游为抓手，大力实施乡村振兴战略和"城市双修"工程，努力培育绿色发展新动能，坚决打好脱贫攻坚战，促进全县经济社会持续健康发展，加快建设秀美和谐智慧幸福的"纯净资溪"，推动全县科技竞争力提档升级。该县的四个一级指标较上一年排名都有所提升。建议该县继续优化创新环境，加大科技经费投入，提高科技创新对经济社会发展的支撑引领作用。

十一、广昌县

广昌县位于江西省东南部、抚州市南部，是江西省抚州市下辖县。2017年，该县常住人口 24.26 万人，地区 GDP 660 043 万元。居民人均可支配收入 16 211.01 元，排在江西省第 87 位、抚州市第 10 位。万人 GDP 27 207.05 万元，排在江西省第 81 位、抚州市第 10 位。GDP 增长 14.34%，排在江西省第 34 位、抚州市第 1 位。城镇化率 45.57%，排在江西省第 73 位、抚州市第 6 位。万人发明专利授权量 0.16 件，排在江西省第 50 位、抚州市第 7 位。人均科普经费投入 0.48 元，排在江西省第 29 位、抚州市第 2 位。R&D 人员全时当量 61 人·年，排在江西省第 84 位、抚州市第 9 位。R&D 经费投入占 GDP 百分比 0.37%，排在江西省第 77 位、抚州市第 9 位。新产品销售收入占主营业务收入比 9.78%，排在江西省第 31 位、抚州市第 7 位。万人财政收入 0.36 亿元，排在江西省第 74 位、抚州市第 7 位。万人社会消费品零售额 0.7 亿元，排在江西省第 85 位、抚州市第 11 位。第三产业占 GDP 比重 41.13%，排在江西省第 34 位、抚州市第 6 位。具体如图 3-175、图 3-176、表 3-88 所示。

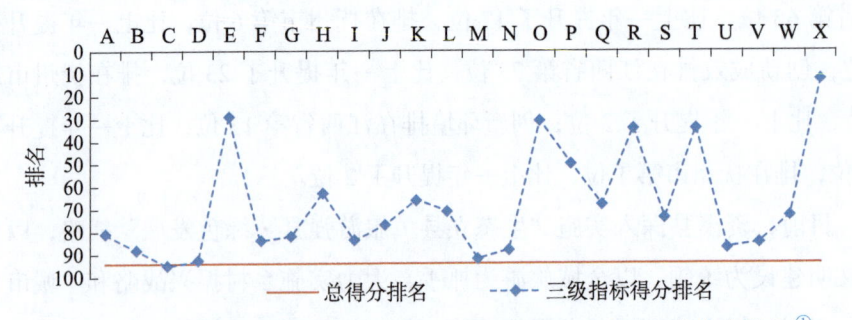

图 3-175 广昌县科技创新能力总得分、三级指标得分在江西省位次排名[①]

---

① 图注同本书27页图3-1图注。

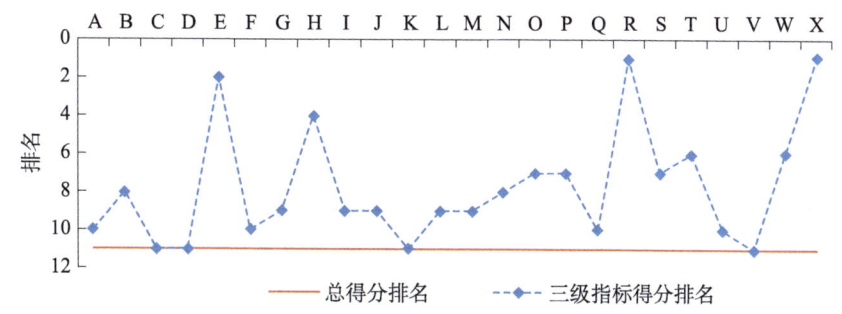

图 3-176　广昌县科技创新能力总得分、三级指标得分在抚州市位次排名[①]

表 3-88　广昌县科技创新能力评价指标得分与位次

指标名称	得分（分）	江西省排名		抚州市排名	
	2017 年	2017 年	2016 年	2017 年	2016 年
科技创新能力总得分	50.71	94	94	11	11
创新环境	3.24	98	99	10	11
创新基础	3.17	98	92	10	9
万人 GDP	3.29	81	82	10	10
规模以上工业企业数	3.14	88	76	8	8
万人专利申请量	3.11	95	78	11	9
科技意识	3.31	91	100	11	11
开展 R&D 活动的企业占比	2.65	93	100	11	11
人均科普经费投入	4.11	29	67	2	7
民众浏览科技网页频度	3.52	84	74	10	4
创新投入	3.55	90	49	11	3
人力投入	3.54	83	16	6	1
万人 R&D 人员数	3.49	82	88	9	10
研究人员占 R&D 人员比	3.64	63	4	4	1
R&D 人员全时当量	3.49	84	97	9	10
财力投入	3.55	78	88	11	11
R&D 经费投入占 GDP 百分比	3.48	77	86	9	10
企业 R&D 经费投入占主营业务收入比	3.53	66	87	11	11

---

① 图注同本书27页图3-1图注。

续表

指标名称	得分（分）2017年	江西省排名 2017年	江西省排名 2016年	抚州市排名 2017年	抚州市排名 2016年
企业技术获取和改造费用占主营业务收入比	3.68	71	31	9	3
创新成效	3.34	91	98	10	11
技术创新	2.89	95	95	9	10
高新技术产业增加值占规模以上工业增加值比	2.72	92	87	9	8
高新技术企业数	3.12	88	87	8	7
产业化水平	3.81	45	74	8	10
新产品销售收入占主营业务收入比	4.04	31	51	7	8
万人发明专利授权量	3.68	50	67	7	8
技术合同成交额	3.63	68	91	10	5
经济社会发展	3.80	58	66	6	7
经济增长	3.95	46	26	2	1
GDP增长百分比	4.52	34	8	1	1
万人财政收入	3.36	74	73	7	7
第三产业占GDP比重	4.01	34	32	6	6
社会生活	3.63	70	74	8	9
居民人均可支配收入	2.98	87	87	10	10
万人社会消费品零售额	3.40	85	85	11	11
城镇化率	3.42	73	73	6	6
空气质量指数	5.28	13	13	1	2

如图3-175、图3-176、表3-88所示，广昌县科技创新能力总得分50.71分，排在江西省第94位，排在抚州市第11位，都与上一年位次相同。在一级指标中，经济社会发展排在江西省第58位，比上一年提升了8位，排在抚州市第6位，比上一年提升了1位；创新投入排在江西省第90位，比上一年下降了41位，排在抚州市第11位，比上一年下降了8位；创新成效排在江西省第91位，比上一年提升了7位，排在抚州市第10位，比上一年提升了1位；创新环境排在江西省第98位，排在抚州市第10位，都比上一年提升了1位。

目前，广昌县紧紧围绕建设"美丽莲乡·幸福广昌"的总体目标，继续培育和发展白莲、油茶、茶薪菇、烤烟、蜜橘等传统产业，着力扶持致纯食品股份有限公司、正莲生物科技有限公司等企业，发展有机白莲、富硒白莲绿色食品种植基地，提升白莲产业品牌，推动全县科技竞争力提档升级。该县的创新投入、创新成效和创新环境等方面得分较低，影响了科技竞争力。建议该县先从创新环境培育着手，加大科普宣传，政府及相关部门积极参与，营造科技创新氛围，在落实国家、省、地市政策的同时，结合实际出台可操作性政策，鼓励企业创新投入及研发活动，促进经济、科技协调发展。

第十一节 上 饶 市

一、信州区

信州区位于江西省东北部、上饶市东南部，是江西省上饶市市辖区。2017年，该区常住人口42.94万人，地区GDP 2 436 837万元。居民人均可支配收入29 708.57元，排在江西省第14位、上饶市第1位。万人GDP 56 749.81万元，排在江西省第22位、上饶市第1位。GDP增长14.53%，排在江西省第30位、上饶市第5位。城镇化率74.33%，排在江西省第14位、上饶市第1位。规模以上工业企业数50家，排在江西省第80位、上饶市第10位。万人专利申请量17.02件，排在江西省第26位、上饶市第2位。万人发明专利授权量0.51件，排在江西省第17位、上饶市第1位。万人R&D人员数6.75人，排在江西省第68位、上饶市第6位。研究人员占R&D人员比36.21%，排在江西省第16位、上饶市第1位。R&D人员全时当量211人·年，排在江西省第56位、上饶市第4位。高新技术产业增加值占规模以上工业增加值比88.64%，排在江西省第1位、上饶市第1位。新产品销售收入占主营业务收入比41.38%，排在江西省第4位、上饶市第1位。万人财政收入0.56亿元，排在江西省第39位、上饶市第4位。万人社会消费品零售额 3.37 亿元，排在江西省第 10 位、上饶市第 1 位。第三产业占 GDP 比重 73.18%，排在江西省第 4 位、上饶市第 1 位。具体如图 3-177、图 3-178、表 3-89 所示。

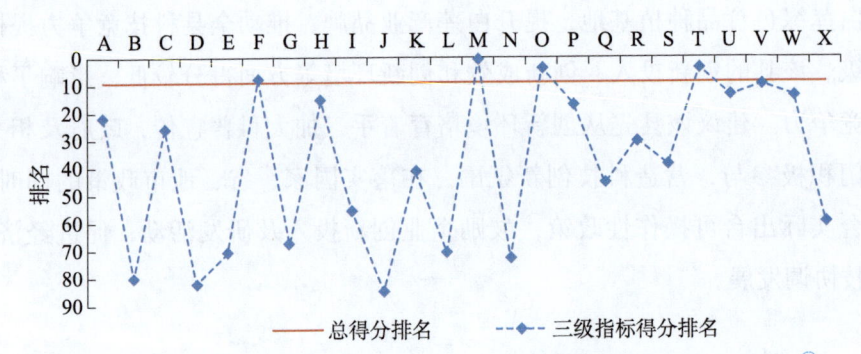

图 3-177 信州区科技创新能力总得分、三级指标得分在江西省位次排名①

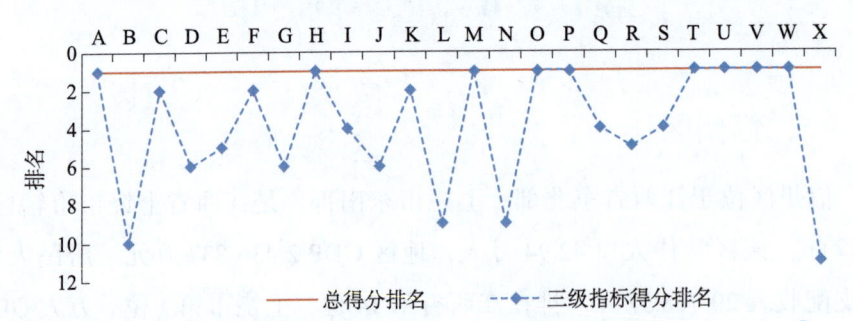

图 3-178 信州区科技创新能力总得分、三级指标得分在上饶市位次排名②

表 3-89 信州区科技创新能力评价指标得分与位次

指标名称	得分（分）	江西省排名		上饶市排名	
	2017 年	2017 年	2016 年	2017 年	2016 年
科技创新能力总得分	66.46	9	20	1	1
创新环境	3.76	69	66	3	4
创新基础	3.94	43	51	4	3
万人 GDP	4.44	22	24	1	1
规模以上工业企业数	3.24	80	81	10	11
万人专利申请量	4.21	26	46	2	2

①② 图注同本书27页图3-1图注。

续表

指标名称	得分（分） 2017年	江西省排名 2017年	江西省排名 2016年	上饶市排名 2017年	上饶市排名 2016年
科技意识	3.57	76	71	5	7
开展R&D活动的企业占比	3.06	82	63	6	6
人均科普经费投入	3.52	71	73	5	6
民众浏览科技网页频度	4.60	8	27	2	3
创新投入	3.85	48	74	2	5
人力投入	4.07	32	90	2	7
万人R&D人员数	3.59	68	78	6	8
研究人员占R&D人员比	4.83	16	85	1	7
R&D人员全时当量	3.69	56	70	4	6
财力投入	3.64	69	37	4	3
R&D经费投入占GDP百分比	3.39	85	93	6	9
企业R&D经费投入占主营业务收入比	3.86	42	65	2	7
企业技术获取和改造费用占主营业务收入比	3.68	71	7	9	1
创新成效	5.29	6	12	2	2
技术创新	5.49	8	60	2	3
高新技术产业增加值占规模以上工业增加值比	7.02	1	38	1	3
高新技术企业数	3.38	73	69	9	6
产业化水平	5.09	7	6	1	1
新产品销售收入占主营业务收入比	6.79	4	3	1	1
万人发明专利授权量	4.25	17	10	1	1
技术合同成交额	3.74	46	34	4	3
经济社会发展	4.99	8	12	1	1
经济增长	5.02	7	9	1	2
GDP增长百分比	4.56	30	25	5	2
万人财政收入	3.93	39	40	4	4
第三产业占GDP比重	6.64	4	4	1	1
社会生活	4.95	11	11	1	1
居民人均可支配收入	5.23	14	14	1	1

续表

指标名称	得分（分）	江西省排名		上饶市排名	
	2017年	2017年	2016年	2017年	2016年
万人社会消费品零售额	5.30	10	10	1	1
城镇化率	5.24	14	14	1	1
空气质量指数	3.69	60	64	11	11

如图3-177、图3-178、表3-89所示，信州区科技创新能力总得分66.46分，排在江西省第9位，比上一年提升了11位，排在上饶市第1位，与上一年位次相同。在一级指标中，经济社会发展排在江西省第8位，比上一年提升了4位，排在上饶市第1位，与上一年位次相同；创新投入排在江西省第48位，比上一年提升了26位，排在上饶市第2位，比上一年提升了3位；创新成效排在江西省第6位，比上一年提升了6位，排在上饶市第2位，与上一年位次相同；创新环境排在江西省第69位，比上一年下降了3位，排在上饶市第3位，比上一年提升了1位。

目前，信州区以光学、汽配、苎麻为主导产业，加快产业集群形成，打造各具特色的工业板块，如打造上绕经济技术开发区"江西汽车城"汽车零部件产品主要基地，打造"中国光学城"零配件生产制造中心，更加注重提升苎麻等产品的出口质量和附加值，推动全区科技竞争力提档升级。该区四个一级指标较上一年排名都有所提升。建议该区继续改善创新环境，营造科技创新氛围，提高产品的科技含量和附加值，促进经济协调发展，不断提高竞争力。

二、广丰区

广丰区位于江西省东北部，是江西省上饶市市辖区。2017年，该区常住人口77.6万人，地区GDP 3 766 906万元。居民人均可支配收入25 980.14元，排在江西省第20位、上饶市第2位。万人GDP 48 542.60万元，排在江西省第28位、上饶市第2位。GDP增速16.97%，排在江西省第4位、上饶市第1位。城镇化率57.79%，排在江西省第20位、上饶市第3位。规模以上工业企业数 195 家，排在江西省第 13 位、上饶市第 1 位。研究人员占 R&D 人员比 29.61%，排在江西省第 50 位、上饶市第 4 位。R&D 人员全时当量 86 人·年，排在江西省第 82 位、上饶市第 8 位。高新技术产业增加值占规模以上工业增加值比 17.05%，排在江西省第 75 位、上饶市第 6 位。新产品销售收入占主营业务收入比 1.5%，排在江西省第 82 位、上饶市第 8 位。万人财政收入 0.6 亿元，排在江西省第 35 位、上饶市第 2 位。万人社会消费品零售额 0.95 亿元，排在江西省第 65 位、上饶市第 9 位。第三产业占 GDP 比重 39.79%，排在江西省第 40 位、上饶市第 4 位。具体如图 3-179、图 3-180、表 3-90 所示。

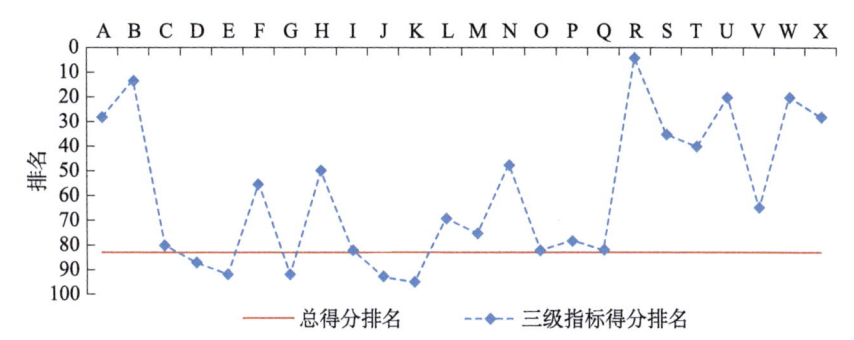

图 3-179　广丰区科技创新能力总得分、三级指标得分在江西省位次排名[①]

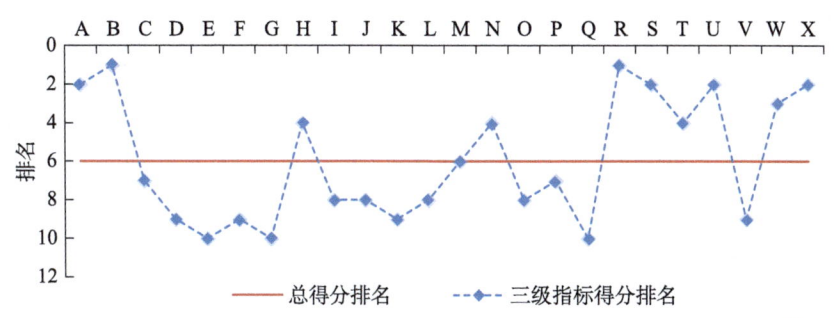

图 3-180　广丰区科技创新能力总得分、三级指标得分在上饶市位次排名[②]

[①②]　图注同本书27页图3-1图注。

表 3-90 广丰区科技创新能力评价指标得分与位次

指标名称	得分（分） 2017年	江西省排名 2017年	江西省排名 2016年	上饶市排名 2017年	上饶市排名 2016年
科技创新能力总得分	53.62	83	28	6	3
创新环境	3.68	76	81	6	8
创新基础	4.17	28	31	2	1
万人 GDP	4.12	28	31	2	3
规模以上工业企业数	5.11	13	13	1	1
万人专利申请量	3.32	80	87	7	8
科技意识	3.16	96	94	11	9
开展 R&D 活动的企业占比	2.91	87	92	9	10
人均科普经费投入	3.09	92	88	10	10
民众浏览科技网页频度	3.72	55	20	9	2
创新投入	3.51	94	91	7	8
人力投入	3.67	73	75	4	6
万人 R&D 人员数	3.41	92	94	10	10
研究人员占 R&D 人员比	4.02	50	58	4	5
R&D 人员全时当量	3.53	82	76	8	7
财力投入	3.35	95	97	9	11
R&D 经费投入占 GDP 百分比	3.29	93	97	8	11
企业 R&D 经费投入占主营业务收入比	3.13	95	97	9	11
企业技术获取和改造费用占主营业务收入比	3.68	69	62	8	7
创新成效	3.47	81	3	7	1
技术创新	3.48	72	1	6	1
高新技术产业增加值占规模以上工业增加值比	3.28	75	2	6	1
高新技术企业数	3.76	47	46	4	4
产业化水平	3.46	88	98	9	12
新产品销售收入占主营业务收入比	3.32	82	83	8	10
万人发明专利授权量	3.54	78	95	7	11
技术合同成交额	3.57	82	75	10	11

续表

指标名称	得分（分） 2017年	江西省排名 2017年	江西省排名 2016年	上饶市排名 2017年	上饶市排名 2016年
经济社会发展	4.30	18	35	3	3
经济增长	4.36	19	28	3	4
GDP增长百分比	5.15	4	31	1	3
万人财政收入	4.06	35	32	2	3
第三产业占GDP比重	3.90	40	38	4	4
社会生活	4.23	19	15	3	2
居民人均可支配收入	4.61	20	20	2	2
万人社会消费品零售额	3.57	65	66	9	9
城镇化率	4.19	20	20	3	3
空气质量指数	4.41	28	9	2	1

如图3-179、图3-180、表3-90所示，广丰区科技创新能力总得分53.62分，排在江西省第83位，比上一年下降了55位，排在上饶市第6位，比上一年下降了3位。在一级指标中，经济社会发展排在江西省第18位，比上一年提升了17位，排在上饶市第3位，与上一年位次相同；创新投入排在江西省第94位，比上一年下降了3位，排在上饶市第7位，比上一年提升了1位；创新成效排在江西省第81位，比上一年下降了78位，排在上饶市第7位，比上一年下降了6位；创新环境排在江西省第76位，比上一年提升了5位，排在上饶市第6位，比上一年提升了2位。

目前，广丰区着力在优化产业结构、提升产业成效上持续发力，推动经济新动能不断凝聚、产业体系不断优化，加快推进"打造新城区、决战新工业、实现新跨越"进程。积极推动新型农业业态蓬勃发展，大力发展"绿色生态农业、设施农业、智慧农业、休闲观光农业"等"四型"农业，推动全区科技竞争力提档升级。该区的创新投入与成效较上一年排名有所下降，影响了科技竞争力。建议该区在营造科技创新氛围、培育规模以上企业、强化专利意识、鼓励企业开展研发活动等方面继续加强，提升区域竞争力。

三、上饶县

上饶县位于江西省东北部，是江西省上饶市下辖县。2017年，该县常住人口72.18万人，地区GDP 2 246 803万元。居民人均可支配收入17 707.75元，排在江西省第75位、上饶市第8位。万人GDP 31 127.78万元，排在江西省第67位、上饶市第6位。GDP增长14.97%，排在江西省第18位、上饶市第4位。城镇化率49.37%，排在江西省第56位、上饶市第8位。规模以上工业企业数151家，排在江西省第19位、上饶市第3位。开展R&D活动的企业占比22.92%，排在江西省第94位、上饶市第11位。万人R&D人员数20.12人，排在江西省第21位、上饶市第1位。研究人员占R&D人员比30.37%，排在江西省第43位、上饶市第3位。R&D人员全时当量1137人·年，排在江西省第6位、上饶市第1位。R&D经费投入占GDP百分比4.04%，排在江西省第3位、上饶市第1位。企业技术获取和改造费用占主营业务收入比0.02%，排在江西省第40位、上饶市第4位。高新技术产业增加值占规模以上工业增加值比88.16%，排在江西省第2位、上饶市第2位。新产品销售收入占主营业务收入比29.97%，排在江西省第8位、上饶市第2位。具体如图3-181、图3-182、表3-91所示。

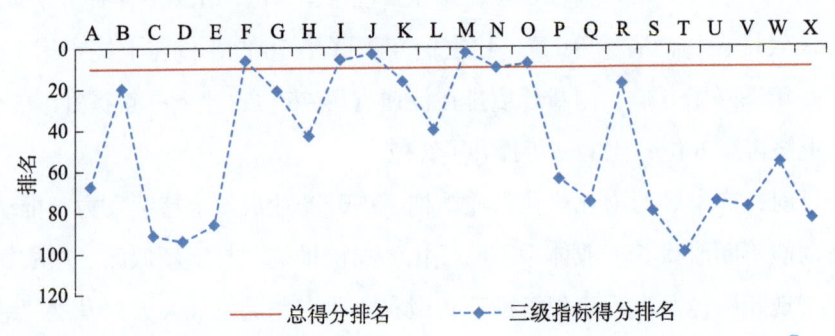

图3-181　上饶县科技创新能力总得分、三级指标得分在江西省位次排名[①]

---

① 图注同本书27页图3-1图注。

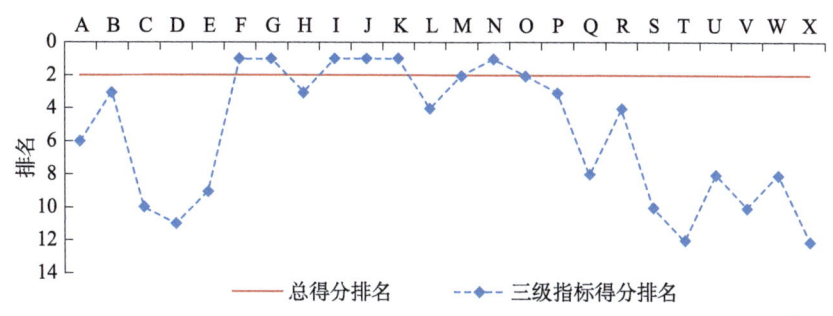

图 3-182　上饶县科技创新能力总得分、三级指标得分在上饶市位次排名[1]

表 3-91　上饶县科技创新能力评价指标得分与位次

指标名称	得分（分）	江西省排名		上饶市排名	
	2017 年	2017 年	2016 年	2017 年	2016 年
科技创新能力总得分	65.92	10	23	2	2
创新环境	3.63	81	77	7	7
创新基础	3.74	62	70	6	8
万人 GDP	3.44	67	68	6	6
规模以上工业企业数	4.54	19	31	3	3
万人专利申请量	3.21	91	95	10	11
科技意识	3.52	81	64	6	6
开展 R&D 活动的企业占比	2.59	94	86	11	7
人均科普经费投入	3.24	86	76	9	7
民众浏览科技网页频度	5.66	6	2	1	1
创新投入	4.74	9	7	1	1
人力投入	4.36	15	12	1	1
万人 R&D 人员数	4.13	21	27	1	2
研究人员占 R&D 人员比	4.12	43	25	3	1
R&D 人员全时当量	4.89	6	9	1	1
财力投入	5.11	6	6	1	1
R&D 经费投入占 GDP 百分比	6.62	3	4	1	1
企业 R&D 经费投入占主营业务收入比	4.66	16	18	1	1
企业技术获取和改造费用占主营业务收入比	3.76	40	12	4	2

[1]　图注同本书27页图3-1图注。

续表

指标名称	得分（分）2017年	江西省排名 2017年	江西省排名 2016年	上饶市排名 2017年	上饶市排名 2016年
创新成效	5.30	5	35	1	4
技术创新	6.13	2	68	1	5
高新技术产业增加值占规模以上工业增加值比	6.99	2	80	2	6
高新技术企业数	4.94	10	17	1	1
产业化水平	4.45	13	10	2	2
新产品销售收入占主营业务收入比	5.80	8	4	2	2
万人发明专利授权量	3.59	64	88	3	7
技术合同成交额	3.58	75	63	8	7
经济社会发展	3.32	98	91	10	10
经济增长	3.28	94	99	10	11
GDP增长百分比	4.67	18	12	4	1
万人财政收入	3.27	80	77	10	10
第三产业占GDP比重	1.89	100	100	12	12
社会生活	3.36	93	97	10	11
居民人均可支配收入	3.23	75	76	8	8
万人社会消费品零售额	3.46	78	78	10	10
城镇化率	3.66	56	57	8	8
空气质量指数	3.08	84	76	12	12

　　如图3-181、图3-182、表3-91所示，上饶县科技创新能力总得分65.92分，排在江西省第10位，比上一年提升了13位，排在上饶市第2位，与上一年位次相同。在一级指标中，经济社会发展排在江西省第98位，比上一年下降了7位，排在上饶市第10位，与上一年位次相同；创新投入排在江西省第9位，比上一年下降了2位，排在上饶市第1位，与上一年位次相同；创新成效排在江西省第5位，比上一年提升了30位，排在上饶市第1位，比上一年提升了3位；创新环境排在江西省第81位，比上一年下降了4位，排在上饶市第7位，与上一年位次相同。

目前，上饶县着力发展实体工业，全力支持大江铜业有限公司、欣德广铜业有限公司、欣洋实业有限公司等企业做大做强，培育新科锂电铜箔有限公司、江西新恒鑫科技有限公司手机等企业形成"铜箔品牌""手机配件品牌"，不断提高市场占有率，推动全县科技竞争力提档升级。该县的经济社会发展、创新投入和创新环境较上一年排名都有所下降，影响了科技竞争力。建议该县加快新兴产业发展，加强生产和服务全过程资源节约和综合利用，提高经济增长质量。

四、玉山县

玉山县位于江西省东北部，是江西省上饶市下辖县。2017年，该县常住人口59.24万人，地区GDP 1 725 514万元。居民人均可支配收入21 881.37元，排在江西省第50位、上饶市第4位。万人GDP 29 127.52万元，排在江西省第72位、上饶市第8位。GDP增长15.79%，排在江西省第9位、上饶市第2位。城镇化率52.01%，排在江西省第35位、上饶市第4位。规模以上工业企业数195家，排在江西省第13位、上饶市第1位。开展R&D活动的企业占比33.44%，排在江西省第64位、上饶市第5位。万人专利申请量6.6件，排在江西省第73位、上饶市第5位。R&D人员全时当量254人·年，排在江西省第49位、上饶市第3位。R&D经费投入占GDP百分比0.66%，排在江西省第49位、上饶市第2位。新产品销售收入占主营业务收入比5.61%，排在江西省第52位、上饶市第6位。万人财政收入0.4亿元，排在江西省第71位、上饶市第9位。万人社会消费品零售额1.15亿元，排在江西省第47位、上饶市第8位。第三产业占GDP比重38.27%，排在江西省第53位、上饶市第6位。具体如图3-183、图3-184、表3-92所示。

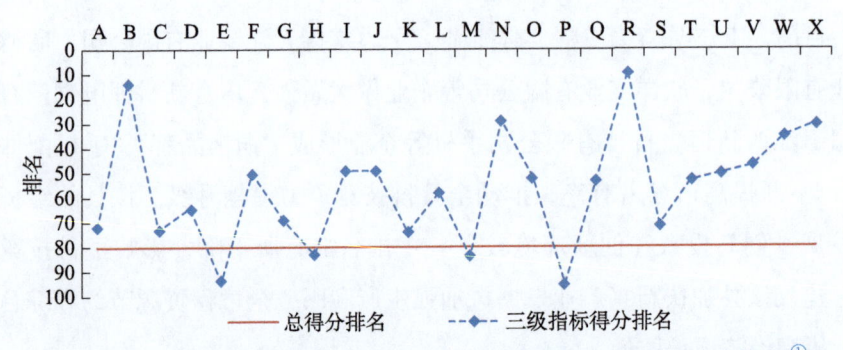

图 3-183　玉山县科技创新能力总得分、三级指标得分在江西省位次排名①

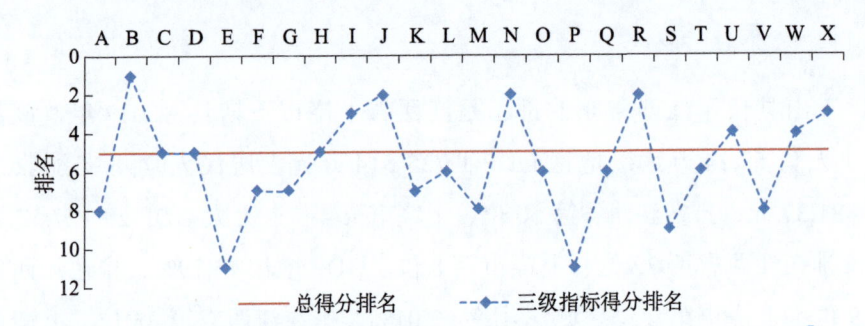

图 3-184　玉山县科技创新能力总得分、三级指标得分在上饶市位次排名②

表 3-92　玉山县科技创新能力评价指标得分与位次

指标名称	得分（分）	江西省排名		上饶市排名	
	2017 年	2017 年	2016 年	2017 年	2016 年
科技创新能力总得分	53.71	80	74	5	6
创新环境	3.72	74	44	5	2
创新基础	3.97	40	53	3	4
万人 GDP	3.37	72	76	8	9
规模以上工业企业数	5.11	13	16	1	2
万人专利申请量	3.37	73	82	5	7
科技意识	3.45	86	36	7	3
开展 R&D 活动的企业占比	3.57	64	48	5	4
人均科普经费投入	3.06	94	11	11	1
民众浏览科技网页频度	3.75	50	41	7	4

①②　图注同本书27页图3-1图注。

续表

指标名称	得分（分）2017年	江西省排名 2017年	江西省排名 2016年	上饶市排名 2017年	上饶市排名 2016年
创新投入	3.54	91	73	6	4
人力投入	3.47	85	71	6	5
万人R&D人员数	3.58	69	54	7	5
研究人员占R&D人员比	3.15	83	65	5	6
R&D人员全时当量	3.75	49	34	3	4
财力投入	3.61	73	61	6	5
R&D经费投入占GDP百分比	3.73	49	45	2	3
企业R&D经费投入占主营业务收入比	3.43	74	57	7	5
企业技术获取和改造费用占主营业务收入比	3.69	58	73	6	9
创新成效	3.59	72	73	5	5
技术创新	3.56	66	64	5	4
高新技术产业增加值占规模以上工业增加值比	3.08	84	79	8	5
高新技术企业数	4.22	29	27	2	2
产业化水平	3.61	74	72	6	6
新产品销售收入占主营业务收入比	3.68	52	50	6	5
万人发明专利授权量	3.44	95	93	11	10
技术合同成交额	3.70	53	54	6	6
经济社会发展	3.97	34	53	4	5
经济增长	4.03	38	61	5	7
GDP增长百分比	4.86	9	35	2	5
万人财政收入	3.47	71	68	9	9
第三产业占GDP比重	3.78	53	42	6	5
社会生活	3.91	35	32	4	4
居民人均可支配收入	3.93	50	51	4	4
万人社会消费品零售额	3.72	47	47	8	8
城镇化率	3.82	35	35	4	4
空气质量指数	4.22	30	26	3	5

如图 3-183、图 3-184、表 3-92 所示，玉山县科技创新能力总得分 53.71 分，排在江西省第 80 位，比上一年下降了 6 位，排在上饶市第 5 位，比上一年提升了 1 位。在一级指标中，经济社会发展排在江西省第 34 位，比上一年提升了 19 位，排在上饶市第 4 位，比上一年提升了 1 位；创新投入排在江西省第 91 位，比上一年下降了 18 位，排在上饶市第 6 位，比上一年下降了 2 位；创新成效排在江西省第 72 位，比上一年提升了 1 位，排在上饶市第 5 位，与上一年位次相同；创新环境排在江西省第 74 位，比上一年下降了 30 位，排在上饶市第 5 位，比上一年下降了 3 位。

目前，玉山县大力实施创新驱动发展战略，致力于园区带动、产业拉动、服务联动，不断夯实工业基础，发展后劲日益增强，推动全县科技竞争力提档升级。该县的创新投入、创新成效和创新环境得分较低，影响了科技竞争力。建议该县进一步化产业结构，集聚产业程度，协调城乡发展，不断提科技促进经济社会发展的能力。

五、铅山县

铅山县位于江西省东北部，是江西省上饶市下辖县。2017 年，该县常住人口 44.01 万人，地区 GDP 1 213 165 万元。居民人均可支配收入 18 192.38 元，排在江西省第 72 位、上饶市第 7 位。万人 GDP 为 27 565.67 万元，排在江西省第 80 位、上饶市第 10 位。GDP 增长 12.47%，排在江西省第 62 位、上饶市第 7 位。城镇化率 49.41%，排在江西省第 55 位、上饶市第 7 位。规模以上工业企业数 61 家，排在江西省第 73 位、上饶市第 9 位。开展 R&D 活动的企业占比 34.31%，排在江西省第 62 位、上饶市第 4 位。万人专利申请量 6.2 件，排在江西省第 77 位、上饶市第 6 位。企业技术获取和改造费用占主营业务收入比 0.01%，排在江西省第 45 位、上饶市第 5 位。新产品销售收入占主营业务收入比 0.84%，排在江西省第 88 位、上饶市第 11 位。万人财政收入 0.45 亿元，排在江西省第 60 位、上饶市第 6 位。万人社会消费品零售额 1.28 亿元，排在江西省第 36 位、上饶市第 7 位。第三产业占 GDP 比重 39.68%，排在江西省第 43 位、上饶市第 5 位。具体如图 3-185、图 3-186、

表 3-93 所示。

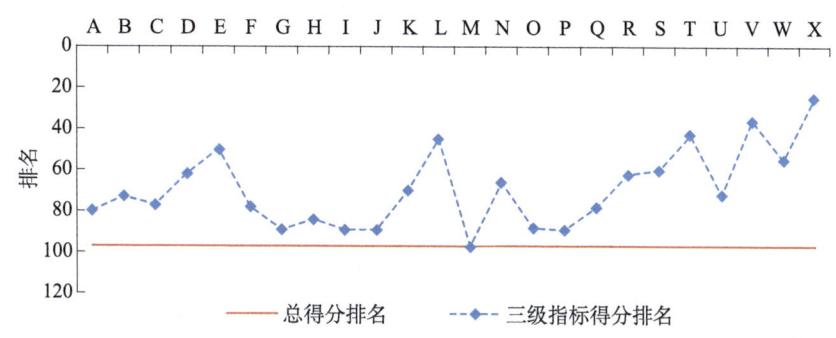

图 3-185 铅山县科技创新能力总得分、三级指标得分在江西省位次排名[①]

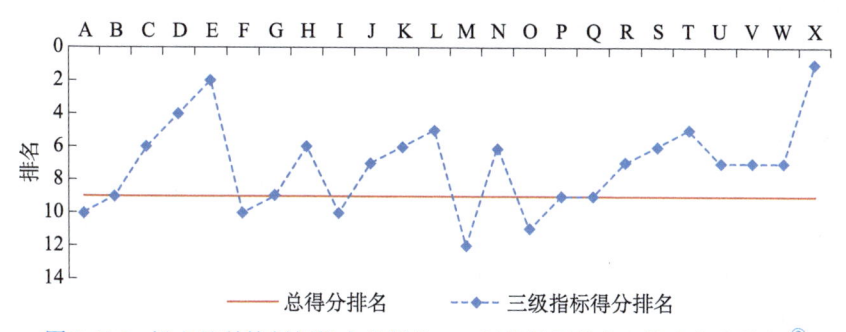

图 3-186 铅山县科技创新能力总得分、三级指标得分在上饶市位次排名[②]

表 3-93 铅山县科技创新能力评价指标得分与位次

指标名称	得分（分）	江西省排名		上饶市排名	
	2017 年	2017 年	2016 年	2017 年	2016 年
科技创新能力总得分	50.00	97	95	9	8
创新环境	3.47	88	72	8	6
创新基础	3.34	86	90	9	10
万人 GDP	3.31	80	80	10	10
规模以上工业企业数	3.38	73	67	9	9
万人专利申请量	3.34	77	93	6	10
科技意识	3.60	72	40	4	4
开展 R&D 活动的企业占比	3.65	62	30	4	3

---

①② 图注同本书27页图3-1图注。

续表

指标名称	得分（分） 2017年	江西省排名 2017年	江西省排名 2016年	上饶市排名 2017年	上饶市排名 2016年
人均科普经费投入	3.56	50	34	2	2
民众浏览科技网页频度	3.56	78	54	10	5
创新投入	3.42	96	96	9	10
人力投入	3.33	93	91	7	8
万人R&D人员数	3.43	89	84	9	9
研究人员占R&D人员比	3.13	84	87	6	8
R&D人员全时当量	3.48	89	85	10	10
财力投入	3.50	83	93	7	8
R&D经费投入占GDP百分比	3.35	89	85	7	7
企业R&D经费投入占主营业务收入比	3.47	70	90	6	8
企业技术获取和改造费用占主营业务收入比	3.72	45	61	5	6
创新成效	3.19	99	92	12	9
技术创新	2.96	91	84	9	7
高新技术产业增加值占规模以上工业增加值比	2.60	97	95	12	10
高新技术企业数	3.46	66	74	6	8
产业化水平	3.43	93	95	10	11
新产品销售收入占主营业务收入比	3.27	88	87	11	11
万人发明专利授权量	3.49	89	90	9	8
技术合同成交额	3.58	78	67	9	9
经济社会发展	3.80	57	57	7	6
经济增长	3.86	57	51	7	5
GDP增长百分比	4.07	62	33	7	4
万人财政收入	3.62	60	58	6	6
第三产业占GDP比重	3.90	43	44	5	6
社会生活	3.74	58	50	7	7
居民人均可支配收入	3.31	72	70	7	7
万人社会消费品零售额	3.81	36	34	7	7
城镇化率	3.66	55	54	7	7
空气质量指数	4.50	25	22	1	2

如图3-185、图3-186、表3-93所示，铅山县科技创新能力总得分50.00分，排在江西省第97位，比上一年下降了2位，排在上饶市第9位，比上一年下降了1位。在一级指标中，经济社会发展排在江西省第57位，与上一年位次相同，排在上饶市第7位，比上一年下降了1位；创新投入排在江西省第96位，与上一年位次相同，排在上饶市第9位，比上一年提升了1位；创新成效排在江西省第99位，比上一年下降了7位，排在上饶市第12位，比上一年下降了3位；创新环境排在江西省第88位，比上一年下降了16位，排在上饶市第8位，比上一年下降了2位。

目前，铅山县着力优结构促升级，壮大工业经济首位支撑，做大工业平台；依托良好的生态环境和旅游资源，积极发展生态养老、医疗保健、健康养生等新型消费，加快发展新兴服务业，推动全县科技竞争力提档升级。该县的创新投入、创新成效和创新环境得分较低，科技竞争力提升有很大的潜力和空间。建议该县开展科普宣传，强化专利意识，进一步改善创新环境，同时出台政策促进企业加大创新投入和成果转化，提升科技竞争力。

六、横峰县

横峰县位于江西省东北部，是江西省上饶市下辖县。2017年，该县常住人口19.05万人，地区GDP 676 620万元。居民人均可支配收入16 373.94元，排在江西省第84位、上饶市第10位。万人GDP 35 518.11万元，排在江西省第57位、上饶市第5位。GDP下滑12.02%，排在江西省第100位、上饶市第12位。城镇化率50.24%，排在江西省第48位、上饶市第6位。规模以上工业企业数44家，排在江西省第85位、上饶市第12位。万人发明专利授权量0.1件，排在江西省第66位、上饶市第4位。R&D人员全时当量41人·年，排在江西省第92位、上饶市第11位。R&D经费投入占GDP百分比0.12%，排在江西省第96位、上饶市第10位。高新技术产业增加值占规模以上工业增加值比4.71%，排在江西省第95位、上饶市第11位。万人财政收入0.58亿元，排在江西省第37位、上饶市第3位。万人社会消费品零售额1.46亿元，排在江西省第30位、上饶市第5位。第三产业占GDP比重 32.41%，排在江西省第 85 位、上饶市第 9 位。具体如图 3-187、图 3-188、表 3-94 所示。

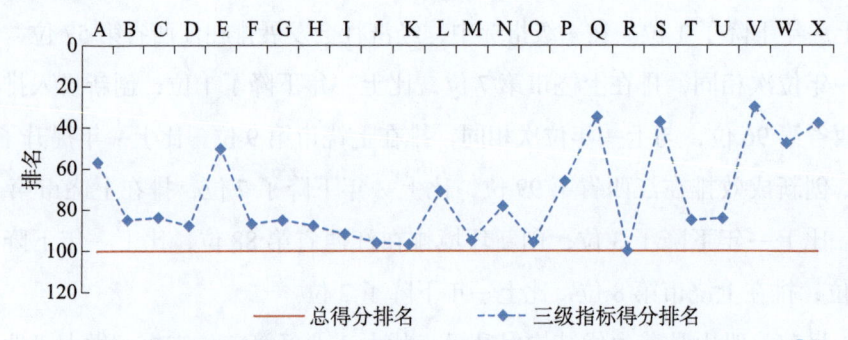

图 3-187　横峰县科技创新能力总得分、三级指标得分在江西省位次排名①

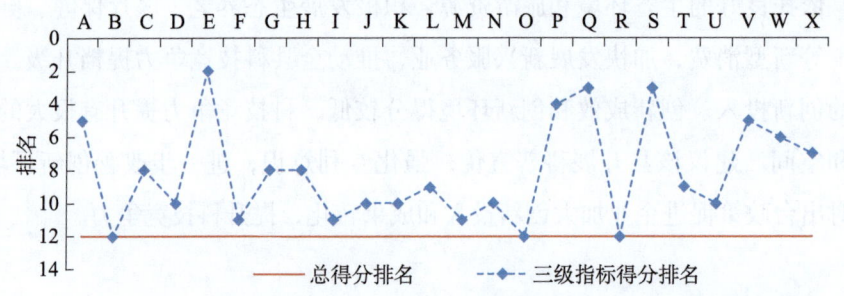

图 3-188　横峰县科技创新能力总得分、三级指标得分在上饶市位次排名②

表 3-94　横峰县科技创新能力评价指标得分与位次

指标名称	得分（分）	江西省排名		上饶市排名	
	2017 年	2017 年	2016 年	2017 年	2016 年
科技创新能力总得分	46.25	100	99	12	11
创新环境	3.29	96	91	11	9
创新基础	3.33	89	66	10	6
万人 GDP	3.61	57	35	5	4
规模以上工业企业数	3.16	85	80	12	10
万人专利申请量	3.27	84	65	8	6
科技意识	3.24	94	90	9	8
开展 R&D 活动的企业占比	2.90	88	91	10	9
人均科普经费投入	3.56	50	44	2	3

①② 图注同本书27页图3-1图注。

续表

指标名称	得分（分） 2017年	江西省排名 2017年	江西省排名 2016年	上饶市排名 2017年	上饶市排名 2016年
民众浏览科技网页频度	3.49	87	73	11	9
创新投入	3.28	97	98	10	12
人力投入	3.25	96	98	9	12
万人R&D人员数	3.47	85	65	8	7
研究人员占R&D人员比	2.87	88	98	8	12
R&D人员全时当量	3.47	92	89	11	12
财力投入	3.30	97	95	10	9
R&D经费投入占GDP百分比	3.26	96	90	10	8
企业R&D经费投入占主营业务收入比	3.03	97	94	10	9
企业技术获取和改造费用占主营业务收入比	3.68	71	80	9	11
创新成效	3.20	98	91	11	8
技术创新	2.91	94	87	12	8
高新技术产业增加值占规模以上工业增加值比	2.63	95	96	11	11
高新技术企业数	3.29	78	82	10	10
产业化水平	3.50	85	90	8	9
新产品销售收入占主营业务收入比	3.20	96	95	12	12
万人发明专利授权量	3.58	66	78	4	6
技术合同成交额	3.80	35	29	3	2
经济社会发展	2.68	100	59	12	7
经济增长	1.87	100	52	12	6
GDP增长百分比	-1.79	100	64	12	9
万人财政收入	3.99	37	24	3	2
第三产业占GDP比重	3.30	85	86	9	10
社会生活	3.61	73	66	9	9
居民人均可支配收入	3.01	84	84	10	10
万人社会消费品零售额	3.94	30	26	5	4
城镇化率	3.71	48	44	6	6
空气质量指数	4.13	38	39	7	9

如图 3-187、图 3-188、表 3-94 所示，横峰县科技创新能力总得分 46.25 分，排在江西省第 100 位，比上一年下降了 1 位，排在上饶市第 12 位，比上一年下降了 1 位。在一级指标中，经济社会发展排在江西省第 100 位，比上一年下降了 41 位，排在上饶市第 12 位，比上一年下降了 5 位；创新投入排在江西省第 97 位，比上一年提升了 1 位，排在上饶市第 10 位，比上一年提升了 2 位；创新成效排在江西省第 98 位，比上一年下降了 7 位，排在上饶市第 11 位，比上一年下降了 3 位；创新环境排在江西省第 96 位，比上一年下降了 5 位，排在上饶市第 11 位，比上一年下降了 2 位。

目前，横峰县加快构建特色鲜明的工业体系，坚持不懈地发展多金属和食品药品两大主导产业，力求在机械电子产业上有突破，加快形成具有竞争优势的产业集群，推动全县科技竞争力提档升级。该县的经济社会发展、创新投入、创新成效和创新环境得分较低，影响了科技竞争力。建议该县尽快出台政策以营造科技创新浓厚氛围，依托现有资源，加大企业的创新支持，通过科技项目支撑和服务，引导企业积极探索创新，促进全县经济社会发展。

七、弋阳县

弋阳县位于江西省东北部，是江西省上饶市下辖县。2017 年，该县常住人口 36.41 万人，地区 GDP 1 022 651 万元。居民人均可支配收入 20 334.69 元，排在江西省第 59 位、上饶市第 6 位。万人 GDP 28 087.09 万元，排在江西省第 77 位、上饶市第 9 位。GDP 增长 11.15%，排在江西省第 76 位、上饶市第 8 位。城镇化率 46.75%，排在江西省第 70 位、上饶市第 10 位。规模以上工业企业数 102 家，排在江西省第 43 位、上饶市第 7 位。开展 R&D 活动的企业占比 26.74%，排在江西省第 86 位、上饶市第 8 位。万人专利申请量 9.36 件，排在江西省第 58 位、上饶市第 3 位。万人发明专利授权量 0.19 件，排在江西省第 45 位、上饶市第 2 位。万人 R&D 人员数 8.9 人，排在江西省第 57 位、上饶市第 3 位。R&D 人员全时当量 209 人·年，排在江西省第 57 位、上饶市第 5 位。R&D 经费投入占 GDP 百分比 0.48%，排在江西省第 68 位、上饶市第 4 位。新产品销售收入占主营业务收入比 6.51%，排在江西省第 45 位、上饶市第 5 位。万人财政收入 0.41 亿元，排在江西省第 67 位、上饶市第 8 位。万人社会消费品零售额 1.31 亿元，排在江西省第 34 位、上饶市第 6 位。第三产业占 GDP 比重 37.24%，排在江西省第 59 位、上饶市第 7 位。具体如图 3-189、图 3-190、表 3-95 所示。

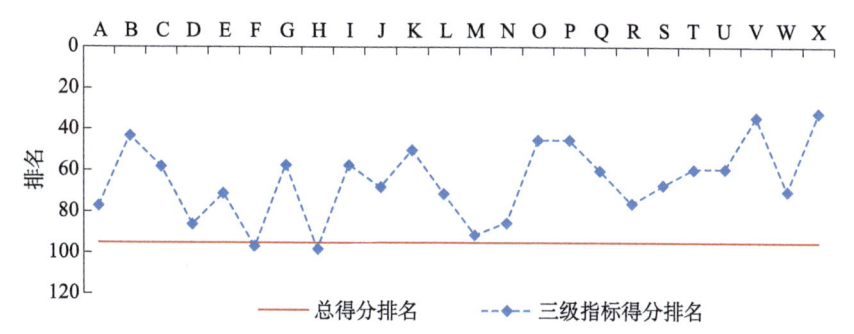

图 3-189　弋阳县科技创新能力总得分、三级指标得分在江西省位次排名[①]

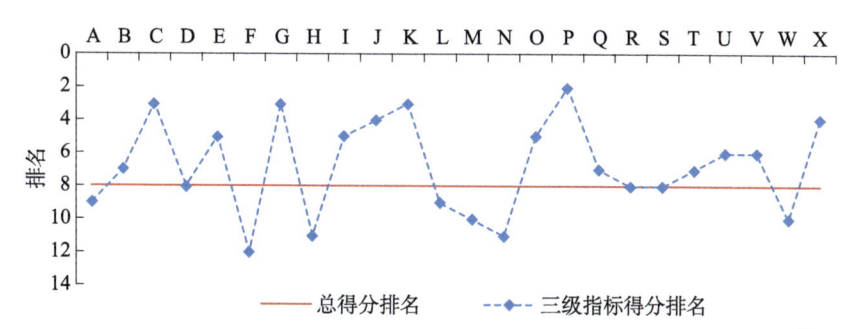

图 3-190　弋阳县科技创新能力总得分、三级指标得分在上饶市位次排名[②]

表 3-95　弋阳县科技创新能力评价指标得分与位次

指标名称	得分（分）	江西省排名		上饶市排名	
	2017 年	2017 年	2016 年	2017 年	2016 年
科技创新能力总得分	50.44	95	97	8	9
创新环境	3.43	90	94	9	10
创新基础	3.62	70	69	7	7
万人 GDP	3.33	77	75	9	8
规模以上工业企业数	3.91	43	49	7	7

[①][②]　图注同本书 27 页图 3-1 图注。

续表

指标名称	得分（分）2017年	江西省排名 2017年	江西省排名 2016年	上饶市排名 2017年	上饶市排名 2016年
万人专利申请量	3.59	58	63	3	5
科技意识	3.22	95	95	10	10
开展R&D活动的企业占比	2.94	86	93	8	11
人均科普经费投入	3.52	71	82	5	9
民众浏览科技网页频度	3.34	97	90	12	12
创新投入	3.44	95	89	8	7
人力投入	3.24	97	93	10	9
万人R&D人员数	3.68	57	33	3	3
研究人员占R&D人员比	2.47	98	96	11	10
R&D人员全时当量	3.69	57	23	5	2
财力投入	3.63	70	62	5	6
R&D经费投入占GDP百分比	3.57	68	49	4	4
企业R&D经费投入占主营业务收入比	3.67	50	50	3	4
企业技术获取和改造费用占主营业务收入比	3.68	71	80	9	11
创新成效	3.32	95	100	9	12
技术创新	2.94	93	98	11	12
高新技术产业增加值占规模以上工业增加值比	2.75	91	98	10	12
高新技术企业数	3.21	85	90	11	11
产业化水平	3.72	63	59	5	5
新产品销售收入占主营业务收入比	3.76	45	47	5	4
万人发明专利授权量	3.73	45	52	2	3
技术合同成交额	3.66	60	65	7	8
经济社会发展	3.71	72	73	8	9
经济增长	3.65	78	83	8	8
GDP增长百分比	3.75	76	90	8	11
万人财政收入	3.52	67	66	8	8
第三产业占GDP比重	3.70	59	54	7	7

续表

指标名称	得分（分）	江西省排名		上饶市排名	
	2017 年	2017 年	2016 年	2017 年	2016 年
社会生活	3.76	53	46	6	6
居民人均可支配收入	3.67	59	59	6	6
万人社会消费品零售额	3.83	34	33	6	6
城镇化率	3.49	70	70	10	10
空气质量指数	4.20	32	32	4	7

如图 3-189、图 3-190、表 3-95 所示，弋阳县科技创新能力总得分 50.44 分，排在江西省第 95 位，比上一年提升了 2 位，排在上饶市第 8 位，比上一年提升了 1 位。在一级指标中，经济社会发展排在江西省第 72 位，排在上饶市第 8 位，都比上一年提升了 1 位；创新投入排在江西省第 95 位，比上一年下降了 6 位，排在上饶市第 8 位，比上一年下降了 1 位；创新成效排在江西省第 95 位，比上一年提升了 5 位，排在上饶市第 9 位，比上一年提升了 3 位；创新环境排在江西省第 90 位，比上一年提升了 4 位，排在上饶市第 9 位，比上一年提升了 1 位。

目前，弋阳县发挥区位、生态、资源优势，聚焦主导产业和战略性新兴产业，引导以鸥迪铜业有限公司等为主的有色金属精深加工产业、以"南瓷北钙"为主的新型建材产业、以天施康中药股份有限公司为主的食品医药产业健康发展，培育发展新兴智能装备制造业，推进产业集群，形成以四大产业为引领的工业发展新格局，推动全县科技竞争力提档升级。该县四个一级指标较上一年排名都有所提升。建议该县扎实开展科普宣传教育，不断优化科技创新环境，提高县域科技创新与进步能力，促进县域科技经济社会融合发展。

八、余干县

余干县位于江西省东北部，是江西省上饶市下辖县。2017 年，该县常住人口 91.49 万人，地区 GDP 1 458 968 万元。居民人均可支配收入 15 574.53

元，排在江西省第93位、上饶市第11位。万人GDP 15 946.75万元，排在江西省第99位、上饶市第11位。GDP增长10.39%，排在江西省第80位、上饶市第9位。城镇化率44.36%，排在江西省第81位、上饶市第11位。规模以上工业企业数96家，排在江西省第46位、上饶市第8位。R&D人员全时当量37人·年，排在江西省第94位、上饶市第12位。R&D经费投入占GDP百分比为0.05%，排在江西省第97位、上饶市第11位。高新技术产业增加值占规模以上工业增加值比26.01%，排在江西省第57位、上饶市第4位。新产品销售收入占主营业务收入比0.92%，排在江西省第87位、上饶市第10位。万人财政收入0.18亿元，排在江西省第98位、上饶市第11位。万人社会消费品零售额0.7亿元，排在江西省第86位、上饶市第11位。第三产业占GDP比重为35.29%，排在江西省第72位、上饶市第8位。具体如图3-191、图3-192、表3-96所示。

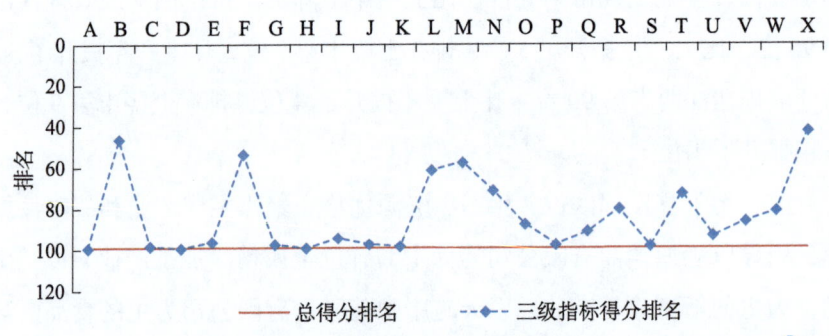

图3-191 余干县科技创新能力总得分、三级指标得分在江西省位次排名①

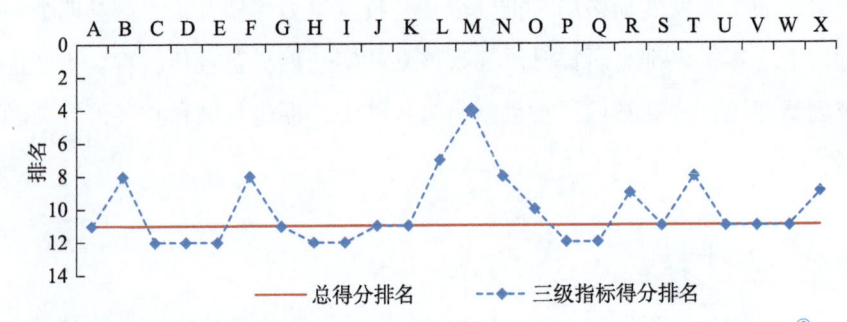

图3-192 余干县科技创新能力总得分、三级指标得分在上饶市位次排名②

①② 图注同本书27页图3-1图注。

表 3-96　余干县科技创新能力评价指标得分与位次

指标名称	得分（分）	江西省排名		上饶市排名	
	2017 年	2017 年	2016 年	2017 年	2016 年
科技创新能力总得分	47.78	99	98	11	10
创新环境	2.96	100	100	12	12
创新基础	3.25	96	99	12	12
万人 GDP	2.86	99	99	11	11
规模以上工业企业数	3.83	46	65	8	8
万人专利申请量	3.02	98	97	12	12
科技意识	2.65	99	97	12	11
开展 R&D 活动的企业占比	1.85	99	94	12	12
人均科普经费投入	3.00	96	88	12	10
民众浏览科技网页频度	3.74	53	61	8	7
创新投入	3.12	99	86	12	6
人力投入	2.96	99	61	12	3
万人 R&D 人员数	3.35	97	97	11	11
研究人员占 R&D 人员比	2.18	99	37	12	2
R&D 人员全时当量	3.46	94	88	12	11
财力投入	3.28	98	98	11	12
R&D 经费投入占 GDP 百分比	3.20	97	98	11	12
企业 R&D 经费投入占主营业务收入比	3.03	98	98	11	12
企业技术获取和改造费用占主营业务收入比	3.68	61	78	7	10
创新成效	3.50	78	83	6	6
技术创新	3.61	62	71	4	6
高新技术产业增加值占规模以上工业增加值比	3.74	57	74	4	4
高新技术企业数	3.42	71	74	8	8
产业化水平	3.39	98	92	12	10
新产品销售收入占主营业务收入比	3.27	87	71	10	8
万人发明专利授权量	3.43	97	97	12	12
技术合同成交额	3.50	91	80	12	12

续表

指标名称	得分（分） 2017年	江西省排名 2017年	江西省排名 2016年	上饶市排名 2017年	上饶市排名 2016年
经济社会发展	3.32	96	97	9	11
经济增长	3.31	92	97	9	10
GDP 增长百分比	3.57	80	56	9	8
万人财政收入	2.86	98	98	11	11
第三产业占 GDP 比重	3.54	72	68	8	8
社会生活	3.33	95	91	11	10
居民人均可支配收入	2.88	93	93	11	11
万人社会消费品零售额	3.40	86	88	11	11
城镇化率	3.34	81	80	11	11
空气质量指数	4.03	42	37	9	8

如图 3-191、图 3-192、表 3-96 所示，余干县科技创新能力总得分 47.78 分，排在江西省第 99 位，排在上饶市第 11 位，都比上一年下降了 1 位。在一级指标中，经济社会发展排在江西省第 96 位，比上一年提升了 1 位，排在上饶市第 9 位，比上一年提升了 2 位；创新投入排在江西省第 99 位，比上一年下降了 13 位，排在上饶市第 12 位，比上一年下降了 6 位；创新成效排在江西省第 78 位，比上一年提升了 5 位，排在上饶市第 6 位，与上一年位次相同；创新环境排在江西省第 100 位，排在上饶市第 12 位，都与上一年位次相同。

目前，余干县牢牢抓住省委、省政府支持"鄱余万都"滨湖四县小康攻坚的重大机遇，坚持以脱贫攻坚为统揽，以提高发展质量和效益为中心，补齐旅游不足短板，壮大县域经济实力。该县的经济社会发展、创新投入、创新成效和创新环境得分较低，影响了科技竞争力。建议该县出台相关政策营造科技创新的浓厚氛围，依托现有的资源，加快建设新型工业化道路，提高农业科技水平，加快建设全国优质农产品基地，进一步促进科技竞争力。

九、鄱阳县

鄱阳县位于江西省东北部，是江西省试点省直管县，由上饶市代管。2017 年，该县常住人口 133.79 万人，地区 GDP 2 088 736 万元。居民人均可支配收入 14 955.77 元，排在江西省第 97 位、上饶市第 12 位。万人 GDP 15 612.05 万元，排在江西省第 100 位、上饶市第 12 位。GDP 增长 9.99%，排在江西省第 83 位、上饶市第 11 位。城镇化率 42.67%，排在江西省第 89 位、上饶市第 12 位。规模以上工业企业数 123 家，排在江西省第 33 位、上饶市第 5 位。开展 R&D 活动的企业占比 27.94%，排在江西省第 82 位、上饶市第 6 位。万人专利申请量 3.98 件，排在江西省第 93 位、上饶市第 11 位。万人发明专利授权量 0.04 件，排在江西省第 92 位、上饶市第 10 位。R&D 人员全时当量 55 人·年，排在江西省第 86 位、上饶市第 9 位。高新技术产业增加值占规模以上工业增加值比 13.91%，排在江西省第 81 位、上饶市第 7 位。新产品销售收入占主营业务收入比 1.16%，排在江西省第 85 位、上饶市第 9 位。万人社会消费品零售额 0.61 亿元，排在江西省第 95 位、上饶市第 12 位。第三产业占 GDP 比重 27.45%，排在江西省第 93 位、上饶市第 11 位。具体如图 3-193、图 3-194、表 3-97 所示。

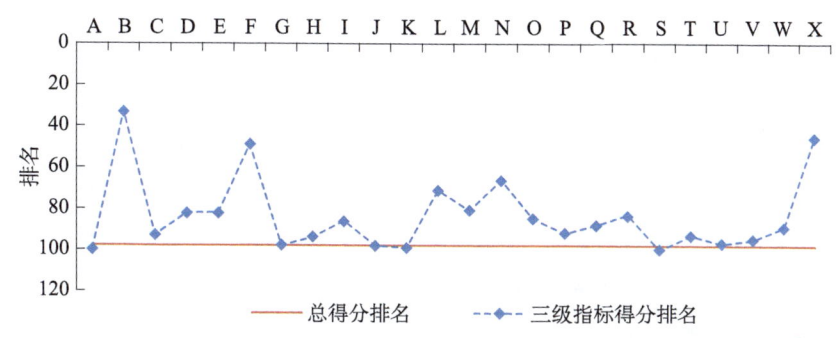

图 3-193　鄱阳县科技创新能力总得分、三级指标得分在江西省位次排名 [①]

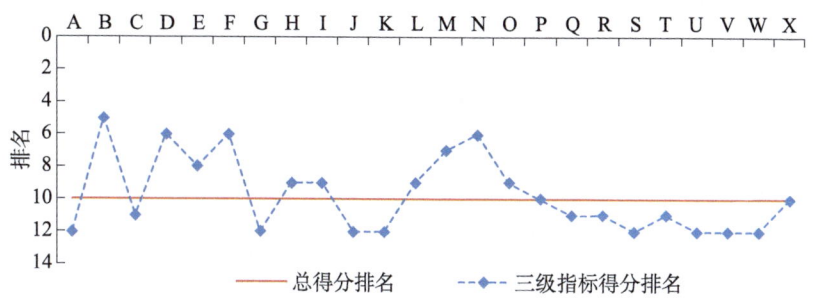

图 3-194　鄱阳县科技创新能力总得分、三级指标得分在上饶市位次排名 [②]

[①][②] 图注同本书27页图3-1图注。

表 3-97 鄱阳县科技创新能力评价指标得分与位次

指标名称	得分（分）	江西省排名		上饶市排名	
	2017 年	2017 年	2016 年	2017 年	2016 年
科技创新能力总得分	48.01	98	100	10	12
创新环境	3.38	94	96	10	11
创新基础	3.42	82	79	8	9
万人 GDP	2.84	100	100	12	12
规模以上工业企业数	4.18	33	43	5	5
万人专利申请量	3.15	93	55	11	3
科技意识	3.33	90	98	8	12
开展 R&D 活动的企业占比	3.06	82	90	6	8
人均科普经费投入	3.40	82	96	8	12
民众浏览科技网页频度	3.76	49	70	6	8
创新投入	3.21	98	97	11	11
人力投入	3.15	98	97	11	11
万人 R&D 人员数	3.34	98	98	12	12
研究人员占 R&D 人员比	2.69	94	97	9	11
R&D 人员全时当量	3.49	86	83	9	9
财力投入	3.27	99	96	12	10
R&D 经费投入占 GDP 百分比	3.20	98	96	12	10
企业 R&D 经费投入占主营业务收入比	3.02	99	96	12	10
企业技术获取和改造费用占主营业务收入比	3.68	71	67	9	8
创新成效	3.34	92	94	8	10
技术创新	3.26	82	91	8	10
高新技术产业增加值占规模以上工业增加值比	3.11	81	86	7	8
高新技术企业数	3.46	66	69	6	6
产业化水平	3.42	95	87	11	8
新产品销售收入占主营业务收入比	3.30	85	61	9	7
万人发明专利授权量	3.47	92	91	10	9
技术合同成交额	3.55	88	73	11	10

续表

指标名称	得分（分）	江西省排名		上饶市排名	
	2017年	2017年	2016年	2017年	2016年
经济社会发展	3.12	99	100	11	12
经济增长	3.02	98	100	11	12
GDP增长百分比	3.48	83	98	11	12
万人财政收入	2.72	100	100	12	12
第三产业占GDP比重	2.89	93	96	11	11
社会生活	3.23	99	98	12	12
居民人均可支配收入	2.78	97	97	12	12
万人社会消费品零售额	3.33	95	95	12	12
城镇化率	3.23	89	86	12	12
空气质量指数	3.92	45	43	10	10

如图3-193、图3-194、表3-97所示，鄱阳县科技创新能力总得分48.01分，排在江西省第98位，比上一年提升了2位，排在上饶市第10位，比上一年提升了2位。在一级指标中，经济社会发展排在江西省第99位，排在上饶市第11位，都比上一年提升了1位；创新投入排在江西省第98位，比上一年下降了1位，排在上饶市第11位，与上一年位次相同；创新成效排在江西省第92位，排在上饶市第8位，都比上一年提升了2位；创新环境排在江西省第94位，比上一年提升了2位，排在上饶市第10位，比上一年提升了1位。

目前，鄱阳县着力打好脱贫攻坚战，着力推进工业转型升级，着力发展现代服务业，实施服务业提速工程，加快推动旅游业转型升级，做大商贸物流业，培育壮大电子商务、大数据和金融等产业，推动全县科技竞争力提档升级。该县的经济社会发展、创新成效和创新环境较上一年排名都有所提升。建议该县依托工业园区，针对水产养殖等优势产业，加大研发经费投入，强化科技支撑和服务能力，同时集中有限的投入，努力提高企业创新能力，提高科技竞争力，促进当地经济、社会、创新协调发展。

十、万年县

万年县位于江西省东北部，是江西省上饶市下辖县。2017年，该县常住人口37万人，地区GDP 1 395 878万元。居民人均可支配收入20 976.12元，排在江西省第54位、上饶市第5位。万人GDP为37 726.43万元，排在江西省第49位、上饶市第4位。GDP增长15.29%，排在江西省第12位、上饶市第3位。城镇化率50.43%，排在江西省第42位、上饶市第5位。规模以上工业企业数114家，排在江西省第35位、上饶市第6位。开展R&D活动的企业占比44.2%，排在江西省第26位、上饶市第2位。万人R&D人员数8.24人，排在江西省第60位、上饶市第4位。研究人员占R&D人员比35.74%，排在江西省第20位、上饶市第2位。R&D人员全时当量194人·年，排在江西省第59位、上饶市第6位。企业技术获取和改造费用占主营业务收入比0.02%，排在江西省第34位、上饶市第3位。高新技术产业增加值占规模以上工业增加值比30.07%，排在江西省第46位、上饶市第3位。新产品销售收入占主营业务收入比11.14%，排在江西省第24位、上饶市第3位。万人财政收入0.51亿元，排在江西省第49位、上饶市第5位。万人社会消费品零售额1.49亿元，排在江西省第27位、上饶市第4位。第三产业占GDP比重31.74%，排在江西省第87位、上饶市第10位。具体如图3-195、图3-196、表3-98所示。

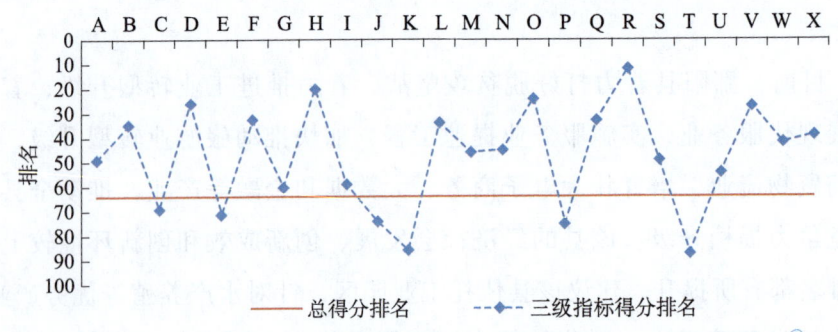

图3-195 万年县科技创新能力总得分、三级指标得分在江西省位次排名[①]

---

① 图注同本书27页图3-1图注。

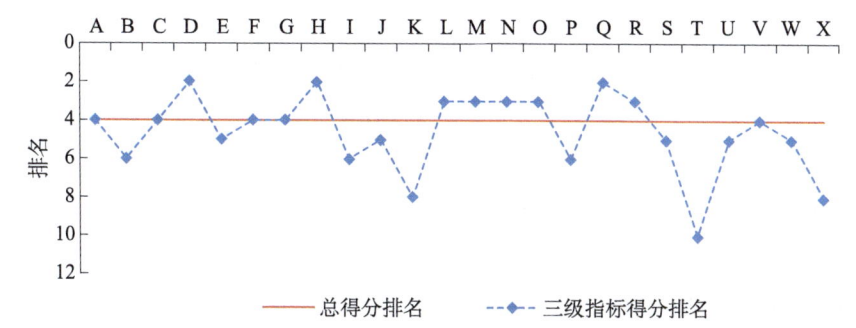

图 3-196　万年县科技创新能力总得分、三级指标得分在上饶市位次排名 [1]

表 3-98　万年县科技创新能力评价指标得分与位次

指标名称	得分（分） 2017 年	江西省排名 2017 年	江西省排名 2016 年	上饶市排名 2017 年	上饶市排名 2016 年
科技创新能力总得分	56.65	64	58	4	5
创新环境	3.91	50	42	2	1
创新基础	3.74	60	60	5	5
万人 GDP	3.70	49	55	4	5
规模以上工业企业数	4.07	35	47	6	6
万人专利申请量	3.47	69	58	4	4
科技意识	4.09	40	21	2	1
开展 R&D 活动的企业占比	4.57	26	15	2	2
人均科普经费投入	3.52	71	44	5	3
民众浏览科技网页频度	3.93	33	78	4	11
创新投入	3.78	58	68	3	3
人力投入	4.06	33	62	3	4
万人 R&D 人员数	3.65	60	46	4	4
研究人员占 R&D 人员比	4.78	20	55	2	4
R&D 人员全时当量	3.67	59	57	6	5
财力投入	3.50	85	65	8	7
R&D 经费投入占 GDP 百分比	3.49	74	52	5	5
企业 R&D 经费投入占主营业务收入比	3.27	86	58	8	6

[1] 图注同本书27页图3-1图注。

续表

指标名称	得分（分）2017年	江西省排名 2017年	江西省排名 2016年	上饶市排名 2017年	上饶市排名 2016年
企业技术获取和改造费用占主营业务收入比	3.78	34	51	3	5
创新成效	3.89	48	32	3	3
技术创新	3.91	50	28	3	2
高新技术产业增加值占规模以上工业增加值比	3.96	46	23	3	2
高新技术企业数	3.84	45	40	3	3
产业化水平	3.86	38	34	3	3
新产品销售收入占主营业务收入比	4.16	24	25	3	3
万人发明专利授权量	3.54	75	60	6	4
技术合同成交额	3.81	33	36	2	4
经济社会发展	3.90	43	63	5	8
经济增长	3.93	48	85	6	9
GDP增长百分比	4.74	12	87	3	10
万人财政收入	3.79	49	46	5	5
第三产业占GDP比重	3.24	87	82	10	9
社会生活	3.87	40	34	5	5
居民人均可支配收入	3.78	54	55	5	5
万人社会消费品零售额	3.96	27	27	4	5
城镇化率	3.72	42	41	5	5
空气质量指数	4.11	39	25	8	4

如图3-195、图3-196、表3-98所示，万年县科技创新能力总得分56.65分，排在江西省第64位，比上一年下降了6位，排在上饶市第4位，比上一年提升了1位。在一级指标中，经济社会发展排在江西省第43位，比上一年提升了20位，排在上饶市第5位，比上一年提升了3位；创新投入排在江西省第58位，比上一年提升了10位，排在上饶市第3位，与上一年位次相同；创新成效排在江西省第48位，比上一年下降了16位，排在上饶市第3位，与上一年位次相同；创新环境排在江西省第50位，比上一年下降了8位，排在上饶市第2位，比上一年下降了1位。

目前，万年县以产业升级为"指挥棒"，把县域经济发展的着力点放在实体经济上，推动产业发展质量变革、效率变革、动力变革，做大总量、做强效益、做优体系，广泛开展大众创业、万众创新，加快推进纺织新材料创客中心建设，力争打造现代纺织产业"硅谷"。狠抓关键技术攻关，提高创新供给能力，推动全县科技竞争力提档升级。该县的创新成效和创新环境较上一年排名都有所下降，影响了科技竞争力。建议该县依托当地的粮食企业等，强化创新意识，加强创新，不断提高科技竞争力。

十一、婺源县

婺源县位于江西省东北部，是江西省上饶市下辖县。2017年，该县常住人口 34.38 万人，地区 GDP 1 007 845 万元。居民人均可支配收入 17 408.17 元，排在江西省第 77 位、上饶市第 9 位。万人 GDP 29 314.86 万元，排在江西省第 71 位、上饶市第 7 位。GDP 增长 10.24%，排在江西省第 82 位、上饶市第 10 位。城镇化率 47.12%，排在江西省第 69 位、上饶市第 9 位。规模以上工业企业数 48 家，排在江西省第 81 位、上饶市第 11 位。开展 R&D 活动的企业占比 45.63%，排在江西省第 22 位、上饶市第 1 位。万人专利申请量 4.95 件，排在江西省第 89 位、上饶市第 9 位。万人发明专利授权量 0.09 件，排在江西省第 73 位、上饶市第 5 位。万人 R&D 人员数 6.87 人，排在江西省第 67 位、上饶市第 5 位。R&D 人员全时当量 164 人·年，排在江西省第 64 位、上饶市第 7 位。企业技术获取和改造费用占主营业务收入比 0.28%，排在江西省第 8 位、上饶市第 1 位。新产品销售收入占主营业务收入比 4.48%，排在江西省第 57 位、上饶市第 7 位。万人财政收入 0.42 亿元，排在江西省第 64 位、上饶市第 7 位。万人社会消费品零售额 1.6 亿元，排在江西省第 22 位、上饶市第 3 位。第三产业占 GDP 比重 56.31%，排在江西省第 10 位、上饶市第 2 位。具体如图 3-197、图 3-198、表 3-99 所示。

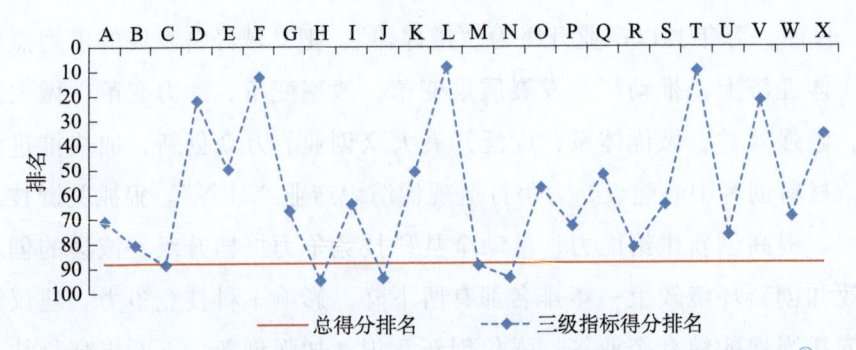

图 3-197　婺源县科技创新能力总得分、三级指标得分在江西省位次排名[1]

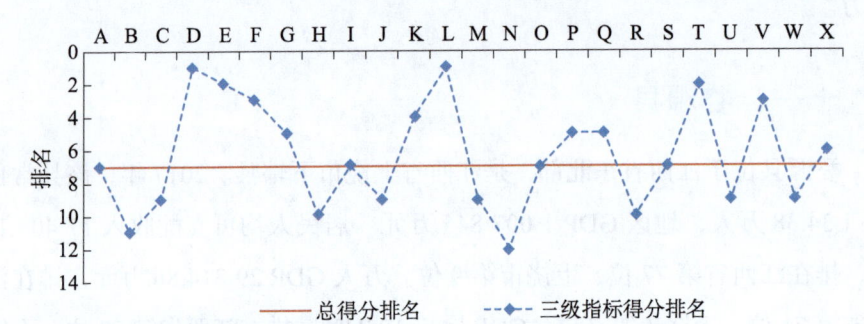

图 3-198　婺源县科技创新能力总得分、三级指标得分在上饶市位次排名[2]

表 3-99　婺源县科技创新能力评价指标得分与位次

指标名称	得分（分）	江西省排名		上饶市排名	
	2017年	2017年	2016年	2017年	2016年
科技创新能力总得分	52.19	88	92	7	7
创新环境	3.75	71	69	4	5
创新基础	3.27	94	97	11	11
万人 GDP	3.37	71	69	7	7
规模以上工业企业数	3.21	81	91	11	12
万人专利申请量	3.23	89	88	9	9
科技意识	4.25	28	28	1	2
开展 R&D 活动的企业占比	4.70	22	13	1	1
人均科普经费投入	3.56	50	76	2	7
民众浏览科技网页频度	4.30	12	76	3	10

[1][2]　图注同本书27页图3-1图注。

续表

指标名称	得分（分）2017 年	江西省排名 2017 年	江西省排名 2016 年	上饶市排名 2017 年	上饶市排名 2016 年
创新投入	3.60	87	93	5	9
人力投入	3.27	95	96	8	10
万人 R&D 人员数	3.59	67	63	5	6
研究人员占 R&D 人员比	2.67	95	95	10	9
R&D 人员全时当量	3.63	64	76	7	7
财力投入	3.92	39	58	2	4
R&D 经费投入占 GDP 百分比	3.29	94	83	9	6
企业 R&D 经费投入占主营业务收入比	3.65	51	40	4	3
企业技术获取和改造费用占主营业务收入比	5.04	8	29	1	4
创新成效	3.27	96	97	10	11
技术创新	2.94	92	94	10	11
高新技术产业增加值占规模以上工业增加值比	2.88	89	90	9	9
高新技术企业数	3.04	94	90	12	11
产业化水平	3.61	75	86	7	7
新产品销售收入占主营业务收入比	3.58	57	74	7	9
万人发明专利授权量	3.55	73	73	5	5
技术合同成交额	3.71	52	52	5	5
经济社会发展	3.89	45	41	6	4
经济增长	4.10	32	21	4	3
GDP 增长百分比	3.54	82	54	10	7
万人财政收入	3.54	64	63	7	7
第三产业占 GDP 比重	5.26	10	11	2	2
社会生活	3.65	67	61	8	8
居民人均可支配收入	3.18	77	77	9	9
万人社会消费品零售额	4.04	22	23	3	3
城镇化率	3.52	69	68	9	9
空气质量指数	4.16	36	29	6	6

如图 3-197、图 3-198、表 3-99 所示，婺源县科技创新能力总得分 52.19 分，排在江西省第 88 位，比上一年提升了 4 位，排在上饶市第 7 位，与上一年位次相同。在一级指标中，经济社会发展排在江西省第 45 位，比上一年下降了 4 位，排在上饶市第 6 位，比上一年下降了 2 位；创新投入排在江西省第 87 位，比上一年提升了 6 位，排在上饶市第 5 位，比上一年提升了 4 位；创新成效排在江西省第 96 位，排在上饶市第 10 位，都比上一年提升了 1 位；创新环境排在江西省第 71 位，比上一年下降了 2 位，排在上饶市第 4 位，比上一年提升了 1 位。

目前，婺源县全力实施"发展全域旅游，建设最美乡村"战略，以提高经济发展质量和效益为中心，着力培育发展新动能，着力推动转型升级，着力建设生态文明，着力打好脱贫攻坚战，推动全县科技竞争力提档升级。该县的创新投入、创新成效和创新环境得分较低，影响了科技竞争力。建议该县依托现有的优势资源，继续保护好生态环境，加快发展智慧旅游，加大当地茶业加工的科技含量，提高产品的科技含量和附加值，促进经济增长、百姓增收。

十二、德兴市

德兴市位于江西省东北部，是江西省直辖县级市，由上饶市代管。2017 年，该市常住人口 30.24 万人，地区 GDP 1 441 143 万元。居民人均可支配收入 24 392.14 元，排在江西省第 23 位、上饶市第 3 位。万人 GDP 47 656.85 万元，排在江西省第 31 位、上饶市第 3 位。GDP 增长 13.33%，排在江西省第 51 位、上饶市第 6 位。城镇化率 59.3%，排在江西省第 19 位、上饶市第 2 位。规模以上工业企业数 124 家，排在江西省第 31 位、上饶市第 4 位。开展 R&D 活动的企业占比 39.21%，排在江西省第 48 位、上饶市第 3 位。万人专利申请量 25.04 件，排在江西省第 12 位、上饶市第 1 位。人均科普经费投入 0.45 元，排在江西省第 31 位、上饶市第 1 位。万人 R&D 人员数 16.64 人，排在江西省第 26 位、上饶市第 2 位。R&D 人员全时当量 348 人·年，排在江西省第 36 位、上饶市第 2 位。R&D 经费投入占 GDP 百分比 0.48%，排在江西省第 67 位、上饶市第 3 位。企业技术获取和改造费用占主营业务收入比 0.02%，排在江西省第 32 位、上饶市第 2 位。高新技术产业增加值占规模以上工业增加值比 18.52%，排在江西省第 72 位、上饶市第 5 位。新产品销售收入占主营业务收入比 9.53%，排在江西省第 33 位、上饶市第 4 位。万人财政收入 1.19 亿元，排在江西省第 7 位、上饶市第 1 位。万人社会消费品零售额 1.84 亿元，排在江西省第 18 位、上饶市第 2 位。第三产业占 GDP 比重 46.99%，排在江西省第 18 位、上饶市第 3 位。具体如图 3-199、图 3-200、表 3-100 所示。

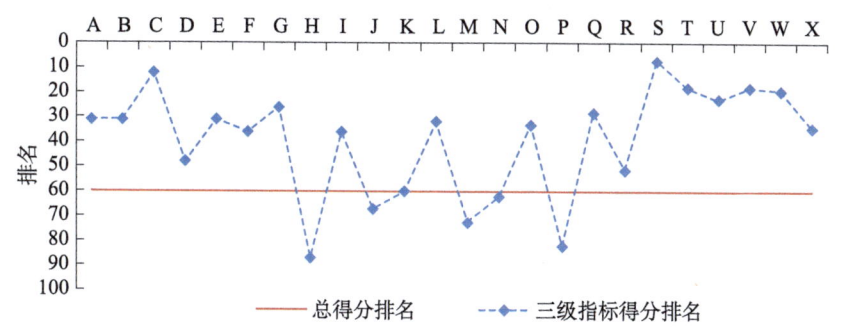

图 3-199 德兴市科技创新能力总得分、三级指标得分在江西省位次排名[①]

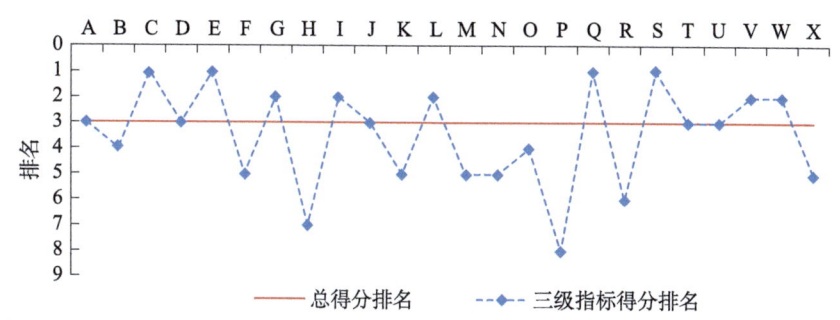

图 3-200 德兴市科技创新能力总得分、三级指标得分在上饶市位次排名[②]

[①][②] 图注同本书27页图3-1图注。

表 3-100 德兴市科技创新能力评价指标得分与位次

指标名称	得分（分）2017 年	江西省排名 2017 年	江西省排名 2016 年	上饶市排名 2017 年	上饶市排名 2016 年
科技创新能力总得分	57.02	60	46	3	4
创新环境	4.22	26	46	1	3
创新基础	4.40	17	36	1	2
万人 GDP	4.08	31	30	3	2
规模以上工业企业数	4.19	31	42	4	4
万人专利申请量	4.86	12	35	1	1
科技意识	4.02	46	57	3	5
开展 R&D 活动的企业占比	4.11	48	50	3	5
人均科普经费投入	4.02	31	44	1	3
民众浏览科技网页频度	3.86	36	57	5	6
创新投入	3.60	86	26	4	2
人力投入	3.56	82	34	5	2
万人 R&D 人员数	3.99	26	26	2	1
研究人员占 R&D 人员比	2.90	87	41	7	3
R&D 人员全时当量	3.87	36	32	2	3
财力投入	3.64	68	24	3	2
R&D 经费投入占 GDP 百分比	3.57	67	40	3	2
企业 R&D 经费投入占主营业务收入比	3.59	60	19	5	2
企业技术获取和改造费用占主营业务收入比	3.79	32	22	2	3
创新成效	3.63	68	87	4	7
技术创新	3.43	73	89	7	9
高新技术产业增加值占规模以上工业增加值比	3.35	72	85	5	7
高新技术企业数	3.55	62	56	5	5
产业化水平	3.82	43	57	4	4
新产品销售收入占主营业务收入比	4.02	33	57	4	6
万人发明专利授权量	3.52	82	43	8	2
技术合同成交额	3.90	28	24	1	1

续表

指标名称	得分（分）	江西省排名		上饶市排名	
	2017年	2017年	2016年	2017年	2016年
经济社会发展	4.58	14	17	2	2
经济增长	4.86	10	8	2	1
GDP增长百分比	4.28	51	40	6	6
万人财政收入	5.75	7	6	1	1
第三产业占GDP比重	4.49	18	17	3	3
社会生活	4.27	18	17	2	3
居民人均可支配收入	4.34	23	27	3	3
万人社会消费品零售额	4.21	18	17	2	2
城镇化率	4.29	19	19	2	2
空气质量指数	4.18	34	24	5	3

如图3-199、图3-200、表3-100所示，德兴市科技创新能力总得分57.02分，排在江西省第60位，比上一年下降了14位，排在上饶市第3位，比上一年提升了1位。在一级指标中，经济社会发展排在江西省第14位，比上一年提升了3位，排在上饶市第2位，与上一年位次相同；创新投入排在江西省第86位，比上一年下降了60位，排在上饶市第4位，比上一年下降了2位；创新成效排在江西省第68位，比上一年提升了19位，排在上饶市第4位，比上一年提升了3位；创新环境排在江西省第26位，比上一年提升了20位，排在上饶市第1位，比上一年提升了2位。

目前，德兴市始终保持工业强市战略定力，编制完善有色金属、硫化工、先进机械制造、遮阳、健康旅游五大产业规划，培育壮大五大产业集群，推动全市科技竞争力提档升级。该市的创新投入较上一年排名有所下降，影响了科技竞争力。建议该市出台相关文件提高企业科技研发的积极性，增加研究人员比例，加大企业技术改造，加强生产和服务全过程资源节约和综合利用，提高经济增长质量。

附录1
科技创新能力得分计算方法[①]

第一步，将三级指标原始数据进行标准化：

$$S_{ijk} = \frac{X_{ijk} - \overline{X}}{\sigma}$$

其中，S_{ijk} 为三级指标标准化后的数值。X_{ijk} 为第 i 个一级指标下、第 j 个二级指标下的第 k 个三级指标；$\overline{X}$ 为三级指标各区县的均值，σ 为标准差。

第二步，二级指标得分：

$$S_{ij} = \sum_{k=1}^{n_j} (S_{ijk} + \partial) W_{ijk}$$

其中，S_{ij} 为二级指标得分；∂ 为三级指标得分修正值；W_{ijk} 为各三级指标对应权重；n_j 为第 j 个二级指标下设的三级指标个数。

第三步，一级指标得分：

$$S_i = \sum_{j=1}^{n_i} S_{ij} W_{ij}$$

其中，S_i 为一级指标得分；W_{ij} 为各二级指标对应权重；n_i 为第 i 个一级指标下设的二级指标个数。

[①] 陈勇，李政刚，张欣. 2014年度重庆市区县科技竞争力评价报告. 重庆：重庆出版集团，2016. 各级指标权重由专家打分综合确定。数值保留小数点后两位。

第四步，综合得分：

$$S = \sum_{i=1}^{n} S_i W_i$$

其中，S 为综合得分；W_i 为各一级指标对应权重；n 为一级指标个数。

第五步，百分制转换后总得分：

$$S_{总}=S/t$$

其中，$S_{总}$ 为百分制转换后的总得分，S 为综合得分，t 为转换系数。

附录2
江西省各县（市、区）科技创新能力指标得分

附表　江西省各县（市、区）科技创新能力指标得分汇总表　　单位：分

县（市、区） 指标名称	东湖区	西湖区	青云谱区	湾里区	青山湖区	新建区	南昌县	安义县	进贤县	昌江区
万人 GDP	5.86	6.10	6.57	5.89	5.82	4.83	5.66	4.51	4.04	7.70
规模以上工业企业数	2.61	2.63	2.89	2.86	8.46	4.22	5.92	4.30	3.79	3.77
万人专利申请量	4.12	3.89	6.31	4.74	5.46	3.86	5.38	4.80	3.46	6.02
开展 R&D 活动的企业占比	2.97	2.23	3.94	4.51	2.54	3.63	3.89	4.20	3.67	5.93
人均科普经费投入	4.49	5.43	6.11	8.92	5.43	5.74	5.24	4.09	3.18	3.71
民众浏览科技网页频度	4.13	6.46	3.85	3.94	4.23	5.79	10.10	3.68	3.67	3.38
万人 R&D 人员数	3.31	3.33	9.95	3.67	9.22	3.68	3.71	3.97	3.62	7.43
研究人员占 R&D 人员比	0.38	4.81	6.07	6.33	4.78	4.06	4.50	4.05	4.22	4.52
R&D 人员全时当量	3.42	3.44	9.21	3.48	10.83	4.06	4.17	3.70	4.08	4.40
R&D 经费投入占 GDP 百分比	3.16	3.17	10.49	3.30	6.13	3.41	3.40	3.56	3.33	5.04
企业 R&D 经费投入占主营业务收入比	2.97	3.15	8.60	3.94	3.95	3.36	3.45	3.39	3.34	4.91

续表

县（市、区）\ 指标名称	东湖区	西湖区	青云谱区	湾里区	青山湖区	新建区	南昌县	安义县	进贤县	昌江区
企业技术获取和改造费用占主营业务收入比	3.68	3.73	11.14	3.68	3.68	3.68	3.89	3.68	3.68	3.71
高新技术产业增加值占规模以上工业增加值比	2.39	2.39	3.50	4.67	4.95	3.12	4.03	4.06	6.15	4.22
高新技术企业数	2.87	2.87	3.12	3.17	9.63	4.64	6.12	3.80	4.77	4.22
新产品销售收入占主营业务收入比	3.19	3.19	7.44	3.28	4.13	4.16	3.71	3.76	3.54	4.40
万人发明专利授权量	3.96	4.62	8.69	5.82	5.26	3.63	4.02	4.09	3.57	8.83
技术合同成交额	6.04	6.31	6.49	8.54	6.43	4.15	5.31	5.59	4.34	10.43
GDP 增长百分比	4.37	3.70	4.61	5.19	2.65	4.74	4.95	4.67	4.57	1.53
万人财政收入	5.98	8.04	6.19	7.80	4.98	4.52	6.08	4.30	3.33	4.43
第三产业占 GDP 比重	8.11	6.96	3.79	5.13	3.68	3.32	2.91	3.84	3.35	3.51
居民人均可支配收入	6.84	6.72	6.61	4.84	6.39	4.54	4.80	4.00	4.33	5.62
万人社会消费品零售额	6.99	8.26	8.46	3.77	5.60	3.82	4.34	3.68	3.75	6.15
城镇化率	6.83	6.86	6.86	4.89	6.33	3.88	4.16	3.72	3.70	5.78
空气质量指数	3.17	6.66	6.84	3.86	3.12	2.76	2.99	3.84	2.76	3.81

县（市、区）\ 指标名称	珠山区	浮梁县	乐平市	安源区	湘东区	莲花县	上栗县	芦溪县	濂溪区	浔阳区
万人 GDP	4.84	3.65	3.64	4.59	4.39	3.23	3.88	4.36	6.11	6.90
规模以上工业企业数	2.99	3.76	4.09	4.32	3.97	3.26	4.84	4.03	4.74	3.57
万人专利申请量	4.48	5.24	3.05	4.14	3.89	3.49	3.75	4.56	4.64	3.59
开展 R&D 活动的企业占比	2.75	4.51	3.25	3.87	3.51	3.43	4.17	4.35	2.86	3.18
人均科普经费投入	3.15	6.55	4.55	3.56	3.01	4.21	4.36	4.18	4.49	3.56

续表

县（市、区） 指标名称	珠山区	浮梁县	乐平市	安源区	湘东区	莲花县	上栗县	芦溪县	濂溪区	浔阳区
民众浏览科技网页频度	3.27	3.85	3.74	4.06	3.93	3.80	3.61	3.68	3.68	4.32
万人R&D人员数	5.41	3.68	3.63	3.75	3.63	3.86	3.88	4.41	5.14	4.00
研究人员占R&D人员比重	6.76	5.51	3.52	4.75	4.13	5.38	4.24	5.22	4.92	4.46
R&D人员全时当量	4.72	3.52	3.91	3.81	3.67	3.61	4.05	3.90	4.49	3.91
R&D经费投入占GDP百分比	5.53	4.09	3.75	3.60	3.50	4.55	4.21	4.25	4.09	3.54
企业R&D经费投入占主营业务收入比	8.91	3.80	3.74	3.95	3.83	7.62	3.56	5.47	3.52	3.41
企业技术获取和改造费用占主营业务收入比	3.72	3.70	4.60	3.69	3.80	3.68	3.68	3.80	3.83	3.71
高新技术产业增加值占规模以上工业增加值比	4.78	3.08	3.87	4.69	5.01	3.94	3.90	5.28	4.25	2.61
高新技术企业数	3.25	3.50	4.01	5.62	5.49	3.33	4.77	5.91	4.77	3.71
新产品销售收入占主营业务收入比	9.29	3.35	3.66	3.55	3.54	3.48	4.30	3.50	3.52	3.49
万人发明专利授权量	7.23	3.67	3.68	3.97	3.77	3.68	3.63	4.33	5.34	4.44
技术合同成交额	3.72	3.58	3.38	3.91	4.18	4.13	3.91	4.54	3.93	3.64
GDP增长百分比	1.58	2.00	2.38	2.62	2.34	2.14	1.83	2.30	4.54	4.01
万人财政收入	3.67	3.33	3.70	4.93	3.85	3.36	3.71	3.95	5.72	5.58
第三产业占GDP比重	6.18	3.32	3.72	5.30	4.11	4.39	4.00	3.94	4.30	7.45
居民人均可支配收入	6.29	3.81	4.34	6.12	4.88	2.97	4.19	4.31	5.52	6.28
万人社会消费品零售额	5.94	3.43	3.68	5.22	3.94	3.61	4.04	3.77	3.83	7.19
城镇化率	6.86	3.52	4.09	6.83	4.68	3.57	3.64	3.95	5.62	6.86
空气质量指数	3.71	5.39	4.04	2.79	2.31	3.67	3.20	6.22	2.77	2.68

续表

县（市、区） 指标名称	柴桑区	武宁县	修水县	永修县	德安县	都昌县	湖口县	彭泽县	瑞昌市	共青城市
万人 GDP	3.85	3.52	3.10	3.90	4.95	2.93	4.16	3.57	3.94	5.65
规模以上工业企业数	4.49	3.88	4.28	4.58	4.23	3.68	3.79	4.39	4.38	4.78
万人专利申请量	3.25	3.68	4.12	3.35	3.49	3.11	3.78	4.04	4.03	6.01
开展 R&D 活动的企业占比	3.45	5.47	2.19	5.95	3.88	3.36	4.08	3.66	3.23	2.83
人均科普经费投入	5.74	3.65	4.49	3.40	5.11	3.56	3.56	3.56	3.87	6.67
民众浏览科技网页频度	3.41	3.57	4.12	4.15	3.72	3.79	3.70	3.58	3.94	4.52
万人 R&D 人员数	4.25	3.52	3.39	3.79	4.45	3.42	4.48	3.91	3.95	4.99
研究人员占 R&D 人员比	4.06	4.84	3.74	3.33	2.92	4.59	3.28	4.58	2.54	3.71
R&D 人员全时当量	4.01	3.61	3.57	3.78	3.79	3.56	4.07	3.98	3.96	3.86
R&D 经费投入占 GDP 百分比	4.27	3.37	3.49	4.15	3.77	3.37	4.79	3.77	3.90	4.08
企业 R&D 经费投入占主营业务收入比	3.55	3.11	3.27	3.51	3.26	3.21	3.71	3.37	3.43	3.44
企业技术获取和改造费用占主营业务收入比	3.68	3.68	3.68	4.74	5.17	3.72	8.98	6.66	4.35	3.71
高新技术产业增加值占规模以上工业增加值比	4.20	5.19	3.13	3.99	4.41	3.29	3.22	3.27	3.81	3.43
高新技术企业数	4.18	4.09	3.38	3.97	4.52	3.33	3.97	3.59	4.01	3.59
新产品销售收入占主营业务收入比	3.77	3.25	3.30	3.84	3.47	3.25	3.54	3.74	3.67	4.19
万人发明专利授权量	3.57	3.41	3.54	3.81	3.72	3.46	3.82	4.27	3.49	3.66
技术合同成交额	3.81	3.74	3.45	4.00	4.22	3.44	3.89	3.76	3.69	4.39
GDP 增长百分比	4.62	4.22	4.72	5.00	4.67	4.42	4.94	5.16	4.65	5.31
万人财政收入	4.10	3.79	3.24	4.19	5.61	2.91	5.40	4.07	4.33	6.74

续表

县（市、区） 指标名称	柴桑区	武宁县	修水县	永修县	德安县	都昌县	湖口县	彭泽县	瑞昌市	共青城市
第三产业占GDP比重	3.38	3.68	3.81	2.69	2.86	3.42	2.35	2.89	2.68	3.10
居民人均可支配收入	4.04	3.96	3.07	4.22	4.32	2.63	4.09	3.91	4.06	4.66
万人社会消费品零售额	3.62	3.77	3.46	3.70	3.96	3.44	3.61	3.53	3.77	4.35
城镇化率	3.65	3.64	3.27	3.93	4.05	2.89	3.56	3.66	3.76	4.66
空气质量指数	2.22	3.61	3.66	3.84	2.43	3.41	2.30	3.62	2.43	2.77

县（市、区） 指标名称	庐山市	渝水区	分宜县	月湖区	余江区	贵溪市	章贡区	南康区	赣县区	信丰县
万人GDP	4.12	6.10	5.26	6.63	3.66	5.02	5.03	3.37	3.39	3.31
规模以上工业企业数	3.48	6.39	3.57	3.66	3.86	3.82	6.27	8.06	3.96	3.74
万人专利申请量	2.94	4.49	3.97	4.96	4.10	5.27	10.70	4.31	4.52	4.03
开展R&D活动的企业占比	4.23	3.52	3.28	1.49	3.87	4.12	4.18	4.76	5.23	5.29
人均科普经费投入	3.56	3.52	6.50	3.56	3.87	4.46	3.40	5.74	4.15	4.24
民众浏览科技网页频度	3.61	4.64	3.83	3.29	3.86	4.12	5.98	4.29	3.64	3.79
万人R&D人员数	3.54	5.33	4.23	5.45	4.06	5.18	4.53	3.56	3.55	3.73
研究人员占R&D人员比	3.78	5.01	3.62	3.47	4.39	4.63	3.99	4.22	4.03	3.23
R&D人员全时当量	3.46	6.66	4.03	4.56	4.09	5.67	4.88	3.79	3.72	4.05
R&D经费投入占GDP百分比	3.36	4.44	3.83	4.56	5.47	8.29	4.60	3.50	3.95	4.07
企业R&D经费投入占主营业务收入比	3.16	4.42	4.74	4.14	4.75	4.27	4.01	3.30	3.93	4.55
企业技术获取和改造费用占主营业务收入比	4.13	3.68	5.51	3.68	3.68	3.94	3.81	3.68	3.74	3.95

续表

县（市、区） 指标名称	庐山市	渝水区	分宜县	月湖区	余江区	贵溪市	章贡区	南康区	赣县区	信丰县
高新技术产业增加值占规模以上工业增加值比	2.66	4.14	3.65	4.94	4.85	2.80	4.46	2.99	4.55	4.64
高新技术企业数	3.12	6.29	3.71	4.47	3.88	3.46	4.64	3.67	4.14	4.56
新产品销售收入占主营业务收入比	3.24	4.81	6.26	3.93	4.56	4.83	5.05	3.33	3.40	4.06
万人发明专利授权量	3.54	4.61	3.83	4.00	3.68	3.89	8.58	3.48	4.11	3.68
技术合同成交额	3.58	3.78	4.50	3.57	3.46	3.44	3.96	3.50	3.56	3.55
GDP 增长百分比	3.96	2.61	3.28	4.67	4.37	3.84	5.10	4.32	4.57	3.42
万人财政收入	4.19	3.55	5.19	4.47	3.84	5.16	4.49	3.48	3.46	3.10
第三产业占 GDP 比重	5.82	4.11	4.59	5.02	2.84	3.10	5.98	3.68	3.07	4.20
居民人均可支配收入	4.14	5.48	4.21	5.99	4.01	4.18	5.40	3.42	3.32	3.48
万人社会消费品零售额	3.71	4.64	4.21	6.09	3.77	3.80	6.69	3.35	3.36	3.41
城镇化率	4.08	5.30	4.04	6.58	3.72	3.74	5.61	3.60	3.72	3.40
空气质量指数	2.42	3.41	3.33	3.85	3.59	3.61	3.42	2.92	3.23	5.17

县（市、区） 指标名称	大余县	上犹县	崇义县	安远县	龙南县	定南县	全南县	宁都县	于都县	兴国县
万人 GDP	3.71	3.20	3.87	2.98	4.16	3.81	3.64	3.01	3.17	3.07
规模以上工业企业数	3.57	3.21	3.04	3.07	3.92	3.19	3.15	3.74	4.03	3.73
万人专利申请量	4.51	4.55	3.32	3.86	4.17	3.87	6.17	3.15	3.24	3.17
开展 R&D 活动的企业占比	5.85	3.68	4.24	5.49	3.95	4.69	4.23	4.36	4.81	4.35
人均科普经费投入	3.52	5.74	3.52	3.62	3.56	3.49	3.90	3.49	2.90	3.96
民众浏览科技网页频度	3.82	3.49	3.61	4.16	3.55	3.37	3.52	3.95	4.10	4.30
万人 R&D 人员数	3.74	3.47	3.72	3.53	3.89	4.05	3.89	3.55	3.43	3.43

续表

县（市、区） 指标名称	大余县	上犹县	崇义县	安远县	龙南县	定南县	全南县	宁都县	于都县	兴国县
研究人员占R&D人员比	3.97	3.37	4.93	4.70	3.49	3.84	2.92	3.26	4.40	4.50
R&D人员全时当量	3.57	3.46	3.56	3.61	3.83	3.66	3.62	3.91	3.62	3.61
R&D经费投入占GDP百分比	4.75	3.64	3.72	3.59	3.90	4.44	4.07	4.05	3.59	3.93
企业R&D经费投入占主营业务收入比	5.88	3.65	4.38	4.47	3.72	5.09	4.34	4.93	3.49	4.27
企业技术获取和改造费用占主营业务收入比	3.86	3.68	5.07	5.52	3.68	3.68	3.88	3.81	3.68	3.68
高新技术产业增加值占规模以上工业增加值比	4.16	6.89	4.20	4.49	5.70	6.43	4.87	3.46	3.80	3.35
高新技术企业数	4.18	3.63	3.04	3.17	4.64	3.63	3.50	3.76	3.50	3.71
新产品销售收入占主营业务收入比	3.30	3.48	4.00	3.48	3.81	4.22	3.75	3.71	3.42	3.24
万人发明专利授权量	3.85	3.78	4.18	3.50	3.73	3.50	3.76	3.53	3.43	3.48
技术合同成交额	3.62	3.64	3.75	3.59	3.78	3.77	3.76	3.50	3.47	3.48
GDP增长百分比	3.89	4.51	4.44	4.36	4.21	4.77	4.63	4.44	4.64	3.80
万人财政收入	3.53	3.36	4.11	3.00	4.11	4.05	3.81	2.76	2.96	2.99
第三产业占GDP比重	3.90	4.19	3.81	4.86	3.67	4.05	3.53	3.84	3.79	3.32
居民人均可支配收入	3.35	2.89	3.00	2.81	3.46	3.17	2.85	2.88	3.33	3.04
万人社会消费品零售额	3.63	3.38	3.52	3.30	3.69	3.53	3.60	3.30	3.34	3.31
城镇化率	3.70	3.17	3.34	3.24	3.73	3.56	3.40	3.43	3.75	3.18
空气质量指数	5.01	4.59	4.87	5.63	5.73	5.85	5.59	5.11	4.98	4.66

续表

县（市、区） 指标名称	会昌县	寻乌县	石城县	瑞金市	吉州区	青原区	吉安县	吉水县	峡江县	新干县
万人 GDP	3.12	3.16	2.95	3.15	4.06	4.17	3.70	3.36	3.73	3.72
规模以上工业企业数	3.28	3.29	3.15	3.51	3.65	3.60	5.54	3.73	3.46	4.21
万人专利申请量	3.01	4.19	4.93	3.21	3.52	3.91	3.30	3.25	3.36	3.84
开展 R&D 活动的企业占比	3.52	4.78	6.26	5.50	3.07	4.84	3.18	4.17	2.57	5.39
人均科普经费投入	3.93	3.56	3.74	3.87	3.56	4.18	3.24	4.18	3.87	4.18
民众浏览科技网页频度	3.51	3.50	3.91	4.02	4.17	4.16	4.04	3.48	3.30	3.67
万人 R&D 人员数	3.39	3.75	3.41	3.50	3.65	3.85	5.16	3.54	3.49	3.55
研究人员占 R&D 人员比	5.86	4.11	5.41	4.63	5.84	3.60	2.83	3.66	4.69	4.31
R&D 人员全时当量	3.47	3.73	3.45	3.74	3.66	3.62	5.12	3.72	3.48	3.58
R&D 经费投入占 GDP 百分比	3.67	4.34	4.09	3.65	3.32	3.62	4.59	3.48	3.41	3.46
企业 R&D 经费投入占主营业务收入比	3.65	5.78	5.15	3.62	3.20	3.42	3.45	3.41	3.25	3.27
企业技术获取和改造费用占主营业务收入比	3.68	3.68	3.68	3.68	3.68	3.68	3.77	3.69	3.68	3.83
高新技术产业增加值占规模以上工业增加值比	3.51	4.04	3.80	3.70	4.95	4.07	4.90	3.94	3.51	3.65
高新技术企业数	3.46	3.42	3.12	3.63	4.22	4.09	7.05	3.76	3.29	4.43
新产品销售收入占主营业务收入比	3.20	3.34	3.19	4.13	3.56	3.20	4.04	3.53	3.44	3.26
万人发明专利授权量	3.52	3.41	3.64	3.54	3.84	5.40	3.62	3.51	3.76	3.56
技术合同成交额	3.55	3.62	3.65	3.50	3.71	3.86	3.68	3.57	3.91	3.71
GDP 增长百分比	4.72	4.19	4.32	3.61	4.61	4.40	4.59	3.89	3.89	4.36
万人财政收入	3.16	3.11	3.13	3.26	3.64	3.63	3.87	3.24	4.07	3.70

续表

县（市、区） 指标名称	会昌县	寻乌县	石城县	瑞金市	吉州区	青原区	吉安县	吉水县	峡江县	新干县
第三产业占GDP比重	4.09	3.92	4.32	4.77	5.19	3.39	3.17	3.73	3.45	3.36
居民人均可支配收入	3.05	2.89	2.65	3.26	5.37	4.08	3.58	3.79	3.25	3.73
万人社会消费品零售额	3.39	3.42	3.23	3.37	4.26	3.83	3.64	3.57	3.63	3.72
城镇化率	3.38	3.23	3.05	3.30	5.61	3.53	3.58	3.70	3.40	3.24
空气质量指数	5.76	6.26	5.82	5.67	2.94	3.68	2.52	3.67	3.58	3.86

县（市、区） 指标名称	永丰县	泰和县	遂川县	万安县	安福县	永新县	井冈山市	袁州区	奉新县	万载县
万人GDP	3.60	3.47	3.14	3.19	3.69	3.06	3.98	3.27	3.94	3.33
规模以上工业企业数	4.23	3.76	3.68	3.54	3.83	3.29	2.98	5.54	3.96	4.54
万人专利申请量	3.70	3.52	3.29	4.48	3.29	3.49	3.54	3.86	3.52	3.40
开展R&D活动的企业占比	4.75	2.88	3.23	5.18	4.30	2.96	5.55	4.14	4.52	4.56
人均科普经费投入	3.56	3.56	3.56	3.49	3.59	3.56	5.74	2.75	3.56	3.24
民众浏览科技网页频度	3.59	3.76	3.73	3.77	3.64	3.54	4.10	4.60	3.86	3.47
万人R&D人员数	3.82	4.31	3.54	3.95	3.99	3.47	3.48	3.87	4.37	3.78
研究人员占R&D人员比	3.29	4.95	4.25	2.58	2.76	4.81	6.53	3.65	2.84	3.44
R&D人员全时当量	3.86	4.37	3.73	3.82	4.17	3.55	3.47	4.37	4.17	3.86
R&D经费投入占GDP百分比	3.67	3.83	3.72	3.95	3.63	3.46	3.26	3.83	4.03	3.70
企业R&D经费投入占主营业务收入比	3.60	3.79	3.65	4.65	3.57	3.88	3.53	3.87	3.43	3.42
企业技术获取和改造费用占主营业务收入比	3.70	3.68	3.76	3.68	3.70	3.88	3.68	3.81	3.76	3.69

续表

县（市、区） 指标名称	永丰县	泰和县	遂川县	万安县	安福县	永新县	井冈山市	袁州区	奉新县	万载县
高新技术产业增加值占规模以上工业增加值比	4.74	5.41	3.83	4.58	3.96	3.11	3.57	5.67	4.02	2.99
高新技术企业数	4.47	4.31	3.67	4.05	4.35	3.12	3.00	6.46	4.05	3.46
新产品销售收入占主营业务收入比	3.78	5.81	3.50	4.12	3.80	3.94	3.19	4.41	4.10	3.42
万人发明专利授权量	3.78	3.66	3.44	3.52	3.58	3.65	4.25	4.34	3.82	3.68
技术合同成交额	3.63	3.57	3.56	3.76	3.66	3.58	4.11	3.62	3.78	3.66
GDP 增长百分比	4.09	4.47	4.27	3.89	4.32	3.74	4.00	4.56	4.57	4.64
万人财政收入	3.50	3.47	3.09	3.42	3.66	3.00	3.85	3.18	4.45	3.83
第三产业占GDP 比重	3.61	3.29	3.78	3.54	3.40	3.76	5.71	4.79	3.94	3.60
居民人均可支配收入	3.77	3.65	3.00	2.96	3.52	2.95	4.26	4.37	4.13	3.16
万人社会消费品零售额	3.54	3.53	3.39	3.35	3.74	3.41	4.13	4.32	3.89	3.50
城镇化率	3.37	3.71	3.21	3.25	3.38	3.61	4.61	4.10	3.87	3.10
空气质量指数	4.17	3.93	4.41	4.32	3.53	3.82	4.20	3.10	3.82	3.48

县（市、区） 指标名称	上高县	宜丰县	靖安县	铜鼓县	丰城市	樟树市	高安市	临川区	东乡区	南城县
万人 GDP	4.11	3.83	3.41	3.48	3.61	4.82	3.33	3.69	3.59	3.83
规模以上工业企业数	5.14	4.19	3.37	2.92	5.40	5.45	5.34	5.38	3.99	3.55
万人专利申请量	3.48	3.35	3.47	3.33	3.41	4.12	3.63	4.15	4.19	3.96
开展 R&D 活动的企业占比	3.52	4.45	5.67	5.86	4.20	4.55	4.62	3.76	3.91	3.47
人均科普经费投入	3.56	3.87	3.84	3.28	3.09	3.56	2.90	2.90	3.43	3.56
民众浏览科技网页频度	3.55	3.67	3.49	3.45	9.74	3.70	3.53	3.89	3.47	4.23
万人 R&D 人员数	4.24	3.88	3.91	3.81	3.78	4.32	3.81	3.68	3.74	3.64

续表

县（市、区） 指标名称	上高县	宜丰县	靖安县	铜鼓县	丰城市	樟树市	高安市	临川区	东乡区	南城县
研究人员占 R&D 人员比	4.10	3.77	4.76	4.43	3.45	3.55	3.69	3.59	4.02	3.30
R&D 人员全时当量	3.87	3.81	3.49	3.58	4.69	4.49	4.22	4.28	3.76	3.65
R&D 经费投入占 GDP 百分比	5.31	4.62	4.46	4.01	3.73	3.77	4.57	3.86	3.63	3.77
企业 R&D 经费投入占主营业务收入比	4.08	4.00	4.09	4.94	3.61	3.63	3.96	3.85	3.59	4.12
企业技术获取和改造费用占主营业务收入比	3.68	3.73	3.76	4.32	3.77	3.86	3.68	3.95	3.89	3.77
高新技术产业增加值占规模以上工业增加值比	3.60	5.02	3.80	5.26	4.05	3.85	3.22	4.22	3.73	3.62
高新技术企业数	4.56	3.67	3.25	3.25	4.35	4.81	4.39	5.19	4.18	3.59
新产品销售收入占主营业务收入比	3.68	3.52	4.22	4.02	3.92	3.67	4.16	4.57	3.67	4.59
万人发明专利授权量	3.70	4.11	4.29	3.53	3.56	4.49	3.53	4.22	3.59	3.78
技术合同成交额	3.77	3.85	4.35	4.15	3.50	3.69	3.59	3.66	4.00	3.79
GDP 增长百分比	4.32	4.09	4.54	4.35	4.48	4.10	4.29	4.07	3.07	3.78
万人财政收入	4.66	4.37	4.12	4.25	3.81	5.15	3.71	2.91	3.82	3.72
第三产业占 GDP 比重	3.78	3.61	3.92	4.16	3.60	3.84	3.84	3.89	3.55	4.19
居民人均可支配收入	4.20	3.97	3.67	3.04	3.99	4.17	4.04	4.80	4.30	4.28
万人社会消费品零售额	3.67	3.46	3.31	3.53	3.52	3.95	3.62	4.13	4.04	4.00
城镇化率	3.89	3.81	3.68	3.69	3.15	3.48	3.59	3.98	3.72	3.96
空气质量指数	3.55	3.72	3.83	3.69	3.90	3.81	3.81	3.57	3.96	4.51
万人 GDP	3.45	3.90	3.51	2.93	3.43	3.36	3.54	3.29	4.44	4.12

续表

县（市、区） 指标名称	黎川县	南丰县	崇仁县	乐安县	宜黄县	金溪县	资溪县	广昌县	信州区	广丰区
规模以上工业企业数	3.17	3.10	3.77	2.77	3.60	3.30	2.72	3.14	3.24	5.11
万人专利申请量	4.61	4.00	3.73	3.27	3.82	4.62	4.03	3.11	4.21	3.32
开展R&D活动的企业占比	4.68	3.87	4.81	3.50	3.40	4.24	6.48	2.65	3.06	2.91
人均科普经费投入	3.93	3.59	3.84	3.12	3.87	3.43	5.96	4.11	3.52	3.09
民众浏览科技网页频度	3.65	3.75	3.63	3.85	3.58	3.59	3.62	3.52	4.60	3.72
万人R&D人员数	3.77	3.60	3.81	3.38	3.71	3.57	3.48	3.49	3.59	3.41
研究人员占R&D人员比	2.76	2.83	3.41	3.25	3.90	4.44	3.32	3.64	4.83	4.02
R&D人员全时当量	3.62	3.61	3.83	3.46	3.65	3.57	3.46	3.49	3.69	3.53
R&D经费投入占GDP百分比	3.64	3.40	3.92	3.40	3.70	3.70	3.52	3.48	3.39	3.29
企业R&D经费投入占主营业务收入比	4.39	4.46	3.90	5.35	3.65	4.24	4.99	3.53	3.86	3.13
企业技术获取和改造费用占主营业务收入比	3.68	3.89	3.79	3.70	3.68	3.92	3.68	3.68	3.68	3.68
高新技术产业增加值占规模以上工业增加值比	3.03	3.56	5.13	3.62	2.71	3.11	2.59	2.72	7.02	3.28
高新技术企业数	3.29	3.25	4.77	3.04	3.12	3.33	2.91	3.12	3.38	3.76
新产品销售收入占主营业务收入比	3.99	5.69	7.01	5.03	3.42	3.36	5.86	4.04	6.79	3.32
万人发明专利授权量	3.83	3.58	3.69	3.59	3.84	3.84	3.41	3.68	4.25	3.54
技术合同成交额	3.65	3.82	3.74	3.93	3.66	3.58	3.67	3.63	3.74	3.57
GDP增长百分比	4.15	3.56	3.42	4.07	3.90	3.77	4.27	4.52	4.56	5.15
万人财政收入	3.64	3.53	3.23	2.94	3.58	3.35	3.62	3.36	3.93	4.06

续表

县（市、区） 指标名称	黎川县	南丰县	崇仁县	乐安县	宜黄县	金溪县	资溪县	广昌县	信州区	广丰区
第三产业占GDP比重	3.90	4.28	3.63	4.48	3.67	4.29	4.47	4.01	6.64	3.90
居民人均可支配收入	3.53	4.33	3.74	2.68	3.21	3.51	3.43	2.98	5.23	4.61
万人社会消费品零售额	3.73	3.99	3.55	3.56	3.57	3.60	3.66	3.40	5.30	3.57
城镇化率	3.76	3.23	3.28	3.15	2.97	3.05	4.05	3.42	5.24	4.19
空气质量指数	5.05	4.90	4.04	4.21	4.46	4.14	4.52	5.28	3.69	4.41

县（市、区） 指标名称	上饶县	玉山县	铅山县	横峰县	弋阳县	余干县	鄱阳县	万年县	婺源县	德兴市
万人GDP	3.44	3.37	3.31	3.61	3.33	2.86	2.84	3.70	3.37	4.08
规模以上工业企业数	4.54	5.11	3.38	3.16	3.91	3.83	4.18	4.07	3.21	4.19
万人专利申请量	3.21	3.37	3.34	3.27	3.59	3.02	3.15	3.47	3.23	4.86
开展R&D活动的企业占比	2.59	3.57	3.65	2.90	2.94	1.85	3.06	4.57	4.70	4.11
人均科普经费投入	3.24	3.06	3.56	3.56	3.52	3.00	3.40	3.52	3.56	4.02
民众浏览科技网页频度	5.66	3.75	3.56	3.49	3.34	3.74	3.76	3.93	4.30	3.86
万人R&D人员数	4.13	3.58	3.43	3.47	3.68	3.35	3.34	3.65	3.59	3.99
研究人员占R&D人员比	4.12	3.15	3.13	2.87	2.47	2.18	2.69	4.78	2.67	2.90
R&D人员全时当量	4.89	3.75	3.48	3.47	3.69	3.46	3.49	3.67	3.63	3.87
R&D经费投入占GDP百分比	6.62	3.73	3.35	3.26	3.57	3.20	3.20	3.49	3.29	3.57
企业R&D经费投入占主营业务收入比	4.66	3.43	3.47	3.03	3.67	3.03	3.02	3.27	3.65	3.59
企业技术获取和改造费用占主营业务收入比	3.76	3.69	3.72	3.68	3.68	3.68	3.68	3.78	5.04	3.79

续表

县（市、区） 指标名称	上饶县	玉山县	铅山县	横峰县	弋阳县	余干县	鄱阳县	万年县	婺源县	德兴市
高新技术产业增加值占规模以上工业增加值比	6.99	3.08	2.60	2.63	2.75	3.74	3.11	3.96	2.88	3.35
高新技术企业数	4.94	4.22	3.46	3.29	3.21	3.42	3.46	3.84	3.04	3.55
新产品销售收入占主营业务收入比	5.80	3.68	3.27	3.20	3.76	3.27	3.30	4.16	3.58	4.02
万人发明专利授权量	3.59	3.44	3.49	3.58	3.73	3.43	3.47	3.54	3.55	3.52
技术合同成交额	3.58	3.70	3.58	3.80	3.66	3.50	3.55	3.81	3.71	3.90
GDP 增长百分比	4.67	4.86	4.07	-1.79	3.75	3.57	3.48	4.74	3.54	4.28
万人财政收入	3.27	3.47	3.62	3.99	3.52	2.86	2.72	3.79	3.54	5.75
第三产业占 GDP 比重	1.89	3.78	3.90	3.30	3.70	3.54	2.89	3.24	5.26	4.49
居民人均可支配收入	3.23	3.93	3.31	3.01	3.67	2.88	2.78	3.78	3.18	4.34
万人社会消费品零售额	3.46	3.72	3.81	3.94	3.83	3.40	3.33	3.96	4.04	4.21
城镇化率	3.66	3.82	3.66	3.71	3.49	3.34	3.23	3.72	3.52	4.29
空气质量指数	3.08	4.22	4.50	4.13	4.20	4.03	3.92	4.11	4.16	4.18

附录3
江西省科学院科技战略研究所

江西省科学院科技战略研究所（简称战略所）成立于2013年12月，直属于江西省科学院，是江西省首个集科技战略研究、科技决策咨询、科技信息服务为一体的智库型科学研究机构。研究领域包括科技政策、创新能力评价、产业技术预测、产业发展规划、知识产权分析等方向，出版内部刊物《创新驱动发展动态》。2015年成为省级科技智库，是全国地方科技智库联盟副理事长单位；2017年入选CTTI（中国智库索引）来源智库；2017年成为国际科学院协会科学与科学学委员会理事单位。

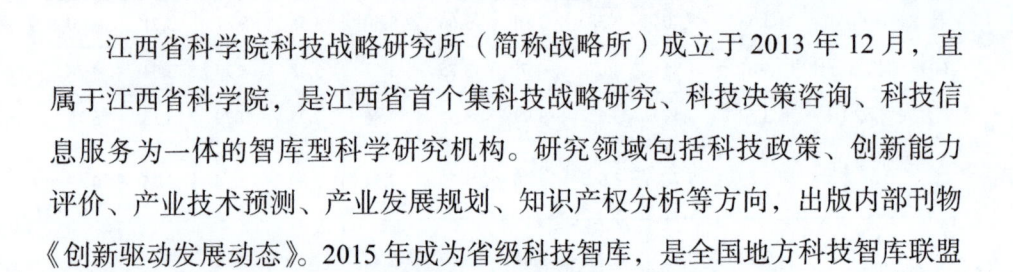

战略所按照"服务区域创新、支撑战略决策、促进产业发展"的定位，准确把握科技创新趋势、科技体制改革、科技创新驱动发展的规律，从科技创新的角度研究事关江西省发展全局的重大问题，开展科学评估，进行预测预判，对省委、省人民政府重大关切和江西省经济社会发展的重大问题提出前瞻性、建设性的建议，在江西省的科技战略、规划、布局和政策等方面发挥重要的决策咨询作用。

战略所采取靠大联强、借梯登高的方式，先后与中国科学院文献情报中心、中国科学院科技战略咨询研究院和中国科学技术发展战略研究院签订合作协议，在国内一流智库的支持帮助下，组建了一支多学科专业研究团队和国内外专家库；搭建了1个国家平台、3个省级平台和3个与中国科学院共建平台；构建了多个海量情报信息的专业数据库；推出了一批应用对策性研究成果并得到实施，先后获得江西省委、省人民政府领导重要批示 60 多次，为省领导、省直部门、地方政府的决策咨询发挥了科技支撑作用。

战略所先后完成了《全国地方科学院科技竞争力分析》《中部六省科技竞争力比较分析报告》《与中科院共建的五个省科学院科技竞争力报告》《江西省科技竞争力分析及提升的对策建议》《江西省科技进步监测报告》等报告，得到省领导和相关部门的肯定，在科技创新评价领域形成了自己的优势和特色，发挥了"思想库、智囊团"作用。